Colección biografías y documentos

La paloma apuñalada

Pietro Citati

La paloma apuñalada

✲

Proust y la Recherche

Traducción de Guillermo Piro

GRUPO EDITORIAL NORMA
Barcelona Buenos Aires Caracas Guatemala
Lima México Panamá Quito San José San Juan
San Salvador Santa Fe de Bogotá Santiago

Título original: *La colomba pugnalata*
Arnoldo Mondadori Editore S. p A., Milán, 1995
Primera edición en castellano
para América Latina: agosto de 1998

Apartado 53550, Santa Fe de Bogotá, Colombia

Diseño: Camilo Umaña
Fotografía: Victor Robledo

Impreso en Colombia–*Printed in Colombia*
Impreso por D'vinni Editorial S. A.

Este libro se compuso en caracteres
Linotype New Caledonia

CC 20529
ISBN 958-04-3443-3

Contenido

A

FEDERICO

FELLINI

PRIMERA PARTE

La paloma apuñalada

I. LA FELICIDAD

Pocos seres humanos han deseado la felicidad con la vehemencia, la dulzura, la embriaguez febril del adolescente Marcel Proust. Tal vez sólo el joven Tolstoi, al cual se sentía ligado por singulares afinidades y parecidos, deseó la felicidad con la misma ansiedad dolorosa e incontenible: él pretendía que la vida siguiera igual, solamente por un momento, y a su vez diera un brinco, transformándose en un misterioso *más allá*, una epifanía de lo invisible y de lo sin tiempo. El joven Proust fue feliz, o al menos eso dijo, lo relató y lo imaginó en sí mismo. Era feliz porque un rayo de sol resplandecía, porque olía el perfume de una flor, porque amaba a un muchacho o a una muchacha, porque quería a su madre, porque leía un buen libro, porque descubría las grandes leyes de la existencia, y sobre todo porque "las cosas son tan bellas siendo lo que son y la existencia es una belleza tan calma difundida en torno a ellas".

¿Qué era la felicidad? ¿Nada más que esta embriaguez, esta alegría, esta euforia que hacían mover los miembros juveniles? Muchos años después, cuando estaba por comenzar la *Recherche*, descubrió que sobre todo era luz y música: "La felicidad no es otra cosa que una cierta sonoridad de las cuerdas que vibran a la más mínima cosa y que un rayo hace cantar. El hombre feliz es como la estatua de Memnón: un rayo de sol basta para hacerlo cantar". Para ese tiempo ya había dejado de ser feliz. Había descubierto que no tenía la fuerza necesaria para hacer frente al *bonheur*: si poseía el don de soportar todo el dolor que se había precipitado o continuaba precipitándose sobre él, si él no era, verdaderamente, otra cosa que esta riqueza, un relámpago, un pequeño rayo de felicidad bastaba para que vacilara. No había perdido la mirada capaz de reconocerla: pero volvía a encontrar su rostro imposible y lejano sólo a través del espejo deformante de la desventura.

Algunas veces la felicidad llegaba –¿era justamente él el que podía confundirla?–: tenía la cara sonriente y luminosa, pero envuelta por rayos terribles; era la misma felicidad que visitaba el príncipe Myskin un momento antes de desvanecerse víctima de un ataque de epilepsia. A veces era más bondadosa y confidencial: pero no le decía más nada; había llegado irónicamente demasiado tarde, cuando él ya no la deseaba. Proust decía que ya no la esperaba para sí mismo: la auguraba a los demás. Pero nunca la olvidó. Continuó deseándola toda la vida. Incluso cuando tenía cincuenta años, y vivía en la enfermedad, en el silencio, en las tinieblas, y cada recuerdo de la estatua de Memnón había sido olvidado, incluso entonces esperaba que, no se sabe cómo, imprevista pero largamente esperada, la felicidad llegaría. Sólo en los últimos años renunció a ella; y por eso se preparó para morir.

Esta felicidad nacía de un inmenso y eufórico sentido de dilatación. Cuando escribía en *Le Figaro* recordó una experiencia juvenil, que recuerda una experiencia juvenil de Tolstoi. Sucedía en un tren, había bebido algunas copas de vino y miraba por la ventana del vagón los "senos combados de las colinas de Sèvres, el río, el arco inmenso del cielo". En aquel momento le parecía que la esfera del horizonte no conseguía llenar toda la circunferencia de la mirada; y la vida de la naturaleza y los soplos del viento y del cielo le parecieron un soplido breve y mezquino si los comparaba con la inmensa aspiración que henchía su pecho. No estaba perdido en el horizonte: era el universo el que se había perdido en su corazón infinito, "donde se divertía desdeñosamente tirándolo en una esquina". Sonriendo pensó que nunca habría podido morir. "¿Cómo podría durar menos que esas cosas, o cómo podrían oprimirme con su poder, ya que estaban en mí, y el universo estaba prisionero y perdido en el seno de mi consciencia, como esas colinas y el cielo soleado reposaban en mi ojo?"

Una sobreabundancia de amor, de ternura, de entusiasmo y de adoración henchía su corazón. Cada sensación irradiaba un eco. Cada sentimiento emanaba música e imágenes. Le parecía que llevaba encerrada en sí mismo una ola no consumida e inconsumible, una ardiente "oleada" de amor. Esa ola no sabía adónde ir: desde un principio no encontraba ni meta, ni ruta, ni corriente, ni río; era una inmensa masa líquida que lo tomaba del cuello. Ningún gesto conseguía expresarla: ni la bondad de ánimo, que lo obligaba a inventar los gestos más delicados y absurdos; ni las gentilezas, las atenciones, los arrebatos de sumisión que le hacían salir lágrimas de los ojos al primer motivo de conmoción. Hubiera podido embriagarse de sí mismo: solamente de sí mismo, como un febril Narciso romántico.

La suerte de Narciso no fue la suya. Tenía necesidad de dar al mundo todo de sí mismo. Todas las potencias de la imaginación y del sentimiento que se agitaban en él, "golpeaban reiteradamente las paredes de su corazón como para abrirlo y precipitarse fuera, en la vida", hasta perderse en las orillas del infinito. Con una sonrisa en el rostro y un deseo siempre más ilimitado en su ánimo, le parecía que amaba a todos los hombres, a todas las mujeres, a todas las cosas, a todos los árboles, a todas las flores: los abrazaba, los apretaba contra su corazón. Amaba en las mujeres los árboles, en los árboles las mujeres: todo era naturaleza, todo era antropomorfizado; la fascinación por la naturaleza se transformaba en fascinación erótica; y ningún deseo era más vago. Pero no se contentaba con amar. Quería ser amado: por los hombres, por las mujeres, por los árboles y las cosas sobre los que había lanzado su ola inagotable de amor. Prefería ser despreciado antes que no ser amado; y si era amado quedaba conmovido y casi turbado, como un don o una gracia que no le correspondía.

Por aquellos años frecuentaba las últimas clases del Lycée Condorcet. Entre las páginas del *Jean Santeuil* nos ha quedado, probablemente, su autorretrato. "Era un escolar desordenado, siempre mal vestido, despeinado, cubierto de manchas, de comportamiento febril o abatido, de apariencia más expresiva que noble, la mirada exaltada si se encontraba solo, tímido y vergonzoso si estaba con otra gente, siempre pálido, con los ojos alargados, rodeados por la agitación, el insomnio o la fiebre, la nariz demasiado robusta entre las mejillas hundidas"; "y solamente los grandes ojos pensativos derramaban cierta belleza, con su luz y su tormento, en su figura irregular y enfermiza".

Por aquel tiempo, en Montmartre, en la rue Fontaine-Saint-Georges, había una pequeña lechería, que atendía una lechera rodeada por una leyenda fantaseada por los alumnos del Condorcet. Se llamaba Madame Chirade, y poseía una belleza "graciosa y salvaje". Un día Daniel Halévy le habló a Proust de ella, y condujo a su amigo, que tenía un año más que él, a Montmartre. Mientras permanecían inmóviles ante la heladería mirando hacia el interior, Madame Chirade iba y venía, sirviendo a los clientes: los brazos estaban ocultos por el delantal blanco que entonces llevaban las lecheras, y el vestido negro y los cabellos negros, altos sobre la frente, otorgaban esplendor a la belleza del rostro. Proust murmuró al oído de Halévy: "¡Qué bella es!". Y agregó, recordando las recientes lecturas: "Bella como Salambó". Después de un silencio meditativo, ostentando un desinterés que probablemente no sentía: "¿Piensas que podamos llevarla a la cama?" Halévy admiró la audacia de su amigo; y luego los dos muchachos volvieron a casa, acompañados por el deseo.

Fijaron una cita. Aquel día salieron juntos del liceo, evitando a los amigos. Al final de la rue Pigalle compraron a una florista un gran ramo de rosas. Cuando llegaron a la rue Fontaine-Saint-Georges, Madame Chirade estaba de pie junto a la barra. Halévy se quedó en la calle, confundido y ofuscado por la juventud. Proust se atrevió. Mostrando su gran mazo de rosas se acercó a la lechera, que lo miraba sorprendida, con los ojos inmóviles, y lo dejó entrar. Desde la calle Halévy apenas veía, y no oía las palabras. Proust dijo, quizás balbuceó algo. Entonces una sonrisa atravesó el rostro de la lechera, dulce pero firme: decía que no de derecha a izquierda y de izquierda a derecha. Proust insistía. Entonces Madame Chirade, siempre sonriente, salió de atrás de la barra y dio tres pasos adelante, obligando a Proust a retroceder.

En la calle, Halévy podía ver solamente la espalda de Proust y, sobre sus hombros, el papel blanco que envolvía las rosas. La bella lechera vio de cerca los grandes ojos tristes de Proust, su corbata desordenada, el cuello blanco, el rostro desolado, los labios entreabiertos. No tenía un rostro severo pero sí dulce y decidido; y sigue sonriendo y avanzando con pequeños pasos inexorables. Al final casi estaba en la puerta. Retrocediendo paso a paso, Proust fue obligado a salir a la inmensidad de la calle, donde su amigo lo esperaba. Se miraron un instante y volvieron a casa, mientras Proust llevaba tristemente entre los brazos aquellas rosas inútiles.

Desde muchacho las inclinaciones sexuales de Proust estuvieron marcadas: si famosas cortesanas o modestas prostitutas lo recibieron en su cama, la pasión lo condujo siempre más profundamente al reino de Sodoma, que entonces no le parecía el lugar de la maldición de Dios, sino un paraíso pleno de encantos. Entre la primavera y el otoño de 1888 escribió a sus amigos del Condorcet una serie de cartas, entre las cuales se encuentra al menos una obra maestra. Escribía con rapidez, con furia, como si no pudiera contener el flujo de la pasión y la tinta: con la apariencia de la sinceridad perfecta. Confesar su pederastia y sus masturbaciones, revelar sus sueños eróticos a medias literarios de hecho le costaba muy poco. Estaba enamorado de Jacques Bizet: o creía estarlo; después se enamoró de Daniel Halévy; probablemente estaba enamorado de todos sus amigos; y les escribía hablando de este amor, tratando de contagiarlos uno tras otro y mirando y espiando y mirándose y espiándose a través de sus ojos.

La superficie de las cartas tiene un aire "decadente". "Si eres delicioso, si tienes grandiosos ojos claros que reflejan con tanta pureza la gracia de tu espíritu, tanto que me parece que no amo completamente tu espíritu si no beso tus ojos, si tu cuerpo y tus ojos son tan gráciles y ágiles como tu pensamiento, al punto que me parece que me confundiría mejor con tu pensamiento sentándome en tus rodillas, en fin, si me parece que la fascinación de tu tú, de tu tú, donde no puedo separar tu espíritu vivo de tu cuerpo ligero, afinaría para mí aumentando 'la dulce alegría del amor'..." Era remilgado, sentimental, blando, y sabía que lo era: sabía que estar demasiado pleno de ternura era su condena, y de ninguna manera hubiera querido renunciar a ella. Pero esta superficie literaria puede llevar a engaño. Detrás de ella sorprende el descaro, la dureza, casi la violencia con que el muchacho tímido, vergonzoso y lacrimógeno trataba de correr tras los placeres. No quería imponerse: quería ser dominado, herido, torturado aunque fuera con las "varas floridas": quería ser esclavo; y esta pasividad rendida y ebria era su oculto arte de dominar.

Justamente en esos días el profesor del Condorcet, Alphonse Darlu, había deplorado en clase el hábito de los jóvenes modernos de desdoblarse: no podían hacer o pensar nada sin que la consciencia analizase sus actos y sus pensamientos. Proust le escribió la misma tarde, confesando que también él compartía la vertiginosa angustia del desdoblamiento. Pedía consejo. En las cartas a los amigos se abandonaba sin problema a este placer. "Usted conoce a M.P.", escribía a Robert Dreyfus. "En cuanto a mí le confiaré que me disgusta un poco con sus grandes arrebatos perpetuos, su aire agitado, sus grandes pasiones y sus adjetivos. Sobre todo me parece muy presuntuoso y falso. Juzgue usted. Lo llamaría un hombre de declaraciones. Después de ocho días le deja entender que siente por usted una amistad considerable y con el pretexto de amar a un compañero como a un padre lo ama como a una mujer. Va a verlo, grita en donde sea su gran afecto, no lo pierde un instante de vista. Las conversaciones no bastan. Tiene necesidad del misterio y de la regularidad de las citas. Le escribe cartas... febriles. Bajo la apariencia de tomar el pelo, de decir frases bellas y *pastiches*, le hace comprender que sus ojos son divinos y que sus labios lo tientan. El problema… es que dejando a B., a quien acaba de acariciar, corre a mimar a D., a quien deja enseguida para ponerse a los pies de E., e inmediatamente después arrodillado ante F. ¿Es una p…, es un demente, un burlador, un imbécil? Pienso que nunca lo sabremos". Qué extraña carta. No se comprende bien si el joven Proust se confiesa, actúa, se exhibe, se calumnia, se asombra de sí mismo, se parodia, abandonándose a lo que él llamaba una "burla trascendental"; o tal vez simplemente estaba perdido en el misterio de la juventud. No tenía necesidad de aprender de nadie el placer del *desdoblamiento*: aquel gran ojo clavado en ti, que transforma toda la vida en una comedia o en un drama, donde al actor no cesa de cambiarse velozmente la máscara que le cubre el rostro.

Los amigos no lo soportaban. No soportaban su sensibilidad enfermiza, su perpetua necesidad de afecto, las vibraciones amorosas, las lágrimas a flor de piel, el aire febril, las burlas, las caricias, las gentilezas demasiado exquisitas, los grandes ojos orientales húmedos de nostalgia y de deseo, la felicidad melancólica. Todo, en él, a ellos les parecía una pose: le respondían con palabras bruscas y empujones. Con la sensibilidad cruel de la adolescencia habían comprendido lo que Proust todavía no sabía: que él era un extranjero.

II. LOS DIOSES ENMASCARADOS

Pasaron algunos años. Proust terminó el liceo, fue soldado en Orléans, frecuentó sin ganas la facultad de Derecho, fingió ser empleado en la Bibliothèque Mazarine. En él no había más rastros del adolescente febril, histérico, locamente deseoso de felicidad, que había escrito cartas de amor a sus compañeros de escuela. Cuando, en 1892, Jacques Émile Blanche lo retrató, delante de todo París parecía posar "un joven hombre brillante, sin timidez y sin ostentación", que "miraba con sus bellos ojos alargados y blancos como una almendra fresca", ojos capaces de contener un pensamiento vasto e indeterminado más que preocupados por reflejar algo en particular. Las mejillas "eran rellenas y de un rosa-blanco que sonrojaba apenas las orejas, acariciadas por los últimos rizos de una cabellera negra y dulce, brillante y fluida, que se movía en oleadas como al salir del agua. Una rosa (en realidad una camelia) en el ojal de su saco de *cheviot* verde, una corbata de una ligera tela hindú que imitaba las plumas del pavo real" acompañaban su expresión "luminosa y fresca como una mañana de primavera, su belleza no pensante sino más bien dulcemente pensativa, la delicadeza feliz de su vida".

Este retrato, que Proust transcribió en las páginas del *Jean Santeuil*, constituía una de todas las imágenes de sí mismo que él más amó, como si contuviese la primera floración de su persona. Llevó el cuadro de Blanche en todas sus migraciones, desde el boulevard Haussmann hasta rue Hamelin, colocándolo en el centro del salón, para que atrajese la atención de todos. El retrato no era muy penetrante: no más, es cierto, que todas las imágenes que ahora hojearemos juntos, como un álbum de fotografías viejas, conocidas y menos conocidas, debidas a plumas famosas y modestas, girando en torno al misterio de Proust. Casi todas estas imágenes no lo toman en casa, o recorriendo una calle, o en el Bois de Boulogne, entre las luces y las sombras parisinas, sino en sociedad, donde el joven extranjero permaneció algún tiempo, como si fuese su verdadera patria.

La imagen más antigua se remonta a 1890, el año del servicio militar. Cuando los domingos volvía a París, se lo encontraba siempre en el salón de Madame Arman de Caillavet, la amiga de Anatole France. Estaba envuelto en su uniforme, la cabeza tirada hacia atrás, inclinada sobre el hombro, echado en una de las *bergères* cuyos inmensos almohadones volvían casi absurdo el uniforme guerrero. Estaba siempre acurrucado, como aplastado por un cansancio perpetuo. Aunque el rostro era grave y los grandes ojos melancólicos, los dientes blanquísimos iluminaban un rostro pálido, y la risa brillante y luminosa brotaba al más mínimo pretexto. Era bello y amable. Todo, en él, era gentileza. Qué bondad, qué sensibilidad, qué reconocimiento tenía por el más mínimo placer o la más pequeña atención. Y qué dolor desmesurado si alguien le daba un disgusto, o si descubría un motivo para probarlo. Con ese aire abandonado, con el rostro pálido, con los ojos grandísimos, la risa melancólica, parecía un Pierrot. Cuando Gaston de Caillavet le pidió que actuara como Pierrot en un acto único titulado *Colombine*, dijo que no: era el papel que ya actuaba en la vida real.

En el salón de Madame Straus volvemos a encontrarlo inclinado con exageración en el respaldo del sillón dorado donde estaba sentada la dueña de casa. Sus cabellos negros y mal peinados eran muy abundantes. Su rostro, pálido y grave: la nariz larga y arqueada le daba un aire persa, que se volvía asirio cuando se dejaba crecer la barba. Las grandes pupilas no revelaban ningún sentimiento personal, pero poseían la apariencia de dos vasijas prontas a recibir las ondas visibles del espacio: miraban todas las cosas sin fijarse en ninguna. Después Proust se levantaba y servía el té, volcando alguna taza de *Saxe*. Se sentaba en un *pouf* y hablaba, hablaba, lleno de lisonjas, de hallazgos ingeniosos, de galanterías abismales, con las que prodigaba una fantasía de *Las mil y una noches*; y de cumplidos a los que a la exageración agregaba gracia. Tenía una voz ora pueril, ora acariciante, ora casi atronadora, ora apagada hasta no ser más que un murmullo, mientras los ojos hacían resplandecer su rostro: las manos largas y finas dibujaban movimientos armoniosos en el aire; ora una de ellas se doblaba bajo el mentón para sostenerlo, ora la otra se posaba delante de la boca para esconder una sonrisa. Después, al improviso, explotaba en una risotada contagiosa que nacía en la inteligencia, en el corazón y en el apetito de vivir.

Algunas veces parecía una figura salida de una comedia de Marivaux. Experimentaba placer siendo amable: esa satisfacción pura que da a un hombre el ejercicio de la cortesía cuando no está determinada ni por la buena educación ni por el interés. Se hacía el ingenuo, y se divertía prodigiosamente. Con su hermoso rostro ovalado, con las mejillas en flor, con los párpados caídos sobre los ojos negros, que parecían verlo todo, era muy gracioso. Poseía una belleza italiana: parecía un príncipe napolitano de una novela de Bourget. Era consciente de esta belleza y hacía ostentación de ella. Las tardes de verano se demoraba paseando voluptuosamente en sociedad, con un liviano abrigo semi abierto sobre la pechera blanca, con una flor en el ojal; y gozaba de su gracia adolescente reflejada en los ojos de los paseantes y de las paseantes. Amigos más penetrantes observaban que su cortesía era un don del corazón: una bondad sin esfuerzo, obsequiada también a los indiferentes. Cuando hablaba con una persona de condición mediocre era tan modesto que parecía una especie de paria: después se comprendía que había querido disminuirse y rebajarse para elevar al amigo antes que a sí mismo.

Por la tarde, con el cuello del abrigo levantado detrás de las orejas, llegaba muy tarde al café Weber. Pedía una grapa, un vaso de agua, y decía que recién se había levantado, que estaba resfriado, que el ruido le molestaba, que se quedaría solamente un momento. Después reía con una risa feliz y el momento tomaba siempre mayores proporciones. Enseguida, de sus labios, proferidas con tono vacilante y afectado, salían afirmaciones y observaciones de una finura diabólica. "Sus imágenes imprevistas revolotean sobre la cima de las cosas y las personas" escribía Léon Daudet, "parecidas a una música superior, como se cuenta que sucedía en la taberna del Globe, entre los compañeros del divino Shakespeare. Tenía algo de Mercutio y de Puck, seguía muchos pensamientos juntos,(...): era naturalmente complejo, agitado y sediento". Cuando al fin el alba resbalaba en los bordes del Sena, proponía a un amigo acompañarlo en coche hasta su casa o al hotel. Apenas el coche llegaba a destino, como estimulado por la inminencia del abandono, se lanzaba a nuevas improvisaciones cada vez más chispeantes, y las horas pasaban mientras el cochero se daba vuelta en su asiento y miraba con estupor aquellos dos jóvenes que discutían y gesticulaban, sin que pudiera saberse por qué, bajo el cielo estrellado de París.

Por el momento hemos terminado de hojear nuestras imágenes, a las cuales podrían agregarse muchas más. ¿Quién era el joven extranjero vestido con tanta elegancia? ¿Un Pierrot? ¿Mercutio? ¿Puck? ¿Un ángel que había bajado a la tierra? ¿Un joven animal, lleno de ímpetus? ¿Un niño malcriado? ¿Un fútil ser mundano? ¿Un príncipe de los conversadores? ¿O el diablo en persona, como decía Alphonse Daudet? Alguien decía que era una mosca, con la mirada de las mil facetas. Tenía el ojo poligonal: veía los mil lados de una cuestión o de un objeto, y le agregaba el mil uno, que era un prodigio de invención ingeniosa. Alguien decía que tenía el ojo de la abeja: aterciopelado, profundo, sin punto luminoso; a veces revoloteaba sobre el acónito y sobre las plantas venenosas, de las que lo defendían sus antídotos secretos. ¿Era frívolo y vanidoso? ¿O sobrenaturalmente bueno y humilde? ¿Y adónde miraban esos ojos melancólicos, que se perdían quién sabe dónde?

El joven Proust creía en los dioses. Creía que los dioses habían una vez habitado la Tierra, cuando cada manantial, cada árbol, cada colina, cada orilla del mar tenía escondida una presencia sacra: creía que, todavía hoy, sobre las nubes, los dioses decidían la suerte del mundo de los hombres. Pero no dirigía de buena gana la mirada al cielo. Ni quería resucitar a los dioses de antes, transformando a Apolo, a Artemisa, a Zeus, a Afrodita en personajes de un libro moderno, como hacían tantos escritores de su tiempo, enamorados de lo clásico. Para él los dioses no estaban muertos.

Vivían todavía hoy, escondidos en la vida moderna, entre los bancos y los trenes, y los periódicos y los salones, como imaginaba Emerson.

Los dioses habían llevado a cabo un juego muy sutil, a espaldas de sus últimos adoradores. Se habían enmascarado; y Proust tenía que posar sus ojos de mosca para volver a encontrarlos en los salones que frecuentaba, en su amigo Reynaldo Hahn; o transformados en empleados, fruteros, lecheros, aprendices de sastre, comerciantes de vino, como tantos siglos antes Ovidio había encontrado la señal de sus pasos en el mundo cotidiano. Algunas veces volver a encontrarlos era muy difícil, porque algunos dioses habían caído en desgracia; irreparablemente caídos en desgracia; o se habían vuelto locos o fingían serlo, como decía su Emerson. Proust no tenía miedo de tan poco. Las transformaciones de los dioses lo fascinaban. No había mayor diversión que desenmascararlos y volver a encontrar lo divino allí donde parecía reinar solamente lo humano. Toda la *Recherche* no es otra cosa que una caza a los dioses que habitaban todavía el tiempo moderno: caza sembrada de desilusiones, de ilusiones, de engaños, de falsos caminos, pero concluida, a pesar de todo, con una paradojal victoria.

Entonces, cuando tenía aquellos bellos ojos alargados y blancos "como una almendra fresca", no tenía dudas. Como continuamente repetía, los dioses atravesaban enmascarados la Tierra. Frecuentaba los salones de París: en primer lugar, los salones burgueses de Madame Straus, de Madame Arman de Caillavet, de Madame Lemaire; y después, más arriba, los salones aristocráticos, si bien los más inalcanzables permanecieron quizás siempre cerrados. No lo hacía por esnobismo, sino para asistir, en un rincón, al pasaje de los dioses sobre la tierra que arrojaban sus máscaras y se mostraban a la vista de todos. He aquí el largo cortejo. La condesa Greffulhe, con un vestido de seda lila sembrado de orquídeas y el sombrero florido, de orquídeas también; la condesa de Fitz-James, popelina negra y blanca, sombrilla azul incrustada de turquesas; la condesa de Pourfalès, tafetán gris perla con flores obscuras diseminadas, el sombrero con una *aigrette* amarilla; la condesa Aimery de la Rochefoucauld, heliotropo crespón de la China con *ruche* negra, sombrero, heliotropo también; la marquesa de Hervey de Saint-Denis, crespón blanco, sombrero de paja de arroz blanco con pluma blanca; la condesa Pierre de Brissac con vestido rayado blanco y amarillo, sombrero negro con rosa; la princesa de Chimay, vestido de lana recamado con violetas y mimosas, sombrero negro con nudos de heliotropo; la vizcondesa de Kergariou, crespón de China gris con nudos de hortensia azul, sombrero negro con nudos, de hortensia también; y además la condesa Greffulhe, toda vestida de blanco, sombrero blanco, velo blanco cubriéndole el rostro; y además ella enmascarada de *cattleya*, de "una gracia polinesiana"... Y al final aquella que era, quizás, la epifanía suprema: Madame de Rezské, una princesa venida de muy lejos, exiliada entre nosotros, con los ojos azules todavía vírgenes de experiencia terrestre, donde se reflejaba el azul de Isolda y de los lagos bretones.

Como escribió más tarde en la *Recherche*, Proust vivía circundado "de monstruos y de dioses"; y no conocía la calma. Aquellas condesas tal vez tontas, aquellos duques arrogantes eran, para él, "epifanías", y reunían valores incomparables que no habría encontrado en ningún otro lugar de la Tierra. Estaban en lo alto, como arcángeles, como serafines y querubines, con las grandes alas espléndidamente coloreadas: eran los que "saben y encantan"; y alguno de ellos era inclusive Salomón, con su alfombra voladora. Él estaba abajo, como el último de los sirvientes: su lugar era la abyección. Era el pequeño ángel cuya misión era "amar, padecer y sufrir": la hormiga de Salomón; el valle conmovido, oscuro y vibrante donde resonaba largamente el eco de las melodías celestiales. Es cierto, amaba ser recibido allá abajo, como también sucede más penosamente en el *Jean Santeuil*. Pero a veces amaba también más profundamente ser humillado, rechazado, expulsado incluso por los sirvientes y por los mancebos de la calle. ¿Cómo podía merecer la gracia de serafines y querubines? Si lo recibían no se sentía elevado ni humillado, tan inmerecido era ese favor; y la distancia, y hasta la angustia de ser indigno, aumentaban.

Allá abajo, ángel u hormiga, él admiraba, exaltaba y adoraba aquellas poderosas encarnaciones de la realidad: se arrodillaba ante ellas. En apariencia, las suyas eran enormes adulaciones, así decían sus enemigos, así dicen todavía sus biógrafos. Pero Anna de Noailles lo comprendió bien: "El alzar el tono, la transposición de la gama central en un canto elevado y celeste, era su vocalización natural". Cuando Proust escribía a Montesquiou y a la Noailles, la exageración del tono, la dilatación de las dimensiones y de los detalles, se transformaban en una especie de género literario que él podía variar hasta el infinito como un orador del gótico *flamboyant* o del barroco, como Paganini que tocaba con una sola cuerda; y nosotros somos llevados a aplaudir sus gestos de profesor de retórica, de equilibrista, de funámbulo. Era su modo de vivir en la "mitología", como si Minerva, Júpiter, Venus, entrasen de tanto en tanto a su casa. Pero, al mismo tiempo, sucedía una especie de inversión. Aquel continuo florecimiento de elogios se volvía cómico y soberbiamente grotesco: en las casas adonde era invitado, escondido entre los abrigos del vestidor, imitaba maravillosamente a Montesquiou y sus gritos lacerantes. Si Montesquiou se ofendía tenía razones para defenderse: "Mis imitaciones... nunca fueron más que escalas, o mejor dicho, solfeos, dado que no tenía la intención de producir ninguna melodía, nada del genio original, mejor, eran simples ejercicios y juegos de admiración". Creaba mitos, los llevaba a la exasperación y los parodiaba, disolviéndolos en una portentosa floración de gongoristas burbujas de jabón, como en las grandes escenas mitológicas de la *Recherche*.

Entre estos dioses ocultos, imprevistamente vueltos visibles ante los ojos de Proust, el primero fue, sin duda, Robert de Montesquiou-Fezensac. ¡Qué triste es la suerte del "príncipe de los conversadores"! Si hoy releemos las aburridísimas *Memorie* de Montesquiou, o sus muchos y tan cultos ensayos sobre arte, sobre literatura y vida mundana (entre los que se destaca el retrato de la reina Isabel) o las cartas enviadas a Proust, la desilusión es inmensa. En los escritos no ha quedado casi nada de aquella extraordinaria persona. O no era más que un megalómano arrogante, un mistificador sin ironía, un pícaro solemne, un maestro insoportable, un vanidoso bizarro, sin nada de la levedad o la gracia o el cinismo aristocrático. Entonces, cuando Proust era joven, ¡cuántos quedaron fascinados por él! Cuántos admiraron su casa, donde sobre las escaleras los tapices imitaban un bosque, donde colgaban laúdes y bandolas, rabeles y tiorbas; las habitaciones que trataban de repetir las sombras de la noche, los efectos plateados y lechosos de la luna en las aguas transparentes del mar; el fabuloso dragón chino que hacía de cama, sujetando el colchón con sus tentáculos y los ojos que se iluminaban cada vez que pasaba un visitante privilegiado; las hortensias de toda forma y color pintadas por todas partes; la inmensa concha persa, donde el conde sumergía los miembros delicados; las corbatas y las medias, encerradas en una vitrina, dobladas y dispuestas como elzevires en una biblioteca de lujo. En la casa estaba *todo*. La pajarera de Michelet, la guitarra de la Desbordes-Valmore, un mechón de pelos de Byron, los ojos de Jeanne dibujados por Baudelaire, los anteojos de Henry Becque, el molde hecho en yeso del pie de la condesa de Castiglione y del mentón de la condesa Greffulhe; y la fotografía de Victor Hugo, que "escuchaba a Dios".

Era un gran actor, con una vanidad tan inmensa que se volvía imaginación creadora, con la bufonería despótica de un Rabelais y de un Arlequín. Tenía "los bigotes negros cubiertos de cosmético, leves, filigranados, afilados, los cabellos sueltos rizados, quizá un intencionado toque de colorete en la mejillas a lo Barbey d'Aurevilly, el ojo brillante, el labio inagotable", decía Albert Flament. En los años de juventud cambiaba de hábito según el lugar: corbata rutilante, guantes de sala de armas y sombrero si iba donde el "heroico" Herédia, esfumado color paloma si lo hacía a casa de De Nittis, "*ce nuanciste*". Después prefería los distintos matices del gris: levita gris hierro, polainas gris ratón, guantes gris *mauve*, corbata gris tórtola, chaleco gris perla... Alto y sutil, "su cuerpo siempre esbelto, y no es decir lo suficiente, como doblado hacia atrás", escribió Proust en un famoso *pastiche*, "se inclinaba en verdad, cuando así lo quería su capricho, con gran afabilidad y reverencias de todo tipo, pero volvía enseguida a su posición natural que era de total fiereza, altanería, intransigencia a no inclinarse ante nadie y a no ceder ante nada, hasta el punto de caminar derecho sin preocuparse por el paisaje, golpeando al otro sin, al parecer, haberlo visto, o, si quería irritar, ostentando que lo veía".

Como el rey de una corte imaginaria conversaba durante horas, circundado por una pequeña multitud de súbditos extasiados, resplandecientes y risueños. Estimulado e inspirado por el deseo de gustar, casi sorprendido al escuchar las palabras que le salían de los labios, arrojaba en torno suyo los tesoros de su inteligencia y su erudición de extravagante bibliotecario flaubertiano. Hablaba de los personajes de la *La comedia humana* como si fueran sus amigos personales. Alrededor de nada construía un relato de *Las mil y una noches*. Luis II de Baviera, con Wagner, George Sand y Chopin en pantuflas, Isabel de Inglaterra, Beardsley, el gato de Schwob, la condesa de Castiglione enloquecida, Gallé, la tierna Marceline Desbordes-Valmore en el mercado: todo se transformaba en una moralidad legendaria o en una opereta. Hablaba con gusto de piedras preciosas: la esmeralda, cuyo verde es dulce a los ojos que han llorado; el zafiro, que se oscurece a la luz; el rubí, vino de sol y sangre... Luego, al improviso, sin ninguna razón evidente o movido por las más oscuras razones, decretaba sus condenas. Fingiendo que alguien lo había ofendido se divertía detestándolo con una "alegría salvaje": "Lo seguía, lo perseguía" con los ultrajes más insolentes, cómicos y crueles, con los parlamentos más pérfidos e injustos, que en pocas horas habrían dado vuelta por toda París. Mientras los dedos largos y nerviosos dibujaban arabescos en el aire, sosteniendo, sirviendo, subrayando el verbo, la voz se arrastraba lentamente; después no podía esperar, revelaba su timbre agudísimo, se elevaba a las gamas más altas, se invertía en una nota falsa; lanzaba una especie de ladrido; prorrumpía en una risa estridente; hasta que, presa del entusiasmo o la cólera, Montesquiou golpeaba el piso con el pie y gritaba haciendo temblar las arañas que colgaban del techo, como una gran orquesta verbal al unísono. Alguien recordó un personaje de Hoffmann: Montesquiou era un violín con las cuerdas demasiado tensas; chasqueaban, se retorcían y se quebraban una después de otra, bajo el esfuerzo prolongado del superlativo.

Qué cosa se escondía detrás de esta espectacular puesta en escena, nadie lo sabía; mucho menos Robert de Montesquiou. Alguien encontraba, por momentos, "una suavidad diocesana en un día de gala". Alguien veía, en él, la última encarnación del *misántropo* de Molière, o del *traidor* de los dramas de Shakespeare. Alguien encontraba un extraordinario parecido con Mefistófeles, con la flor tropical en la oreja, la corbata prismática y una joya de bruja. De la mirada inquieta y exploradora alguien más penetrante adivinaba que la vanidad, la arrogancia, la insolencia ocultaban a "un herido de la vida, un desollado vivo". Era tan desesperadamente frágil, con sus nervios de garza y de hilo de hierro. Pero cuál era esta herida, si por orgullo o vileza, Montesquiou no quiere o no sabe revelarlo; y solamente algún verso habla de un "palacio soberbio y desolado", de donde se aleja lentamente "el paso de la soledad que nunca nadie consiguió consolar".

Cuando conoció a Montesquiou, Proust era todavía la tremenda gacela amorosa que conocemos del retrato de Blanche. También él fue golpeado por el rayo, y comenzó a escribirle sus cartas exquisitas, demasiado plenas de adjetivos y de imágenes. Lo cortejaba como se puede cortejar a una señora algunos años más vieja. Insinuaba su nombre en las primeras líneas de *Les plaisirs et les jours*, elogiaba sus versos, su prosa, su secretario, sus flores, sus invenciones verbales; le enviaba de regalo lirios de Francia, un pájaro azul, un cerezo japonés donde el pájaro podía posarse, y un ángel de pesebre. Por él se inclinaba, besaba manos a distancia, hacía gestos de cortesano oriental, adulaciones de un virtuosismo que quitaba el aliento, como si Montesquiou fuese una divinidad feroz e insaciable que podía ser aplacada con incienso y sacrificios humanos. Después, como es justo, recurría el lenguaje sacro. Lo exaltaba como el soberano de los cielos y de la Tierra, que truena y fulgura pero luego hace resplandecer la serenidad; como Cristo, que aparece velado por los peregrinos de Emmaus; como San Pablo, como Salomón el Magnífico, como un venerable rey-sacerdote de Oriente...

Con el correr del tiempo la relación con Proust se volvió más profunda. Para él, Montesquiou no era solamente un dios vuelto visible: poco a poco llegó a llevarlo dentro de sí, como un doble, como si ese actor prodigioso fuese él mismo, o un personaje que comenzaba a formarse en sus vísceras. Montesquiou era un demonio. Como las sibilas o los verdaderos poetas, poseía el rarísimo don de la "locura" divina, y una especie de "comunicación directa" lo ligaba al corazón mismo del mundo. Cuando hablaba, gesticulaba o reía, la realidad –que por espacios infinitos corre gris e invisible delante de nosotros– se adensaba, se espesaba al improviso; y cobraba forma. Ese cuerpo lo inspiraba. Amaba la "rica música" y los "omnipotentes acordes" de su voz; amaba como Montesquiou aferraba una palabra y la hacía palpitar, gesticular y volar, y la saboreaba, la degustaba, la cantaba, la gritaba, la salmodiaba; amaba ese cuerpo lanzado, encorvado, doblado hacia atrás y, después, proyectado hacia adelante; sus insolencias, sus feroces bromas verbales, su vocabulario erudito y frívolo, su funambulismo estrepitoso... Incluso la escritura de sus ensayos era para él (cosa que nosotros ya no comprendemos) un gesto físico: un arte de *picador* o de esgrimista. Bastaba leer y enseguida se veía "con qué incomparable y majestuosa levedad, con qué vivaz y noble y cruel desenvoltura, con qué ardoroso, palpitante, trotante y caracoleante andar" envolvía a la víctima elegida "con sus sabias evoluciones, irritándola, aguijoneándola con mil golpes diferentes y seguros".

Muchos años más tarde, en una nota publicada en un periódico, Proust se dio cuenta de que Montesquiou hablaba como Vautrin, o que Vautrin hablaba como Montesquiou: inmenso privilegio. Más aún: Montesquiou era como Balzac. Si mientras relata, Balzac aplaude los gestos y las palabras de sus personajes y las maravillas que él, Balzac, escribe en ese momento, Montesquiou hacía exactamente lo mismo. "Tengo un amigo", escribe Proust en el *Contre Sainte-Beuve*, "uno de los rarísimos hombres auténticamente geniales que haya nunca conocido, dotado de un magnífico orgullo balzaciano. Repitiendo para mí una conferencia que había dado en un teatro y a la cual no había podido asistir, él se interrumpía cada tanto para aplaudir allí donde el público había aplaudido. Pero ponía tal furor, tal brío, que estoy convencido de que más que pintar realmente la escena, al igual que Balzac él se aplaudía a sí mismo." No sabría decir si en estas líneas de Proust lo que sobre todo resalta es la admiración, o la ironía, o la pura diversión. Con una imaginación histórica potentísima, Proust descubre en Montesquiou lo que nadie supo entrever: un fragmento de la Francia del siglo XVIII, digno de la pluma de Saint-Simon; algo que tiene mucho de salvaje y majestuoso, de lóbrego y solemne. Después de dos siglos de silencio, era como si un caballero de la Fronda apareciese de nuevo ante él, maquinando fantásticas intrigas contra su miserable rey, o como si Luis XIV saliese del retrato de Rigaud, desordenando su peluca barroca.

La segunda divinidad entrevista por Proust fue Laure de Sade, que había contraído matrimonio con el conde de Chevigné, caballero de honor del pretendiente del trono de Francia. Tenía los hombros anchos, las caderas flacas, el cuello largo, la frente estrecha, los cabellos de oro rojo, como una ninfa cazadora del Renacimiento; y líquidos ojos azul marino, "más bellos que los más bellos zafiros", se abrían en un rostro cortado por una nariz curva y autoritaria. La voz era baja, rauca y perentoria a causa de demasiados cigarrillos y demasiados siglos de comando. Todas las mañanas paseaba por la vereda donde daba el sol en la avenida de los Champs-Élysées, apretada en un vestido de sarga gris o con un *covercoat* beige, con un pequeño velo sobre el rostro. Se la encontraba en los negocios de la rue de la Paix, donde los sastres y las modistas, sola o junto a la gran duquesa Vladimir de Rusia y su hija. En contra de la moda y las modistas parisinas, Madame de Chevigné conservaba algo de rudo y agreste; portaba consigo un perfume de bosques y caza; hablaba un lenguaje lleno de expresiones campesinas, que en sus labios cobraban una vivacidad y un relieve extraordinario; y en sus modales y en sus vestidos recordaba a un jinete o a una amazona. Como observó Reynaldo Hahn, parecía una aristócrata del siglo XVII. Autoritaria, familiar, expeditiva, acostumbrada a hablarle al rey y a los campesinos, poseía una mirada cruel, capaz de develar todas las debilidades, y una naturaleza metálica: una especie de "dureza brillante", que recibía todos los rayos del mundo y los transformaba en una sustancia fría y diamantina.

Todos los días, de las dos a las cuatro de la tarde, Madame de Chevigné recibía a sus amigos, todos hombres. Estaba sentada muy rígida en un sillón rigidísimo, como una reina cazadora, fumando uno después de otro sus cigarrillos de proletaria; tenía una boquilla de ámbar larguísima, que nunca se sacaba de los labios, ni siquiera cuando hablaba. Llevaba al cuello innumerables collares de finas perlas regaladas –en cada aniversario, en cada Navidad– por sus amigos. Sabía escuchar maravillosamente, y mantener con pulso de hierro la conversación. Apenas llegaban, los huéspedes se sentaban en sillones igualmente rígidos dispuestos en arco en torno suyo. Cada uno tenía su asiento. Ninguno era joven; no hablaban mucho, y encontraban fuerza para la próxima intervención tomando una pastilla de Vichy de la bombonera abierta sobre el *guéridon* que estaba junto a la condesa. Todos, estaban celosos unos de otros pero sobre todo lo estaban de los "nuevos". Con su vulgaridad y crueldad de vieja aristocrática, Madame de Chevigné reveló a una amiga: "Mis viejos amigos gruñen cuando huelen la carne fresca". Un día tuvo que dirigirse al campo por un funeral, y no pudo volver a París a las dos ni avisar a la servidumbre. Cuando los huéspedes llegaron a la rue d'Anjou, el viejo mayordomo les comunicó la noticia inaudita: "Madame, la condesa, salió". Fue el estupor, la indignación, la confusión. ¿Qué hacer? ¿Irse? ¿Volver? Intercambiaron opiniones silenciosamente en la antecámara, bajo la mirada del mayordomo. Después entraron al salón; cada uno ocupó su sillón, y permanecieron sentados, sin decir una palabra, en torno a la divinidad ausente. Madame de Chevigné los encontró así, en silencio, cuando llegó dos horas más tarde.

El tiempo, que Madame de Chevigné conservó inmóvil con sus vestidos grises y beige y su coraza de perlas brillantes, borró cualquier rastro del galanteo que el hijo del burgués y la judía llevó a cabo entre las *avenues* y las pequeñas calles de París. No sabemos casi nada. Madame de Chevigné, que tenía once años más que Proust, destruyó todas las cartas que había recibido en aquel tiempo. De las raras cartas escritas más tarde, sabemos solamente que ella le dijo bajo los árboles de la avenida Marigny: "Fitz-James me espera"; que después de cada acecho, Proust tenía crisis cardíacas; y que la consideró siempre, incluso veinte años después, su Laura, consciente de haberle alzado un monumento como Petrarca lo había alzado a la primera Laura de Sade. Aquellos cabellos rubios, aquella nariz grande, aquellos ojos azules, aquella voz baja, aquellas expresiones campesinas, fueron filtradas y atribuidas a Oriane de Guermantes. Pero el proceso de mitologización se había ya cristalizado en mayo de 1892, en una prosa del *Banquet*, después retomada en *Les plaisirs et les jours*, donde vislumbramos la fabulosa raza de los Guermantes. "Agreguen que tiene la piel muy fina, y el labio superior demasiado fino, lo que le tira demasiado la boca hacia arriba cuando ríe, haciendo un ángulo muy agudo. Y sin embargo su risa me impresiona infinitamente, los perfiles más puros me dejan frío comparados con la línea de su nariz, que para ustedes es demasiado arqueada y para mí es tan conmovedora y me recuerda a un pájaro. También su cabeza se parece a la de un pájaro, tan larga de la frente a la nuca rubia, y más todavía sus ojos penetrantes y dulces... Nunca pude ver a sus hijos y sus nietos, que tienen todos como ella la nariz arqueada, los labios finos, los ojos penetrantes, la piel muy fina, sin sentirme perturbado al reconocer su raza, nacida sin duda de una diosa y un pájaro. A través de la metamorfosis que hoy encadena un deseo alado a esta forma de mujer, reconozco la pequeña cabeza del pavo real, detrás de quien ya no fluye la ola azul del mar, verde mar, o la espuma de su plumaje mitológico".

La tarde del 24 de abril de 1899, Proust invitó a una recepción a la tercera divinidad enmascarada, Anna de Noailles, algunos años más joven que él; y una actriz recitó sus primeros versos, junto a los de Montesquiou y Anatole France. Siguieron *Le Coeur innombrable*, *L'Ombre des jours*, *Les Éblouissements*: libros que tuvieron un éxito grandísimo, mientras que hoy están injustamente olvidados. Si Montesquiou era un demonio parnasiano, Laure de Chevigné la Diana cazadora, Anna de Noailles (como decía Léon Daudet) era la reina Mab del *Romeo y Julieta* de Shakespeare: reina de los sueños, partera de las hadas, pequeña en su carruaje pequeño como una nuez, con las ruedas hechas de patas de araña, la capota de alas de langosta, los tirantes de hilos de telarañas y los arreos tejidos con los rayos rociados de la luna. Según algunos, los ojos inmensos de Anna de Noailles eran segurísimos, con esa luz chispeante que brilla en el iris de los ojos mediterráneos; según otros eran grisverdes manchados de oro. Tenía largas pestañas negras; y una órbita profunda arrojaba sobre los ojos una sombra de melancolía. La piel tenía la transparencia del marfil. Los cabellos negros formaban una franja hasta las cejas; con la mano infantil, que un gran zafiro circundado de brillantes volvía exageradamente pequeña, Anna de Noailles los alisaba y movía. Cuando iba de visita llevaba un gigantesco sombrero negro de paja de Florencia, del que caían plumas de avestruz: con mucho esfuerzo la reina Mab atravesaba las puertas.

"Era real, perentoria, vapuleadora, secretamente indolora", escribió Léon Paul Fargue. "Se difundía, explotaba en hallazgos sorprendentes, en cortocircuitos de ideas que le pellizcaban el cerebro, en abreviaturas vertiginosas, en fórmulas crepitantes que como relámpagos surcaban el cielo de los salones de París… Era un maravilloso niño abrazado por el fuego de los dones, despótico, insaciable, caprichoso, a veces duro y autoritario, susceptible, impaciente y revoltoso, pero iluminado por un sol de medianoche, doloroso y a menudo enternecido". Daba la impresión de estar poseída por una "fiebre alegre", cuyo estremecimiento se comunicaba a todos; de una jovialidad exuberante, de una eléctrica alegría de vivir, que resonaban de improviso en su risa de plata clara; gozaba la felicidad y la desventura con una intensidad que hacía parecer gris la existencia de los demás. Era la bacante embriagada, o simulaba serlo. Amaba a todos, y quería ser amada por todos. Cuando alguien la acusó de confundir su alma con las flores, respondió "¿Cómo puede decir semejante estupidez? Yo no quiero en absoluto perderme en la naturaleza, sino llevarla dentro mío, hasta el punto de ver el sol y los ríos resplandecer y correr dentro de mi corazón". Animaba la naturaleza. Era, ella misma, la reina Naturaleza; y proclamaba esta identidad con una vibración impetuosa y teatral.

Cada salida de Anna de Noailles al mundo era una representación. Llegaba siempre con retraso, como las grandes divas y las grandes damas, atenta al ruido caluroso que se elevaba a su paso, y se dejaba caer moribunda en un sillón. Apenas se sentaba, nacía el silencio. Alguno se arrojaba a sus pies, como a los pies de una reina; y enseguida ella, con su ademán imperial, se adueñaba de la conversación. No importaba de qué se tratara: literatura, política, vida cotidiana, ayer, hoy y mañana. Comenzaba a arrojar sus palabras: las saboreaba alzando la cabeza, cerrando los párpados grandes y hermosos, describiendo un semicírculo con la cabeza, abriendo la boca ancha, dejando al descubierto los dientes. Si bebía, con la mano derecha sostenía el vaso y con la izquierda hacía gestos de que no la interrumpieran. Poseía el don y el arte generoso de la elocuencia: de sus labios finos y sinuosos las palabras huían, precipitadas, desdibujadas y diferentes; y enseguida el ritmo se volvía voluble y rapidísimo. Hablaba de todo: las votaciones inglesas, Michelet (a quien adoraba), el nuevo ministro de Guerra (al que adoraba), Léon Daudet (al que amaba), Charles Maurras (al que admiraba), Danton, Robespierre, Luis XVI, María Antonieta, George Sand, Shakespeare, Proust, su criado. Caminaba en la cuerda, cambiaba de trapecio, ejecutaba juegos de prestidigitación, hablaba sobre esto y aquello; y cada tanto hacía trampas o caía de la cuerda. ¿Cómo resistirse? Gide estaba aturdido. "No hay modo de recordar nada de la conversación. Madame de Noailles habla con una volubilidad prodigiosa; las frases se apretujan en sus labios, se aplastan, se confunden. Es una sabrosa compota de ideas, de sensaciones, de imágenes, un *tutti-frutti* acompañado de ademanes de manos, de brazos y ojos lanzados al cielo." Por espacio de tres horas hablaba a solas: todo estaba en relación con ella, todo salía de ella; y después se iba, agotada, tan moribunda como cuando había llegado, consumida por un fuego que nadie hubiera podido sofocar.

Ni siquiera a Montesquiou Proust envió cartas de una exageración tan loca, tan plena de alegría, de felicidad y casi de orgasmo, como las que mandó a Anna de Noailles. Hubiera podido repetir lo que escribía en el *Jean Santeuil*: el cuerpo, los lineamientos, los ojos de Anna estaban incesantemente animados por una fascinación tan viva que nadie se preguntaba jamás si esto o aquello era en ella más o menos bueno, tanto "se fanatizaba uno por su personalidad". Proust había adorado un naciente personaje justamente en Montesquiou, un mito aristocrático en Madame de Chevigné; pero, en la Noailles, detrás de aquel espectacular teatro tan alejado de él mismo, descubría algo que tenía mucho de cercano, un espejo, una prolongación de él mismo. Encontraba en ella algo que solamente había expresado en las páginas desconocidas del *Jean Santeuil*: la dilatación, la ebriedad, la expansión del yo, para quien el universo se volvía un pequeño planeta rotando en el corazón; la exaltación que le hacía descubrir la verdad; y la genialidad fantástica que daba una vida al mundo creado, llenándolo de figuras ardientes y animadas.

Proust estaba preparando desde hacía mucho tiempo sus efectos poéticos: lentísimamente la *Recherche* se gestaba dentro suyo, como un hijo del que no era consciente. Ahora, especialmente en los versos de la Noailles, volvía a encontrar efectos que todavía no había experimentado, y quizá no sabía que quería experimentar. "Con frecuencia los más pequeños versos de los *Éblouissements*", escribía muchos años más tarde, "me habían hecho pensar en aquellos cipreses gigantes, en esas sóforas rojas que el arte del jardinero japonés consigue contener, altas algunos centímetros, en un tazón de Hizen. Pero la imaginación que lo contempla junto a los ojos, lo ve, en el mundo de las proporciones, como son en realidad, esto es, árboles inmensos". ¿Qué hay más proustiano que esta coincidencia entre lo mínimo y lo grandísimo, entre lo microscópico y lo telescópico? Amaba la riqueza de la orquestación wagneriana de la Noailles, que él hubiera todavía ampliado, las vastas aperturas, el espesor de las sensaciones, la osadía de las metáforas, la vivacidad de las personificaciones, las estáticas dulzuras. Sobre todo –y aquí, tal vez, su imaginación creadora lo hacía equivocarse– amaba en los versos de la Noailles el arte del *fondu*. "Lo que es más extraordinario y hermoso en este libro... es el hecho de que no está compuesto por partes, sino que es uno, bañado en una misma atmósfera, bañado enteramente, donde los colores influyen unos sobre los otros, complementarios como en una mañana de primavera en el jardín observada desde un comedor con vidrios de colores con una cortina bajada hasta la mitad, y donde las 'corrientes de aire' que se mueven en el jardín entran en el salón rociado de cal y sol". Sabía que el *fondu* es el arte supremo de los maestros; y hasta el fin, a la muerte de Bergotte, lo habría perseguido en la *Recherche*.

En cuanto a las representaciones públicas de la Noailles, quizás eran, como decía el árido Gide, un *tutti-frutti* actuado por una actriz infantil y voluble. Pero Proust se divertía muchísimo escuchándola, como Jean Santeuil, Léon Paul Fargue y Léon Daudet y tantos otros admiradores notos e ignotos. "Su conversación era de una sabiduría continua, hacía reír perpetuamente con comparaciones cómicas, una manera humorística de relatar la misma cosa, tanto que no tenía ninguna necesidad de relatar historias graciosas..., pero en cualquier circunstancia de la vida descubría algo gracioso; porque una persona delicada, a quien la simpatía pone en el lugar de cada uno sin permanecer siempre dentro de sí, ve lo cómico por todas partes... Si nosotros creemos que existen pocas cosas graciosas es porque no sabemos verlas, y la alegría es un elemento fundamental de todas las cosas".

III. WILLIE HEATH, REYNALDO HAHN, LUCIEN DAUDET

Debo dar un paso atrás. Entre 1891 y 1892, mientras Proust hacía sus estudios universitarios, frecuentaba un grupo de jóvenes amigos: Robert de Billy, Robert de Flers, Pierre Lavallée, Edgar Aubert, Willie Heath. Edgar Aubert, que venía de Ginebra, poseía una "seria curiosidad", ironía y ternura, una "graciosa tristeza" y una incertidumbre desconfiada y casi inquieta hacia todo lo que hubiera podido hacer. Willie Heath, a quien Proust conocería algunos meses después, era al mismo tiempo el más grave y el más infantil de todos, "no sólo por su pureza de corazón, sino por su alegría cándida y deliciosa". Proust renovó el proyecto, que la violencia de los compañeros del Condorcet había aplazado, de crear un pequeño y exquisito círculo de jóvenes amigos, ligados entre sí por tiernas y platónicas relaciones homoeróticas. "Pienso en todos ustedes cuando me voy a la cama, todas las mañanas al levantarme, y siempre, siempre". Habrían vivido juntos, lejos de la estupidez, del vicio y de la maldad del mundo, hablando los unos de los otros: en los umbrales de la vida, en un momento de suspensión indefinido.

El círculo de amigos pronto se rompió. Edgar Aubert murió de apendicitis, en Ginebra, el 18 de septiembre de 1892; Willie Heath murió de tifus, en París, el 3 de octubre de 1893. La muerte de Aubert suscitó en Proust una ola de afecto que hasta entonces no se había dado cuenta que sentía por él: escribía a Robert de Billy pidiéndole que le contase acerca de su enfermedad, si había sido consciente de la gravedad del mal, y todos los detalles del último viaje. "¡Ay de mí!, él no volverá nunca más, se ha ido por más tiempo que el vuestro. Los días, que vuelven dulces y claros me hacen recordar exactamente, hasta la alucinación, aquellas vueltas a casa con él, cuando era tan delicioso, tan cómico, tan bueno, y con la gran dulzura de una mirada o de un apretón de manos corregía lo que había apenas dicho con vivacidad e ironía". Había frecuentado a Willie Heath poco tiempo. A menudo volvía a encontrarlo por la mañana en el Bois de Boulogne; Heath lo esperaba bajo los árboles, de pie, pero descansado, parecido a los aristócratas pintados por Van Dyck: tan delicados, cada fibra entrelazada con una exquisita elegancia moral, como él cerca de la muerte, como él pintados bajo la sombra de un follaje. Después Willie Heath levantaba un dedo conversando, con los ojos impenetrables y sonrientes, casi amenazando con decir un enigma; y entonces el duque de Richmond de Van Dyck se volvía por un momento el San Juan Bautista de Leonardo, que anunciaba a los hombres una revelación cierta y misteriosa.

¡Qué dolorosa es la vida! ¡Cómo nos oprime! ¡Cuánto mal hace al alma! En aquellos momentos de tristeza por los amigos muertos, Proust pensaba en el Arca en la que Noé había pasado cuarenta días, mientras se habían roto todas las fuentes del gran abismo y abierto las cataratas del cielo, y no se veían ni montañas ni animales ni aves ni serpientes, sino solamente el inmenso, oscuro océano rebalsado. Cuando era niño, se compadecía de Noé. Ahora le parecía que nadie era más envidiable. Noé vivía en la clausura, en el exilio y en la concentración: afuera estaba la noche, como al principio, cuando "la tierra estaba desierta y vacía y las tinieblas ocupaban la superficie del abismo"; y sin embargo solamente desde las Arcas se puede ver el mundo, como Proust experimentaría muchos años después.

Hoy, que la tierra ya no está cubierta por las aguas, ¿cómo se puede vivir en un Arca? Proust pensaba en sus enfermedades, cuando estaba completamente envuelto por el amor de su madre; en la "dulzura de la suspensión del vivir", en aquella "tregua de Dios", en aquella "gracia", que interrumpe los trabajos y los deseos malvados, y que acerca a las realidades que están más allá de la muerte. Pensaba en la convalecencia, que le sonreía con un rostro parecido al de su madre. Sobre todo pensaba en aquellas muertes juveniles que lo habían rozado; y se dirigía hacia las tumbas, experimentaba nostalgia de la muerte, en un sueño sentimental y melódico. Quizá su lugar estaba al lado de Edgar Aubert y Willie Heath, no en los salones de París. Había leído en alguna parte que "la muerte llega en ayuda de los destinos que tienen dificultades para llevarse a cabo"; y quién sabe si su destino no era uno de éstos y que sólo la muerte pudiese sellarlo.

El 22 de mayo de 1894, probablemente, Proust conoció a Reynaldo Hahn, músico y cantante, durante una fiesta en casa de Madame Lemaire, la "reina de las rosas". Tenía cuatro años menos que él y había nacido en Caracas, Venezuela, en el seno de una rica familia hebreo-católica como la de Proust, con ascendencias alemanas y españolas. Desde 1878 vivía en París, en el número 6 de la rue Cirque, con el padre, la madre y las hermanas. Tenía ojos oscuros, piel aceitunada, bigotitos negros. Maurice Duplay decía con maldad que parecía un "*mignon* de Enrique III, y un compañero de César

Borgia"; según otros el rostro a veces descubría "rencores negros y venganzas tenebrosas". Pero era difícil descubrir la crueldad en aquellos ojos llenos de lejanía, donde el sueño cubría con una sombra dulce y tibia una mirada llena de inteligencia y penetración. Hahn poseía todas las dotes que Proust no conocía, y que a veces hubiera deseado poseer. Amaba la precisión, la sobriedad, la medida, la prudencia, la gracia discreta, el acuerdo entre las partes. Nada lo fascinaba más, en literatura, que "la sutileza, el equilibrio, la perfecta claridad intelectual, el gusto". ¡Con qué euforia hablaba de Sainte-Beuve, de la "espontaneidad preparada"; y con qué desprecio del exceso y la exageración! Como un verdadero clasicista, recomendaba: "Huyan de las tempestades"; "El Himalaya, Miguel Ángel y Beethoven son inaccesibles para mí". Con estas cualidades, el judío-alemán-español había adoptado a Francia como el verdadero lugar para su alma: Francia era, para él, "el país moderado", donde todo llevaba a la claridad de la expresión.

No puedo decir que fuese un buen músico, pero es cierto que era un escritor finísimo y un cantante lleno de atractivo. ¡Cuántas veces Proust lo escuchó en los salones de París! "Con la cabeza ligeramente echada hacia atrás, la boca melancólica, un poco desdeñosa, dejando escapar la oleada rimada de la voz más bella, más triste y cálida que jamás haya existido", Reynaldo Hahn –escribía Proust algunos años después– "oprimía todos los corazones, humedecía todos los corazones en el temblor de admiración que propagaba en la lejanía y nos hacía temblar, nos doblaba a todos uno después de otro, en un silencioso y solemne ondear de plantaciones, bajo el viento". O bien cantaba y tocaba, solo, una opereta. Con el cigarrillo en un ángulo de la boca, inclinaba la cabeza con un estremecimiento nervioso, mientras los acompañamientos dulces y resonantes corrían bajo sus dedos. Se comprendía claramente cada palabra de las canciones, y el aria de la opereta. Sin detenerse, cantaba las respuestas femeninas con voz aguda, entonaba el coro tan fuerte que todos eran arrastrados, dibujaba la imitación de un actor conocidísimo; indicaba que aquí había un violín, allá los trombones, y conducía toda la sonoridad con un aire cansado y distraído. Era un gran improvisador. En la corte de Inglaterra, ante la reina, estuvo dos horas cantando las cosas más diversas, desde canciones del siglo XVI a aquellas del *café-concert*, pasando por Lully, Bach, Mozart, Gounod, Schumann, Brahms, Saint-Saëns.

No había nada que Hahn amase más que la pura, desnuda voz humana, la cual le producía una emoción mayor que la de una sinfonía de Beethoven e incluso de Mozart. En Murano había admirado el trabajo del vidriero. Amaba la rapidez vertiginosa con que el vidrio tomaba forma entre sus manos. El artesano apenas ha tenido el tiempo suficiente para cumplir su trabajo de modelado, y ya el vidrio comienza a endurecerse, fuegos irisados brillan en sus venas transparentes, arrojando un esplendor maravilloso o formando una combinación indefinible de tonos delicados y ligeros: es una flor, o una mariposa de cristal, o una esfera encendida, o una corriente luminosa inmovilizada en un arabesco bizarro, o un chorro de luz. ¡Qué variedad innumerable de formas y colores, brotadas en un solo instante! El cantante es similar al vidriero de Murano. La forma de su canto debe ser definitiva: no tiene tiempo para modificarla y transformarla; tal como la ha creado aparece sin tardanza al oyente. No puede permitirse ni dudas ni arrepentimientos.

Hace falta que, en un instante inaferrable y con un trabajo instintivo de una rapidez prodigiosa, el cantante dé a la materia verbal una belleza plástica y sonora: además debe cargarla de emociones, de poesía, de pensamiento. Mientras hace nacer la voz en los meandros de sus pulmones, de la laringe, del paladar y de los labios, su cerebro y su corazón deben atender instantáneamente a la materia impalpable que es el sonido, esa fuerza psicológica e intelectual que conmueve, exalta, deprime, entusiasma o embriaga.

El canto sacaba a la luz la tristeza ahogada en el corazón demasiado sobrio de Reynaldo Hahn. Había en él algo de doloroso y de herido: sostenía que todo hombre, después de haber abandonado la acción valerosa al servicio de la conciencia, debía adoptar "una pasividad resignada y melancólica". Amaba todas las cosas vencidas, superadas, terminadas, Versalles en otoño, Mademoiselle de La Vallière, todas las cosas donde se revelaba la fuerza triste del tiempo. En uno de sus muchos viajes a Venecia fantaseó largamente acerca de la relación entre Venecia y Mozart y creyó comprender que sus almas eran iguales: la belleza juvenil y multicolor no consigue ocultar detrás suyo la desesperación que la devora.

En un atardecer pasaba por San Giorgio Maggiore cuando el ritmo del remo despertó poco a poco en su memoria las notas de *Las bodas de Fígaro*, que parecen revelar el esfuerzo del corazón por liberarse y huir, a través de los labios, hacia el cielo. Se puso a cantar. Era el lamento discreto y resignado que la condesa de Almaviva dirige al tiempo, a la vida, al destino, a nadie: el lamento y el sufrimiento del recuerdo. Mientras Hahn cantaba en voz baja le parecía que el dibujo musical se adecuaba a la arquitectura de Venecia: era la misma "sonrisa estoica y desgarradora". El sol se ocultaba, estaba por apagarse, y sus últimos rayos eran recogidos por una extremidad del mosaico del pórtico de San Marcos, pero ya las luces de la plaza se encendían, pálidas, tristes, casi fúnebres. Le parecía estar viendo a la condesa mientras se colocaba en la frente, en las orejas, en el cuello, con un gesto habitual y distraído, las joyas para la fiesta de la noche, centelleantes emblemas de su esclavitud.

Dove sono y bei momenti
di dolcezza e di piacer?
Dove andaro y giuramenti
di quel labbro menzogner?

Sintió alrededor aquella dulzura fluida, aquella languidez voluptuosa, aquel desgarro musical. También él era Rosina prisionera, que soñaba con una felicidad perdida a la que nunca había podido conocer.

Reynaldo Hahn y Proust no hubieran podido ser más diferentes, y ambos lo sabían. El primero amaba la medida y el equilibrio; el segundo se nutría de exceso y exageración. El primero huía de las tempestades; el segundo veía su vida devastada por las tempestades y los abismos del corazón. Si Hahn consideraba la música como sujeta a las definitivas palabras humanas, Proust creía que la esencia de la música consistía en revelar el fondo del alma, que escapa a cualquier forma determinada. Hahn amaba a Massenet y a Saint-Saëns: Proust a Wagner y a Debussy; y si todavía no odiaba a Sainte-Beuve, en quien por otra parte veía el corazón del *gusto*, enseguida lo hubiera execrado. Quizás sintieron atracción justamente por esto: eran colores complementarios.

Proust reconstruyó en seguida su propia mitología infantil y pasiva. Aunque tenía cuatro años más que Hahn, lo llamaba "*my little Master*"; él era su pequeño *poney*, que estaba tranquilo en el "establo y no hacía que su dueño se resfriara". En una común regresión a la infancia inventaron un código pueril, con una jerga, sobrenombres y un estilo adulterado, como Mozart, que escribía los nombres al revés; y continuaron usándolo incluso cuando tenían cincuenta años. Proust apretaba, olía, besaba las pequeñas manos de Reynaldo. Como decía Shakespeare, tenía bajo los labios "la cosa más pura, más perfecta del vasto mundo –y no la azucena, y no la rosa de la que Venus se enorgullece..." El *Master* y el *poney* vivían su amistad en sociedad. Corrían a pie y en carruaje de una casa a otra, desde la de la marquesa de Casa-Fuerte a la de Madame Daudet, de la de Madame Stern a la de los Straus, a la de Lemaire, a la de los Baignères; iban a la *Opéra-comique*, al *Théâtre français*, a los conciertos, allí donde se encontrase el "gran mundo", del que ellos eran la flor.

En este amor hubo siempre, desde el comienzo, algo "dulce, melancólico y violento", como en la voz cálida de Reynaldo Hahn. Pero Proust no conoció jamás un período más feliz: alegría del alma, del cuerpo, de los pensamientos, de los movimientos, que reflejó en las páginas del *Jean Santeuil*, escritas mientras crecía su amor. ¡Con qué buen humor conversaban, se escribían, hacían *potins*, atravesaban velozmente París en carruaje! Por primera vez en su vida Proust se sintió libre. Si en los años pasados se había sentido dominado por el destino, por la necesidad del tiempo y del carácter, ahora, el primero de enero de 1895, se dio cuenta de que comenzaba el año "con un sentimiento más vivo que la gracia divina y la libertad humana, con una confianza en una providencia por lo menos interior". Esta libertad se la debía a Hahn.

Sobre él había una Trinidad, aunque sin padre, que lo protegía. En el fondo estaba, con los brazos abiertos, la dolorosa y dulcísima Madre edípica. Por un lado una joven mujer, "confidente de los pensamientos, faro de las tristezas errantes, protectora de los débiles, guardiana de los enfermos, fuente de bondad, perfume de amistad, alma de las noches", acariciaba con sus pequeñas manos de hermana su frente ardiente y secaba sus lágrimas; mientras un joven delicado, que los celos ya hubieran querido aprisionar, ocupaba el centro del cuadro. Todas las atenciones, los lances y los deseos tenían que converger, intensificados y multiplicados, en la figura oscura del "*petit Marcel*", arrodillado adorador a los pies de su Trinidad.

En agosto de 1894 Madame Lemaire invitó a Proust y a Reynaldo Hahn a su castillo de Réveillon, sobre el Marne. El castillo, construido a comienzos del siglo XVII, rodeado de fosas y de torres, se alzaba rojo, entre los jardines y los huertos, mientras los bosques se extendían lejanos en una línea curva. Madame Lemaire no tenía nada de la castellana aristocrática. Todo se mantenía con feliz negligencia: frutas y legumbres crecían por casualidad, y el edificio, más que a sus dueños, parecía pertenecer a las dalias, a los delphiniums, a las rosas y a las palomas. No tenemos muchos testimonios directos acerca de las vacaciones en Réveillon y después en Beg-Meil. Pero, en estos sitios, el *Jean Santeuil* es casi un diario de la vida que Proust vivió junto a Hahn; y allí, a pesar de las justas reservas contra la imposibilidad de usar una obra literaria como una crónica, agrego a mis pálidos colores los colores brillantes que Proust diseminó en su primera novela.

En la mañana Proust se despertaba tarde, tomaba perezosamente el desayuno en la cama, hojeando los periódicos y leyendo la correspondencia que le traía las últimas conversaciones de París, mientras Reynaldo estaba sentado ante una mesita, bebiendo una taza de chocolate humeante. Hablaban y reían sin parar. Después Reynaldo se sentaba al piano, cantaba un aria, y Proust lo escuchaba embelesado, en pijama, cerca del fuego, calentándose los pies, mientras el sirviente golpeaba inútilmente la puerta anunciando que el almuerzo estaba listo. Marcel llevaba una corbata roja con un traje azul, una corbata blanca con un traje negro, una corbata amarilla con un saco color paja, como si cada día quisiese pintar un retrato diferente de sí mismo, con una tinta y una armonía diferentes. Era tarde. Los dos amigos corrían abajo, a través de los largos corredores y las escaleras de mármol. En la mesa del salón comedor, los mechones azules de los adiantos, las zinnias de color rosa, amarillas y violetas y las bocas de león "conservaban, en la vivacidad de sus colores, bañadas por el rocío que todavía no se había secado y regocijadas por el sol que desde el fondo del parque las seguía", la misma dulzura de tono de las porcelanas de Sajonia. Los huevos calientes humeaban entre las flores frescas: pequeñas imperceptibles tajadas de tocino se transparentaban entre las oleadas doradas de los huevos batidos; y Marcel y Reynaldo se sentaban, desplegando una servilleta "cándida como la alegría de todos".

Por la tarde los dos amigos paseaban por el campo. A veces un temporal los sorprendía y se refugiaban bajo un manzano. Ante ellos los campos colmados de tréboles verde oscuro, los innumerables manzanos que declaraban junto al púrpura de las manzanas la madurez del propio vigor, los livianos espinos que habían cambiado el hábito blanco de primavera por los pequeños frutos del verano, la adormidera temblante al viento en la cima de su tallo verde, parecida a una llama en la cima del palo mayor de una nave –"todas las fantasías del color, todos los pensamientos de la naturaleza, todas las criaturas de la primavera, todas las obras del verano"– estaban allí para testimoniar que el sol y lo azul no se habían ido para siempre, y que en cualquier momento habrían reaparecido en la tierra. Marcel y Reynaldo volvían a Réveillon. En el jardín, un rosal de enormes y blandas flores blancas, otro de profundas rosas de color púrpura, otro más de pequeñas rosas parecidas a cálices recién excavados, se abrían junto a pétalos violetas y simples como los de las rosas de mayo. Los dos amigos se sentaban en una mecedora o se extendían en el suelo, sobre el pasto, junto a la dueña de casa. Las palomas, grises y hermosas como la plata antigua, graves en su silencio, pisaban el pasto con sus lentas patas, como para una investigación prudente, mientras los gorriones hacían lo mismo saltando con una auscultación más rápida. Todavía más bellas que las palomas eran sus sombras: sombras resplandecientes a fuerza de ser negras; el grito profundo de la jornada donde todo estaba en su extremo y nada debilitaba la luz.

Hacia la noche, la felicidad, que durante el día había sostenido a Proust sobre sus alas coloridas y melódicas, llegaba a su fin. Cuando cambiaba de traje para la cena, la alegría llenaba la habitación, acariciando la blanca y blanda fila de los pañuelos en el primer cajón de la cómoda. La alegría se exaltaba cuando él cerraba con fuerza la puerta del cuarto, crecía a través de los corredores oscuros, se multiplicaba mientras recorría con taconear impaciente las escaleras y ponía a prueba los escalones, haciendo saltar de cuatro en cuatro el peso de su alegría. Con los ojos de la mente veía ya el salón comedor radiante a la luz de la lámpara, la cena servida, los amigos reunidos, una carta cerrada debajo de su servilleta. Antes de entrar en el salón necesitaba reunir fuerzas y prepararse: se detenía un instante detrás de la puerta para no ser enceguecido y sofocado bruscamente por aquella inundación de luz, de calor, de calma y ricos aromas. Después de la cena volvía a su habitación. No tenía ganas de ir a la cama y escribía una nota a Reynaldo, recordando las palabras dichas por Horacio ante el cuerpo de Hamlet: "Buenas noches, amable príncipe, y que bandadas de ángeles te acunen cantando tu sueño".

Al año siguiente, Proust y Hahn pasaron un mes y medio, entre los primeros días de septiembre y los últimos de octubre, en Beg-Meil, en la Bretaña meridional, viviendo en una fábrica transformada en hotel, bajo los manzanos que crecían casi sobre las rocas y dejaban entrever el mar entre sus ramas. Aquella estadía tuvo siempre para Proust un fuerte valor simbólico: se apoderó del mar, del viento, del aire marino, de la naturaleza entera, con la mente y con el cuerpo; llegó a los orígenes de su vida, y conoció, con Hahn, un período de quieta felicidad contemplativa que nunca más volvería a conocer. El otoño había pasado. En las calles Proust sentía solamente el dulce reflujo del mar, calmo como la bahía, y este rumor hacía de pedestal al silencio. El follaje de los árboles estaba enrojecido por los tranquilos fuegos de otoño, que cada tarde el sol al ocultarse volvía a incendiar. El viento era demasiado débil para empujar las nubes y hacer huir al sol: su soplo era apenas una leve y rápida invitación a degustar este último resto de dulzura, estos días supremos y todavía encantadores, como aquellos de una vida consumida en su auge.

En la desierta playa bretona, Proust comenzó a escribir el *Jean Santeuil*. A las once de la mañana, envuelto en una frazada, se sentaba en el parque rodeado de manzanos delante del hotel. Había comprado en el pueblo vecino hojas cuadriculadas, que ahora temblaban al viento y se doraban al sol; y con la mano nerviosa cubría esas hojas en las que podemos contemplar las ideas que se sucedían, agitándose y multiplicándose en su pensamiento. Relató el "beso de la madre", la escena que había marcado para siempre su vida; y la infancia y los años de escuela de Jean. Después del almuerzo, Marcel y Reynaldo iban con sus libros a las dunas. Proust llevaba consigo las cartas de Madame de Sévigné o *Los héroes* de Carlyle, o *Esplendores y miserias de las cortesanas* de Balzac. Para no molestarse mutuamente se extendían a cierta distancia uno de otro, escondidos por las ondulaciones de las dunas. Cada uno podía imaginarse aislado de todo ser humano, divisando sobre la arena solamente el cielo y el mar y el vuelo incesante de las gaviotas. A veces se adormecían al aire libre, y sus espíritus vacíos, sus cuerpos felices estaban libres de cualquier pensamiento.

A menudo el grumete de Beg-Meil llevaba a Proust en bote hacia el mar abierto. "Sería hermoso dormir", decía Proust, acunado por el viento, por el redoble de las olas y enceguecido por la luz esparcida y cambiante del mar. Se extendía en el piso del bote, sobre unas frazadas, y terminaba por dormirse. Cuando se despertaba era feliz de encontrarse lejos. No se veía más la costa, y el sol estaba por ocultarse. El mar era de color rojo sangre, o madreperla, o blanco, o verde esmeralda, o totalmente rosado. Entonces se sacudía, y el grumete arrojaba las redes. Desde otro bote un pescador gritaba: "Buenas tardes, buena pesca"; y Proust respondía: "Buenas tardes, buena pesca", tratando de imitar las mismas palabras y el mismo acento, y escondiendo la inmensa ternura que aquellos sonidos aislados en el silencio habían despertado en su alma. Mientras el bote volvía a la costa, las campanas de la Iglesia de Concarneau hacían oír el *Angelus*. El grumete dejaba los remos, no decía una palabra más, no hacía un movimiento más: esperaba a que las campanas se callasen, y dejaba a Proust escuchar indefinidamente el silencio que seguía al sonido, mirando cómo el cielo perdía poco a poco sus colores, hasta que la luna aparecía en el horizonte.

En París, un día Reynaldo Hahn y Proust fueron al *Jardin d'Acclimatation,* donde había un grupo de *colombes poignardées,* las palomas que llevan en el pecho una mancha roja parecida a una herida sangrante. Quizás Robert de Montesquiou les había hablado con entusiasmo de aquellos pájaros privilegiados. Reynaldo observó que "con sus heridas rojas y como si todavía estuvieran calientes" las *colombes poignardées* "parecían ninfas que se hubieran suicidado por amor y que un dios ha transformado en pájaros". Aquel día Proust las contempló mucho tiempo, y las amó profundamente para siempre. Muchos años después, durante una primavera, cuando vio a Madame Scheikévitch con rosas rojas en su vestido blanco, "herida en el corazón por un gran mazo de rosas", le dijo que le había hecho pensar en una *colombe poignardée*; y también en una paloma mensajera y providencial, en la paloma inspiradora. En 1913 pensó en titular *Les colombes poignardées* al segundo volumen de la *Recherche* (o *À l'ombre des jeunes filles en fleurs*, o *Les intermittences du coeur*, o *L'adoration perpétuelle*). Después renunció. La "paloma apuñalada" no era ninguna de las *jeunes filles* y tal vez tampoco Madame Scheikévitch, si bien había intentado suicidarse. Era él, que apuñaló su propio corazón con su agudísimo sentimiento de culpa, y fue apuñalado por cien dolores, transformados por él mismo en tragedia sin remedio.

El amor entre Hahn y Proust no fue un amor sin sombras; la sombra mayor provenía de Proust y de su doloroso sentido del tiempo. Ya en las prosas de *Les plaisirs et les jours* se había visto acompañado de un tema obsesivo. "A menudo, cuando comenzamos a amar, advertidos por nuestra experiencia y sagacidad –a pesar de las protestas de nuestro corazón que posee el sentimiento, o, mejor dicho, la ilusión de la eternidad de nuestro amor–, sabemos que un día aquella de cuyo pensamiento hoy vivimos nos será indiferente como todas las demás... Entonces esta presencia certera, a pesar del presentimiento absurdo y fuerte de que amaremos por siempre, nos hace llorar; el amor... pondrá ante nuestro dolor... un poco de su desolación encantadora". Podía soportar todos los sufrimientos del amor, pero no así el terror de que éste no sea inmortal y termine por diluirse como la más débil de las nieblas. Así, probablemente en Beg-Meil, en octubre de 1895, sucedió un hecho que parece salido de sus libros. Los dos habían hecho un paseo juntos: Proust estaba tristísimo pensando en la fatal separación, y Hahn lo había consolado hablándole del "porvenir de su amistad". Luego le había dicho una palabra triste, no sabemos cuál: todos los consuelos se desvanecieron; Proust se internó con desesperación por la calle de la memoria donde cada recuerdo habría desaparecido, y por la del futuro, despojada de una "clarividencia cruel". No había nada más: ni pasado, ni futuro; solamente desolación.

La otra sombra eran los celos. Proust quería saber todo lo que Hahn hacía, las cosas inocentes y las menos inocentes; lo torturaba con su avidez de *voyeur* masoquista y su imaginación visionaria. "En los momentos de esfuerzo doloroso… espiando una figura o arriesgando nombres, reconstruyendo una escena trato de llenar las lagunas de una vida que me es más querida que cualquier otra, pero que será para mí la causa de la agitación más triste mientras no la conozca incluso en sus partes más inocentes". Quería saberlo todo, no sólo por el mero placer de los celos (como si los celos pudieran tener alguna vez un fin), sino para cargar en sus hombros las culpas del otro y volverse él mismo un pecador que había llevado a cabo un mal, como en una escena de Dostoievski. El 20 de junio de 1896 Reynaldo había jurado solemnemente que iba a confesarle *todo*; después se había negado: "Nunca más te diré nada". Proust había protestado, reivindicando su naturaleza de enfermo y de víctima de los celos; dos meses después, con una triste resignación, había renunciado a conocer los secretos. "No soy más celoso", había dicho, mintiendo.

Los celos de Proust encerraban una sabiduría amarga y desesperada del corazón. El primer día de 1895 había confirmado su fe en la libertad humana y en la gracia divina, que aleja de nosotros el peso de nuestro carácter y de nuestro pasado. Ahora no creía más en eso. No existe nada, salvo el destino, el cual no es otra cosa que nuestro carácter: "En todos los momentos de nuestra vida somos los descendientes de nosotros mismos y el atavismo que pesa sobre nosotros es nuestro pasado, confirmado por la costumbre". Había citado una frase del Antiguo Testamento: "Los padres comieron las uvas agraces, y los dientes de los hijos tienen la dentera" habían dicho Jeremías (31, 29) y Ezequiel (18, 2). Lo singular es que tanto Jeremías como Ezequiel citaban este antiguo proverbio de Israel sólo para invertirlo: para ellos no existía más la vieja responsabilidad racial-familiar por la que los hijos eran responsables de las culpas de los padres, sino una nueva alianza, fundada en la responsabilidad individual. "Cada cual", continuaba Jeremías, "morirá por su maldad". En cambio Proust aceptaba el viejo proverbio bíblico, refutado por Jeremías y Ezequiel; pero lo llevaba de la responsabilidad racial al atavismo fatal de nuestro temperamento, que se volvía tan tremendo como la más tremenda fatalidad bíblica.

El amor terminó y se transformó en la más afectuosa, sólida y tenaz amistad que haya acompañado la vida de Proust hasta sus últimos años. "Mi querido pequeño", escribía a Hahn en octubre de 1898, "te habrías equivocado al creer que mi silencio era de esos que preparan el olvido. Es aquel que como una ceniza fiel guarda todavía una ternura intacta y ardiente. Mi afecto por ti permanece así y se reaviva sin fin y veo mejor que es una estrella fija que se divisa en el mismo sitio mientras tantos fuegos han pasado". Reynaldo era la estrella fija, el fuego, el país, la madre, el Dioscuro, la "piedra de bondad" sobre la que podía construir y permanecer. Si pensaba en él, lloraba todas sus lágrimas; si escribía a su Dioscuro, era como si se estuviera escribiendo a sí mismo. La ternura, las lágrimas, la expansión febril de los sentimientos y de las sensaciones, típicas de la juventud de

Proust, no deben engañarnos. La amistad amorosa que sentía por Hahn tenía un carácter trágico: era una devoción total, del cuerpo y del espíritu, como la que el príncipe Myskin experimenta por los demás. "Si supiese que ha asesinado a alguien", escribía en 1908 a un amigo, "escondería el cadáver en mi cuarto para hacer creer a los demás que el culpable soy yo".

Mientras tanto Reynaldo había retomado solo su vida mundana y artística. Siempre estaba de viaje, por Inglaterra, por Alemania, en Montecarlo, en Venecia, en Rusia, insaciable esnob, entre duquesas, príncipes y reinas, cantando y tocando el piano y dirigiendo música suya y de los demás. Estaba enamorado de Sarah Bernhardt, que tenía treinta años más que él: nadie hubiera podido hablar con más entusiasmo de sus actuaciones, de la abundante cabellera que caía sobre sus mejillas, de su piel dulce y joven, de las *mises*, de sus manos cargadas de joyas, de sus pies desnudos. Luego, saciado de gloria mundana, volvía a casa, al fuego de su chimenea, a su *país*; de pie ante la cama donde Proust vigilaba sus enfermedades; y le contaba todos sus viajes, las recepciones mundanas, las noticias secretas, divertidas y paradojales de la vida del mundo.

Lucien Daudet, hijo de Alphonse, hermano menor de Léon, había nacido en 1878. Poseía la belleza de un joven jefe árabe, altivo e indolente: los ojos negros, inquietos y helados, que se volvían fijos cuando la buena educación lo obligaba a tener que ocultar el aburrimiento; los cabellos demasiado rizados y untados con pomada. Pintaba acuarelas; había sido alumno de Whistler, el maestro que inspiró un grandísimo desprecio por todo aquello que no era de primer orden, y por todo aquello que él mismo pintaba. La fama del padre, del hermano y la madre, la cercanía de Whistler le dejaron un constante complejo de inferioridad; se sentía un paria, el último de los últimos, y trataba de esconderse o desaparecer a la sombra radiante de un amigo o de una amiga. Soñaba con su propia y total abolición.

Cuando tenía diecisiete años, una tarde, el padre y la madre fueron a cenar a casa de los Baignères. El padre se anudaba la corbata blanca, la madre, con su vestido de *satin* rosado bordado con flores rosadas, ponía en sus cabellos una joya adornada con una *aigrette* negra; mientras Lucien, con las manos todavía sucias por la tinta, miraba estos preparativos con melancolía y los envidiaba. Sabía que tenía que cenar con la hermana y la institutriz, y después de la cena terminar una traducción del latín e ir a la cama temprano. Aquella tarde no se durmió antes de que volvieran sus padres. Estuvo atento a que el portón se abriese, a que sus padres subieran la escalera, a que su madre viniese a saludarlo, y le preguntó si la noche había sido divertida, cuál había sido el menú, quiénes eran los invitados. La madre respondió que habían sido solamente cinco o seis personas, entre las cuales estaba Montesquiou y un joven muy gracioso, de una rara amabilidad, extremadamente culto, que se llamaba Marcel Proust. Era un amigo de Reynaldo Hahn e iba a venir a casa una de esas noches.

Uno o dos jueves más tarde, con ocasión de una de las rituales invitaciones a cenar, Lucien Daudet vio entrar a un joven con el rostro de una palidez lunar, de cabellos negrísimos y la cabeza un poco grande y espalda estrecha. "Sus ojos demasiado grandes tenían el aire de mirar todo al mismo tiempo, sin detenerse en nada". El joven saludó a la madre y al padre con una cortesía y una desenvoltura que a Lucien le provocó envidia, y le dirigió algunas palabras gentiles. Luego, mientras los grandes se demoraban en el salón, Lucien fue a la cama con un nudo en la garganta, escuchando a Reynaldo Hahn que tocaba el piano y cantaba. Cuando Proust volvió a cenar, su presencia hizo a Lucien todavía más torpe y tímido; pero el huésped fue muy gentil y le pidió que le mostrara una de sus acuarelas: un lirio. Dos días después le mandó una nota "agradeciéndole el haberle mostrado sus graciosas flores". Así comenzó el largo cortejamiento de Proust: invitó a Lucien a su casa, le ofreció golosinas, le presentó a su madre y le habló con una atención particular, como si el huésped fuera un extranjero de quien adoptaba su lengua –una lengua más modesta que la suya– para ponerse a su nivel y no humillarlo.

Mientras disminuía su amor por Hahn, el amor entre Proust y Daudet repitió puntualmente las mismas etapas. Visitaron juntos el Louvre, se detuvieron ante los dos *Filósofos* de Rembrandt, admiraron a Paolo Uccello y el Ghirlandaio; fueron al *Théâtre français* y hablaron, hablaron, hablaron, hablaron, hablaron, hablaron, hablaron, como si el amor no fuese otra cosa que cháchara; y reían y se dejaban llevar por accesos de *fou rire* ante cosas o frases absurdas que ellos llamaban *louchonneries*. El primer día del año Proust regaló a su joven amigo un cofre de marfil del siglo XVII con la inscripción: "A la amistad". Conocemos, por ahora, poquísimas de las muchas cartas que Proust y Daudet intercambiaron durante este período. No sabemos cómo se disolvió el amor que sentían. Mucho tiempo después, en septiembre de 1901, Proust escribió a Lucien: "Es curioso pensar que nos hemos amado".

Por esos mismos años Lucien Daudet conoció un amor

mucho más profundo que aquel que lo ligaba a Proust. Si Hahn adoraba a Sarah Bernhardt, él se enamoró de la Emperatriz Eugenia, viuda de Napoleón III. Eugenia tenía sesenta y nueve años; Lucien diecisiete. En su infancia siempre había pensado en ella: seguía apasionadamente su vida en los viejos volúmenes de *L'Illustration*, y pedía a todos noticias de su existencia actual. Un día, cuando estaba en clase de retórica, la vio ante la vidriera de un negocio mientras mostraba un objeto a un viejo señor y decía con voz débil: "Es muy gracioso". Luego fue introducido en la villa Cyrnos en Cap Martin, donde vivía la Emperatriz. Fue el rayo que marcó su vida para siempre. Quedó perturbado. No podía sacarle los ojos de encima: la contemplaba, "enmedusado, magnetizado" por la mirada de la Emperatriz. Los ojos claros llenos de cosmético negro reflejaban el cielo, la montaña, las palmeras y la luz; tenía una fosforescencia de agua profunda y cambiante, sometida a las variaciones del alma, que pasaba en el mismo instante del azul más luminoso al negro más intenso.

Lucien trató de sonreír, pero tenía ganas de llorar. Miraba la larga y sutil línea negra de las altas cejas; el trazo de lápiz negro que delineaba el ángulo inferior de los párpados; la frente alta, cuadrada, cubierta hasta la mitad por los rizos blancos y planos; la boca grande, las arrugas profundas entre la nariz y los labios, las mejillas de contorno firme; el rostro surcado, el colorido mustio, sin rojo ni rosa ni blanco ni polvos ni ningún otro artificio. Eugenia le preguntó por su madre, por sus exámenes, por sus placeres juveniles, por su amor por la bicicleta. Lucien trataba de registrar el sonido de aquella voz que tal vez no habría vuelto a escuchar nunca más; ella pasaba de un timbre soprano más agudo a un contralto más grave; y en el acento se entrecruzaban nombres españoles, *glissades* inglesas, dichos franceses… Esforzándose al máximo, se atrevió a decir que siempre había profesado culto por ella. ¿Vio la Emperatriz en su mirada "la adoración, la devoción sin límites" que habían nacido en él durante aquella media hora?

Lucien fue invitado a Inglaterra durante el verano, a Farnborough Hill, en Hampshire. ¡Cómo le gustaba el pueblo! Los campos, las brumas, los pantanos, las encinas, las casas donde todo era tan preciso y placentero; el otoño lluvioso y dulce, las hierbas, el campanario que aparecía en la niebla igual que en un paisaje de Turner, los últimos clamores de una partida de fútbol, las arias tocadas por un grácil órgano… Permanecía meses junto a la Emperatriz, sin quehaceres en la pequeña corte; y escribía a su madre real informes minuciosos y obsesivos de todo lo que hacía su madre irreal, y de todo lo que –menú, discursos, decoración de las habitaciones, trabajos en el jardín, excursiones en bicicleta, partidas de tenis– ocurría por ella y alrededor de ella. Amaba a la Emperatriz profundamente: sus vestidos negros, sus velos negros, sus boas de plumas negras, el escote recubierto de un tul blanco y finísimo. Sentía por su vejez una pasión que se volvía cada vez más monstruosa. Cuando Eugenia tenía ochenta años, la miraba durante el almuerzo, con el cuello apretado por un largo terciopelo negro, el rostro tan pálido como el blanco de sus cabellos, la línea negra sobre las cejas y en el ángulo de los ojos, la mirada límpida y cambiante como el agua; miraba esta mezcla de vejez y gracia extremas; y se decía que nadie sabía como ella prolongar con tanto arte y simplicidad una antigua belleza.

Todavía era muy joven, y amaba las largas carreras en

bicicleta, bajo la lluvia, por el campo de la Inglaterra meridional. Pero vivía completamente inmerso en aquel polvoriento y melancólico museo del pasado en que se había transformado Farnborough Hill; feliz por esta inmersión, beato de poder huir de un presente que apenas divisaba. Eugenia era la sacerdotisa y la que custodiaba aquel museo; y ante su memoria incomparable, ante su experiencia mundana y política, Lucien pensaba en aquella ciudad en ruinas, en *El libro de la selva* de Kipling, de la que sale una voz obstinada: "Soy el Guardián de los Tesoros de la ciudad de los Reyes". Ella se había autosecuestrado entre los tesoros de la tradición napoleónica que había recolectado. A veces abandonaba a los demás huéspedes; tomaba la mano de su joven adorador y lo llevaba al museo, entre los hermosos vehículos, los carruajes, los arreos, los cañones, los uniformes apenas descoloridos; y abría las cortinas, le hacía observar las cinceladuras, las libreas de antes, los recamados de oro fino, todo ello envuelto por el melancólico olor de la naftalina. A veces la angustia era demasiado fuerte: de tantas glorias, esplendores, retratos, reliquias asociadas a estos esplendores, no había quedado más que polvo y sombra; y Lucien decía: "¡Basta!", huyendo entre sus libros, *Cumbres borrascosas*, *Splendeurs et misères des courtisanes*, *Séraphîta*, *Louis Lambert*, en donde el pasado lo consolaba.

Proust todavía le escribía. Hubiera querido que todo el tesoro de exquisiteces y sutilezas que Lucien Daudet escondía no se disipara completamente. Pero Lucien se negaba a escribir libros. Prefería permanecer siendo un aficionado. *No podía*. No poseía ni ambiciones ni vanidad. Era (decía que era) "el cero de la familia, el que no cuenta, aquel de quien se habla con indulgencia cuando se está de buen humor, y con severidad cuando se está de mal humor". Prefería permanecer en la sombra, en su innumerable y densa sombra, de la cual la Emperatriz era la soberana.

A pesar de todo, Lucien Daudet terminó dedicando un libro a la Emperatriz: un retrato. Durante tardes enteras se lo leyó. Al final, alzando la cabeza, vio a Eugenia que lo miraba con su hermoso rostro enrojecido donde brillaba alguna lágrima. Ella comenzó: "Nunca nadie… nunca"; después calló y le tendió las manos. Lucien se arrodilló ante ella, y apretándole las manos ella lo abrazó, como una vez lo abrazaba su abuela, con la sequedad de aquellos cuyos labios nunca han amado. Dijo algunas palabras ininteligibles en una especie de sollozo mudo, después se repuso, volvió a tenderle las manos para que se las besara y al fin, como en un relato de su padre, le hizo un gesto: "Vete".

IV. UNA LLAMADA TELEFÓNICA DESDE FONTAINEBLEAU

A menudo el joven Proust se levantaba tarde. Había atravesado una vez más los horrores de la noche, cuando el mundo entero parecía abandonarlo y él "hubiera querido aferrarse a la luz, impedir que se muriera o arrastrarla consigo hasta la muerte"; había recorrido indemne el pavoroso país de los sueños; y ahora los reflejos del sol se filtraban en la habitación, rozando la cama y el sillón, y terminaban por perderse en el espejo, que contenía dentro de sí –prisionera– la imagen de su madre. En aquel momento, después de haber golpeado delicadamente la puerta, la señora Proust entraba en el cuarto, a "hacerle una pequeña visita". Abría las ventanas y se sentaba junto a la cama de su hijo, mientras los rayos brillantes del sol primaveral dibujaban "las hermosas líneas de su rostro judío, grabado con dulzura cristiana y coraje jansenista".

La conversación comenzaba por casualidad: una lección del profesor Darlu, un viaje del padre, cualquier cosa conmovedora y, al mismo tiempo, absurda. De pronto, era como si nunca hubieran dejado de hablar; como si la mano ávida y terrorífica de la noche no hubiese nunca suspendido su mutuo y profundísimo acuerdo, su complicidad a cada instante, su ininterrumpido cuchicheo. Mientras la voz de su hijo se dejaba llevar por el entusiasmo, una ironía continua envolvía las palabras de la madre; y el hijo reconocía en aquellos juegos de palabras el eco de una tradición familiar. La señora Proust recordaba una sentencia de Molière, un verso de Racine o de La Fontaine, un episodio de Madame de Sévigné, y los aplicaba alegremente a las situaciones más humildes, igual a como los fieles aplican los preceptos de la Biblia a todas las contingencias de la vida.

No sabemos mucho de Jeanne Weil, la rica heredera israelita que el 3 de septiembre de 1870 contrajo matrimonio con el doctor Adrien Proust. Disponemos de alguna carta perdida en el inmenso epistolario de su hijo: una libreta de notas y citas aparecida hace algunos años en una exposición y que después desapareció quién sabe dónde; y estamos, entonces, obligados a observarla con los ojos de su hijo, que le levantó en el corazón un enorme monumento amoroso, que no tiene igual entre los monumentos que los finales del siglo XIX, generoso en monumentos a las madres, levantaron a la madre de un escritor. Cuando escribía el *Contre Sainte-Beuve* el hijo la veía con el rostro de la Esther de Racine, y le hacía cantar tímidamente el aria de un coro, como una de las muchachas de Saint-Cyr ante Racine, temerosa de dejar escapar, con voz demasiado alta y atrevida, la melodía divina que oía junto a ella. Los retratos y los testimonios la desnudan de este aura del siglo XVII, y la hacen parecer aquello que parecía y que tal vez no era. "Vestida con burguesa y exagerada simplicidad, de estatura mediana, el pecho un poco grande, ofrecía un rostro tranquilo de virgen de Flandrin israelita, con los *bandeaux* ondulantes sobre la frente". De Racine al mediocre alumno de Ingres, la madre de Proust lleva a cabo su caída burguesa.

Madame Proust gozaba, decía su hijo, de "la celeste impotencia de los planetas". Recibía toda la luz de sus astros: el padre, la madre, el marido, los hijos; y conocía un placer, una satisfacción, la felicidad, sólo si antes la habían irradiado sus seres queridos. Los amaba con incansable ternura; pero cuál era el amor que le llenaba el corazón, eso lo ocultaba dentro de sí. No quería ser vista enternecida. Su religión, del siglo XVII y burguesa, eran el pudor, la discreción, el tacto, la atenta cancelación del yo. Era muy inteligente, tenía una vasta cultura para una madre de familia de 1895; pero ocultaba estos dones detrás de los *bandeaux* ondulantes que caían sobre su frente. Especialmente en sus años de juventud, era una mujer alegre: esa alegría de muchacha le impedía aceptar la gravedad decorosa de la vida. Adoraba los colores, los espectáculos, la comicidad de la existencia cotidiana. Nada le gustaba más que las bromas. El juego de las citas, aquella mezcla continua de versos de Corneille, de Molière, de Racine, que urdía con su hijo, era un modo de parodiar la realidad de la vida y la solemnidad de la cultura. Era un juego complicado, porque su ironía no se podía nunca localizar en una frase; como una especie de aura que envolvía todas las cosas y las impregnaba de sí sin reunirse en una expresión definida.

Si debemos creerle a *Jean Santeuil*, la madre no amaba "la gracia de los animales y las plantas"; prefería la pura gracia de los sentimientos humanos, como para oponerse a la abuela, adoradora del mar, de los árboles, de los vientos y las tempestades. Su mundo tenía, quizás, algo de cerrado. Pero, detrás de la discreción y la medida, se escondía algo inmensamente dulce: el lento río roussouiano y lamartiniano había dejado en el corazón de Madame Proust un límpido lago de ternura. La bondad, que ondeaba en sus ojos "como una flor de agua" sin raíces en el cuerpo, la separaba enteramente de sí misma y la empujaba a darse sin límites, sin medida, sin conservar nada que fuera suyo. En el umbral de la *Recherche* basta escucharla mientras lee la prosa de George Sand (la voz de la madre imita, sin la más mínima duda, la voz de

Madame Proust): "Lo revestía todo de la natural ternura y de la amplia suavidad que exigían estas frases, que parecían escritas para su voz y que, por decirlo así, entraban cabalmente en el registro de su sensibilidad... Amortiguaba al pasar toda crudeza en los tiempos de los verbos, daba al imperfecto y al perfecto la dulzura que hay en lo bondadoso y la melancolía que hay en la ternura, encaminaba la frase que se estaba acabando hacia la que iba a empezar, acelerando o conteniendo la marcha de las sílabas para que entraran todas, aunque fueran de diferente cantidad, en un ritmo uniforme, e infundía a esa prosa tan corriente una especie de vida sentimental e incesante". A veces el hijo debía tener la impresión de que aquel don de dulzura no le concernía ni a él ni a ninguna otra persona, sino que descendía sobre la tierra como una gracia continua, dolorosa e indiferente.

Tal como el hijo la representa, Madame Proust (y, a sus espaldas, la abuela) es la encarnación de la cultura burguesa francesa y de su "ardiente religión de la inteligencia". Ni la abuela ni la madre tenían miedo del mal: su ánimo era demasiado puro para temerle. Sin preocuparse por las curiosidades malsanas o las situaciones atrevidas o las palabras crueles, no sabían qué era el pudor. Temían a una sola cosa: a la vulgaridad, a la frivolidad. En la casa esta religión impregnaba toda la vida. Tanto el modo de cocinar ciertos platos, como el de interpretar las sonatas de Beethoven, o los nocturnos de Chopin, como el de recibir con amabilidad a los huéspedes, obedecían a la misma idea de perfección. En los tres casos esta idea era casi la misma: una especie de simplicidad en los medios, una especie de naturaleza, de sobriedad, de atracción. Las mujeres de la casa Weil-Proust se habrían negado con horror a poner especias en los platos que no lo requerían, a tocar Beethoven y Chopin abusando del pedal, a recibir con afectación y hablar de sí mismas con exageración. Así había nacido un clima: un acento de distinción moral, de generosidad, de nobleza de alma que para Proust prolongaba a la vieja Francia.

En la *Recherche* Proust levantó un templo a esta "ardiente religión de la inteligencia" que la cultura burguesa francesa había cultivado. No exaltaba solamente a la madre y a la abuela, sino aquello que ellas habían representado: nada veneraba él con más íntima piedad. Pero Proust no pertenecía al mundo de ellas. La madre no amaba ni a Balzac ni a Baudelaire, ni las experiencias arriesgadas del alma, en donde no hubiera visto otra cosa que ostentación; no comprendía "la naturaleza"; ¿y qué hubiera dicho de Dostoievski, de esos libros todo énfasis, exageración e histeria? Su hijo –incluso en la juventud– era todo aquello que la madre negaba: la angustia del mal, la culpa, el énfasis, la exageración, la tragedia, la revelación de sí mismo, Baudelaire, Balzac, Dostoievski. En la *Recherche* violaría aquello que la madre y la abuela habían amado, mientras rescataba de ellas el perfume más profundo, la gracia más aérea, sutil y discreta.

No es necesario recordar cuántas victorias conoció el complejo de Edipo en los años en que Proust comenzaba a escribir. Europa estaba recubierta de un compacto barniz edípico, envuelta por esas brumas, corroída por esos traumas que dentro de poco explotarían en *La interpretación de los sueños* de Freud. También Proust sabía que la suya era una enfermedad, una culpa. Pero leyendo las cartas que madre e hijo se enviaban, releyendo los textos de Proust, quedamos todavía hoy alterados por la intensidad desgarradora y trágica del vínculo que tenían. Lo que sacude de ellas no es la sobreabundancia de afecto, sino la absoluta confidencia, el entendimiento estrechísimo, la total complicidad entre dos seres que parecen o se sientes únicos en el mundo. No existen más que ellos. Proust tenía la impresión de que sus pensamientos se prolongaban en los de la madre sin sufrir desviaciones, sencillamente porque no cambiaban de lugar; le parecía que miraba a los demás a través de ella; y los sentimientos de ambos se reflejaban y reproducían mutuamente. No sacuden las grandes cosas, sino la simplicidad cómica, gracias a la cual las bromas, las alusiones y la risa eran comprendidas al instante. Los demás no existían. Por más que Madame Proust amase a su marido y al otro hijo, sin darse cuenta, ellos eran, para ella, los *excluidos*. Tal vez porque Robert era llamado Dick, como el loco y encantador tío Dick de *David Copperfield*, o Proustowitch, o Robichon; el sobrenombre, por cierto, establecía una levísima pero infranqueable distancia.

Después venían las separaciones; las terribles separaciones. La madre dejaba solo a su hijo por dos días en el Hôtel de Trouville, el hijo partía de viaje; y súbitamente, a veces la primera noche, Proust se veía envuelto por una nube de tristeza y de inquietud. Cada separación repetía la separación arquetípica: aquella que había sucedido en la casa de Auteuil, cuando la madre no había dado a su hijo el beso de las buenas noches. Y anticipaba la separación definitiva, cuando el hijo se hubiera lamentado de todas las palabras de amor que habría querido decir a su madre y no había dicho. No había más que un remedio: escribirle. Apenas el carruaje o el tren partían, apenas la figura amada desaparecía detrás de una esquina, Proust se sentaba y le escribía una carta de doce o veinte páginas. Así hacía cada día, o muchas veces al día. La carta no tenía nada escrito: no consistía más que en un fragmento de conversación que del hijo iba a la madre; no era ni reflejada ni ponderada, pero imitaba el movimiento voluble e incesante del parloteo. La madre leía apasionadamente: "Tú te atreves a decir que no leo tus cartas, cuando leo, releo, desgrano cada rincón, y después, por la noche, hago la prueba de si no queda todavía algo bueno para saborear".

Cuando Madame Proust respondía, estaba llena de ansiedad. Envolvía al hijo con su afecto, lo acariciaba con las palabras, lo compadecía más de lo que hubiera sido justo ("*Cher petit pauvre loup*"), tratándolo como a un niño que todavía no había crecido y que nunca hubiera debido crecer. Velaba de lejos por él. Quería saberlo *todo*: lo que hacía, lo que comía, si el mar lo estimulaba, a que hora se levantaba, a que hora iba a la cama, como pasaba la noche, como andaba del asma, y, sobre todo, si había podido romper el pacto con el "impío" somnífero. Y sin embargo no quería extenuarlo o debilitarlo con el exceso de su amor. Tal vez pensaba en algunas de las más famosas cartas de Madame de Sévigné, cuando veía en cada lugar a la hija lejana, si bien la marquesa era mucho más frívola y exhibicionista que ella. "Pero, Dios mío, ¿en qué sitio no te he visto aquí? ¡Y de qué modo todos estos pensamientos me atraviesan el corazón! No hay sitio, no hay lugar, ni en la casa ni en la iglesia, ni en el pueblo, ni en el jardín, donde no te haya visto; no existe un sólo sitio que no me haga recordar algo; sea como sea, esto me traspasa el corazón; te veo, estás presente…" Apenas recibía la carta de su madre –carta que llegaba con velocidad vertiginosa– el hijo respondía, dando noticias meticulosísimas: no había dormido bien la otra noche, pero no había sido por el asma, solamente un ínfimo tosido, a la mañana; había ido a la cama un poco tarde; se había lastimado la muñeca, pero el médico le había recetado "una vaporización"; había tomado frío por la noche porque la ventana del salón comedor había quedado abierta... Aceptaba el papel de niño que apenas ha salido del regazo, que todavía no tiene un cuerpo propio y depende para todo de su madre. Su vida debía ser una confesión ininterrumpida ante aquellos ojos benévolos y omniscientes que lo miraban desde lejos.

Como todos los grandes amores, también el de Proust y su madre llevaba dentro de sí el veneno del odio: "Porque a veces el odio serpentea en medio del amor más inmenso, donde parece como perdido", dice el *Jean Santeuil*. La madre hacía demasiados reproches a su hijo: tomaba somníferos, dormía por la mañana, no hacía comidas regulares, vivía una vida negligente e inútil, no hacía carrera, no obedecía al orden burgués. Junto al padre hubiera querido imponerle un férreo modo de vida capaz de vencer su neurastenia. Un día estalló una pelea delante de la servidumbre. El hijo golpeó furioso la puerta de vidrio del salón comedor, haciéndola pedazos; y una vez en su cuarto, por casualidad o voluntariamente, rompió un vaso de vidrio veneciano que le había regalado su madre. Nunca antes habían llegado tan lejos. Proust le escribió una carta disculpándose. La madre le respondió con una nota: "No pensemos y no volvamos a hablar acerca de esto. El vidrio roto no será más que el que está en el Templo; el símbolo de la unión indisoluble". Jeanne Weil aludía a la ceremonia del matrimonio israelita, en la cual los nuevos esposos, después de haber bebido vino del mismo vaso, lo rompen; y es la única vez, por lo que sabemos, que la madre recuerda un rito de la fe abandonada, olvidada o encerrada para siempre en algún rincón de la memoria. Este recuerdo es un sello, el sello de la unión indisoluble, de la *unio mystica* que estrechaba los lazos entre la madre y el hijo.

El lunes 19 de octubre de 1896, por la tarde, Marcel Proust dejó la casa de sus padres, tomó un tren y descendió en Fontainebleau, en el Hôtel de France et d'Angleterre. Se quedaría aproximadamente una semana. Hay meses en la vida de Proust de los que no sabemos casi nada. Todo está envuelto por las más densas tinieblas; disponemos de poquísimos documentos directos, a veces no muy dignos de confianza, que nos permiten tener una vaga idea de qué pasó. Si queremos contar lo que sucedió en aquellos pocos días en el hotel de Fontainebleau, estamos en la situación contraria. Proust y la madre conservaron casi todas las cartas que se habían intercambiado; y hay páginas del *Jean Santeuil* que tienen un carácter casi documental, y otras cartas que recuerdan aquellos sucesos, un artículo de *Le Figaro* y un episodio de la *Recherche* que reproducen fielmente la situación originaria. No existe suceso, sensación y sentimiento de Proust y de su madre que no conozcamos, y estamos en la rarísima situación de poder recordar un entero *moment of being*. Esta abundancia no es casual. Como cuando por el "beso de la madre" Proust advierte que la llamada telefónica y el asalto de angustia fijaban una situación arquetípica.

Como siempre, Proust había llegado a Fontainebleau un poco por casualidad. Primero había tenido intenciones de ir a Segrez, donde su amigo Pierre Lavallée, o de dirigirse a la región meridional. Si en cambio fue a Fontainebleau lo hizo por una serie de motivos diversos. Se encontraba allí un amigo, Jean Lazard; era probable que también otros dos amigos, Robert de Flers y Léon Daudet, los alcanzaran más tarde; los otoños de Fontainebleau tenían una belleza famosa; y el aire puro conseguiría aliviar su enfermedad, a la que la estancia veraniega en el Mont-Dore no había sido beneficiosa. Pero quizás había otra razón que no había confesado a nadie. Quería hacer la prueba de vivir durante algún tiempo fuera de casa, lejos de la adorada y opresiva protección de la madre, continuando la novela que estaba escribiendo.

El viaje no comenzó bien. Había llevado consigo el libro de los Goncourt sobre la Du Barry; lo hojeó, pero enseguida el libro se impregnó del olor del tren y de la amargura de la partida. Cuando entró al Hôtel de France y d'Angleterre, encontró un "regocijo desconocido" que lo hirió: los camareros no eran como aquellos que había conocido en Beg-Meil y que le despertaban una confianza familiar: no hablaban con él. Además la opresión del asma no disminuía, tal vez aumentaba, se sentía lejos de su madre y quería volver a París enseguida, con ella. Fue un deseo muy agudo, que confesó en una carta enviada a París. Al día siguiente, escribiendo, representó de dos modos distintos aquel deseo, lo corporeizó, le suministró una aureola, lo volvió grandioso, como Baudelaire hacía con una imagen de *Las flores del mal*. Desde el principio le pareció que en el vacío de su pecho se despertaba "un latido débil pero inmenso", como el lejano e incesante latido del mar. Después comparó la multitud de pensamientos, de deseos, de miedos, de inquietudes y de impulsos que hasta ahora habían crecido en él bajo el ala de su madre, con un nido tumultuoso y débil, infantil y tierno de pequeñas gaviotas, arrojadas al mar lejos de su madre. Él había conseguido sacar aquella multitud de pensamientos y ahora ella se encontraba de golpe abandonada, y saltaba en él como para salir, asustada, desesperada, enloquecida por no tener la fuerza necesaria.

No sabemos como pasó Proust esa noche: sin duda con una vaga inquietud, si el cuarto era tan diferente del suyo. Cuando a la mañana del martes se levantó, decidió hacer una llamada telefónica a París. Mientras tanto, la cadena de relaciones amorosas no se había roto, porque en París su madre estaba por escribirle, enviándole una "pequeña sonrisa desde el fuego de la chimenea": sin él –le decía sonriendo– la casa estaba triste, solamente las puertas y las campanillas, que él rompía, habían entonado "ruidosos aleluyas". En Fontainebleau, Proust había pedido una comunicación con París. En la casa que estaba frente a ellos, en el número 9 del boulevard Malesherbes, un panadero, Monsieur Cerisier, tenía teléfono. Proust lo hizo venir. "¿Tendría la bondad", le dijo, "de pedirle a Madame Proust que venga al teléfono para hablar con su hijo?" El panadero cumplió el encargo. Madame Proust bajó las escaleras, atravesó la calle, pidió la comunicación con el hotel de Fontainebleau, pero no pudo hablar con su hijo porque del aparato del panadero se podía hablar solamente con París. Imploró en vano a las telefonistas, ofreciendo un pago extra, y tuvo que ir a un teléfono público. En Fontainebleau Proust ignoraba la razón del retraso. Se consumía esperando, avivaba cruelmente su desilusión, saboreaba la amargura de haber caído en la soledad, sin su madre, cuando hubieran podido estar en París, una junto al otro.

Al final la comunicación llegó. Probablemente Proust no habló a su madre de los dolores del día anterior, ni de los dolores mucho más tremendos que experimentó en el curso de la comunicación telefónica y que le revelaron un universo nuevo. Al igual que un joven, arrogante príncipe oriental, hizo sus pedidos y dio las órdenes, a las que su madre obedecía con exagerada devoción. Había olvidado la corbata, el alfiler y el reloj; era necesario que le enviara todo a Fontainebleau, donde Jean Lazard. Había olvidado el paraguas: había que dárselo a Robert de Flers, que él se lo llevase. Había olvidado mandar el sombrero al sastre –se llamaba Sadt y Laborde, pero la madre irónicamente lo llamaba Sandford y Merton, confundiéndolo con el título de una novela– y era necesario que la fiel Eugénie lo llevase, de manera que el sastre estudiase sus colores comparándolos con los del abrigo que acababa de cortar.

Entretanto, mientras hablaba y decía estas cosas tan indiferentes y habituales, Proust escuchaba la voz de su madre, "tan dulce, tan frágil, tan delicada, tan clara, tan disuelta". Por la tarde, escribiendo, lo socorrió otra de las grandes imágenes físicas que había aprendido de Baudelaire: la voz de la madre era "un pedacito de hielo quebrado", y ese hielo era su corazón. Nunca la había oído, nunca había observado, en la rapidez de la vida cotidiana, el timbre o la entonación, y era como si ella le hablase por primera vez. De aquel pequeño fragmento de hielo quebrado –que era la voz, que era su corazón– parecía que surgían lágrimas, todos los dolores sufridos desde hacía algunos años, sollozos y gemidos que ella nunca había dejado escapar para no afligir a los suyos, y que estaban escondidos allí, muy cerca, como los recuerdos de sus muertos que estaban encerrados en los cajones de su habitación. Proust no olvidó nunca esa sensación. Seis años después, escribiéndole a Antoine Bibesco, cuya madre había muerto, recordó una vez más aquella voz entrecortada, desgarrada, llena de grietas y fisuras; y ahora, recogiendo los pedazos ensangrentados en el auricular, tuvo la atroz sensación de todo lo que había pasado en aquel corazón destruido.

Siempre había soñado con conocer la dulzura, esta suave esencia divina, pero nunca había imaginado qué era; durante toda la vida la habría perseguido tratando de devolverle su eco –no importa si contaminado o violado– al gran coro de voces de la *Recherche*. Ahora esta suave esencia divina estaba allí, en estado puro, en una criatura humana con la cual hablaba cada día. Estaba en su oído, como los pequeños pedacitos de un corazón destrozado, como una astilla de hielo que se funde. Sintió que aquella era la única ternura que era toda para él, sin siquiera una partícula reservada para ella: una voz pura en la que no hablaba la fuerza del orgullo, del egoísmo, de los deseos y de los intereses, sino sólo la dulzura sobrenatural que se disuelve suavemente en el oído y en el corazón.

Cuando la madre dejó el teléfono público, sin sospechar la tempestad de sentimientos que había desatado en el corazón de su hijo, era ya la una. Le escribió rápidamente una nota desde el correo, diciendo que esperaba con impaciencia las noticias de cada noche –pero estaba de pie, y había un señor que quería la pluma; y así volvió a casa. Después, por la tarde, a las siete, escribió una segunda carta, apenas recibió la primera carta de su hijo: "Comencé a leer el *Wilhelm Meister* y te ruego que me digas si las ideas de Wilhelm Meister representan las de Goethe". Mientras tanto, en Fontainebleau, su hijo había almorzado; después dio un paseo por la ciudad, que no le gustó, y a lo largo del límite todavía verde del bosque, mientras las sensaciones de la llamada telefónica se amontonaban en su mente. A las cuatro comenzó a llover; y volvió al hotel, a aquella que los empleados y los camareros llamaban "su" habitación. Allí, de las cuatro a las seis, sufrió dos espantosas horas de angustia, en las cuales la lejanía de la madre, el temor hacia las cosas nuevas, la claustrofobia y todos los terrores indeterminados que le mancillaban el corazón en las noches de insomnio, se aliaron para torturarlo.

Escribiendo, pocas horas después levantaría su primer monumento al hábito: esa divinidad dulce, hospitalaria y amigable que en la *Recherche* asumiría un rostro ambiguo. Era la llave de su vida; le permitía interiorizar completamente el mundo externo, personificar y humanizar los objetos, objetivar y alegorizar los sentimientos. ¿Qué sucedía en París, en su habitación? El hábito lo esperaba en la puerta, abriéndola alegremente para él. La amistad le abría de par en par los brazos desde el sillón, cuya madera, acolchado y seda habían perdido desde hacía mucho tiempo su naturaleza, saturados de su cansancio, entibiados por su cordialidad, conmovidos por su dolor, acariciados por su bienestar. Como los viejos sirvientes, que poco a poco merecen conocer nuestros secretos, volviéndose amigos vibrantes y sensibles, el sillón, la cama, las cortinas de su habitación eran criaturas parecidas a él. El espejo acechaba el ruido de los pasos de su madre cuando venía a hacerle "una pequeña visita" a su hijo. Las toallas volvían cada semana un poco más débiles por limpieza, pero también apacibles, y secaban con velocidad su cuerpo mojado. Cuando Marcel entraba en su habitación no hacía más que volver a entrar en sí mismo, en su alma esparcida y difundida en torno suyo. O más bien, era su habitación la que entraba en él, con toda la vivacidad de la simpatía y la dulzura de la costumbre.

Abandonado al hábito, el mundo era el horror: la dureza, la crueldad, la rigidez, la violencia, la sofocación. En la habitación del hotel de Fontainebleau Proust descubrió en los objetos una intención hostil, que trataba de herirlo. Nadie venía a su encuentro, abriéndole los brazos. En la dureza del espejo reía irónicamente el mármol cruel de un lavatorio; y él trató en vano de penetrar el espejo, tallando una grieta en aquella superficie que rechazaba su imagen. Mirara donde mirase encontraba un mundo compacto y helado, en el que no conseguía abrirse camino. Era una prisión, y sentía que lo ahogaba. Fue a la ventana y miró hacia afuera: todavía estaba claro, pero el día ya comenzaba a caer. Una mujer, sentada en la vereda, entró en su negocio; la ciudad era extranjera, y la tarde la encerraría dentro de su negra pantalla. Entonces volvió la espalda a la ventana, caminó hacia la puerta, pero sus ojos encontraron la cama, donde, la noche anterior –no se entiende cómo– había dormido. ¡Cómo haría para subirse otra vez a aquella cama enorme, debajo de ese acolchado rosado que olía a humedad, bajo los baldaquinos rebajados a cada lado que amenazaban con ahogarlo! Y además, todo estaba al revés. Él dormía del lado izquierdo, y de ese lado la cama estaba junto a la pared, mientras las cosas que hubiera necesitado –el café, la tisana, la vela, la pluma, los fósforos– estaban en la mesa de luz, a la derecha, "su lado malo". Imaginó la noche que avanzaba, y se reconoció incapaz de dormir, "pensando en su madre, mantenido lejos de ella por esas sábanas mudas demasiado bordadas, sintiendo el latido infinito de su corazón crecer en el silencio de la noche, y la irrevocabilidad de la ausencia, la inmovilidad del reposo, la angustia de la soledad y del insomnio. La habitación era la prisión, pero la cama era la tumba".

A las seis, encerrado en aquella odiosa prisión, vencido y casi postrado por la angustia, sacó de la valija algunas hojas de papel y comenzó a escribir. Tomó el aspecto simbólico del suceso que lo había golpeado: comprendió que nunca más podría olvidar la voz resquebrajada y herida de su madre, y el terror de la habitación hostil. Conservamos las páginas que él escribió esa tarde de octubre. Una cosa nos sacude. Si bien Proust relata lo que le había sucedido pocos minutos antes, no compone una página de diario, como habría hecho cualquiera de nosotros. Con la inverosímil ambigüedad de los grandes escritores, separó esas experiencias de sí mismo, hizo una elaboración artística de la realidad, devino *Jean Santeuil*, transformó Fontainebleau en Trouville, las telefonistas en *garçons*, invirtió el orden de los acontecimientos, de tal forma que alcanza un efecto de tensión desgarrador. Creo que pocos hechos nos conducen más cerca del misterio de la creación artística. Algunos años después, Proust teorizaría en torno a la necesidad del tiempo, que borra, anula y hace renacer nuestras impresiones. Ahora trabajaba sobre lo vivido, con la misma rapidez del pintor impresionista ante el paisaje; pero su poder de transformación creadora era sobrenatural, como si decenios lo hubieran separado de la experiencia vivida. Si bien era extremadamente infeliz, escribió páginas maravillosas. Pareciera que quiso demostrar que la felicidad o incluso la serenidad y la calma no tienen ninguna relación con la perfección del arte.

La misma noche del 20 de octubre Proust envió el relato a su madre, rogándole que lo conservara porque quería incluirlo en la novela. Evidentemente era un pretexto. Quería que la madre comprendiera lo que deseaba decirle: él la amaba, no podía vivir sin ella; había comprendido, finalmente, hasta qué punto su voz estaba destrozada, y su corazón sangraba a causa del dolor; y si él trataba de huir de París, enseguida la angustia lo hacía detenerse. Si estuviésemos más seguros de las fechas, podríamos agregar que "el relato de la llamada telefónica" era la respuesta de Proust a la carta de su madre en donde hablaba de la "unión indisoluble". A las once, para interrumpir la amenaza del silencio, fue a buscar a Léon Daudet, que volvía de París, y habló largamente con él. Por la noche durmió bien, sin tomar somníferos y sin la ritual crisis asmática, ya que la literatura, si bien a veces nos entrega indefensos a los ataques de la neurosis, a menudo nos protege irónicamente de sus torturas.

En todo este vertiginoso entrecruzamiento de cartas y de contra-cartas, de notas y de contra-notas, que el puntualísimo correo francés llevaba de Fontainebleau a París y de París a Fontainebleau, el relato de Proust llegó al 9 boulevard Malesherbes la mañana del miércoles 21 de octubre. Momentáneamente, la madre la apartó. Quería comunicarse por teléfono de nuevo con su hijo, yendo a la oficina de correo, entre las impasibles *Demoiselles du téléphone*. Más tarde lo leyó; y a las 14 escribió a su hijo. Siguiendo con su habitual discreción, no hizo ningún comentario: no dijo nada acerca de haber comprendido el amor y la angustia de su hijo. Hizo bromas: ejerció un poco de su habitual pedagogía, que hubiera debido transformar a Marcel en un hombre más viril. "Las páginas… son muy dulces y muy tristes, mi pobre lobo. Me hacen sufrir pensando en la tristeza que padeciste. ¡En cuanto al relato, escrito por un deportado que cuenta su llegada a la isla del Diablo, no debe ser más triste! Yo, que no amo los textos áridos, heme aquí reducida a esperar volver a verte transformado en uno de ellos antes que dejarte invadir de esta manera por una melancolía demasiado tierna". Después, citando al *Misanthrope*: "Necesitas hacerte de un corazón 'menos fácil y menos tierno' ".

Proust permaneció todavía algunos días en Fontainebleau. Perdió dinero que se le cayó de un bolsillo del pantalón, o, más probablemente, lo gastó; lo cierto es que lo sumió en la más espantosa melancolía, como si hubiera cometido un delito contra los suyos. Tenía necesidad de libros: se hizo enviar *Le curé de village*, *Un ménage de garçons*, *La vieille fille*, *Les Chouans* de Balzac, el *Julio César* y *Antonio y Cleopatra* de Shakespeare, el primer volumen del *Wilhelm Meister* y *Middlemarch* de George Eliot, como si se preparase para invernar en Fontainebleau. Vio a menudo a Léon Daudet; junto a él, por la noche, bajo las estrellas, paseaba en carroza por el bosque; y Daudet quedó encantado con el "más gracioso, más fantasioso, más irreal de los compañeros", esa especie de "fuego fatuo" que veía las cosas que los otros no veían. Pero el proyecto de fuga había fracasado. Si el viaje a Fontainebleau había sido la prueba de una existencia lejos de los suyos, nunca más volvería a intentarlo. No le quedaba más que su familia, su casa, sus hábitos, con sus inefables y oscuras alegrías.

V. LOS OTROS, EL DOLOR

Cuando nos acercamos al corazón de Proust, encontramos en nuestro camino una multitud de negaciones, o de definiciones negativas, como las que el místico interpone entre Dios y sí mismo. En una carta a Albert Thibaudet, para disculparse por un presunto defecto en el carácter del protagonista de la *Recherche*, escribió: "El hecho es que en toda mi vida siempre pensé poquísimo en mí mismo". La frase suena un poco extraña si recordamos que Proust extrajo de su vida una novela de tres mil páginas, como el más incansable gusano de seda, pero es exacta. Proust no pensaba en sí mismo, prestaba poca atención a su yo, no velaba por su propia persona; y si pensaba en sí mismo creía que no tenía talento. Incluso cuando parecía un joven, aéreo y chispeante Narciso, no se amaba, carecía totalmente de amor propio, no tenía consciencia de sí, y siempre repetía la frase de Pascal: "Mi yo me resulta muy odioso". Todos, en torno a él, tanto en casa como en los libros, el padre, la madre, el abuelo, Emerson, afirmaban que "querer es poder", que "se puede lo que se quiere", que hace falta "acostumbrar al niño a querer y a cumplir lo que ha querido", que la voluntad es la cosa capital. En tanto, el joven Proust, preso de sus fantasías, de sus deseos de amor y felicidad y de sus abrazos universales, escribía que "su principal defecto" era el de "no saber, no poder querer".

¿Quién era entonces este hombre sin amor propio, sin amor por sí mismo, sin voluntad, sin yo? No me gustan las síntesis brillantes que buscan un elemento común en escritores que vivieron en la misma época. Pero todo el que lea los libros escritos entre el final del siglo pasado y el principio del nuestro, o mire los cuadros pintados en el mismo período, se tropezará con un fenómeno singular. Entre tanta diferencia de temperamentos, Monet y D'Annunzio, Debussy y Pascoli, Joyce y Rilke, Yeats y Pessoa tenían mucho en común. Al igual que todos ellos, Proust no era un yo, sino un *lugar*, y este lugar era una inmensa colmena zumbante, un profundo y oscuro pozo ciego, un monstruoso aparato receptivo, capaz de contener todas las sensaciones. Nada era mantenido a distancia. Quien mirase dentro de este vacío, descubriría la presencia de un "agua subterránea": toda el alma de Proust era líquida, porque el universo había sido transformado en agua, y se reflejaba en sí mismo. ¿Qué podía hacer el joven Proust? Alejando de sí todo voluntario diseño intelectual tenía que vivir hasta el fin la propia condición de colmena, o de pozo, o de instrumento, conteniendo pasivamente dentro de sí todas las sensaciones, los perfumes, los sabores, las visiones, los sonidos, las iluminaciones, los sentimientos que recorren el universo. No existe una condición más peligrosa: porque quien es solamente un lugar corre el riesgo de disolverse y perderse en la locura.

Hubo un día en que Proust, o su *alter ego* Jean Santeuil, comprendió que él mismo era un lugar. Mientras vagaba por el campo descubrió una amplia caverna, que un pliegue de la roca escondía al resto del valle; allí florecían solamente una dedalera violeta y alguna que otra boca de león. Era un lugar único, absoluto, adonde quizás nunca nadie había bajado; una caverna que el pensamiento de la naturaleza había conservado en la ignorancia de todo el resto de las cosas, que el silencio había mantenido en el seno de la soledad; aquello no habría visto nunca ninguna otra flor, ninguna otra roca, ninguna otra sombra, ninguna criatura viviente, y habría quedado aislado para siempre del resto del mundo. Mirando la caverna y la dedalera, Proust comprendió que también el pozo de su alma anidaba un lugar parecido. También en él existía una criatura diferente de todas las demás, sin relación con nadie, sin afinidad con nadie, sin conocimiento de nadie; una especie de hombre-objeto, sin ojos, sin oído y sin palabras, más ciego que un fruto, más mudo que una flor, más sordo que una piedra. Nadie había bajado nunca a su caverna, y mucho menos él. Con el tiempo, Proust comprendió que tenía que excavar en aquella caverna de tinieblas que llevaba consigo. Hubiera descubierto que aquel punto aislado era el centro de la tierra: se alargaba, se extendía, ampliaba su propio horizonte, se ponía en relación con todos los otros puntos del mundo, atraía con su encanto los sonidos y los colores, las luces y las sombras, las palabras y el silencio. Tenía que llevarlo a la luz, dejando alrededor toda la oscuridad, el escalofrío, el terror de los lugares escondidos.

Un lugar es mudo. Esto explica por qué Proust, dotado de un don natural casi exorbitante, experimentó tanta dificultad para expresarse. Primero hizo el tentativo de la pequeña prosa en *Les plaisirs et les jours*: no era todavía su voz. Estaba más cerca de sí mismo en las cartas juveniles, que daban cuenta de su conversación cotidiana; escritas con nerviosa velocidad, corrigiendo, modificando poco a poco el pensamiento, con paréntesis abiertos, frases no terminadas. Pero ni en el *Jean Santeuil* ni en el *Contre Sainte-Beuve* ni en la *Recherche*, gozó de la dádiva de la forma rápida y absoluta; no era Kafka, que se sentaba a su mesa después de horas de trabajo en la oficina, sin esquemas ni esbozos, y enseguida encontraba la expresión definitiva de un pensamiento tremendamente complejo. Si los escritores áridos sufren de pobreza de ideas, Proust sufría por sobreabundancia de ideas y sensaciones y sub-sensaciones y subsentimientos. Siempre había un obstáculo que lo hacía desplomarse en lo informe, y a veces le hacía creer que no tenía talento. Tenía que trabajar como un pintor: escribía por medio de sucesivas aproximaciones y encubrimientos, agregando matiz a matiz, color a color, relación a relación, encontrando al final de este trabajo inagotable la perfección pastosa y plena de los ecos de su estilo *fondu*.

Proust no dejó nunca de ser un lugar: si hubiese renunciado habría abandonado su capacidad de absorción y asimilación. No dejó nunca de ser una esponja pasiva que se embebía de todas las sensaciones. Pero en su juventud no sabía todavía qué otras dotes se escondían en su caverna, donde florecía la dedalera púrpura. Allí abajo se refugiaba también un grandioso arquitecto, un legislador sublime, un pensador metafísico capaz de construir una de las últimas catedrales de Occidente. Y cuando concibió su catedral conquistó justamente el don que la madre, el padre, el abuelo, Emerson le reprochaban que no poseía: la voluntad. Encerrado en casa, sin ver a nadie, inflexible, intangible, se dedicó solamente a su libro, como si nada más en el mundo existiese (y nada más existía). Se enfermó. Por amor a su libro, no quiso curarse. Murió por exceso de voluntad, mientras su catedral quedaba inconclusa.

Si Proust no se amaba a sí mismo, si incluso no poseía un yo, existían los otros: una multitud innumerable de individuos, cada uno de los cuales era una persona. A pesar de que *Du côté de chez Swann* apareció hace ochenta años, todavía no nos damos cuenta de cómo Proust transformó nuestra visión del mundo. Hemos vuelto a los tiempos de la civilización griega pagana, cuando una multitud de dioses-personas, o de demonios, colmaba cada rincón de la tierra. Desde el momento en que Proust posó sus pupilas de mosca o de abeja en las cosas, los individuos se multiplicaron prodigiosamente. Los hombres, las mujeres, los niños esconden dentro de sí muchísimas sub-personas, individualidades parciales que a menudo viven por mucho tiempo. Y es un individuo *esa* violeta, *ese* espino, *esa* rosa, *ese* perfume, *esa* avispa, que de ningún modo pueden ser confundidos con los otros que, según el vocabulario científico, pertenecen a la misma especie. ¿Quién creería que los lugares son solamente ambientes naturales donde nos sentamos, paseamos, pintamos un cuadro? Al igual que nosotros, ellos son individuos: son únicos, están situados en un solo punto de la tierra, tienen un nombre, trabajosamente llegamos a ellos; y no hay ninguna diferencia entre un cruce de calles, una pequeña colina con manzanos que confunden sus sombras al atardecer, y esta arruga, este mechón de pelo, esta línea de la nariz en el rostro de la persona que amamos. Si amamos a una mujer o a la pequeña colina con los manzanos, no es porque la mujer sea bella, culta, inteligente y la colina se parezca a un cuadro de Corot. Los amamos porque son absolutamente irrepetibles y no se parecen a ninguna otra persona y a ningún otro lugar de la tierra. Hay algo de abismal en el amor que Proust consagra a la irrepetible unicidad de una persona.

El primer sentimiento de Proust hacia un individuo era el de experimentar un impulso infinito de reconocimiento porque existía, y porque era justamente él y ningún otro.

Este reconocimiento lo experimentaba profundamente dentro del corazón: pero no bastaba; éste no podía permanecer encerrado donde los otros no lo ven. Entonces el "demonio de la generosidad" lo aferraba: tenía que derramar su corazón y depositarlo a los pies del otro solidificado en un objeto, metamorfoseado en un regalo, o en una multitud de regalos. Proust hablaba de *demonios* y no se equivocaba: este impulso de expansión y de autodisolución, casi de autodestrucción, que torturó a Proust toda la vida, era un instinto íntimamente demoníaco.

Podría dar muchos ejemplos reales. Prefiero recordar un pasaje más inocente del *Jean Santeuil*, que con toda probabilidad ha sido extraído de un suceso real. Hacia el fin de la novela Jean piensa en su tía Henriette. Recuerda sus ojos, sus modales, sus palabras amigables, su familia original y graciosa. De pronto siente una gratitud infinita hacia ella, y decide hacerle un regalo. "Le mandaré flores". Tiene prisa. Hace falta un cuarto de hora para llegar donde la florista, y quisiera ya estar recibiendo el agradecimiento de la tía. Toma un carruaje para llegar antes. Mientras tanto piensa que tiene solamente cincuenta francos y, cuando haya comprado las flores, no le quedará nada más para el resto del mes. Tanto peor. Irá a pie. Cuando está en la florería ve detrás del mostrador una planta sonriente que, como una bella e inocente prisionera, alza al cielo los brazos cargados de flores: cada una de ellas es ligera y brillante como una rosa y su color azafrán revela el infalible esfuerzo de un pintor delicioso, mientras un perfume delicado sale de la planta. Pero, sobre todo, hay una lila que tiende sus flores, livianas y violetas, que se acumulan dulces y numerosas como los finísimos rizos de una cabeza antigua. Los cincuenta francos no bastan. Jean va donde un joyero y vende el diamante que le aferra la corbata; con el dinero que le queda compra una pequeña piedra, azul y sombría, temblorosa y brillante, que parece conservar una hora de la tarde, y la manda a la tía junto con las dos plantas. La función del regalo todavía no ha terminado. Una vez que salió de la florería y de la joyería, se vuelve el mensaje de Jean en la casa amiga: él mismo se ha vuelto un objeto, un huésped mudo, un ojo que cosecha los colores y las sombras de la habitación en la fidelidad silenciosa de sus pupilas.

El proceso no era reversible. Proust, el gran dador, el hombre que hubiera disipado su sustancia en regalos, no podía, de ningún modo, aceptar regalos de los demás. Hacia fines de febrero de 1908 fue a ver al pintor Paul Helleu en su estudio de París. Vio un cuadro, *Automne versaillais*, que le gustó muchísimo. "Está todo, todo el cielo, todos los árboles, toda la tierra, toda el agua, toda la sombra, toda la luz..." Al día siguiente Helleu le envió el cuadro: el regalo desencadenó una tempestad casi trágica en el alma de Proust. Sentía con fuerza dolorosa cualquier placer que le fuese dado, aunque fuese mínimo, cualquier gesto afectuoso que se posase sobre su cabeza de paria. En aquel instante se sentía amado en aquello que era y por lo que era: su reconocimiento era inmenso, experimentaba incluso placer exagerándolo; comprendía que el amor que recibimos (cualquier amor) es un don infinito que nunca podremos devolver, por más grande que sea nuestra gratitud. Otro hubiera aceptado con alegría el regalo: ¿qué hay más hermoso que recibir de puro corazón, liberándose por un momento del terrible equilibrio entre dar y recibir que reina sobre la tierra? Proust no podía aceptar: se sentía con culpa por haber recibido sin haber dado, como si aquel que es objeto de amor fuese en realidad un desgraciado; y tenía que anular la culpa, cancelar esa deuda insostenible.

Así comenzó una larga y divertidísima historia entre el boulevard Haussmann y la casa de Helleu. En un principio Proust dijo que el cuadro se hubiera sentido prisionero e infeliz en su casa, en donde ni siquiera se abrían las ventanas; y afirmó, citando los versos de Sully-Prudhomme, que

Seremos infelices juntos
si bien ambos inocentes.

Quería devolver el cuadro a Helleu. Después, mientras estaba por dejarlo, su belleza lo detenía: no podía perderse una alegría tan grande, oía al cuadro pronunciar dos versos de Dante Gabriele Rossetti: "Me llamo lo que hubiera podido ser, si tú hubieses querido, lo que hubiera podido ser, y no ha sido". Entonces ofreció comprarlo. "Compréndame, comprenda que no puedo tomarlo, dígase a usted mismo que si me dejara comprarlo sería todavía más generoso de su parte porque apagando una alegría me quitaría el cruel sentimiento de no poder tenerlo… Hay a veces una suprema delicadeza en el condescender a los escrúpulos de los demás". Helleu se negó. Obedeciendo su destino, Proust le devolvió el cuadro. Helleu se lo envió de nuevo con una dedicatoria. Desesperado, sin salida pero inflexible en su triste necesidad interior, Proust le pidió a la fiel Madame Catusse, su mensajera en el mundo de la realidad y de los dones, que comprara una vieja carabela holandesa de plata; o bien un biombo dorado, que se hubiera adaptado todavía mejor a los damascenos rojos, a los muebles dorados, a la tapicería clara de los salones de Helleu. Así se terminó la historia. Al menos esta vez Proust se ilusionó con estar mano a mano con la vida.

El regalo, o el rechazo del regalo, nos deja en el umbral de esta tragedia que, para Proust, es la experiencia del individuo. Tal vez ningún otro escritor sintió como él la absoluta alteridad del otro, el anhelo de transformarse en otro, el total metamorfosearse en el otro, el fracaso de esa metamorfosis y luego la capacidad de representar en el arte ya sea este éxito, ya sea este fracaso. Justamente porque el otro es un abismo hacia el cual no conduce ningún puente, crecían en él el deseo y el ansia por alcanzarlo. Este deseo tenía muchísimos recursos: en primer lugar el don casi sobrenatural de comprender los sentimientos y las ideas suyas más remotas: la ternura delicada y rabiosa con que se aproximaba a los seres para compartir con ellos cada pliegue; y después el don de transformarse en una multitud; y al fin esa especie de sutil, ebrio estado de trance que en especial los amigos de la juventud reconocían en él, ya sea frente a una planta como a una persona como a una *colombe poignardée*. Al final el deseo era comunión sin límites, identificación absoluta, identidad de almas: Proust se volvía un extraño apenas vislumbrado, o un manzano. No se trataba del encuentro de dos almas estables: las dos almas perdían su rumbo, volviéndose almas puras, esto es, sustancias líquidas que se *vertían*, se *embebían*, se *bebían*, se *absorbían* unas a otras.

La relación con el otro tenía un carácter tan intenso y absoluto en el ánimo de Proust que tenía que ser trasladada al lenguaje de la experiencia religiosa. Hay un caso casi sorprendente. A fines de septiembre de 1908, un amigo de Proust, Georges de Lauris, se rompió el fémur en un accidente automovilístico. Proust escribió una larguísima carta a su cuerpo herido, en la que la dulzura insinuante y casi perversa del deseo homosexual, la ternura llena de miel, la unción devota, la elocuencia amorosa, la fuerza del poseído culminan (alguno dirá: impíamente) en la adoración y en el canibalismo religioso. "Siempre es delicioso verlo, pero ahora es más dulce aún, y cada uno de sus miembros milagrosamente protegidos, sus manos, tan dulces, que algunas veces, cuando experimento alguna duda acerca de su amistad, buscan las mías en un movimiento de persuasiva elocuencia, su entero cuerpo, cuyo andar, hoy interrumpido pero no modificado, es el único que conozco absolutamente privado de actitudes convencionales, rápido hacia lo que desea o a quien se siente deseado, y sobre todo sus ojos, en la parte inferior de los cuales se descubre enseguida si una tristeza pasó por su corazón, pero en el fondo de los cuales se desgarran y se vuelven azules cuestiones tan magníficas; ahora todo su cuerpo quisiera verlo y tocarlo... Tengo la impresión de haber amado su espíritu y su corazón demasiado exclusivamente hasta hoy, y ahora preferiría una alegría pura y exultante, como el cristiano que come y bebe el vino y canta *Venite adoremus*, diciendo a su lado las letanías de sus tobillos y las loas de su pulso". El lenguaje religioso revela que la identidad es anulamiento místico, no importa si es el otro o el yo el que es absorbido.

Si el otro estaba lejos, ¿cómo podía establecerse la identidad amorosa? Durante toda su vida, desde las páginas de *Les Plaisirs et les jours* hasta las últimas cartas, Proust recurre al lenguaje religioso, como un signo estilizado que tenía que evocar un torbellino de memorias. En la teología católica se afirma que el cuerpo de Cristo posee una *presencia real* en la hostia, incluso si el ojo humano no puede atisbarlo. Proust usó la misma fórmula. Un amigo o una persona amada tenían una *presencia real* junto a él y dentro de él, si bien estaban separados por la distancia de una carta o de la línea telefónica. Sus cuerpos estaban *allí*, como las hostias en el hostiario. "Más sencillamente, si tus quehaceres de la tarde no te permiten que nos encontremos en algún lado, no te tomes el trabajo de responderme; me contentaré –es el pan cotidiano de mi soledad– con tu presencia real". Especialmente en los últimos años, la vida de Proust estuvo poblada casi solamente por estas "presencias reales" suscitadas por el recuerdo, mucho más intensas que las de la vida cotidiana, donde creemos descubrir cuerpos y rostros. La ausencia vuelta presencia, de manera total y casi obsesiva; y el lenguaje sacro expresaba, como no habría podido expresarlo ningún otro, esta paradoja de presencia-ausencia que es uno de los grandes temas de Proust.

La felicidad asume muchas formas en Proust: la felicidad que dan las Ideas, la felicidad luminosa de los recuerdos involuntarios, la felicidad de la música, la de los cuadros, la de la realidad visible, hasta llegar incluso a la pequeña felicidad de la conversación. Pero ninguna felicidad resultaba tan ardiente como aquella que le daba el otro individuo, cuando se prolongaba, se multiplicaba en él, se volvía él; y el líquido de su alma se confundía y se mezclaba con el líquido de la otra alma. Proust conoció esta felicidad: no sabemos ni cuándo ni con quién; pero por cierto la conoció, aunque sea por pocos instantes, la recordó y la añoró como uno de los bienes esenciales de la vida. Al final, la conclusión de la *Recherche* fue terrible. Esta felicidad no existe. El abismo que había creído superar para siempre en su relación con el otro, vuelve a tomar forma dentro de esta relación, más alto, macizo, impenetrable que la Gran Muralla. Los otros son incomprensibles. En los otros no se penetra nunca. El misterio que se extiende entre dos individuos no es menos oscuro que aquel que separa la Idea de la Realidad.

Tal vez la felicidad no tenía importancia. Lo que verdaderamente importaba, en la vida y en la obra de Proust, era el dolor. Él sabía (y lo repetía a su madre en una carta de 1902) que su gran don era el sufrimiento. Todo lo que sucedía en torno suyo (aunque fuese la cosa más indiferente, lejana, sin significado, sin ninguna relación con él) venía rápidamente interiorizado: caía, se desplomaba en su corazón, lo golpeaba, lo hería y lo hacía sangrar. ¡Qué veloz era el sufrimiento! Porque –dice en la *Recherche*– "la fuerza que da más vueltas en torno a la tierra en un segundo, no es la electricidad, sino el dolor". Como el de Baudelaire, su corazón era una inmensa caja de resonancia: el dolor se expandía velocísimo, resonaba, y desde el corazón embestía todo el cuerpo, y después se prolongaba en el pasado, y se extendía, se extendía, se extendía todavía más, hasta que todo el universo era una sola herida, una sola irradiación, una sola música dolorosa.

El dolor era la verdadera arma para penetrar el corazón de los otros: un instrumento al que ninguno se igualaba. Había leído a Schopenhauer, y como él, pensaba que el amor puro era "en esencia, piedad". Y, piedad y compasión, era también la amistad. Él no creía que la amistad fuera una "voluntad espiritual y casta", como escribió una vez Vaudoyer: la amistad de los filósofos y de Cicerón. No era nada limitado y medible, sino sufrimiento, renuncia, sacrificio, pérdida de sí mismo, inmolación dostoievskiana. Tuvo la revelación de qué era para él la amistad cuando escuchó el *Parsifal* de Wagner. Llegó a la escena en la cual Kundry besa a Parsifal. En ese momento Parsifal hace un gesto de espanto; aprieta el corazón con las manos; besando a Kundry revivió el beso de Amfortas, su pasión, su culpa, su llaga, que ahora sangra terriblemente en su propio corazón. Ella se ha transformado en Amfortas, con una identificación absoluta, porque su único saber consiste en *Durch Mitleid wissend*, "saber a través de la compasión". La iluminación de Parsifal golpeó profundamente a Proust, tanto que la comparó, en una nota de la *Recherche*, a la iluminación que revelaba a su héroe, en la biblioteca de Guermantes, la esencia de la memoria, del tiempo y la eternidad. Al igual que para Parsifal, esta era entonces su sabiduría: *Durch Mitleid wissend*: una videncia generada por el dolor y que generaba dolor, y le otorgaba una coincidencia total con el alma de los otros, como la que permitía al príncipe Myskin en *El idiota* comunicarse con los últimos momentos de un condenado a muerte.

Así Proust experimentaba una desgarradora compasión por los dolores ajenos, los hacía propios, los exageraba con la imaginación, comprendía quién era el más golpeado en la desgracia, y su dedicación hacia los enfermos, los que sufrían, los desventurados, los pecadores, no tenía límites. Con su don de simpatía conseguía siempre ver las cosas desde el lado del que sufría. Cada muerte –incluso lejana, o de alguien a quien no conocía o conocía poco– se volvía una tragedia. No dejaba de pensar en el muerto; y dirigía al que había sobrevivido el afecto que había llevado al difunto. Si había muerto una madre, la voz y la pluma temblaban, porque esta muerte anticipaba la de su madre o la renovaba en su corazón sangrante. No se trataba de una piedad inoperante. Como el buen samaritano, "vendaba las heridas vertiendo sobre ellas aceite y vino". Hacía de médico, utilizando la experiencia que infería de su propio cuerpo, enfermo de todas las enfermedades. Si no sabía ayudarse a sí mismo ni suscitar el amor, consolaba a los amigos, reconciliaba a los amantes y a los esposos utilizando su clarividencia psicológica y su deseo de felicidad hacia los demás. Ante la muerte repetía el gesto y las palabras del sacerdote. En las cartas de condolencias lloraba sus lágrimas sobre el muerto, como el más íntimo y próximo de los parientes, y al final argumentaba un vago, futuro consuelo, cuando el dolor se hubiera dulcemente transformado "en una luminosa y triste meditación".

Al final, toda esta piedad, esta compasión, esta experiencia del dolor, que devastaron la vida de Proust, se transformaron, en las páginas del *Temps retrouvé*, en un sublime mito platónico del sufrimiento. No es demasiado pronto para hablar de esto. En aquellas páginas, desde el comienzo, Proust no se consuela. El dolor es tremendo. Nos destruye, nos arruina, nos conduce a la muerte. "A cada nueva pena demasiado fuerte sentimos una vena que asoma, que desarrolla su sinuosidad mortal a lo largo de nuestras sienes, bajo nuestros ojos. Y es así como poco a poco se forman los terribles rostros devastados del Rembrandt, del viejo Beethoven, de quienes todos se mofaban". "Los dolores son los servidores oscuros, detestados, contra los cuales se lucha, bajo cuyo dominio se cae cada día más, los servidores atroces, que no podemos reemplazar, y que por calles subterráneas nos llevan a la verdad y a la muerte".

Nosotros no podemos ser menos que estos sirvientes oscuros, porque ellos arrancan la mala hierba de la costumbre, del escepticismo, de la ligereza, de la indiferencia. Pero los dolores no cumplen solamente esta función negativa. Encarnan una fuerza más alta, que obedece al principio de la metamorfosis universal. Así como las fuerzas del universo se transforman en otras fuerzas y el ardor se vuelve luz y la electricidad del rayo puede fotografiar, así también el sórdido dolor de corazón que nos tortura se vuelve una fuerza, pone en movimiento la imaginación y el pensamiento, genera el conocimiento espiritual, produce la luz de una idea, como las grandes intuiciones psicológicas de Proust sobre el amor y los celos. Entonces puede suceder que el sufrimiento así transformado nos provoque alegría. Quizás este proceso psicológico se puede representar del modo opuesto. Al principio no está el dolor sino la Idea, nacida de la actividad analógica de la mente, y el dolor es solamente el modo que ella elige para manifestarse y aparecer en nuestro corazón.

Nos acercamos al mundo platónico al que Proust está profundamente ligado. Cuando descubrimos en la Tierra un rostro de aspecto divino, nosotros volvemos a ver el recuerdo –dice Platón en el *Fedro*– la belleza supraceleste, como la contemplamos ya una vez, resplandeciente en su pedestal. Estamos aturdidos e inquietos; no somos más amos de nosotros mismos; un escalofrío de horror sacro nos asalta; y algo de nuestros temores de entonces se insinúa en nuestras almas. Miramos la bella imagen terrestre y la veneramos profundamente. El alma hierve, fermenta, palpita y dirige la mirada hacia lo alto, donde están las Ideas, como un pájaro apenas nacido, impaciente por volar. De la misma manera, en el *Temps retrouvé*, las personas que nos hacen sufrir (o sea, las personas que amamos, porque ellas siempre nos hacen sufrir) son un "reflejo fragmentario", el "último peldaño" de una divinidad o de una Idea. No debemos entonces sufrir sórdida y oscuramente sin percibir nada más que la herida del corazón. En las personas que nos provocan dolor debemos percibir la divinidad de la que son el reflejo y el último peldaño: cada encuentro terrible, cada herida sangrante nos hace conocer la Idea de la cual ellos nos transmiten su apariencia terrena. A través de las criaturas nosotros contemplamos la divinidad, y esta contemplación da luz y alegría. Poblamos nuestra vida de mitos creados por el gran Eros doloroso, señor del universo.

Este mito del sufrimiento es una interpretación de la vida de Proust. Sus amores no fueron otra cosa que dolor; hasta el de Hahn y quizás el de Lucien Daudet, y tanto más los de Bibesco, Fénelon, Agostinelli, y los otros de los que no nada sabemos. Sufrió, oscuramente, sórdidamente. Al final, pobló su vida de emanaciones celestes, que fueron transformadas en las divinidades tenebrosas de sus libros.

VI. EL ASMA

El dolor no era algo que vivía lejos de él, y cada tanto le hacía una visita deseada o indeseada, como un extranjero. Habitaba establemente dentro de él, como una parte esencial de su naturaleza. Se dio cuenta por primera vez cuando era un niño. Sufría de asma bronquial. El doctor Martin le dijo que las cauterizaciones nasales impedirían la acción del polen. El niño tenía tanta confianza en la ciencia de los adultos que se dejó hacer ciento diez cauterizaciones. "Ahora vayan al campo, no *puede* volver a tener la fiebre bronquial" le dijo el doctor. Tranquilo y seguro, el niño fue al campo con su padre y su madre. Cuando encontró la primera lila en flor, que hubiera debido ser del todo inofensiva, fue asaltado por una crisis de asma tal que los pies y las manos se le volvieron violetas como las de los ahogados. Después de cuarenta años, escribiendo a Léon Daudet, Proust tenía todavía terror de aquella tremenda agresión, causada al mismo tiempo por su yo y por la naturaleza, que habían afianzado entre ellos una siniestra alianza.

Alrededor de 1895 el asma de Proust se volvió un sistema, generando enfermedades secundarias, hábitos, rituales, que transformaron completamente su vida. Nunca se podía prever cuándo llegaba: aparentemente sucedía sin causa, no dependía de nada, se manifestaba cuando quería, en cualquier estación o clima, en cualquier condición física y moral, como "una personalidad delicada, caprichosa y autocrítica", escribía el inteligente doctor Brissaud en su *L'hygiène des asthmatiques*, que se volvió una de las biblias de Proust. De pronto, sin previo aviso, llegaba. La hora favorita era la noche, cuando el enfermo dormía profundamente. Lo despertaba imprevistamente y lo aterrorizaba. Por veinte o treinta o cuarenta horas, Proust sufría crisis de asfixia: no podía respirar, ni hablar, ni comer, ni escribir; empalidecía, tenía sudores fríos, el cuerpo se helaba; y la fiebre subía hasta el delirio. Tenía que permanecer inmóvil como un cadáver, esperando que la atroz divinidad se fuera, mientras la madre y la doméstica lo recubrían de mantas y bolsas de agua caliente.

Esto era nada más que el principio. No podía dormir por la noche, ya sea porque quería permanecer despierto para afrontar los asaltos imprevistos de su enemiga, ya sea porque el asma causaba una digestión lentísima; la comida (inclusive un vaso de agua de Vichy) le dilataba el estómago, era absorbida penosamente y le impedía dormir. Terrible compañero del asma se volvió el insomnio, que lo dejaba por horas con los ojos abiertos, mientras él hubiera querido adormecer al inconsciente, que se despertaba gritando. Entonces tomaba somníferos, ingeridos en dosis cada vez mayores, provocándole vértigos, afasias, alteraciones en la coordinación y en el equilibrio.

No podía subir las escaleras; o bien podía hacerlo lentamente, peldaño a peldaño, sin decir una palabra. Sentía terror por cualquier soplo de aire, por cualquier tenue ráfaga de viento que penetrase en la casa, trayendo consigo el odiado polen: una ventana abierta, más aún en la noche, era un evento trágico, que relataba a su madre estremeciéndose de horror; todo tenía que permanecer cerrado, como una tumba. Había desarrollado una sensibilidad agudísima, gracias a la cual advertía una rendija abierta en la lejana cocina, separada de él por siete puertas, o en las habitaciones de arriba. Siempre tenía frío: el dormitorio tenía calefacción día y noche, inclusive en verano; y camisetas sobre camisetas, abrigos sobre abrigos, trozos de algodón hidrófilo entre la piel y la camisa impedían que el aire, el más perverso y hostil de los elementos, entrase en contacto con su cuerpo enfermo. Así defendido podía comenzar la larga, debilitante, impotente batalla contra el asma, que lo reducía al papel de víctima de su enemiga. Fumar cigarrillos antiasmáticos no servía para nada. Bebía decenas de tacitas de café, que mantenían lejana la crisis pero volvían más agudo el insomnio. Hacía inhalaciones por la mañana, o más veces al día, quemando junto a la cama polvos Legras que transformaban la habitación en una cueva de brujas, donde se formaban y se disolvían pesadas nubes oscuras y azuladas, dejando residuos sobre cada sábana, sobre cada mueble, sobre cada libro, sobre cada cuaderno.

En ciertos períodos pensaba solamente en su cuerpo infeliz: el espíritu permanecía obstinadamente dirigido en dirección al cuerpo, "como un enfermo, en su lecho, queda con la cabeza dirigida a la pared". La vida le provocaba terror: sentía terror por aquella cosa espantosa, respirar y volver a respirar, vivir. Y además, era absolutamente indiferente a la vida. Quizás ya había salido de su círculo. Ciertas crisis eran terribles, veinticuatro, cuarenta horas de estertores que se parecían a los de la agonía: había leído en su Brissaud que cada crisis destruye algo en el organismo y apura el momento final. Séneca, escribió una vez Montesquiou, había dicho que en todas las otras enfermedades, se está enfermo: en el asma se exhala el alma, por esto los médicos la llaman *meditatio mortis*, "preparación a la muerte", "ejercicio de la muerte". Probablemente era peor aún, como relató en *Fin de la jalousie*: el asma era la muerte ya instalada dentro de él.

No tengo ningún deseo de interpretar el asma de Proust. No soy un neurólogo, o un psicoanalista; y tampoco un neurólogo o un psicoanalista pueden diagnosticar la enfermedad de un hombre muerto hace setenta años, que dejó testimonios esparcidos y disfrazados sobre su mal. Lo único significativo es comprender qué era el asma para Proust. No hay una sola verdad. A veces buscaba hipótesis orgánicas: tenía la impresión de que tenía que ver, en primer lugar, con su cuerpo; pensaba que tanto el asma como su insomnio de origen asmático tenían causas intestinales. Todo se habría resuelto con buenas píldoras laxantes. Pero Proust era un apasionado lector de libros de medicina y de neurología. Y en su Brissaud leía que, según ciertos estudiosos, el asma convulsiva es más frecuente entre los hipocondríacos, y que si un paciente se curara de esa neurosis que es el asma, la reemplazaría por otras neurosis, como la epilepsia, la locura, la neuralgia del trigémino, de tal forma que siempre el enfermo perdería con el cambio. Todos los médicos que él conocía estaban de acuerdo en una cosa: el asma es una neurosis. No era cierto que podía curarse, como decía el profesor Merklen, que le hablaba de ciertos institutos alemanes donde hacían "perder el hábito" de la enfermedad, como se "desmorfiniza a los morfinómanos". En cambio el profesor Albert Robin le dijo que no quería curarlo del asma porque, dada la forma que ésta había tomado en su existencia, se había vuelto para él un desahogo, y lo liberaba de otras enfermedades.

Como lo demuestra la *Recherche*, Proust tenía un conocimiento preciso de la neurosis. En *Le Côté de Guermantes* confió su ciencia neurológica al doctor du Boulbon, que es una contrafigura parodiada del doctor Brissaud. Le hace decir: "La neurosis es un *pasticheur* de genio. No hay enfermedad que no sepa imitar maravillosamente. La imita hasta conseguir engañar la dilatación de los dispépticos, las náuseas del embarazo, la arritmia cardíaca, la condición febril del tuberculoso. Si es capaz de engañar al médico ¿cómo no engañaría al enfermo?" Con su talento de *pasticheur* la neurosis imitaba entonces sus ahogos, sus temblores, sus estertores, su palidez de asmático. Proust se observaba siempre, y notó que el dolor aumentaba el asma. Los pequeños o grandes ahogos y las angustias que a menudo lo asaltaban a la hora de ir a la cama, eran la celebración neurótica de la angustia arquetípica de su vida: el beso negado por su madre, aquella noche en Auteuil, y sus insomnios (al igual que los de Jean Santeuil) no hacían más que prolongar la herida.

¿Pero qué significa "neurosis" (en aquella época, "nerviosismo")? Proust temía que el padre y la madre, a pesar de sus lecturas, percibieran algo de arbitrario, de personal, de caprichoso. En cambio su neurosis tenía una absoluta necesidad objetiva, como una enfermedad orgánica. Él no podía hacer otra cosa que obedecerle. "Una profesión activa –escribió en 1914– no es la única cosa que puede privar a un hombre de su tiempo libre. Una enfermedad, por ejemplo, puede ser tan absorbente, tan urgente, tan fatigante, tan capaz de envejecer, como la más dura de las profesiones, incluso manuales". Había leído en su Brissaud una página que lo había iluminado: "La epilepsia, 'el mal sagrado', la causa que escapa a la razón humana, es un pariente tan próximo del asma que se la ha bautizado con el mismo nombre". Es cierto que el asma no le ofrecía la misma tremenda felicidad que conocía Dostoievski un instante antes de la crisis de epilepsia: aquel instante, que no se comprendía si duraba apenas un segundo, horas o meses, no le provocaba aquel arrebato, aquella iluminación, aquella intensidad vital multiplicada, aquella calma suprema que le hacía comprender las causas últimas. Él se sofocaba, agonizaba, no experimentaba ninguna iluminación. Pero el asma era verdaderamente "su mal sagrado". Era su existencia, su vocación, su destino.

La neurosis tenía sus aspectos benéficos. En vez de impedir el camino hacia el conocimiento de todas las sensaciones inconscientes, de toda la oscuridad que yacía, inexplorada, en su espíritu, lo llevaba arriba, bien alto, donde el pensamiento elaboraba su verdad, el lamento innumerable y doloroso de la vida escondida. Era un maravilloso instrumento de conocimiento y dilatación. Sin parecerlo, ayudaba a llevar luz donde había sombra. Así se comprende cómo el doctor du Boulbon dirigía a los neuróticos las palabras que Cristo había dirigido a sus discípulos en el *Sermón de la montaña*: "Ustedes son la sal de la tierra… ustedes son la luz del mundo" (*Mateo* 5, 13-4). Du Boulbon decía: "Pertenecen a esta magnífica y compasiva familia que es la sal de la tierra. Todo aquello verdaderamente grande que conocemos, nos viene de neuróticos… Son ellos, y no otros, los que han fundado las religiones y compuesto las obras maestras. Pero el mundo sabrá todo lo que les debe, y especialmente todo lo que ellos han sufrido por dárselo. Nosotros degustamos los encantadores temas musicales, los cuadros bellos, mil cosas refinadas, pero no sabemos lo que le costaron a aquellos que las inventaron, con insomnios, llantos, risas espasmódicas, urticarias, asmas, epilepsias, en una angustia mortal, que es lo peor de todo". No importa que una leve luz paródica caiga sobre la figura de Du Boulbon, sobre sus curaciones y sobre las palabras de este himno triunfal, porque Proust las compartía una por una. Así se comprende la actitud de Proust hacia su propia neurosis. En su fuero íntimo la conocía muy bien, como el mejor de los neurólogos. Si hubiese querido tal vez hubiera podido curarse: lo habría hecho por amor a su madre, por piedad hacia su recuerdo; y hubo momentos en los que llegó al umbral de la curación. Pero no quiso curarse. Organizó un ritual que la combatía para mantenerla viva, porque el asma era, en primer lugar, su "mal sagrado", esto es, su arte.

El asma lo recluyó en la noche. La hora de ir a la cama se desplazó siempre hacia la mañana, en las aterrorizantes casas de avenue Malesherbes y de rue de Courcelles, entre las protestas impotentes de la familia. Al final se estableció un ritual. Proust saludaba la luz del sol, besaba a su madre, que venía a darle su *bonsoir* (para ella *bonjour*) para alejar el insomnio, y se dormía alrededor de las ocho o nueve de la mañana, para despertarse entre las tres y las cuatro de la tarde. Años más tarde las agujas del reloj se desplazaron más todavía. Se iba a la cama al mediodía, a las dos de la tarde: sin ninguna necesidad aparente, solamente para obedecer a la voluntad de la *Recherche*. Todos conocen las imposiciones feroces del ritual. Nadie que le caminase sobre la cabeza en los departamentos vecinos; ningún carpintero o albañil que golpease el martillo o el pico en las casas cercanas; persianas y cortinas muy sólidas, que impidieran penetrar en la habitación el más mínimo rayo de sol; y, al final, en boulevard Haussmann, el revestimiento de corcho que lo protegía como una madre.

Así se creó la leyenda tenebrosa de Proust, cuya imagen fundamental está plasmada en la *Recherche*: "Yo, el ser humano extraño que, esperando a que la muerte lo libere, permanece inmóvil como un búho y, como él, ve claro solamente en las tinieblas". Es cierto, Proust vivió como un búho, un extraño búho hijo de la luz, que no soportaba vivir de noche. Permaneció siempre niño, de lo que da cuenta el *Jean Santeuil*. ¡Qué tragedia, cada noche, cuando la noche caía! Y después, una vez caída la luz, quedaba "como una presa abandonada, muda, inmóvil y ciega". Cuando fue adulto, qué horror no ver nunca el sol; y que horror aún mayor ver la luz, mientras tenía que permanecer encerrado en casa. Hubiera querido que el sol resplandeciese siempre en un cielo enceguecedor y eternamente quieto. Escribiendo la *Recherche* se comportó como un verdadero hijo de la luz. Habitó la noche, estuvo frente a la noche, se hundió en el corazón de la noche, exploró el acto de dormir, el sueño y el inconsciente, pero solamente para transportar las tinieblas hasta el esplendor triunfal de la revelación luminosa.

Gracias al asma y a su hijo, el insomnio, Proust se construyó la cárcel-tumba donde vivió encerrado más de veinte años de su vida: sin aire, sin ruidos, sin luz, sin movimiento, sin cambios, sin mundo. Una vez, ofendido porque Proust no iba a sus ruidosas y fastuosas conferencias, Montesquiou dijo una frase exactísima, incluso en el género femenino: "¡Esta habitación de secuestrada!". En aquella habitación Proust imaginó los rituales, los protocolos y las liturgias con los que se preparó una vida irrespirable. Como dijo con una imagen repetida, él era Andrómeda: ningún oráculo había decretado su condena; él solo se había atado a la roca; allí se nutría de imaginación, hasta temblar de fiebre, leyendo horarios ferroviarios; soñaba con una fuga que nunca llevaría a cabo, con un liberador que nunca llegaría. Nunca se ilusionó. Tenía plena consciencia de vivir dentro de una cárcel; y miraba con pérfida ironía todos los hábitos, los ritos, las manías y las repeticiones mecánicas de su "dialéctica extraña, funesta e ineluctable". Lo sabía muy bien: tía Léonie no era otra que él, transformado por el juego en una viejecita caprichosa y adorable. Como escribió en *La Prisonnière*, la suya era una vida insensata. Era un maníaco que se privaba de todos los placeres y se infligía los peores males sin cambiar nunca el registro. Dormía en las horas en que hubiera tenido que vivir, salía en las horas en que es normal hacerse matar en las calles, y estaba siempre allí tomando bebidas heladas y curándose un resfrío.

Qué cárcel extraña. Por lo general, en las cárceles, los escritores y los artistas describen sus obsesiones; encerrados por las angustiosas paredes de la mente, nacen los *Relatos* de Poe, *Las confesiones de un inglés comedor de opio* de De Quincey, *La sonata a Kreutzer* de Tolstoi, *La madriguera* de Kafka. Si bien a veces lo habitaban las obsesiones, Proust no escribió un libro de obsesiones. No nos maravilla Monet, este hijo de presocráticos, este gran sensual, este hombre todo manos y ojos que viviendo en el mundo pintó mares, ríos, montañas, la catedral de Rouen y las parvas en todas las horas del día. Nos maravilla Proust, que vivió recluido, y representó como nadie las aventuras del tiempo meteorológico y los colores del mundo. Quizás –él lo sabía– lo ayudó su Madre-Enemiga, el asma, que hizo de él un meteoropático. Era tremendamente sensible a los más mínimos cambios de temperatura, de lugar y de presión; y cada cambio de tiempo basta, como dice en la *Recherche*, "para recrear al mundo y a nosotros mismos". Si una baja de presión se anunciaba en la lejana Jamaica y después avanzaba velozmente hacia las Baleares, él tenía una crisis de ahogo, como todos los enfermos de jaqueca, los reumáticos, los asmáticos, los neurasténicos y los locos; y advertía de lejos la llegada de uno de aquellos fríos inesperados, "las mareas del cielo", que golpean contra las ventanas cerradas, haciéndonos sentir el retorno ofensivo de las fuerzas elementales. Así el asma hacía de él, con dolor inclusive, un agujero en la gran red de la correspondencia universal. Era el sueño de Baudelaire y de la alquimia.

Encerrado en su cárcel, Proust tenía necesidad de pocas cosas. Si un pequeño rayo de sol entraba en su cuarto, él sabía qué tiempo había en el mundo del cual estaba excluido. Como la estatua de Memnón, que hacía resonar sonidos armoniosos cuando los rayos del sol golpeaban al alba, todo su ser explotaba de alegría, y se sentía transportado a mundos de puro esplendor. Pero no necesitaba de los rayos del sol. Con la cabeza dirigida a la pared, con los ojos ciegos todavía, escuchaba la sonoridad y la campana de los tranvías que pasaban por el *boulevard*; y súbitamente descubría las distintas cualidades del tiempo. Según la atmósfera y las estaciones, el aria del tranvía se atenuaba como un tambor de niebla: se volvía fluido y cantaba como un violín, pronto a recibir las orquestaciones coloridas y livianas de los vientos; y agujereaba con el taladro de un pífano el vidrio azul de un tiempo frío y soleado. Al final no tenía necesidad de ningún socorro externo. El tiempo estaba escondido dentro de él: todas las luces y las músicas y los estremecimientos de la naturaleza ocupaban su organismo; su cuerpo era el universo. Bastaba que interrogase a la "ciudad interior de los nervios y los vasos", escuchando "el pequeño pueblo de sus nervios" activos y atareados, para saber todo lo que sucedía afuera, en el desolado mundo externo. Su cuerpo de recluso vivía perennemente en relación con la totalidad vibrante del cosmos, con la solidaridad de las fuerzas elementales. Por esto ningún otro poeta de la meteorología nos persuade, nos encanta y nos conmueve como Proust.

A menudo se lamentaba de vivir segregado, sin felicidad, ni alegrías, ni placeres, sin ver siquiera una flor o una muchacha, víctima de la enfermedad y del libro al que se había sacrificado por sí mismo. Es cierto, la renuncia le costó mucho. Y sin embargo no había renunciado a sus deseos, al "amor ardiente" que experimentaba por las cosas, a acariciar con la mirada interior las alas cambiantes y vibrantes de la belleza del mundo. Casi hasta el fin de su vida continuó deseando amigos y amigas, hombres y mujeres, amores, sonidos, colores. "Es tal vez también la gran sobriedad de mi vida sin viajes, sin paseos, sin sociedad, sin luz" decía a Marthe Bibesco "es una circunstancia contingente que conserva en mí la perennidad del deseo". Continuó deseando. Pero nunca esperaba. Porque sabía que todo estaba perdido, desde siempre y para siempre.

A fines de noviembre de 1895 Proust fue al Louvre con Reynaldo Hahn. Querían ver los cuadros de Chardin. Hahn dejó una rápida anotación en su diario; mientras Proust escribió "un pequeño estudio de filosofía del arte", diez páginas inconclusas, que figuran entre las más bellas compuestas en su juventud y, quizás, en su vida.

Se detuvieron largamente frente a los cuadros. En el *Buffet*, desde los ligeros pliegues del mantel hasta el cuchillo puesto a un lado, todo conservaba el recuerdo del apuro de los sirvientes y la glotonería de los huéspedes. La frutera casi vacía estaba coronada en la cima con duraznos rollizos y rosados "como los querubines, inaccesibles y sonrientes como inmortales". Un perro levantaba la cabeza hacia ellos, los degustaba con los ojos, percibía en el vello de la piel la suavidad de su sabor. Transparentes como la luz, los vasos, donde estaban abandonados algunos sorbos de vino dulce, estaban al lado de otros vasos vacíos. Un vaso estaba volcado, mostrando su pie, la transparencia del vidrio, la nobleza de su hueco. Livianas como copas madreperláceas y frescas como el agua de mar, las ostras estaban sobre el mantel, frágiles símbolos en el altar de la gula. En otro cuadro, *La Raya*, en la entrada de la cocina estaban los vasos de todos los tamaños, servidores capaces y fieles; y en la mesa los cuchillos reposaban con una haraganería amenazante e inofensiva. Por encima de todo había un monstruo extraño, una raya: estaba abierta; Proust y Hahn admiraron la belleza de su "arquitectura delicada y vasta, teñida de sangre roja, de nervios azules y de músculos blancos, como la nave de una catedral policromática". A su lado, en el abandono de la muerte, los peces, retorcidos en una curva rígida y desesperada. Después un gato, con los ojos posados sobre la raya, hacía maniobrar con lenta prisa el terciopelo de sus garras sobre un montón de ostras. La mirada sentía ya la frescura de las ostras, que dentro de poco mojarían las garras del gato: el oído escuchaba ya el pequeño grito de las rajaduras y el trueno de la caída.

Fue una revelación: la primera, o una de las primeras, en la existencia de un hombre que estuvo signada por revelaciones como las de un místico. Había buscado a los dioses escondidos en su círculo mundano; ahora descubrió que los dioses escondidos están por todas partes, especialmente en la más humilde existencia cotidiana, en la cocina, en el salón comedor, en el cuarto de trabajo, en la vida ignorada de la naturaleza muerta, en las que Chardin, como Virgilio, lo iniciaba. "La naturaleza muerta se volverá sobre todo la naturaleza viviente. Como la vida, habrá siempre algo nuevo para decirles, algún prestigio que hacer resplandecer, algún misterio que revelar; la vida de cada día los encantará si, por algunos días, habrán escuchado su pintura como una enseñanza; y habiendo comprendido la vida de su pintura, ustedes habrán conquistado la belleza de la vida. En estas habitaciones..., Chardin entra como la luz, dando a cada cosa su color, evocado por la noche eterna, donde estaban sepultados todos los seres de la naturaleza muerta o animada con el significado de su forma, tan brillante a la mirada y oscura al espíritu". En las habitaciones del Louvre, y después en casa, en el recuerdo, Proust miraba y volvía a mirar fascinado los vasos vacíos, o llenos hasta la mitad, la raya, los peces, las ostras, el gato; y comparada con la pintura su escritura revelaba una sensualidad objetiva que nunca había poseído: se volvía pasiva, minuciosa, blanda, imaginativa.

Proust se esforzaba por estar conectado con su objeto, pero, sin querer, su Chardin se volvía cada vez más grande, símbolo de una literatura que estaba naciendo. Proust subrayaba las relaciones entre las cosas pintadas en los cuadros: amistad entre el recipiente para la leña y las llamas de la chimenea, entre una almohada y el viejo perro que apoyaba allí su espalda indolente, entre el telar y los pies graciosos de una mujer distraída, entre el cuerpo inclinado de la sirvienta, el viejo mantel y los platos ya vacíos –entre el mantel y la luz que daba la dulzura de una crema o una tela de Flandes– entre la luz y el cuarto donde ella ora se dormía, ora paseaba, ora entraba alegremente por sorpresa, entre los seres y las cosas, entre el pasado y la vida, entre lo claro y lo oscuro. Eran relaciones en la que Chardin había pensado. Pero Proust no se contentaba, y de su alforja llena de metáforas blandas, pesadas y suntuosas, extraía analogías con cosas ajenas a los cuadros. ¿Cuándo había pensado Chardin que sus duraznos eran inaccesibles y sonreían como los dioses? ¿Y que el interior de una raya parecía la nave de una catedral policroma? Los objetos pintados por Proust-Chardin contenían en sí una vida multiforme: la riqueza de los símbolos; y la misma cualidad mítica que atribuimos a los dioses del Olimpo, y que Proust atribuía a las figuras revoloteantes de su mundo. Ellos no eran objetos, sino revelaciones, similares a aquellas con las que Hofmannsthal estaba fascinado en la *Carta a Lord Chandos*: la grada abandonada, el pequeño cementerio, la regadera llena hasta la mitad de agua sombría. Si la de Chardin era una física de las cosas, la de Proust quería ser una metafísica de la realidad.

Aquel día, o quizás otro, Proust y Hahn fueron a ver tres cuadros que creían de Rembrandt: *El filósofo en meditación*, *El filósofo ante un libro abierto* y *El buen samaritano*. En los primeros dos descubrieron la luz declinante enrojeciendo una ventana como un horno o pintándola como una vidriera, haciendo reinar en la habitación de todos los días el esplendor majestuoso y multicolor de una iglesia, el misterio de una cripta, el terror de las tinieblas, de la noche, de lo ignoto, del delito. En el tercero, dos figuras se asomaban a dos ventanas correspondientes, mientras un mismo rayo, uniendo la tierra con el cielo, hacía vibrar como una cuerda tensa la belleza misteriosa en una colina lejana, en el lomo de un caballo, en un balde que bajaba por una ventana. Aquí la belleza no estaba ya en los objetos cotidianos, como en Chardin, sino en un principio trascendente, divino, la luz, que supera cualquier realidad y colma de sí todas las cosas, estas órbitas vacías de las que ella es la expresión cambiante. Nosotros conocemos la luz; la vemos a cada instante, en la ventana roja como un horno, en el caballo, en el balde; y sin embargo no podemos aferrarla y apretarla por ningún lado y no conocemos su origen divino. Nos llena de alegría, porque sus rayos entre el cielo y la tierra crean la belleza del mundo, pero también la angustia y el terror, porque cuando se retira de las cosas, las modifica a tal punto que éstas parecen pasar, en momentos inquietantes, a través de todos los tormentos de la muerte. Dos meses antes Proust había comenzado a escribir el *Jean Santeuil*. La vida de la naturaleza muerta, la metafísica de las cosas, la metafísica y las pasiones de la luz son algunos de sus temas fundamentales.

El *Jean Santeuil* es un bellísimo bosque, lleno de árboles

de toda especie, de imprevisibles claros, cultivados aquí y allá por un jardinero minucioso y atento, y después abandonados a sí mismos, como el más salvaje jardín inglés. Es una comparación usada a menudo. Pero si *Jean Santeuil* es un bosque, no es porque le falte arquitectura o principios constructivos. Arquitecturas tiene demasiadas: pero ninguna de ellas está realizada y se perjudican unas a otras. Quien la construye es el joven, intrépido filósofo, que está activo incluso en los primeros textos de Proust. Recuerdo lo escrito en aquellos años, que fue titulado por los editores *La poésie ou les lois mystérieuses*, donde Proust afirma la identidad entre el ánimo del poeta y el ánimo universal, una pareja como el doctor Jekyll y Mr. Hyde.

En el *Jean Santeuil*, algunas afirmaciones recuerdan este texto. En una parte escrita probablemente a fines de 1896, Proust decía que la vida privada y la gran historia están hechas con la misma tela: los juegos y los dramas de la historia, tan brillantes si se ven a distancia, están compuestos por los mismos elementos de nuestras oscuras existencias cotidianas, como las estrellas más lejanas tienen la misma composición que los huesos que, un día, reposarán junto a los de nuestra madre. A pesar de todo, en el *Jean Santeuil* habría habido una sustancia idéntica: el beso de la madre, Illiers, Beg-Meil, los Réveillon, la sociedad mundana, la *petite phrase*, el amor, y el escándalo Marie y el *affaire* Dreyfus. Quizás Proust tenía en mente *La guerra y la paz*: aquella maravillosa orquestación de la vida privada sobre el fondo de las grandes Leyes que rigen el universo. Lo hace suponer el parangón tolstoiano con las olas, que se elevan, se arrojan hacia adelante, retroceden y vuelven a comenzar: cada una parece tener relación solamente con la que le precede y con la que le sigue; y sin embargo todas juntas forman parte de un más vasto *movimiento de marea*. Proust pensaba ya que su libro tenía que fusionar el uso del microscopio, que le servía para contar la vida privada, y el del telescopio, "que nos permite ver los espectáculos lejanos e inmensos".

Otro paso afirma que lo posible se identifica con lo real. Todas las cosas imaginarias, que sueñan nuestro odio y nuestro amor, e incluso aquellas imposibles que persigue la fantasía, tienen el mismo peso objetivo que las cosas reales, entre las cuales cada día se adensa trabajosamente nuestro paso. Proust estaba listo para hacerse cargo de todas las consecuencias. El espíritu está "hecho con los mismos elementos que la naturaleza", como le enseñaba el alma de su poeta. El *Jean Santeuil* hubiera entonces tenido que demostrar la unidad subterránea e invisible que reina entre todas las formas del mundo: vida privada e historia, posible y real, espíritu y naturaleza; según esa tendencia analógica hacia lo Uno que enseñaban a Proust los románticos y sobre todo Baudelaire y que culmina en la *Recherche*. Pero si la *Recherche* es la más soberbia representación moderna de lo Uno, el *Jean Santeuil* se limita a una afirmación de principio: ninguna forma orgánica liga Illiers y el *affaire* Dreyfus, la vida privada y la historia, lo posible y lo real. La teoría unitaria analógica no coincide, sino en parte, con los centenares y centenares de páginas que Proust había escrito, obedeciendo a las inspiraciones más variadas. Escribiendo estas frases había llegado más allá de su libro: mucho más lejos de sí mismo; y lo había cargado en sus espaldas.

En el *Jean Santeuil* hay otra teoría, expresada en un fragmento que los editores pusieron como epígrafe. Este libro –dice Proust– no es una novela: "Nunca ha sido escrito, ha sido cosechado"; por lo tanto no tiene nada que ver con la soberbia construcción novelesca que quería unificar la historia y la existencia privada, lo visible y lo invisible. En la vida, que nos parece tan compacta y continua, existen momentos de desgarro y laceración en los cuales, sin que hagamos nada, su esencia se filtra, gotea como un líquido. El *Jean Santeuil* entonces es un recipiente que no recoge la totalidad del universo, sino las gotas, la esencia de la vida. Estamos en lo opuesto a la primera teoría: no más ambiciones de *La guerra y la paz*, sino de exquisito elaborador de momentos privilegiados. No tengo necesidad de agregar que ni siquiera esta teoría explica el *Jean Santeuil*: toda la amplia parte histórico-social, que emula a la novelística de Balzac, no tiene nada que ver con esta cosecha de gotas.

Las contradicciones conciernen también a la materia narrativa, y en primer lugar a la figura del protagonista. Hay dos Jean Santeuil que se alternan, se confunden y se vencen mutuamente, como dos oscuros hermanos enemigos. Por un lado, Jean Santeuil se parece a su autor mucho más que el Marcel de la *Recherche*: no tiene ni el carácter, ni las audacias amorosas, ni las debilidades, ni las experiencias intelectuales; su vida es la autobiografía traspuesta de Proust en los tiempos del amor por Reynaldo Hahn y del *affaire* Dreyfus. En ciertas audacias fatigosas se tiene la impresión de que Proust no quiere perder ni siquiera una "gota" de su propio pasado. El libro se desarrolla a medida que se desarrollan los hechos reales y está narrado en el nivel ideal del presente. El segundo Jean Santeuil no tiene "talento para ningún arte": es víctima de infinitas desventuras; y la historia de su vida es una historia de decadencia, de desilusiones y fracasos, una repetición de *L'Éducation sentimentale* que debe conducirlo, envejecido, al duro trabajo de burócrata ministerial "en una ciudad de la que nunca salía, desde donde no veía nunca el campo, donde se despertaba lleno de molestias, sin esperanza por los días que vendrán". Este libro está narrado en el nivel ideal del pasado; y el protagonista mira desde lejos su juventud ya remota.

A veces, Proust parece uno de aquellos pintores del siglo XVII que pintan sin fin el mismo tema: Santa María Egipcíaca en el desierto, o Cleopatra con el cuchillo en el seno, o San Gerolamo con el libro y la calavera, o la Virgen María dolorida, como si la esencia del arte estuviese en las variaciones incesantes del mismo motivo. También él, en el *Jean Santeuil*, en la *Recherche* y en los esbozos de *Contre Sainte-Beuve* y de la *Recherche*, ¡cuántas veces repite la escena del beso negado de la madre! No se detiene nunca, hasta la forma definitiva. Había comprendido que aquella escena, sucedida en el jardín de la casa de Auteuil, constituía un momento capital en su vida. Allí todo se entrecruzaba: la luz y la noche, el sueño y la muerte, su complejo de Edipo, la voluntad, la libertad, la culpa, la tragedia. Si quería transformarse en un hombre y en un escritor tenía que conservar en la memoria esta situación arquetípica: hurgar y volver a hurgar y cavar y volver a cavar, ponerla en relación con otras escenas hasta extraer de ella todos los significados simbólicos, todos los valores psicológicos, todos los ecos musicales. Casi se habría transformado en su destino.

El texto del *Jean Santeuil* difiere profundamente del de la *Recherche*. El tema fundamental es el fin de la luz, el viaje en el sueño como el viaje en el reino de la muerte, el terror de la noche y la muerte. "Ya cuando el día caía, antes de que le llevasen la lámpara, el mundo entero parecía abandonarlo, hubiera querido aferrarse a la luz, impedir que se muriera, arrastrarla consigo en la muerte... En el momento de ir a la cama... tenía que decir buenas noches, esto es, dejar a todos por toda la noche, renunciar a ir a hablar a su madre si estaba triste, a sentarse sobre sus rodillas si se sentía demasiado solo, apagar incluso la triste vela; ni siquiera moverse más para poder dormirse, quedarse allí como una presa abandonada, muda, inmóvil y ciega, al horrible sufrimiento indefinible, que poco a poco se volvía grande como la soledad, como el silencio y como la noche". Había una sola salvación: el beso de la madre, que exterminaba la inquietud, el insomnio, el temor de los abismos nocturnos. Tenía un doble carácter: era un viático que, en la religión cristiana, se da a los moribundos; era "la suave ofrenda de dulces", que en el ritual griego eran colgados "al cuello de la esposa o del amigo difunto", colocados en la tumba para que cumplieran "sin terror el viaje subterráneo y atravesaran sin hambre los reinos sombríos". Proust creía que su vida era un hecho mítico y que el beso de su madre tenía la importancia ritual de los grandes mitos antiguos. Así hizo resurgir en torno a su existencia un mito griego y un mito cristiano y los fusionó juntos, de acuerdo a un sincretismo que siempre le fue muy querido y que triunfó en la *Recherche*. Su fusión creaba el mito moderno.

Como saben todos los lectores del *Jean Santeuil* y de la *Recherche*, una noche el beso no vino. El pequeño Jean fue a la ventana, y desde lo alto vio en el jardín al padre, a la madre y al doctor Surlande, que la luna iluminaba sin que fuera posible distinguirlos. De golpe la luz en la habitación volvió a encenderse, la ventana volvió a abrirse y una figurita rubia con camisón blanco dijo en voz baja: "Mamita, te necesito un segundo". La madre subió a abrazarlo, disolvió con un beso su agitación, le calentó los pies fríos, pero cuando estaba por volver al jardín y cerrar la puerta, Jean se lanzó fuera de la cama, se aferró a ella, y explotó en sollozos histéricos. La madre quería irse y lo reprendió. Entonces los sollozos se volvieron más fuertes. El niño se revolcó en la cama con el pecho oprimido, gritando y ejerciendo la "violencia que los remordimientos ejercitaban en contra suyo", consumando la propia culpa. Después volvió entre las frazadas; y la madre, entristecida por el dolor del hijo y por su impotencia para aplacarlo, se instaló con resignación en la cabecera.

En torno a esta escena encantadora, con los pies fríos de Jean y los besos y los sollozos y la dulzura de la madre, se desarrolla el gran debate entre necesidad y libertad, carácter y destino que dominó, como una sombría obsesión, la juventud de Proust. La primera posición era la de la madre, que es más ingenua. Según ella, lo que importa en la vida es la voluntad, con la cual podemos transformar nuestro carácter y los hechos. El pequeño Jean era entonces culpable porque no quería dominarse a sí mismo, renunciar al beso y dormirse pacíficamente. "Se puede todo lo que se quiere" decía la madre... "se puede hacer todo aquello que depende solamente de nuestra voluntad".

El segundo comportamiento era el del joven Proust: él creía, citando las palabras de la Biblia, que la vida estaba dominada por el determinismo de nuestro temperamento. No somos libres: en cualquier circunstancia tenemos que obedecer a la necesidad del carácter, fortificado por la costumbre, así como los judíos pagaban las penas de sus padres.

No existen las cosas que se pueden hacer y no hacer, sólo los eventos fatales, delante de los cuales tenemos que inclinar la cabeza con triste resignación. La vida es trágica: sin libertad, sin voluntad, sin posibilidad de fuga o capricho o juego; a cada instante no es otra cosa que destino. Por lo tanto aquella noche Jean Santeuil, cediendo al deseo de su madre y al temor de la noche, estallando en sollozos histéricos, no hacía más que obedecer a una fuerza inmensamente más grande que él. ¿Cómo podía *querer*? ¿Y cómo era posible considerarlo culpable? Jean dirá más tarde: "Mamita, no es culpa mía, no tienes que tomártelas conmigo. No puedo hacer lo que me pides. No puedo explicarte". Entonces, el comportamiento de Proust era más complicado. La fatalidad del carácter era, para él, un peso terrible: una piedra bíblica de la cual alejar los ojos; y por momentos esperaba afirmar la libertad (que coincidía con la gracia divina) contra el atavismo y las costumbres de su pasado. Si aquella noche Jean no hubiese obedecido a su temperamento, no hubiese temido a la noche, no hubiese llamado a su madre; si por una ayuda de la gracia divina hubiese estado libre de la necesidad, durmiéndose en la camita, tal vez su destino futuro (y el de Proust) hubiera cambiado.

Esa noche todo cambió. Debilitada por el dolor y por el llanto de Jean, su madre se sentó en la cabecera. Aceptó lo que nunca había aceptado, diciendo tristemente al sirviente: "No ve, Augustin, ni siquiera Monsieur Jean sabe lo que tiene, lo que quiere. Sufre de los nervios". Entonces el gesto de Jean no es una culpa, de la que debía arrepentirse, sino que nacía de una enfermedad nerviosa, de la que no era responsable, y que hubiera tenido que ser curada. Era un momento terrible. Obteniendo aquella pequeña victoria, que le daba tanto placer, Jean fue derrotado, tal vez para siempre. La fatalidad bíblica del carácter lo dominó completamente. No volvería a tener esperanza alguna de libertad, ni de gozar la gracia divina. Relatando la derrota de Jean, Proust relata la que él cree que es su propia derrota; y no sabe todavía que, con el tiempo, él habría conocido, como pocos, la libertad, la voluntad y la gracia. Pero el que queda condenado es Jean Santeuil, al menos por una parte de la novela. Aquella noche comenzaron sus desilusiones y sus fracasos, que deberían conducirlo, triste y envejecido, "a una ciudad de la que no salía nunca... sin esperanzas por los días que seguirán".

Solamente una pequeña parte del *Jean Santeuil* está cubierta por la sombra tenebrosa y fatal, que desciende a la escena primordial del beso negado. Están Olliers, Beg-Meil, el castillo de Réveillon: el pasado remoto, el pasado próximo y después casi el presente, que Proust registra con una especie de alegría febril. El pasado remoto no está perdido, como en la *Recherche*; y no es necesario ningún complicado arte de nigromante, ninguna coincidencia de objetos, para volver a evocarlo. No hay fractura entre pasado y presente. Nadie, mucho menos quien escribe (Proust o el novelista C.) tomó el atajo que lleva al Edén de la infancia. La infancia está detrás de la puerta abierta: junto a nosotros, detrás de nosotros. Y en cuanto a la vida pasada un año o dos junto a Reynaldo Hahn en Beg-Meil y en Réveillon, a los sueños en la playa, a las excursiones por el mar, a las comidas donde las oleadas doradas de los huevos brillaban alegremente, parece un pasado viviente.

Existen pocos libros, en la literatura de cualquier época,

en donde la felicidad explote con un ímpetu tan abundante y triunfal como en estas partes del *Jean Santeuil*: felicidad vivida, que se multiplica cien veces mientras habla y cuenta acerca de sí. No importa que sea eufórica, como lo es siempre la del joven Proust. Es una felicidad total, que llena el cuerpo, colma el espíritu, desciende a las profundidades, acaricia la superficie con su ungüento maravilloso. El cuerpo que duerme está contento, se despierta y, a la mañana, goza del calor que las llamas del hogar difunden en el dormitorio; está contento el cuerpo que come las maravillas salidas de la cocina: pata de pollo asado, *filet sauce béarnaise*, huevos con tocino, y digiere, gozando con dulzura, "el sentimiento de la plenitud de la vida"; está contento el ojo, delante del cual pasan los colores, reavivados por el sol, el mar azul o verde, las velas blancas, los barcos negros; está contento el oído, que escucha la música de Schumann o la de las moscas, "música de cámara" del verano; y contento el cerebro donde se agitan despidiendo, múltiples y velocísimas, las ideas que cambian y se transforman. Esta felicidad no puede quedar encerrada en el yo y en el cuerpo. Jean Santeuil (y Proust) no sentía ninguna alegría si no podía expulsarla fuera de sí para abrazar al mundo: el mar y el sol disuelto en el mar, los manzanos y las amapolas temblorosas al viento, el tocador y los pañuelos embebidos en la leche de la luz, las rosas color púrpura y las sombras de las palomas grises que pisan la hierba.

Esta felicidad tiene un nombre: es luz. Qué orgía, qué éxtasis de luz, como no la encontramos en ningún pintor expresionista. Toda esta parte del libro esta bañada de rayos y de reflejos de sol, que resplandecen en cada página. El reino de la luz triunfa en el jardín de Illiers, el cual es a la vez el reino del cielo el día de la Resurrección y el Edén instalado en la tierra. El sol es Dios-padre, que sobresale en el azul del cielo abierto; mientras las flores parecen los innumerables, grandes ángeles en el Día Final, representados por los pintores del Renacimiento, ángeles pintados de un rosado, de un azul, de un anaranjado vivísimos; y las mariposas y los pájaros parecen pequeños ángeles alados. "He aquí el reino feliz hacia el cual los reflejos del sol, haciendo una escalera feliz entre el cielo y el jardín, del jardín a nuestra ventana, de nuestra ventana a nuestra cama, se ofrecían para conducirnos. He aquí el reino feliz donde nada tenía secretos para nada, donde el cielo estaba en el fondo de los ríos, el sol a lo largo de las paredes, y las mariposas tan bellas batían silenciosamente sus alas azules o blancas o negras de los ojos de fuego, salidas no se sabe de dónde entre las flores".

La luz líquida, que baña las hojas y las flores "como mujeres que salen del agua", está presente en cualquier lugar, en cualquier rincón y no termina nunca. Se insinúa en la oscura inmensidad de las iglesias, donde atraviesa los vitrales azules y violetas que hubieran debido interceptarla, y se posa alegremente en la piedra gris de una pilastra. Volvemos a encontrarla transformada: héla aquí vuelta fuego, o sea luz humana, limitada, útil, sin poesía; o uno de aquellos grandes depósitos calientes que se llaman lámparas; u hogar, iluminación roja imprevista en la cocina oscura. Volvemos a encontrarla incluso, como un "dios escondido", transformada en su contrario: las sombras negrísimas de las palomas esplendentes a fuerza de ser negras; y un día, vuelto viejo, Jean Santeuil preferirá por sobre todo el reflejo y la sombra al esplendor lleno de sol. Al final el triunfo de la luz es tal que volatiliza las ramas marrones y las hojas verdes de los árboles en un vago follaje de oro, anulando así la consistencia y la sustancia del mundo real. Nunca habrá tanta luz en el mundo de Proust: en la *Recherche* ella disminuirá su violencia, para resplandecer incontaminada en la revelación final.

La pintura de Chardin, con los vasos vacíos o medio llenos, con los grandes floreros, las ostras frágiles, la raya y el gato, protege todo el *Jean Santeuil*. No hay ninguna jerarquía entre los objetos: todas las cosas tienen una poesía propia; la "música de cámara" de las moscas que Jean escucha en los días de mucho calor, cuando se abren las persianas, las calles silenciosas, las ventanas cerradas, y los miembros parecen esparcidos y desatados en torno al cuerpo, no es menos encantadora que la de Schumann. ¡Cuántas "naturalezas muertas" hay en el *Jean Santeuil*: dormitorios, comedores, cocinas! En realidad son naturalezas vivas: si cerramos una habitación, la contracción de una brasa, la erupción de las chispas en las silenciosas convulsiones del fuego, la caída de un pétalo de lirio, el reloj que suena, nos demuestran que las cosas viven, lejos de nosotros, su sorda germinación, sus existencias secretas. Si de golpe entramos en el cuarto parece que nuestra presencia hace nacer su actividad silenciosa y latente.

En ciertos momentos calmos y quietos –la sombra llena el fondo del cuarto, la luz blanquea el pie de la cama, el péndulo hace tic tac, la cocinera conversa, el fondo misterioso de la cocina es iluminado por los reflejos rojos del brasero invisible– nos damos cuenta de que las cosas están circundadas por la belleza que hay en el puro hecho de ser, y de ser nada más que lo que son. Todo lo que existe, por el sólo hecho de existir, es bello y sagrado. Así Proust transforma la revelación objetiva de Chardin en una mística de la pura existencia, como Hofmannsthal en la *Carta a Lord Chandos* o el primer Kafka. Pasivo como un candelabro, atento a lo que ve y escucha, siempre en el umbral donde lo visible encuentra a lo invisible, el poeta recoge las formas y los ecos de todas las cosas, sin desaprovechar ni siquiera el perfume de una flor o el sabor de un asado.

Fuera de las habitaciones de Chardin se extiende la inmensa naturaleza: la naturaleza viviente, con las colgantes y brillantes coronas de hojas de los árboles primaverales, que ondean riendo al viento y al sol, con la sombra de las hojas en el suelo, frescas como el agua de los ríos y las miles de pequeñas olas que se empujan en la orilla –las que harán experimentar a Jean Santeuil "el mismo arrebato de una vida inocente y amable, suelta, alegre, infatigable, pero también dulce, liviana, pequeña como un hoyuelo en la mejilla o un rulo, e infinita, que no se cansa nunca, que vuelve a ponerse en marcha sin parar". Las hojas, las aguas y las flores que muestran lo que nos circunda como un mundo eternamente joven, misterioso y pleno de promesas inauditas, todo se armoniza en este mundo: los bosques, las viñas, las piedras, la luz del sol, las nubes. Salvo en raras ocasiones, donde la naturaleza se escapa de su abrazo, Jean Santeuil vive en correspondencia perfecta con la naturaleza. Siguiendo sus pasos, Proust se volvió totalmente naturaleza: compartió con ella la vitalidad oscura y misteriosa, la movilidad, la liviandad, las metamorfosis, las brillantes apariencias, la luz que la absorbe, con un toque que recuerda el de Monet impresionista.

Pero a Proust, la admirable fidelidad objetiva del primer Monet no le bastaba. Con una felicidad que se renueva a cada instante, él traduce las figuras de la naturaleza en criaturas humanas: antropomorfizó el mundo. No lo hizo para extraer de la naturaleza lo que era suyo, y anexarlo al hombre, sino, como Ovidio, para llenar el mundo de figuras míticas, encontrando dioses escondidos y visibles en cada región del universo creado, multiplicando los dioses y jugando junto a ellos con una fantasía amable y sonriente, que a veces toma como un juego aquello que ha inventado. Todo florece, y se mueve, y se divierte, y bromea con el mundo y con nosotros. He aquí las lilas arborescentes, que a veces superan en una sola flecha, como una campanita coloreada, el techo de las casas bajas, otras veces mezclan en el techo sus tapices floreados con alegre animación; o bien se inclinan sobre la calle, y vienen a buscar con su perfume al paseante que camina por la vereda de enfrente, como una pequeña multitud silenciosa de sirvientes orientales, salidos de *Las mil y una noches*. He aquí los espinos grandes como un manzano o un cerezo, que hacen ronda en torno al lago, con los largos brazos horizontales, las manos finas y tiesas, a las que están anudadas innumerables copas de flores rosadas. He aquí el árbol de camelias, cubierto de anchas flores rojas y rosadas, que sonríe como una mujer que ha acabado de parir. Todo el universo genera, sin cansarse nunca, figuras míticas. En el cuarto donde Jean descansa, la llama de la estufa se mueve y se agita como la mujer de un capataz, activa y alegre, que comienza sus quehaceres, prepara y hace brillar las cosas en torno a su joven patrón; los cuartos son esfinges enormes e inmóviles, el sol es un viejo amigo que se despierta antes que nosotros; los gallos entonan las fanfarrias del regimiento; y dentro de poco las tres campanillas normandas se volverán las tres muchachas de una leyenda, tímidas, torpes e inciertas, hasta dibujar una sola forma negra, deliciosa y resignada, en el cielo todavía rosado.

¿Qué quería recordar Proust, en tiempos del *Jean Santeuil*, mientras elaboraba su propia teoría de la memoria? ¿Su propia vida, la vida de la sociedad francesa, la del universo o incluso, como dijo una vez, los orígenes del universo? En la *Recherche* la doble construcción memorial –la involuntaria y la nocturna– termina por volver a evocar, en torno a la existencia de Marcel, un mundo entero, compacto como un edificio. En el *Jean Santeuil* quería recordar solamente lo *único*. Lo único no era otra cosa que su experiencia, su vida: "lo que *él* había oído, las idénticas horas que *él* había vivido". Nada de general: algo de "irreparable", que nada podía sustituir o contener y remplazar, y que ni siquiera el arte podía imitar o traducir en palabras. Nada era más irrepetible que el sonido de una campana, que Proust había escuchado en un preciso momento, o que una torta que había comido junto con su madre. La mística de la pura existencia era puesta por encima de todas aquellas experiencias que nosotros llamamos únicas: la obra de arte, la filosofía o la religión. Lo divino estaba en su vida pasada, no en otro lado. Así él podía decir, con una especie de ironía, que el nombre de un repostero de su infancia contenía para él más sustancia divina que una reliquia con la sangre de Cristo; y los artistas o los filósofos no habrían nunca podido reproducirla.

Entre todas las imágenes de la memoria que Proust ha representado, ninguna es más grandiosa que la que aparece en las primeras páginas del *Jean Santeuil*. Aquí ella es uno de los ángeles gigantescos de Isaías, de Ezequiel y del Apocalipsis, que el Medioevo ha reproducido en tantas iglesias: ángeles con cabeza de toro y de águila o de león, con seis alas desplegadas, y todos cubiertos de ojos. El genio de la memoria está volando por todos lados en torno a la tierra, o está sentado al mismo tiempo en los cuatro rincones del mundo, "donde palpitan sin descanso sus alas gigantescas". Es ubicuo, omnipresente y velocísimo. Da la vuelta al mundo y al tiempo más rápidamente que la electricidad y que el teléfono que, en un instante, después del ligero ruido que nos revela la supresión de la distancia, trae a nuestro oído la voz de las personas amadas. Somos depositados en el pasado con una rapidez vertiginosa: en donde sea, sin que nos demos cuenta, sin que ni siquiera haya pasado un segundo y sin que la calma sea turbada. ¿Pero entonces es cierto que la distancia está totalmente abolida? En el teléfono queda una huella en ese "ruido ligero". Queda una huella de la lejanía del pasado también en los ojos de Monsieur Sandre, el abuelo de Jean Santeuil. Sus ojos "miraban instantáneamente esas imágenes lejanas, pero el sentimiento de esta atmósfera tan larga de días instantáneamente atravesados quedaba de todas formas entre aquellas cosas y él. Y había en su mirada, así como también en las voces escuchadas por teléfono, algo como el cansancio de la sombra atravesada. Lo que se veía en sus ojos era algo tan lejano como las estrellas".

Proust quería suprimir completamente esta distancia entre la mente que recuerda y la cosa recordada, asimilando las dos imágenes del presente y del pasado, para obedecer a ese poderoso llamado a la Unidad que atraviesa el *Jean Santeuil*. Nacen aquí las primeras *madeleines*, las primeras piedras "mal labradas" del patio del Hôtel de Guermantes. Hay muchas más que en la *Recherche*, casi como si Proust quisiera diseminar su descubrimiento cognoscitivo con una especie de generosa y liviana abundancia.

Recordaré solamente una. He aquí la primera. Cuando era niño, Jean Santeuil escuchaba los primeros repiques lejanos del *Angelus*, que lo llamaba a casa para la cena. Diez años más tarde, un día que se sentía vagamente entristecido por la añoranza de los años perdidos de su infancia, sintió de golpe un sonido descuidado y ligero batir contra los pabellones de sus orejas. Siguió otro, después otro, y uno a uno los golpes dulces y profundos de la campana de una capilla lejana llegaron a él, traídos por el viento. Descubrió a través de sus lágrimas, al atardecer, su sombra de niño. Espiaba cada repiqueteo con el temor creciente de que se interrumpiera, pero sentía enseguida repicar otro, tan cerca suyo y tan lejos, que le parecía sentir su corazón lejano de un tiempo batiendo melodiosamente en el pecho. He aquí la segunda reminiscencia. Cuando vivía en Illiers, en las tardes de verano, encerrado en la habitación con las ventanas cerradas, escuchaba la "música de cámara" de las moscas, que era la música y la poesía de esos días. Muchos años después, en una época triste, obligado a permanecer el verano en París, y creyendo que la poesía de aquellos días ya estaba perdida, Jean oyó al improviso la revelación sonora de las moscas cerca suyo. Crecía. Y volviendo a ver de golpe los hermosos días de Illiers, los manzanos en flor en el prado, el duraznero en el lago, Jean "agradecía a aquellos inocentes músicos que venían a su lado a anunciarle ardientemente que tenía que alegrarse, que no estaba ni fuera de la naturaleza ni del verano porque estaba cerca de ellas, y con su canción monótona le decían la gloria eterna del verano". En los dos casos la distancia es abolida, la identidad es perfecta: dos momentos de tiempo se sobreponen el uno al otro.

Estamos apenas en los inicios de la búsqueda memorial de Proust, que continuó durante toda su vida, descubriendo en ella el pilar que debía poner para sostener después su obra, como la más sólida de las bases. En el *Jean Santeuil* esta búsqueda toma dos formas: la primera es una metafísica de las cosas, la segunda una metafísica del Ser. ¿Cómo se hace para repetir aquello *único*, irrepetible, que es nuestra vida pasada, ya tan lejos de nosotros? Según Jean Santeuil, existen las cosas, "tan conmovedoras que se han hecho al mismo tiempo que corría nuestra juventud" De ahí los tonos verdes del que poco a poco se han recubierto los troncos de los árboles, los tonos verdes que han tomado los caños que conducen el agua hasta la pileta; he aquí el agua que se ha vuelto verde, y la curvatura que el musgo invisible ha infligido a los caños. Estas cosas, que cambiaron mientras el *Jean Santeuil* cambiaba, son las reliquias objetivas de su pasado: lo reflejan como el más fiel de los espejos, y conservan lo *único*, lo inmaterial que él creía perdido.

Mientras Jean pasaba el verano en las montañas, el pálido reflejo del sol en las hojas de las viñas le recordó los mismos transparentes juegos del sol otoñal en las hojas, doradas del otoño, de las viñas de Beg-Meil. Entonces comprendió que si nuestros afectos por los hombres son pasajeros y vanos (todo cambia, todo se disuelve, lo que hemos amado tenemos que dejarlo para amar a otras personas), nuestros amores por las cosas no son ni pasajeros ni vanos. Las cosas quedan. Volvemos a encontrarlas idénticas cuando nosotros hemos cambiado; seguirán siendo las mismas incluso después de nuestra muerte; y dándoles nuestro corazón cultivamos algo profundo y durable, que existe fuera de nosotros, y creamos en nosotros algo igualmente durable. Así Jean comprendió que, si no hubiera deseado nunca más a Mademoiselle Kossichef, empezaría de nuevo siempre con la misma alegría a ir en barco al atardecer en la bahía de Beg-Meil, a escribir al sol en el viento mirando el mar, en la terraza donde el sol iluminaba las hojas ya rojas y todavía verdes de las viñas bretonas.

Tenemos que subir el último escalón de esta búsqueda memorial, donde ya no las cosas o la naturaleza sino el espíritu crea lo eterno. Mientras Jean Santeuil recorría en carroza el campo, de golpe le aparece el lago de Ginebra, en la paz de las cuatro de la tarde, mientras los surcos trazados por los botes en el agua se extendían y se unían como largos filamentos de hilos blancos. Viendo el lago recordó el mar en reposo, con los surcos inmóviles de los botes, parecidos a cuerdas abandonadas detrás de ellos, como solía verlos en sus paseos en torno al castillo de Réveillon. Otra vez encontró una identidad: una analogía que no había buscado. Y fue feliz. En aquel momento comprendió que, para él, la belleza y la felicidad consistían en aquella sustancia invisible que se llama imaginación, que no puede nacer de la realidad presente, y mucho menos de la realidad pasada restituida por la memoria. La belleza y la felicidad nacían, para él, de la realidad pasada, cuando ella se encontraba "apresada en una realidad presente": cuando un pasado resucitaba de improviso en un olor o en una visión actual que la hacían resplandecer, y sobre los que palpitaba la imaginación; cuando el sonido de las campanas infantiles se identificaba con el batir dulce y profundo de las campanas de la capilla lejana, el zumbar de las moscas de Illiers con las vibraciones de las moscas de París, y los surcos inmóviles dejados por los botes en el mar de Réveillon con los largos filamentos abandonados sobre las aguas del lago de Ginebra.

¿Por qué Jean Santeuil era tan feliz? ¿Solamente porque había abolido la dolorosa distancia entre las imágenes velocísimas de la memoria? ¿O porque una analogía viviente lo había colmado de alegría? En aquella relación entre el pasado y el presente, la imaginación, la facultad metafísica en nosotros, había creado algo general, una *esencia*, que no tenía ya nada de personal y limitado. Al final de su juego con el pasado, liberándose de cada relación con el tiempo, la imaginación conocía un "objeto eterno"; y entonces Jean Santeuil estaba convencido de que nuestra verdadera naturaleza estaba "fuera del tiempo", o estuvo hecha "para saborear lo eterno". El largo camino de la búsqueda memorial se había cumplido. Comenzado con las cosas, los caños cubiertos de musgo, los sonidos de las campanas y el zumbar de las moscas, él había finalmente conducido a Jean y a Proust al Reino del Ser.

No debemos creer que este Reino fuese un "lugar supraceleste", parecido a aquel donde esplenden las Ideas de Platón. En el colmo de su felicidad, Jean Santeuil vivía entre nosotros, en la realidad cotidiana. El "objeto eterno" estaba pleno de vida real: ha vivido, vive y vivirá; y era incluso el único objeto del mundo (al contrario del puro pasado y del puro presente) que gozaba de una existencia verdadera. Mientras Jean fluctuaba entre el presente y el pasado recogiendo su esencia común, recogía también su propia esencia, "como una miel deliciosa que quedaba después de las cosas, cuando ellas están lejos de nosotros". El comportamiento del Proust metafísico no podría ser más claro, tanto en el *Jean Santeuil* como en la *Recherche*, que aquí está preanunciada. Él no buscaba el Ser fuera del mundo, no lo contemplaba directamente en su reino celeste o en su habitación mental. El Ser, para él, existía solamente en la realidad cotidiana, en las cosas, como reflejos del espíritu: podía nacer solamente cuando los largos filamentos blancos dejados por el bote en el lago de Ginebra se proyectaran hacia atrás y se confundieran con los surcos en el mar, parecidos a cuerdas abandonadas por los botes. Por esto Proust sentía tanta confianza: porque lo eterno está junto a nosotros, y nosotros podemos encontrarlo, conocerlo y degustarlo a cada instante, si la memoria nos asiste.

Así, hacia fines de 1899, Proust había llegado al final del *Jean Santeuil*. Desde hacía más de cuatro años, desde los días felices de Beg-Meil, trabajaba por trozos, por bocados, con intermitencias, con resultados ora estupendos, ora decepcionantes. La había comenzado lleno de alegría. Había conocido el entusiasmo, para él el único signo de la inspiración, que lo hacía partir al galope detrás suyo, y volvía rápidamente maleables a las palabras, transparentes, unas reflejos de las otras; las paredes de la mente parecían haber caído, no había más en él ninguna barrera o rigidez, y toda su sustancia era una especie de lava volcánica pronta a recibir cualquier forma. De pronto se sentía habitado por una imagen, como el ángel de la memoria, o un parque con los lirios que salían de una fuente en la sombra, o los filamentos blancos en el lago de Ginebra. No conocía otra cosa que esta imagen, no sabía que escondidos, velados por estas imágenes, estaban los pensamientos. Ignoraba cuál era su significado: sólo sabía que contenían una riqueza infinita; y los llevaba ocultos consigo a su imagen, como un joven pescador lleva al sol, bajo un lecho de hierba fresca, el pez que apenas acaba de pescar. Después se encerraba en su cuarto, se ponía a escribir, y todos los pensamientos escondidos –lo único que le importaba– salían alegremente a la luz.

Entonces, Proust ya no conocía ni la alegría ni el entusiasmo de antes. Es cierto, su estilo poseía todavía aquellas analogías brillantes que sólo eran suyas. Pero él sentía, o creía que sentía, que las nuevas páginas habían sido escritas sin ímpetu, y que cada una de sus ideas no hacía nacer, como una vez lo habían hecho, cien imágenes más. Todos los juicios de la tierra podían decirle: "Es lo mejor que hayas escrito": él hubiera bajado la cabeza con melancolía, porque habría dado todo lo que apenas había escrito por un instante de ese extraño poder que una vez lo había embriagado. Así, imaginaba ser un hombre y un escritor fracasado, como Frédéric Moreau, el héroe de su *Éducation sentimentale*, o Jean Santeuil, desilusionado y envejecido en la ciudad que lo tenía prisionero. El 5 de diciembre de 1899, escribiendo a su querida Marie Nordlinger, le decía que tenía la impresión de parecerse al marido de Dorothea Brook en *Middlemarch* de George Eliot: en torno suyo no acumulaba más que ruinas. Todavía no había comprendido que el gran viento de la poesía podía nacer en medio del cansancio, de lo gris y la desolación.

VIII. ANTOINE BIBESCO, BERTRAND DE FÉNELON

Entre el verano de 1901 y fines de 1903, mientras vivía todavía entre las tristes ruinas del *Jean Santeuil*, la vida de Proust se concentró. Sus cartas no se desperdigaron más hacia los cuatro vientos. Escribía sobre todo a dos amigos: Antoine Bibesco y Bertrand de Fénelon, al primero de los cuales había conocido en el verano de 1899. Conservamos casi todas las cartas escritas a Antoine Bibesco. Las enviadas a Bertrand de Fénelon fueron quemadas en una pira familiar, después de su muerte durante la guerra. Se salvaron muy pocas, algunas editadas por Philip Kolb, otras inéditas. Así, de la apasionada, doble amistad, que volvió feliz y desesperado a Proust durante algunos años, dejando un recuerdo imborrable en su ánimo, puedo hacer solamente un relato incompleto.

El príncipe Antoine Bibesco y el conde Bertrand de Salignac-Fénelon tenían seis años menos que Proust. Eran dos temperamentos muy distintos. El primero era hermosísimo: tenía un perfil demasiado nítido, una mirada dominante y una sonrisa que endurecía sus rasgos. Era insolente, imprudente, caprichoso, vengador, mentiroso y mitómano; incapaz de conservar un secreto, siempre listo para maquinar intrigas entre los amigos. Proust, muchos años más tarde, dijo a Céleste que se parecía a Iván Karamazov. Experimentaba una igual pasión por el teatro y las mujeres, a las que trataba como a presas. Bertrand de Fénelon desdeñaba su propio nacimiento aristocrático: era leal y devoto con los amigos; amaba la inteligencia, el saber, la justicia, el progreso y la igualdad. Con sus vivaces y fríos ojos azules posados sobre el mundo, estaba siempre en movimiento; subía rápidamente las escaleras de los palacios nobiliarios, con la cola de su abrigo al viento, desaparecía en una esquina, subía a un piróscafo que lo llevaría a Constantinopla o a Oslo. Poseía una extraordinaria naturaleza: una elegancia aristocrática que parecía oponerse a sus principios, y que Proust adoraba. A pesar de su franqueza, estaba signado por una especie de distancia secreta que lo volvía inalcanzable para todos.

Proust transformó la relación con ellos en una especie de elegante y doloroso ballet mitológico. Cuando se lo veía en los salones de París, Antoine Bibesco hacía "pensar en Aquiles y Teseo"; y sus palabras, "como las abejas del Himeto natal", tenían alas rápidas, destilaban una miel deliciosa, y no les faltaban aguijones. Fénelon era "una sirena clásica de ojos azul-mar que descendía directamente de Telémaco", hijo de Ulises: había por cierto vivido en una de aquellas pequeñas islas del Mediterráneo, donde por aquellos años el fantasioso Victor Bérard trataba de encontrar los lugares de la *Odisea*. En cuanto a Proust, era una Andrómeda masculina, siempre "encadenada a la roca de la soledad y del silencio". Como según la etimología griega Andrómeda era "aquella que piensa en los hombres", ésta se volvió una de las imágenes fundamentales del simbolismo homosexual de Proust, tanto en sus cartas como en la *Recherche*. Como Andrómeda, estaba prisionero de su doble enfermedad, encadenado a su lecho de asmático y homosexual: sin hacer nada, sin mover un músculo, esperaba pasivamente al Monstruo enviado por Poseidón. ¿Pero quién era el Monstruo? ¿La muerte, tal vez? ¿Y quién era Perseo, el liberador? ¿Quizás era el mismo Monstruo camuflado? Mientras tanto, con los brazos encadenados, él veía a Perseo, debajo de las facciones de Antoine Bibesco, alejarse y multiplicarse lejos en el mar.

La relación con Bibesco y Fénelon fue una de las más trágicas en la vida de Proust. Sabía que no podía pedir amor de ellos: mientras Hahn y Lucien Daudet eran homosexuales, Bibesco y Fénelon amaban vigorosamente y con ostentación a las mujeres, si bien más tarde una pequeñez incontrolable arrojase una sombra sobre la virilidad exclusiva de Fénelon. En muchas cartas Proust trató ansiosamente de alejar de sí cualquier sospecha de inclinación homoerótica. Él quería solamente amistad, pero la amistad tal como él la soñaba; hecha de pasión, compasión y conocimiento, como Wagner la había representado en el *Parsifal*. Quería salir de sí mismo, confundirse en ellos, unirse con ellos, perderse en ellos. Hacia el final de su amistad con Bibesco le escribió que, después de haberlo conocido, había cambiado; y había tomado la costumbre de no vivir más para él mismo, sino de extender los horizontes de su vida hasta los límites de otro ser, difundiendo en aquella prolongación indescriptible de su yo todo aquello que la vida tenía de brillante o de cenagoso. Pero no hubo ninguna unión ni fusión de almas. Bibesco y Fénelon tenían simpatía y estima por él: nada más. Así, Proust-Andrómeda permanecía encadenado a su roca, sin que el liberador se dejara ver nunca en la lejanía azul del mar; y llevaba cada experiencia a la insoportable tensión de la tragedia. "Sé", decía a una amiga, "que existen amores compartidos. Pero yo, ay de mí, no conozco su secreto".

Al igual que el que sentía por Hahn, el amor por Bibesco comenzó con una cita de *Hamlet* que Proust prefería. Le envió un ejemplar de *Les plaisirs et les jours* –"mi fotografía a la edad en que todavía usted no me conocía"– y como dedicatoria escribió de nuevo las palabras de Horacio: "Buenas noches, amable Príncipe, y que bandadas de ángeles lo acunen cantando su sueño". Pero los ángeles se olvidaron de proteger su amistad. Ora Bibesco se daba, ora se retiraba; ora estaba colmado de encantadores gentilezas poéticas y de maravillosas fantasías; ora perseguía a Proust con sus crueldades y sus negativas. Así el tono de Proust se volvió rápidamente el del amante infeliz: las cartas son tensas, ácidas, ásperas; cargadas de temor contenido, rabia, rencor, celos, ruegos, insistencias, servilismos, pequeños chantajes, vanos deseos de venganza. "Tiene en la boca un nido de víboras mitológicas y en una mano un cuchillo". Pero si por la noche Bibesco iba a buscarlo, ¡qué alegría! "Lo *espero*. Pero venga porque espero verdaderamente verlo, uno termina por desesperarse cuando está siempre esperando". Si Bibesco era afectuoso, se derretía de alegría, lo adoraba, y quería ser adorado.

De manera bien proustiana la amistad llegó a su fin cuando el 31 de octubre de 1902 murió en Rumania la princesa Hélène Bibesco, la madre de Antoine. Enseguida se desarrolló en Proust aquel tremendo sentimiento de identidad que lo arrebataba ante el dolor. Sufría como el amigo. Era el amigo, se volvía su cuerpo sufriente, en una simbiosis total. "Cuando pienso que tus pobres ojos, tus pobres mejillas, todo aquello que amo tanto, porque tu pensamiento y su sentimiento habitan en mí, se expresan, van y vienen sin parar, están en este momento y estarán por tanto tiempo, estarán siempre llenos de dolor..." Pensando en él experimentaba la misma angustia que había conocido con los celos: aquel imaginar de lejos, impotente, paralizado –eso era lo que más lo torturaba– ora los llantos desesperados, ora la calma espantosa, el dolor extremo sin más lágrimas.

La identidad alcanzó puntos más profundos. Violando cualquier tabú, el amigo se volvió la madre de Proust. La escritura de Bibesco –"absolutamente cambiada, casi irreconocible, con su letra diminuta, apretada", como ojos que se han vuelto pequeños a fuerza de llorar– volvió a traerle a la memoria uno de los episodios arquetípicos de su vida, la llamada telefónica de Fontainebleau. Viendo aquella escritura, tuvo la sensación precisa del dolor de Bibesco, así como en Fontainebleau había escuchado la voz rota, desgarrada, llena de grietas y fisuras de la madre; y recogiendo en el recibidor los fragmentos sangrantes, tuvo por primera vez la sensación atroz de aquello que estaba roto dentro de su corazón. ¿Qué podía hacer? En un ataque de generosidad absoluta se ofreció a ir a Rumania y alquilar una casa cerca de la de Bibesco. Viviendo a poca distancia no le habría ocasionado ninguna molestia: todos los días hubiera ido a hablar con él (o se habría escondido, si el amigo lo prefería); y así lentamente, dulcemente, lo habría "reiniciado" en la vida.

Mientras tanto algo había cambiado en las relaciones de Proust con sus dos amigos. Desde el principio Bertrand de Fénelon permanecía alejado: Proust hubiera querido acercarse, gozar de su simpatía (que, según él, repartía con demasiadas personas), pero no se atrevía. Poco a poco, se acercó. Como era su costumbre, lo hizo del modo más indirecto: miraba, espiaba, cortejaba a Fénelon a través de los ojos de Bibesco; le confesaba largamente su deseo por él; así que nosotros estamos obligados a reconstruir la pasión por

Fénelon por medio de las cartas enviadas al primer amigo. Al comienzo parecía que todo era solamente un juego amoroso, un exquisito y vano *marivaudage*. El 10 de agosto de 1902 Proust anunció a Bibesco que estaba por nacer en él una "viva afición" por Fénelon, la cual, sin embargo, hubiera sido ciertamente pasajera, como todas sus aficiones. En relación a esto se ilusionaba por completo, porque el afecto por Fénelon lo acompañó, como un persistente motivo doloroso, durante toda la vida. No se ilusionaba con otra cosa: habría sido una pasión "muy infeliz". Entonces elaboró una compleja estrategia. Para no caer víctima de esta pasión infeliz, evitaría ver a Fénelon: aquella misma noche no lo habría encontrado en el café Larue ni el lunes en casa de la Noailles. La estrategia no duró mucho, como por otra parte todas las artes militares-amorosas de Proust, porque el jueves encontró *Ses yeux bleus* –así llamaba irónicamente a Fénelon– en el café Weber y el viernes fue con él a ver su casa de Neuilly.

Entre los restaurantes, los cafés y las casas de París, se desarrolló así, en los últimos meses de 1902, un complicado ballet amoroso, del que probablemente Proust creía ser el primer actor, mientras era solamente la única víctima. Interrogaba a Bibesco acerca de Fénelon; y a Fénelon acerca de Bibesco. Entonces los dos amores eran paralelos: uno superaba y borraba al otro. Algunos días después de la carta-confesión, acusó con violencia a Bibesco de esconderle "sistemáticamente" todo aquello que tenía que ver con él, o que podía ayudarlo a comprender mejor las cosas, y de complotar en contra suyo. Su amistad se había hecho pedazos, destruido para siempre. Pero poco después, volublemente, frenéticamente, lo invitó a su casa porque sin intervalo, sobre las ruinas de su verdadera amistad, podía nacer una agradable amistad-conversación, como en los jardines de la Academia, donde paseaban y conversaban los alumnos de Platón. Después le anunció que su afecto por *Ses yeux bleus* había disminuido muchísimo. Sentía solamente nostalgia por Bibesco: quería seguir siendo su único confidente. "La costumbre de decirlo todo debe seguir siendo tu privilegio". Cuando Bibesco iba a buscarlo ¡qué maravillosos eran sus golpes de la campanilla de la puerta! Si dormía, ningún somnífero podía ocultarlos y apagarlos. Apenas los sentía en la duermevela, adoraba "la intensidad musical" de su leitmotiv de ternura: los tañidos suscitaban en él un "*hallalì* de deseo de volver a verlo", que lo despertaba inmediatamente del sueño.

En otoño, la cristalización amorosa, oscilante, errante, livianísima, pareció renovarse a favor de Fénelon. Proust perseguía un secreto suyo (que naturalmente se apresuró a comunicar a Bibesco): ignoramos cuál era. Prefería verlo solo. Entre el 11 y el 20 de octubre hizo con él un viaje a Holanda del que no sabemos demasiado, salvo que descubrió a Vermeer, y que como ocurría siempre fuera de casa, su enfermedad desapareció: se levantaba antes de las nueve, no tenía asma, caminaba con bríos. Pero ¿cuál era el "estado sentimental tan desastroso" del que hablaba a su madre desde Amsterdam? Estaba tan mal que, para no envenenar con su tristeza a Fénelon, lo alejó de sí y vio solo los sublimes Hals "negros" de Haarlem. ¿Era el amor, que sentía imposible e irrealizable? ¿O la razón de su tristeza era otra, más lejana? Entre los dos debían existir motivos ocultos de tensión, ya que el 6 de diciembre en casa de Proust tuvo lugar una escena que fue transcrita en la carta de *Le Côté de*

Guermantes. Cuando Fénelon dijo palabras "muy desagradables", Proust se le arrojó encima con los puños en alto, después aferró su sombrero nuevo, lo aplastó bajo sus pies, lo hizo pedazos y le arrancó el forro. Era uno de aquellos excesos de furor loco e incomprensible que cada tanto lo arrebataban, como una víctima de las Furias.

Dos días después, Bertrand de Fénelon, con sus ojos azules de Telémaco y su gracia inexpugnable, partió para la embajada de Francia en Constantinopla, donde había sido nombrado *attaché*. Proust y Georges de Lauris lo acompañaron a la estación. Después sucedió algo que nos resulta inexplicable. Después del 25 de diciembre, por lo menos por dos meses y medio, Fénelon no respondió a las cartas de Proust. ¿Era casualidad, indiferencia o rechazo intencional? Proust sintió rencor por el amigo lejano y trató de comprender la razón del silencio, escribiendo a Bibesco que había quedado en Rumania, con aquel "placer por discutir, amor a la lógica y furor investigativo" que lo distinguía. Llegó a escribir una carta a Fénelon en nombre de Bibesco, en la que se tomaba el pelo a sí mismo. Al final su afecto volvió a dirigirse a Bibesco: "Te amo, mi pequeño Antonio"; "Te amo más de lo que tú crees".

Cuando Bibesco volvió a París en los primeros días de marzo de 1903, fue a buscar a su amigo. Proust no pudo recibirlo, pero le mandó enseguida una tarjeta que comenzaba diciendo: "Alegría, llantos de alegría, alegría". Eran casi las mismas palabras que Pascal había escrito en un pequeño pergamino, que durante ocho años llevó cosido en su ropa, hasta la muerte: "Desde casi las diez y media de la noche hasta cerca de las doce y media. Fuego. Dios de Abraham, Dios de Isaac, Dios de Jacob, no de los filósofos y de los sabios… alegría, alegría, alegría, llantos de alegría". Pascal había evocado estos llantos de alegría recordando su noche de éxtasis mística –la revelación encendida del Dios de la Biblia–, mientras Proust lloraba de alegría solamente por el retorno del amigo elegante y cruel que se parecía a Iván Karamazov. Había en Proust, es cierto, algo de diletantismo en el evocar, alrededor del retorno de Bibesco, la teología y la mística cristianas. Amaba jugar con el lenguaje religioso: pero este juego era, en el fondo, un modo de sacralizar (o intentar sacralizar) su experiencia cotidiana. En los días sucesivos fue dulcísimo con Bibesco. Le agradecía su presencia, le agradecía su amistad, le agradecía sus "locas gentilezas".

Estas lágrimas de alegría no cayeron durante mucho tiempo. Los dos amigos habían sellado entre ellos un "pacto secreto" que los obligaba a revelarse mutuamente los secretos de los demás. Como siempre, Proust se había tomado trágicamente en serio este pacto, como el signo de una amistad absoluta, que superaba todas "las posibilidades del destino" y "las normas de la convivencia social" e hizo muchas revelaciones a su amigo; mientras el otro, para el que todo esto no era más que juego y chismes, no le confió nada. Así, en mayo, Proust escribió la carta de la separación. Había considerado a Bibesco su segundo yo; había tratado de identificarse con él, derritiéndose y perdiéndose en su ser, y ahora que Bibesco lo rechazaba con el silencio, no le quedaba otra cosa que buscar otro confidente. Estaba desilusionado, vencido, derrotado. Su amistad había terminado. Había perdido a Bibesco. "¿Tiene noticias", escribió a Anna de Noailles, "de su sobrino silencioso y nómade, de mi amigo inconstante, o el que fue al menos mi amigo, Antoine Bibesco?" Todo fue sellado, en diciembre de 1904, por un juicio durísimo: "Tú eres excesivamente susceptible", escribió a Bibesco, "te enojas por cosas que no tienen ninguna importancia y haces continuamente a los demás las cosas que, si se aplicase tu tarifa, exigirían como mínimo el homicidio".

Mientras tanto, en junio de 1903, "la Sirena clásica de los ojos azules" volvió a París de vacaciones. Proust volvió a sentir la antigua herida amorosa: veía a Fénelon continuamente en la cena, solo o con otros; y cuando se enfermó, aun cuando Proust mismo estaba temblando de fiebre y ahogado por el asma, salía casi todos los días de casa para estar al lado de su cama. El 8 de agosto Fénelon volvió a partir para Constantinopla, perdiéndose en el Oriente y después en el Norte. Las relaciones languidecieron. En los años sucesivos Proust cenó alguna vez con él, pero mucho más a menudo le enviaba saludos con un amigo. Nos quedó alguna carta: dos duras y vengadoras, en las que le reprochaba que hubiera podido obtener algún beneficio de su amistad con él. Pero, en el fondo, estaba dolorido y herido. Lo extrañaba como quizás nunca extrañó a nadie, y mucho más después de su muerte. En agosto de 1907, escribiendo a Georges de Lauris, decía: "Si está al lado de Bertrand dígale de mi parte cosas tiernas, muy verdaderas. Sobre las ruinas de mi intimidad con él, aletea con frecuencia aquello que Chateaubriand hubiera llamado el Genio de la Amistad y que hubiera pintado tan bien, en una quietud al mismo tiempo poética y funeraria. Y a veces me pregunto si no pasé por el lado del único amigo que hubiera debido tener, cuya amistad hubiera podido ser fecunda para el uno y para el otro".

Tan superficial y cruel, Antoine Bibesco nunca se mereció un epitafio similar. En los años que siguieron, Proust lo vio a menudo, mientras salía de la embajada para ir a un baile, o lo llevaba para que conociera a su hermosa mujer perfumada. Todo había terminado entre ellos: no quedaban más que apacibles sombras. ¡Pero cómo extrañaba los años de la rue de Courcelles, cuando todavía la felicidad existía para él! "Aquel año fue verdaderamente embellecido por completo por el encanto de tus primeras visitas", le escribía en agosto de 1911, "y por tu amistad, en la que entonces creía, y en la cual confiaba. ¡Pero qué lejos está todo esto!" Todo había terminado: no sólo la amistad por Bibesco y Fénelon, sino también la fe ardiente y desesperada, trágica y absurda que Proust había cultivado tanto en la amistad.

IX. RUSKIN

En la carta a Marie Nordlinger, donde hablaba de la ruina del *Jean Santeuil* y de su vida, Proust daba una noticia aparentemente secundaria: "Desde hace unos quince días me ocupo de un pequeño trabajo absolutamente diferente de los que suelo hacer, a propósito de Ruskin y de ciertas catedrales". En realidad desde hacía un tiempo Proust se interesaba por Ruskin, y leía libros sobre él. Pero, a partir del mes de diciembre de 1899, fue un impulso del que se ocupó durante muchos años. Leyó casi todo Ruskin en francés y en inglés; como conocía muy poco el inglés se hizo ayudar por su madre, por Marie Nordlinger y por varios amigos. Tradujo *La Biblia de Amiens* y *Sésamo y las azucenas*: aprendió la primera de memoria, hasta conocer el texto con una transparencia absoluta; comentó los dos libros, escribió un ensayo y un relato-ensayo que sirvieron de introducción a ellos. Entró para siempre en el mundo de Ruskin, lo hizo propio, lo absorbió y asimiló, hasta volverse, por algún tiempo, una molécula de aquel cosmos.

La nueva revelación fue anunciada en lenguaje bíblico, el lenguaje de todas las revelaciones sacras y profanas. Los dos testamentos sirvieron de auxilio. Si Jehová había conducido a los israelitas en el desierto, marchando delante de ellos durante el día bajo la forma de una columna de nube y por la noche como una columna de fuego, Ruskin era la columna de fuego que lo habría conducido hacia la verdadera patria. Al igual que Cristo, Ruskin era la puerta que hubiera hecho entrar su espíritu hasta donde no había accedido hasta ahora. Al igual que Cristo, Ruskin era la viña y la vida que lo habría embriagado y vivificado. No podía resistir a su hechizo; trataba de no resistírsele; no era otra cosa que fascinación y veneración. "Ruskin me ha intoxicado", decía. Repetía sus advertencias fundidas con las de Lucas. *"This do and thou shalt live. This if Thou do not, thou shalt die. Die totally and irrevocably."* ("Has esto y vivirás, si no lo haces, morirás, morirás total e irrevocablemente") Solemne, rico, luminoso, musical, apocalíptico, el estilo de Ruskin lo abrazó y lo sacudió fuertemente, incluso si pronto estimuló su resistencia. Si hasta entonces había tenido muchos maestros, ahora se habría vuelto su discípulo: lo habría traducido con manos piadosas, dulces y escrupulosas; y lo habría hecho conocer y amar, haciéndole evitar la noche del olvido.

Tenía necesidad de admirar, igual que la necesitó durante toda su vida. Sabía que la admiración por otro espíritu acrecienta nuestra capacidad de comprender y de sentir, y nos lleva a un estado de gracia en el que todas nuestras facultades aumentan. "No hay mejor manera", dice en el prólogo a *La Biblia de Amiens* "de tomar conciencia de lo que sentimos nosotros mismos que intentando recrear en nosotros mismos lo que sintió un maestro". Era un temperamento pasivo, profundamente pasivo; y tenía que ser puesto en movimiento, enderezado en la justa vía de un maestro que centelleaba para él como un faro. No podía sentirse solo en el universo: Emerson o Chardin o Flaubert o George Eliot o Monet o Moreau o Ruskin tenían que hacer de intermediarios entre la realidad todavía ignota y él mismo. Con los años, la veneración por los maestros disminuyó, pero el procedimiento intelectual permaneció. Incluso en la *Recherche*, Proust fue un artista crítico: su inspiración se nutría de las invenciones y motivos de otros escritores, de citas y alusiones, de textos que precedían a los suyos, de la inmensa biblioteca del pasado. Después todo era arrojado en el inmenso horno de la metamorfosis, todo era reelaborado y transformado, asumía luces y colores y profundidades nunca vistas, y el pequeño adorador de Ruskin se volvió el autor de un libro incomparable.

En su juventud había cultivado la lectura de los filósofos, en la que lo había iniciado Alphonse Darlu, su profesor del Condorcet. Había amado sobre todo a Platón, Emerson, Schopenhauer; y, a través de Schopenhauer, los ecos del Romanticismo alemán. Lo atraía el pensamiento infinito y libre, que construye puras arquitecturas intelectuales, revelando la dimensión abstracta y universal de la mente, sin una pizca de real o corpóreo. Entonces, leyendo a Ruskin, tenía una experiencia completamente diferente. Naturalmente Ruskin era también un filósofo, y encontraba en él muchos pensamientos que otrora lo habían atraído. Pero su pensamiento había querido limitarse: se había supeditado a la realidad, se había realizado en el espacio, encarnándose en ciudades de agua y piedra, catedrales góticas, cuerpos esculpidos en mármol, figuras pintadas, vitrales, coros de madera, montañas nevadas. Justamente por eso amaba tanto a Ruskin. Si no le daba la alegría vertiginosa del pensamiento puro, al menos le volvía más bellas las cosas.

Podía decir más: Ruskin le revelaba el universo; y desde ese momento el universo, que en los últimos años había empalidecido a sus ojos, volvió a tener de improviso "un valor infinito". Las cosas que Ruskin le hacía amar adquirieron para él tanta importancia que le pareció que poseían un valor más grande que la vida misma y que su próxima muerte. En los tiempos del *Jean Santeuil*, Proust había pensado a menudo que nada real correspondía al inagotable deseo que nuestro corazón agita: si bien al final habría entrevisto el absoluto en la analogía entre las estelas blancas del lago de Ginebra y las del mar de Réveillon. Pero ahora estaba seguro de que la realidad absoluta, la realidad misteriosa, la realidad eterna vivía aquí en la tierra, junto a nosotros, en Venecia, en las catedrales góticas, en la pintura de Giotto, en todos los lugares visitados por aquel viajero inagotable que fue Ruskin. Existe, y se llama belleza. Estaba convencido de que existía "más belleza en el mundo que amor en nuestro corazón"; y que nunca el amor en nuestro corazón "llegará a agotar la belleza del mundo". Todo esto lo llenaba de alegría y de felicidad, como cuando era un muchacho.

Entre los libros de Ruskin, probablemente Proust amó sobre todo *Los pintores modernos*, su obra maestra, dedicada a la pintura de Turner. ¿Quién leyó jamás una crítica de arte tan genial y que recuerda a cualquier cosa menos a una crítica de arte? Ruskin mueve los cuadros, cita esbozos y dibujos, hace observaciones artísticas muy sutiles, y termina diseñando una grandiosa ciencia de la naturaleza y la visión. En el centro está Dios, que habita donde sea en la naturaleza, tanto en la esquirla de la más humilde piedra como en los orígenes bíblicos de la tierra y en las bíblicas columnas del cielo. Si bien lo percibimos en cualquier lugar, Él vive sobre todo en las grandes Leyes orgánicas que dirigen a los árboles, a las piedras, al mar, a las nubes, a la luz. La tarea del pintor está signada: él no es un inventor caprichoso, sino el estudioso de aquellas Leyes, que traduce cada aspecto de la realidad con la máxima "exactitud geológica y meteorológica". Mientras habla o finge hablar de los cuadros de Turner, Ruskin describe la superficie y las Leyes del universo con una brillante intensidad visionaria. Durante toda su vida Proust llevó estas descripciones en la memoria, las conservó con amor, hasta utilizarlas casi literalmente en algunas descripciones marinas de la *Recherche*. Él no buscaba a Dios en la naturaleza. Señalaba cuáles eran las leyes de los espinos blancos, de los árboles, de las olas (como así también del amor, de los celos, de la sociedad o de la costumbre), con la misma pasión con que Ruskin escrutaba las costas de Italia e Inglaterra.

Las Leyes de Ruskin son las del paisaje romántico que inspiraron de lejos también la pintura de Elstir. El cielo no es la superficie plana y quieta de Claude Lorrain, contra la que el observador se golpea, sino una inmensa masa profunda, agitada, transparente, donde aparecen pequeñas manchas de luz, sombras vagas y vestigios imperceptibles de vapor negro. No podemos penetrarlo, y sumergirse en él parece más lejano, sin obstáculos ni fin, y aquella profundidad inaferrable que nos envuelve –no es un velo ni nada que nos obstaculice el paso– es solamente el misterio de la luz. Ni el cielo, ni el mar, ni ningún aspecto de la naturaleza son algo compacto y coherente. Todo se rompe, se divide y se disuelve en infinitos fragmentos. Con atención casi espasmódica, Ruskin observa las diferentes formas de las olas. Está la espuma espesa, arenosa, grumosa que cabalga las olas y que se ve a la perfección cuando asaltan la playa; está el débil estrato blanco que subsiste cuando desaparece la primera espuma; están las olas que se rompen en las costas no accidentadas, donde las superficies huecas están marcadas por líneas paralelas, la luz reflejada y la luz refractada se cruzan con una complejidad maravillosa, la curva es de una pureza y precisión matemática, como si obedeciera a una regla; mientras en la cumbre de la ola el agua furibunda oscila y salta a lo largo de la cresta como una cadena sacudida y el movimiento se propaga como en el cuerpo de una serpiente. Y está la ola hecha pedazos que cubre las rocas, que no da espuma, no se divide, no se adapta ondulando con todas sus cavidades y sus jorobas, llenas de variedad y de gracia…

Está el mar visto desde la tierra firme que conserva siempre algo de uniforme y monótono; y el mar visto desde el mar, donde las olas parecen sumergirse, todas diferentes unas de otras, con líneas majestuosas, extendidas y variadas, mientras un movimiento loco, unido y desordenado, no golpea cada ola una después de la otra, sino al mismo tiempo la masa de agua en sus elevaciones y sus caídas. Y después todo se transforma en esta naturaleza tan cargada de formas. El cielo no permanece cielo, el mar no permanece mar; lo que creían una masa de agua de pronto golpea como un guante de acero, de pronto se transforma en una nube y se desvanece, de pronto es una cueva de sílice, de pronto una columna de mármol, de pronto un simple velo blanco. Si recordamos que Ruskin era un filósofo romántico, la conclusión está prevista. Al igual que en Elstir, cada cosa conduce a lo Uno. El cielo es un océano, en donde las nubes y la luz se alternan como olas, tan fundidas entre sí que el ojo no puede reposar en una sola sin ser guiado hacia la sucesiva y hacia centenares de otras más, para perderse y volver a perderse sin fin en todas sus volutas; y no hay uno solo entre estos millones de aspectos que se repita, ni uno que no se conecte con otro. El mar no es muy distinto al cielo, ni la tierra es muy diferente al mar.

El otro tema que Proust heredó de Ruskin (y de Émile Mâle) fue la catedral: la catedral "viviente, esculpida, pintada, cantante", donde podía introducirse "como a través de un bosque de símbolos" que lo observaban "con miradas familiares". Victor Hugo había dicho que era un libro de piedra: la Biblia encarnada. La filosofía de la Edad Media les había ocultado las figuras del Antiguo y del Nuevo Testamento, toda la cultura y la ciencia del tiempo, toda la naturaleza que se agolpaba en sus puertas. Las naves eran árboles de piedra, comentaba Proust. Las formas de las catedrales rivalizaban, había dicho Emerson, con la belleza vegetal: los árboles eran pilares encimados de capiteles de flores y frutos. Con su precisión de estudioso, Émile Mâle había enumerado las plantas de Francia que los artistas medievales habían esculpido: la vid, la frambuesa, los largos pimpollos de las rosas, el aro, el ranúnculo, el helecho, el trébol, la celidonia, la hierba hepática, el berro, la aquilea, el perejil, la frutilla, la hiedra, la retama, la boca de león, la hoja de la encina; y hasta los animales de Oriente, y una fauna monstruosa de lobos, murciélagos, vampiros y dragones. Después este universo de piedra había sido rechazado por la naturaleza, expuesto al sol, a la lluvia y al vuelo de las palomas. Entonces Claude Monet lo pintaba azul en la niebla, resplandeciente de sol en la mañana, abundantemente dorado por la tarde, rosa y ya frescamente nocturno por la noche.

Proust siempre había amado la Biblia; a veces sus cartas y sus textos recuerdan ciertos escritos de los prerrománticos alemanes y de Goethe, chorreantes de alusiones bíblicas que dan nobleza y lirismo al estilo. Entonces, para comentar *La Biblia de Amiens*, releyó probablemente toda la Biblia; como su traducción era mediocre, se hizo prestar otras traducciones por el marido de Anna de Noailles y tal vez por Marie Nordlinger. El estilo de Ruskin estaba lleno de citas y alusiones bíblicas, y él encontró las fuentes. Se dio cuenta así de que Ruskin imponía a los pasajes del Testamento una "química misteriosa"; no hacía como los venecianos que insertaban en la basílica de San Marcos, semejantes y taraceadas, las esculturas y las piedras robadas a Oriente; la suya era una verdadera metamorfosis, en donde el texto originario asumía nueva luz y nuevo color, como en las citas que haría él mismo en la *Recherche*. Al pie de página dispuso otras páginas paralelas y análogas, extraídas de las obras de Ruskin, una "especie de caja de resonancia" en la que las palabras de *La Biblia de Amiens* encuentran ecos fraternales.

Por naturaleza, Proust era un grandísimo lector-comentador. Cuando leemos sus así llamados escritos menores, nos damos cuenta de que él pertenecía a la raza de los comentaristas alejandrinos de Homero, de los padres del judaísmo o de la Iglesia –Filón, Orígenes, Basilio, Gregorio de Niza– que interpretaban la Biblia transformándola, con el socorro de una mente minuciosa y compacta, en una nueva creación. Nadie sabía leer un texto como él, rindiéndose a él con una tan extática blandura, instalándolo en las profundidades del corazón y de la imaginación, volviéndose oro de los atardeceres, catedral de Amiens, piedra de Venecia, versos perfumados y espesos como los de Baudelaire. Como el verdadero comentador, él tomaba una o dos líneas del texto ajeno, lo escrutaba como si fuera un espejo, lo recorría con la mirada, lo dilataba, hacía nacer olas, ecos y asonancias en torno a él, hasta hacerlo mutar en la sustancia íntima de su propio pensamiento, pero permaneciendo siempre suspendido del texto de los otros, como un murciélago colgando del techo.

En octubre y noviembre de 1899 Proust comenzó sus peregrinaciones ruskinianas, visitando las catedrales de Amiens. Mientras pasaba por un puente, la iglesia se le apareció de golpe. En aquel momento el sol resplandecía a través de los vitrales que, penetrados por la luz, volatilizaban sus crisálidas materiales volviéndose transparentes; y, entre los pilares de piedra, "se erigieron en dirección al cielo las gigantescas e inmateriales apariciones de oro verde y de fuego". Cuando se acercó a la fachada occidental, miró hacia arriba. Vio subir hacia el cielo un hormiguero monumental adornado con personajes de grandeza humana: "Este mundo de santos, este pueblo de reyes, este desfile de pecadores, esta asamblea de jueces, este vuelo de ángeles". Estaban allí uno junto al otro, unos sobre los otros, visitados solamente por los pájaros, por los rayos del sol y por la lluvia. Estaba quien tenía una cruz en la mano, quien tenía un cetro o una filacteria; miraban la ciudad desde lo alto de las hornacinas o desde el borde de las galerías o, más alto todavía, recibían las miradas vagas y enceguecedoras de los hombres.

Cuando Proust llegó ante la fachada meridional, la luz era alta. El sol, que durante el día visitaba a todos los santos, arrojando un manto de calor en los hombros de uno, una aureola luminosa en la frente de otro, hacía su visita cotidiana a la estatua de la Virgen. Una vez había sido dorada; con el tiempo había perdido el manto brillante; pero el sol le restituía un esplendor dulce y fugitivo, y ella parecía dirigir su sonrisa secular a aquella caricia momentánea. La Virgen recibió a Proust en el pórtico de la catedral, con la cabeza y la aureola apenas inclinadas, y una *parure* exquisita y simple de espinas alrededor de la cabeza. Como los rosales y las azucenas de otro pórtico, estas espinas esculpidas todavía estaban en flor. Pero la primavera medieval no podía durar eternamente. El viento de siglos había ya deshojado delante de la iglesia algunas de las flores de piedra. Un día, incluso, la sonrisa de la Virgen Dorada, corroída y resquebrajada por el tiempo, habría terminado de difundir entre los hombres el consuelo de su belleza.

Proust se detuvo largamente ante la Virgen. Ella no venía de muy lejos: había salido de una cantera cercana a Amiens; en la juventud había hecho solamente ese pequeño viaje. Después no se había movido del pórtico de Saint-Honoré; poco a poco se había bronceado al viento húmedo de Amiens, y desde hacía siglos miraba desde lo alto a los habitantes de la ciudad, de la que era la más antigua y sedentaria habitante. La Virgen Dorada no era universal como una verdadera obra de arte –la Gioconda o una Madonna de Rafael–; pero, para Proust, era quizás algo más, porque encarnaba un lugar y el espíritu de un lugar, algo absolutamente individual, como una imagen de su pasado. Más que una Madonna parecía la graciosa dueña de la casa celeste, o, como decía Ruskin, una *soubrette* de la brillante mirada, que recibía amablemente a los habitantes de Amiens, a Ruskin, a Proust, a los turistas que llegaban al pie de la catedral, a los gorriones que se posaban en la cuenca de su mano o picoteaban las antiguas espinas de piedra. Proust compró su fotografía, que conservó en su dormitorio. Con su cabeza apenas inclinada, la *parure* de espinos, aquel aire de señora celeste y de muchacha de Amiens, la Virgen Dorada se volvió, para él, la primera encarnación del Eterno Femenino.

Después, Proust entró en la catedral, paseándose entre los asientos del coro esculpidos en madera. Nunca nada tan maravilloso había sido esculpido en madera. Bajo la mano del escultor, decía Ruskin, la encina dulce parecía haber sido modelada como la arcilla y doblada como la seda; asomaba como ramas vivientes, brotaba como formas vivientes; y se lanzaba, se entrecruzaba y se ramificaba en un conjunto encantado e inextricable, "más llena de follaje que cualquier bosque, más rica en historia que cualquier libro". Proust se acercó a los asientos de madera. Golpeó levemente los dedos en las cuerdas de madera, que resonaba tal como habían resonado cuatrocientos años antes, haciendo surgir un sonido de instrumento musical, "el cual parecía decir cuánto ellas eran indestructibles y tenues". Los asientos habían sido gastados por la cotidiana piedad de los fieles, y el minucioso contacto de los vestidos y las manos había dejado aparecer un denso color púrpura, que no era un revestimiento, sino, como el alma, la linfa finalmente descubierta de la madera. Proust miró con una especie de ebriedad: por un momento, ante el encendido ardor de la encina, le pareció que los colores de todos los cuadros eran pálidos y toscos.

Mientras tanto, Proust había comenzado a leer *Las piedras de Venecia*, uno de los libros más polimorfos de un siglo que amó como ninguno las estructuras polimorfas: templo gótico y edificio de escuela, locura *flamboyante* y pabellón de campo, libro de viaje y filosofía de la historia, crítica de arte y profecía. La Venecia de Ruskin ya no era aquella de Turner, rabiosa y sumergida en la niebla, y tampoco era la de James: a veces, era la del Barón Corvo. Era una Venecia espectral: "Un fantasma en la arena del mar, tan débil, tan inmóvil, tan desnuda de todo, salvo de gracia"; una Venecia que muere, "maravillosa en su disipación, graciosa en su locura"; una Venecia nórdica, en donde el mar está dominado por una extraña, difusa quietud "que transforma la palidez del ambiente en una extensión de oro bruñido", un desolado, salvaje estanque marino ceniciento, del color de la tela de bolsa y del agua marchita; y a ratos un espléndido sueño oriental, rocas de coral, de ópalo, de amatista, como en los mares de la India. Ruskin amaba los colores de Venecia con una pasión al mismo tiempo religiosa y sensual. Apenas fijado el color en la pupila, necesitaba dilatarlo y perderlo en la luz y en la niebla, en una vibrante irradiación lírica, y la irradiación era tan intensa que algo se perdía para siempre. El ojo tocaba la cosa, la poseía, la describía; pero a Ruskin la posesión del objeto no le bastaba; para ser feliz tenía que ponerlo a una distancia que al mismo tiempo alejara y oscureciese –y sobre todo humedeciera– la materia, el timbre de Ruskin.

En aquel libro demasiado denso, Proust amó por cierto las partes dedicadas a la decoración. Al igual que él, Ruskin privilegiaba las creaciones anónimas con las que los artesanos góticos, "ágiles y flexibles como serpientes de fuego", habían rociado los edificios: todos los capiteles, estas esculturas fantásticas de palmeras y azucenas, de uvas y granados, de pájaros posados o en pleno vuelo entre las ramas, envueltos en una red de flores y de plumas. Con pasión inagotable, Ruskin escrutaba la vida de la naturaleza que se había concentrado en aquellas piedras; y no tenía descanso hasta que su ojo no las transformaba en naturaleza. En los capiteles encontraba las formas de dos familias de flores: la ninfea (a la que pertenece también la rosa) y la enredadera. Después su mirada cambiaba todas las piedras, que el hombre había modelado tan soberbiamente, en ondas del lago, en llamaradas de espuma esculpida, en algas en las que golpeaba el sol a través del mar profundo, en nubes dibujadas en el cobalto del cielo, como si el sueño soñado por los hombres a lo largo de once siglos se disolviese definitivamente en los lugares donde había nacido.

A fines de abril o a principios de mayo del año 1900, Proust y su madre partieron hacia Venecia. Algo de oscuro había precedido al viaje, si a veinte años de distancia Proust recordaba todavía con angustia sus sufrimientos de entonces. Creía que sus días estaban contados; y partió a Venecia porque, antes de morir, deseaba "acercarse, tocar, ver encarnados en edificios que se extinguían pero quedaban todavía en pie y rosados, las ideas de Ruskin acerca de la arquitectura doméstica de la Edad Media". Mientras el tren pasaba por Mestre, la madre traducía al hijo las descripciones resplandecientes con que Ruskin comparaba a Venecia con un ópalo o con las rocas de coral del Mar de la India. Reynaldo Hahn prestaba atención. Junto a él estaba su prima, Marie Nordlinger, "la rosa de Manchester", una muchacha de la que Proust amaba "su espíritu tan gracioso, tan raro, y la gracia fresca como una rama de espino blanco". Las cartas que él le había escrito en los años precedentes son deliciosas por el afecto, la ternura, y por aquella ingeniosa fantasía del corazón que Proust, siendo joven, dejaba insinuar con tanta gracia en las relaciones humanas.

La Venecia de Proust no tenía nada en común con la Venecia espectral y moribunda de Ruskin. Si bien la sombra de la muerte lo había rozado, su estadía se desarrolló bajo el signo de la luz solar, que había protegido la felicidad matutina de su juventud. Por la mañana Proust se despertaba a las diez. Su ventana del hotel Europa daba a una pequeña *calle*:

veía el sol resplandecer en lozas de fuego sobre el ángel de oro del campanario de San Marcos, brillando con una luz tan intensa que era casi imposible fijar la mirada. El ángel –escribiría pocos años después– le traía en sus alas abiertas y enceguecedoras una promesa de belleza y de alegría más grande que aquella que jamás llegó a corazones cristianos, "cuando vino a anunciar la gloria de Dios en el cielo y la paz en la tierra a los hombres de buena voluntad".

Proust se levantaba, se vestía rápidamente, llegaba a la plaza San Marcos, donde lo esperaban sus amigos; y juntos navegaban en góndola el Gran Canal, "la calle de zafiro", abierta entre las *falaises* de los edificios. Durante toda la mañana exploraban iglesias, galerías, monumentos: corrían a lo largo de los pequeños canales, que los llevaban a las partes populosas y pobres de Venecia, en donde el campanario de una iglesia se elevaba sobre un río, como una ciudad inundada: admiraban en la Galería de la Academia las violetas a las que Leonardo había minuciosamente dibujado el pedúnculo y la eflorescencia; y si estaban cansados de arte bebían un granizado en Florian o en Quadri. "Nada escapaba a Marcel", escribió Marie Nordlinger, "cada momento lo llenaba de alegría." Hacia el mediodía Proust volvía al hotel, para almorzar con su madre. De lejos llegaba a divisar, escribió en el *Contre Sainte-Beuve*, la antigua ojiva de la ventana del hotel que le enviaba una sonrisa discreta; y el ímpetu de los arcos rotos agregaban a la sonrisa de bienvenida "la distinción de una mirada casi incomprendida". Veía de lejos el chal de la madre posado en la balaustrada de mármol, con un libro que aferraba contra el viento. La madre leía, llevando en la cabeza un sombrero de paja, que le encerraba el rostro con un velo blanco. Proust la llamaba, y al principio su madre no reconocía su voz. Cuando lo divisaba, le enviaba toda su ternura. Su amor se detenía únicamente en la última superficie que podía sostenerlo: en la sonrisa que avanzaba de los labios hacia él, en la mirada que parecía asomarse fuera de las pupilas para acercarse a su rostro.

Al atardecer los amigos se encontraban de nuevo para un paseo en góndola. Reynaldo Hahn cantaba *Biondina bella* o los versos de Musset musicalizados por Gounod:

Dans Venise la rouge
pas un bateau qui bouge

o

Au bord de l'eau,

los versos de Sully Prudhomme, o "Clair de lune", las palabras de Paul Verlaine, ambas entonadas por Gabriel Fauré.

Si Proust ya había conocido Amiens, la catedral-libro, ahora encontraba en Venecia, en la basílica de San Marcos, la obra maestra glorificada por Ruskin. San Marcos era "un inmenso misal coloreado, encuadernado en alabastro en vez de pergamino, ornado de pilares de pórfido en vez de piedras preciosas y escrito con caracteres de esmalte y de oro". El arte y los tesoros de Oriente habían dorado cada letra, iluminado cada página, hasta hacerlas brillar de lejos como la estrella de los Reyes Magos. Al comienzo Proust se sintió desilusionado. Aquel monumento bajo, ancho, con sus pértigas floridas y su decoración festiva, le pareció "un edificio de exposición". Pero después se acostumbró a aquella compuesta creación de siglos, en donde todas las figuras del Antiguo y del Nuevo Testamento aparecían sobre el fondo de "una especie de oscuridad espléndida y de un fulgor cambiante"; y se instaló allí, como en un estudio fresquísimo, y corregía, junto a Marie Nordlinger, su traducción de Ruskin. Un día se desató un temporal. El cielo se volvió oscuro. Los mosaicos reflejaban solamente su propia luz con un "oro interno, terrestre y antiguo, al que el sol veneciano... no mezclaba nada de sí mismo". Entre aquellos ángeles que se iluminaban de las tinieblas circundantes, Proust leía con Marie Nordlinger un fragmento elocuente y tenebroso de *Las piedras de Venecia*, sobre la decadencia de la República. Como recordó Marie, Proust estaba "extrañamente conmovido y preso de una especie de éxtasis".

El lugar de Venecia que quizás más profundamente lo impresionó fue la Piazzetta, donde las dos columnas de granito gris y rosa llevaban sobre sus capiteles griegos, una el León de San Marcos, la otra a San Teodoro que patea a un cocodrilo. Las dos columnas, las "dos bellas extranjeras", habían llegado muchos siglos antes del Oriente, e insertaban un fragmento del pasado, un poco de siglo XII, huido desde hace tanto tiempo, en el momento presente. Al menos en un primer momento, Proust no experimentó la sensación, como en el *Jean Santeuil* y en la *Recherche*, de que el pasado y el presente se identificaban, y de que de aquel encuentro cayese una gota de eternidad. Era más bien lo contrario. El pasado se había cerrado, segregado, inviolable en su esfera gris y rosada, y el presente estaba prohibido penetrarlo. Alrededor, los días actuales circulaban, se acercaban zumbando en torno a las columnas, pero bruscamente allí se detenían, huyendo como abejas espantadas, mientras las dos "bellas extranjeras" no entendían los discursos que se intercambiaban en torno a ellas, en una lengua que no era la de ese lugar. La segregación y la separación entre pasado y presente era absoluta, y ninguna memoria, ninguna fuerza de espíritu hubiera nunca podido abolirla. Cuando escribió *Sur la lecture*, Proust sintió miedo. Aquel pasado impenetrable e inviolable, insertado de esa forma en el presente, violando sin respeto las leyes de la muerte, dejaba una impresión irreal, espectral y siniestra. No estaba solo. Goethe y Henry James dedicaron a este tema, que en Proust quedaba aislado, algunos de sus mayores libros. "Mirar hacia atrás significa toparse con el fantasma".

Proust y su madre fueron a París a fines del mes de mayo. Proust volvió a Venecia, solo, en octubre del mismo año, por ocho días. No sabemos nada de este viaje, sólo que el 19 de octubre firmó el registro de los padres Mechitaristi, en la isla de San Lorenzo. Probablemente este viaje se desarrolló bajo el signo de la noche, así como el primero se había desarrollado bajo el signo de la luz. A veces, por la noche, paseaba solo por la ciudad encantada; y aparecía en barrios ignotos. Eran raras las veces que no encontraba alguna plaza desconocida y espaciosa, de la que ninguna guía o viajero había hablado. Se perdía por una red de calles. De pronto, al final de una de estas calles, un campo vasto y suntuoso, que de otra forma no hubiera encontrado nunca, se extendía delante de él, pálido a la luz de la luna. Era uno de esos espacios arquitectónicos hacia los que, en otras ciudades, se dirigen todas las calles. Aquí parecía escondido intencionalmente en un cruce de callecitas.

Al día siguiente Proust volvía a partir en busca de su hermosa plaza nocturna, seguía por calles que parecían todas iguales y que se negaban a darle la más mínima información, salvo para hacerle errar el camino. A veces un vago indicio le hacía suponer que estaba por aparecer en el claustro, en la soledad y el silencio de su hermosa plaza exiliada. En ese momento un genio malo, que había tomado el aspecto de una nueva calle, lo hacía volver sobre sus pasos y volvía a encontrarse siendo conducido bruscamente al Gran Canal.

Su veneración por Ruskin duró algunos años. Había visto en él la columna de fuego, la puerta, la viña, las vides; lo había admirado, viviendo por mucho tiempo en una condición dulcemente pasiva; y poco a poco se liberó de su servidumbre, tratando de adquirir de nuevo la autonomía de su espíritu. Se rebeló con una dureza, una crueldad, una injusticia que han maravillado a muchos lectores. En realidad, en su vida, Proust renovó a menudo este gesto destructivo, cuando proyectaba sobre alguien, contra alguien, la profunda necesidad de cambio y de movimiento que lo agitaba. En la última parte de la introducción a *La Biblia de Amiens* ya había acusado a Ruskin de idolatría, o sea de escepticismo, y de mentira; después Proust acercó a aquel austero profeta a un dandy cruel como Robert de Montesquiou; y agregó que "las doctrinas inmorales sinceramente profesadas" hubieran sido menos peligrosas para la integridad del espíritu. En la introducción y en las notas a *Sésamo y las azucenas* (publicado en 1906), llegó a la masacre: estuvo continuamente golpeado por el deseo de contradecir a su maestro y dar vuelta, una por una, con sofisticación y rencor, a todas las afirmaciones. No había nada que se salvara. Ruskin no poseía sensaciones auténticas; no conocía la belleza "irracional" del estilo: sus metáforas eran vagas; su excitada y ansiosa búsqueda de nobleza lo fastidiaba. Al final Proust concluyó diciendo que Ruskin era un "incorregible charlatán", y que a menudo sus libros eran "estúpidos, maníacos, irritantes, falsos y ridículos".

La rebelión contra Ruskin fue una rebelión contra sí mismo, que Proust llevó hasta el final, con una especie de feroz nihilismo. Había creído en la belleza del mundo exterior, tanto en las naturalezas muertas de Chardin, tanto en los encantos de las lilas, los espinos blancos y las rosas como en las grandes catedrales-libros. Ahora se decía a sí mismo, como Emerson, que las cosas no son bellas sino gracias a la "belleza infinita" que nuestro espíritu encuentra en torno a ellas. Había creído en la lectura, pensando, como Descartes, que ésta era "una conversación" con los grandes escritores de los siglos pasados y que le había hecho experimentar en sí mismo todas las virtudes curativas, imaginando que los libros respondían a todas nuestras preguntas. Ahora se daba cuenta de que la lectura podría hacer nacer solamente deseos. La lectura "está en los umbrales de la vida espiritual: puede introducirnos en ella, pero no la constituye". No hay nada peor que la pasividad a la que nos invita: este vivir en la superficie olvidando por completo el propio yo profundo, imaginando que la verdad es algo material, "depositada en las hojas de los libros como una miel preparada por otros".

Había creído en la amistad, especialmente cuando había conocido a Bibesco y a Fénelon, y aquella experiencia había dejado en él sobre todo rencor y desilusión. Ahora hablaba con ferocidad "de todas aquellas amabilidades, de todos aquellos saludos en el vestíbulo que nosotros llamamos deferencia, gratitud, devoción y donde mezclamos tantas mentiras" calumniándose a sí mismo porque él no se había detenido en el vestíbulo de nada. Había amado la conversación, hablando durante horas en los salones y en los cafés de París. Ahora sostenía que "en la conversación... la comunicación tiene lugar por medio de sonidos, el shock espiritual se debilita, la inspiración, el pensamiento profundo, resultan imposibles". Así, con un solo gesto, como cuando Fausto maldijo al mundo, destruyó la belleza de la realidad, la lectura, la amistad, la conversación. En medio de tanta destrucción de ídolos no le quedaba más que una cosa: el espíritu creador del hombre, que encuentra la verdad, forma la belleza, construye los libros-catedrales que nacen en esas "regiones profundas, secretas, casi desconocidas para nosotros mismos", donde recibimos las imágenes, las ideas, las palabras. Proust tenía que prepararse para la próxima irrupción en él de este espíritu, y en las notas a *Sésamo y las azucenas* escribió un bellísimo ensayo sobre la literatura, que anticipaba las leyes de su futura creación.

Sin esta rebelión contra cada Maestro, sin este elogio entusiasta a la creatividad espiritual, compuesto en uno de los momentos más trágicos de su vida, Proust no hubiera nunca podido escribir ni el *Contre Sainte-Beuve* ni la *Recherche*, en dónde la creación espiritual y artística encuentran gestos todavía más triunfales. Pero, como todos los grandes señores de la metamorfosis, Proust tenía de dónde recuperar todo lo que había negado. Continuó admirando la sintaxis arrolladora, vibrante e irisada de Ruskin, y las imágenes de *Los pintores modernos* y *Las piedras de Venecia* reaparecieron, ora en plena luz, ora transformadas, en algunos de los puntos cruciales de la *Recherche*. Continuó leyendo, concibiendo los propios temas personales como variaciones de los temas ajenos. Nadie representó con colores y sonidos más radiantes la belleza del mundo creado: tan espesa, tan densa, tan intrincada, tan rica en volumen y peso. Si bien era "un ateo de la amistad", conservó un "tierno corazón de amigo". Continuó conversando con los amigos, y sus palabras, llenas de luces de colores, de invenciones fantásticas y de ternura, nunca terminaron de atravesar las noches de Cabourg y de París.

X. VIDA Y MUERTE CON LA MADRE

Cuando su padre murió, Proust realizó el sueño, que había acariciado en el *Jean Santeuil*, de vivir solo "con la esposa del padre". Era el 26 de noviembre de 1903. Aparentemente, la madre no había cambiado. Pocos días después de la muerte de su marido recorría la casa, daba órdenes a la servidumbre, se ocupaba de su hijo, llevaba a cabo las mil obligaciones de la vida casera con la calma energía de una vez. Solamente había imaginado algún pequeño rito. Dejó la habitación en donde dormía desde hacía algún tiempo para volver a la del marido desaparecido, junto al que había dormido durante tantos años. Celebraba como un aniversario sacro el 24 de cada mes, el día en el que Adrien Proust se había caído al piso, paralizado e inconsciente; todos los martes, aniversario del mismo día, muy pocos amigos íntimos atravesaban la puerta de casa. Pero el hijo, que había escuchado la voz rota y sangrante de la madre en el teléfono de Fontainebleau, sabía que algo se escondía detrás de aquella calma, sabía en qué profundidad y con qué violencia el dolor había tocado su alma. Tenía miedo de esa calma, y observaba a su madre todo el tiempo. Ella no levantaba nunca voz, evitando cualquier inflexión brusca, como si cualquier tosquedad pudiera hacer mal a sus muertos. Había conservado algo "del gesto de infinito respeto, de timidez infinita, de infinita dulzura con la que, en el cementerio, había dejado caer, como asustada" la liviana palada de tierra sobre el ataúd de su padre.

El hijo estaba lleno de melancolía y remordimientos hacia aquel padre bondadoso, gentil e indulgente, que no había comprendido y al que a veces había odiado y despreciado. Sentía aquel 24 de noviembre en que su padre cayó al piso perdiendo "la dulzura de vivir", terriblemente cerca: la mente y el tiempo no conseguían alejar aquel día. El domingo antes de la muerte había discutido con él: la excesiva certeza de sus afirmaciones políticas lo habían herido, había dicho "cosas que no hubiera debido decir". "No puedo expresar qué pena me da ahora esto. Me parece que es como si hubiera sido duro con alguien que ya no podía defenderse". Y además no podía esconderlo: con sus hojas de horarios, sus medicamentos, su inactividad, sus gastos, había sido "el punto negro", "la única nube" en la vida del padre. Así volvía atrás con la mente: idealizaba la existencia familiar que, encerrado en casa por la enfermedad, había llevado en los últimos años: borraba los contrastes; se decía a sí mismo que había abolido ciertos aspectos de su propio carácter que disgustaban al padre, y creía que él estaba "bastante satisfecho de mí". La dulzura de aquella intimidad familiar le había quedado, y la sentía a cada instante. No le quedaba otra cosa. No tenía ambiciones que pudieran consolarlo: vivía solamente de esa vida que ahora había abandonado para siempre. Trató de actuar un último deseo del muerto. Había renunciado a la edición de *La Biblia de Amiens*: la madre le dijo que el padre no había deseado otra cosa, y esperaba día a día su publicación. Obedeció a este deseo: retomó el trabajo y dedicó "tiernamente" el libro a la memoria del padre, "muerto trabajando".

Esta muerte no fue una rotura irremediable, como sería la de la madre dos años más tarde. Con sus hábitos y costumbres la vida familiar volvió a comenzar. Proust hubiera querido perfeccionar esta vida, volviendo al tiempo de su primera juventud, levantándose otra vez a la misma hora en que su madre se levantaba, tomando el café con leche con ella, compartiendo sueños y vigilias en el mismo espacio de tiempo, en las mismas habitaciones, a la misma temperatura, siguiendo los mismos principios. Fue una ilusión de pocos días. Algunos meses más tarde Proust comía otra vez a las once de la noche. Pero las tensiones, que habían vuelto difícil la vida familiar en los últimos años, se habían desvanecido. La madre renunció a todas sus pretensiones y reivindicaciones. Aceptó el desafío. No trataba más de curar al hijo de su enfermedad. No escondía más la propia ternura por él, como lo había hecho durante tantos años, cuando quería contener las manifestaciones de ternura del hijo y prepararlo para volverse un adulto.

Así Proust y su madre vivieron casi dos años juntos, en el sueño recíproco de una absoluta y casi monstruosa identidad edípica. Como decía el hijo, se habían vuelto un solo corazón, una sola persona. Ella era la Custodia, la reina del Silencio y de la Quietud que alejaba cualquier ruido de los sueños y las pesadillas del hijo; era la sierva amorosa, que hacía todas las diligencias pedidas, incluso las más fatigosas, en el caluroso julio de París; y cada mañana, cuando su hijo se dormía, iba a darle el beso de las buenas noches, para que llevase a cabo sin terror el viaje subterráneo en los reinos oscuros. Él vivía "acurrucado" en su corazón. Le aseguraba que no quería ver a nadie más: los demás no le gustaban; si se encontraba con ellos, era solamente para hablar de ellos con ella. No importaba que, a veces, estuviese lejos. ¿Qué importan los lugares y los espacios? Incluso cuando estaba lejos, estaba siempre cerca de su pensamiento, en la imaginación le dirigía la palabra mil veces por minuto, y estaba ligado a ella por la más rápida "telegrafía sin cable".

No sabemos cuándo, pero seguramente durante aquellos años de vida común tuvo lugar una conversación a la que Proust se refiere dos veces, en el *Contre Sainte-Beuve* y en la *Recherche*. También esta es una de aquellas escenas que Proust no olvidó nunca, porque contenían la esencia de su vida. La madre y el hijo hablaban de partidas: "Pero", dijo ella, "hace falta tener un corazón más duro. ¿Qué habrías hecho si tu madre estuviera viajando?"

"Los días me habrían parecido largos".

"¿Pero si me hubiese ido por dos meses, por años, por..."

La madre no se atrevió a decir para siempre. Los dos callaban. Ninguno de ellos –comentó Proust– había tratado nunca de probar que amaba al otro más que a cualquier persona o cualquier cosa en el mundo. Nunca lo habían dudado. Con la discreción con que la madre había asignado a la vida familiar fingían amarse menos de lo que parecía, como si la vida pudiese volverse soportable al que se quedara solo. El hijo no toleró que este silencio angustioso durase, quiso consolar y confortar a su madre; le tomó la mano casi con calma, la abrazó y le dijo: "Sabes, puedes recordarlo, qué infeliz soy los primeros días cuando estamos separados. Después, sabes cómo la vida se organiza de otra forma. Sin olvidarme de las personas que amo, ya no las necesito, estoy muy bien sin ellas. Estoy loco los primeros ocho días. Después estaré muy bien solo, por meses, años, por siempre".

Dijo la palabra terrible: "siempre", para dejar claro a la madre que hubiera podido vivir feliz incluso sin ella. Pero aquella palabra no podía quedar entre ellos, sola y definitiva como una piedra, como un signo de la eterna separación. El hijo necesitaba consolar a su madre, diciéndole que no habría ningún *siempre*, y que de algún modo, en algún lugar, aquí o en otra parte, volverían a verse otra vez, y esta vez de verdad para siempre. Por la tarde Marcel le dijo que se había equivocado. En contra de lo que había creído, los últimos descubrimientos de la ciencia y las más extremas investigaciones de la filosofía destruían el materialismo y hacían de la muerte algo aparente. Las almas eran inmortales y un día se reunirían…

El tiempo se había consumado. El 26 de septiembre de 1905 su madre murió; e incluso en los últimos instantes de vida, con la voz corroída por la afasia, trató de renovar el viejo juego de la citación de los clásicos (el juego que encarnaba el espíritu de la familia: cultura, discreción, ironía), con dos frases de Molière y de Labiche. "Y luego", escribió el hijo tres años después en el *Contre Sainte-Beuve*, "no pudo hablar más. Solamente una vez vio que me contenía para no llorar y frunció las cejas enojada y yo escuché sus palabras ya confusas: 'Si vous n'êtes Romain, soyez digne de l'être' ": el verso de Corneille que le repetía siempre cuando era niño, cuando ella tenía que irse. Los restos de su madre permanecieron en casa dos días; milagrosamente rejuvenecida y enflaquecida por la muerte, que borró todos los dolores del rostro, sin un cabello blanco, parecía tener treinta años; y el hijo lloraba y le sonreía entre lágrimas.

Después del funeral, la casa, que durante tantos años había estado llena por su actividad, quedó vacía. El hijo sentía la presencia de la madre en todo, hasta en el silencio que la servidumbre hacía en torno suyo, y que era solamente el eco vacío y espectral del silencio y la calma que ella había amorosamente tejido alrededor. El dolor estaba escondido en cada habitación, en cada pared, en cada objeto; si exploraba la casa, exploraba las zonas desconocidas de su dolor, que se volvía "cada vez más infinito" a medida que avanzaba. Un día fue a una habitación de la casa en donde no había estado desde hacía mucho tiempo. El *parquet* crujió cerca de la habitación de la madre; crujía siempre, incluso cuando estaba viva; y apenas oía ese crujido ella hacía un ruido con los labios, le mandaba un pequeño beso que quería decir: "Ven a abrazarme". No podía permanecer en aquella casa, "tan triste porque en ella había sido tan feliz".

Tenía una obsesión que ya lo había torturado durante los últimos días de la enfermedad. Cuando la madre todavía vivía, acostada y casi sin palabras en la cama, naturalmente pensaba en el hijo; sabía que él era incapaz de vivir sin ella, que estaba completamente desarmado ante la vida; sabía que pronto estaría muerta, dejándolo solo para siempre; y este pensamiento debía llevarla a conocer el sufrimiento más atroz. Su hijo no hacía otra cosa que imaginarse y repetir dentro suyo esta última angustia de la madre, que para él era un suplicio. No conseguía dormir: había muy raros, fragilísimos instantes en los que conseguía dormir. Entonces caían sobre él los sueños: la inteligencia, que durante el día trataba de dominar y dosificar los pensamientos, mezclándolos con alguna dulzura, lo abandonaba; era una víctima sin defensa de las impresiones más atroces, de las más terribles pesadillas. La soñaba viva todavía, pero siempre tan triste, tan sufriente, que cuando se despertaba era casi un alivio recordar que estaba muerta y no podía sufrir más. Escribió a Montesquiou que su vida "había perdido su única flor, su única dulzura, su único amor, su único consuelo, su única miel". ¿Quién aplacaría las ansias, ahora que no estaba más la que lo calmaba con una palabra dicha al teléfono, con una sonrisa o un beso? Se sentía abandonado, sin casa, sin refugio, sin guarida; un vagabundo expulsado por las Furias; y repetía las palabras del Evangelio de Mateo recordadas por Ruskin: "Los pájaros del cielo tienen sus nidos, los zorros tienen sus madrigueras, pero el Hijo del Hombre ya no tiene ni un almohadón donde posar su cabeza".

Un mes después, a veces, sentía que se había acostumbrado a la desventura; como siempre había sabido, el hábito tenía en él una fuerza grandísima; también la madre pertenecía, como tantos otros, al reino de los muertos. El dolor parecía menos vivo. La inteligencia lo conocía, y se había vuelto su dueña. Creía que había dado la vuelta y que esta angustia no tenía más secretos para él. Volvía a encontrar las ganas de vivir. Se lo reprochaba; pero he aquí que enseguida, en el mismo momento, provocado por una impresión casual, el dolor, que no tiene uno sino mil rostros, tomaba un nuevo aspecto, volviéndose un mal desconocido y terrible. Todo lo suscitaba. Hubiera querido salir finalmente de casa, pero cómo podía *volver a entrar*, si su primera palabra siempre había sido: "¿La señora está en casa?" Como las Danaides, llenaba sin fin sus urnas de dolor. Años más tarde, confesó a Maurice Duplay que había deseado desaparecer. No hubiera querido suicidarse, sino dejarse morir, renunciando a la comida y al sueño. Después pensó que junto con él hubiera desaparecido también el recuerdo que tenía de ella; la hubiera arrastrado a una muerte definitiva; y renunció a su propósito.

Sentía remordimientos tremendos que no le daban descanso. Había torturado a su madre con su propia enfermedad, la ausencia de voluntad, la incapacidad de vivir. No le había dado nada, ni siquiera un libro. Y ahora estos remordimientos le arruinaban hasta la dulzura del recuerdo de ella y de la vida feliz que habían llevado juntos. No había sabido vivir el lento trabajo de destrucción efectuado por la dolorosa tensión que animaba a su madre, los ojos marchitos, las arterias endurecidas, el corazón forzado, el coraje arrollador ante la vida, el paso lento y pesado, la alegría agotada, el espíritu sin esperanzas; la había matado "con las preocupaciones y la inquieta ternura" que le había inspirado, con el odio que a veces había sentido hacia ella. Pero se acusaba de culpas todavía más graves y absurdas. Así como Marcel, en la *Recherche*, termina reprochándose el haber "dejado morir a la abuela", también él, quizás, se dirigió a sí mismo una acusación parecida. No le había impedido morir, no había obstaculizado la victoria de la muerte; mientras en cambio, si verdaderamente la hubiese amado como ella lo amaba, habría podido librarla del tiempo, de la decadencia y de la destrucción.

Tenía momentos de remisión y de "silencioso recogimiento". Entonces volvía a encontrar el recuerdo de las horas de ternura que había vivido con ella; y respiraba, pensaba, vivía sólo en este recuerdo. En el "silencioso recogimiento" volvía atrás con la mente: atraía a la madre hacia sí mismo y pensaba en su tristeza de niño, cuando la acompañaba a la estación y él se quedaba solo y tenía que volver a casa. En aquellos momentos volvía a su lado. Cuando recibió una carta de Madame Daudet, tan liviana, sutil, misteriosa, poética, entretejida con verdaderos "hilos de la Virgen", le pareció que la leía junto a su madre, que le hacía observar las delicadezas de los sentimientos y las expresiones. Después de la muerte de la abuela, la madre había perdido por algún tiempo el recuerdo de su rostro; también él perdió el recuerdo de la voz de su madre, aquella voz calma, que lo tranquilizaba; pero, al improviso, el primer día de 1906, aquella voz volvió, con un poder de evocación terrible. Estaba a su lado. Comprendió que no podía abandonarse a la angustia, que tenía que vencerla y curar su propia enfermedad por amor a ella.

Así, para obedecer a la voluntad de su madre, a comienzos de diciembre de 1905 entró en la clínica para enfermedades nerviosas del doctor Paul Sollier, en Boulogne-sur-Seine, donde tendría que pasar seis semanas. Desde hacía mucho tiempo meditaba esa decisión. En los últimos años había leído muchos libros de psiquiatría, había consultado médicos; en febrero de 1905 casi había decidido hacerse curar en la clínica del doctor Dubois, en Berna, después en la del doctor Widmer, en Montreux, incluso en la del doctor Jules Déjérine, en París. No pretendía curarse. Sabía que estaba demasiado profundamente ligado a su enfermedad; sólo quería poder llevar "una vida normal sin tener que ser curado", saliendo, viajando, volviendo a ver a los amigos. Pero temía la "soledad y el extrañamiento" de la clínica.

Todo hace creer que la clínica del doctor Sollier practicaba los mismos métodos recomendados en los textos psiquiátricos de entonces: aislamiento absoluto, vida en la cama, alimentación exclusivamente láctea, ninguna lectura. Proust rompió enseguida con las leyes de la psiquiatría. Volvió a ver a sus amigos, escribió cartas, incluso muy largas, y al cabo de quince días decía que la cura le hacía "muy mal". No tenía ninguna intención de curarse, transgrediendo las leyes que ningún psiquiatra conocía, de su "mal sacro". Volvió a casa el 24 o el 25 de enero de 1906. Aquellas seis o siete semanas le dejaron muy poco: el comienzo abandonado de la *Recherche*, o tal vez el desmedido amor por la leche que en los años de la escritura se volvió, junto al café, su alimentación casi exclusiva.

Cuando volvió a casa encontró al dolor esperándolo, tan tremendo como antes. Durante muchos años continuó teniendo pesadillas, que registraba en sus cuadernos y que volvió a elaborar en la *Recherche*. Soñó a su madre en los últimos días; respiraba fatigosamente y gemía: "Tú que me amas, no dejes que vuelvan a operarme, porque creo que estoy muriendo y no vale la pena prolongar todo esto". Soñó a su padre muerto, que hablaba, sonreía, respondía, pareciendo absolutamente que estaba vivo: "Cuando se está muerto, casi se está vivo". Soñó con un cortejo de espectros a lo largo de una *falaise*, en el atardecer; él se le adelantó, sin poder reconocerlo con precisión: entre ellos estaba su madre, que le decía "buen día" con indiferencia; estaba muerta, pero hubiera podido volver a morir; no sabía dónde vivía ni con quién; y su máxima angustia era que tal vez no comprendería el libro que estaba escribiendo. Poco a poco descendió la costumbre, la lenta, suave, terrible Costumbre que gobernaba su vida. Y con la costumbre vino la dulzura. Sentía a su madre lentamente revivir, volver, tomar su lugar, todo su lugar, junto a él. Sin que él interviniese con la voluntad, los recuerdos renacían y manaban apaciblemente en su memoria. Tomaba consciencia de que "la muerte no dura". Se decía que era una dulzura saber "que nunca más me amará menos, que no nos consolará nunca más, que siempre nos recordará". Una cosa todavía lo hacía sufrir. En el oscuro reino subterráneo donde habitaba o en el cielo surcado por las preguntas de las Señoritas del Teléfono, la madre era ciega: no podía divisar a su hijo en esta tierra, no sabía que vivían juntos, ni que ya él no sufría más por su muerte.

Cuando la madre de Georges de Lauris enfermó, Proust participó de su sufrimiento con simpatía infinita, con aquel don que sólo él poseía de identificarse con el otro. Cuando murió descubrió en su muerte la repetición de la muerte de su madre; y se hacía contar lo que había sucedido para renovar sus propios sufrimientos. "No pueden decir nada que yo no escuche no digo ya con interés o simpatía, sino con una verdadera avidez dolorosa. Sepa usted, Georges, que no pienso en otra cosa..." Llegó a hacerse prestar una fotografía de la muerta para mirarla mejor, solo. Cuando vio aquellos ojos vigilantes, aquella expresión del rostro tan terca "en la dulzura inexorablemente conservada en la resignación al dolor y en la entera devoción", le pareció encontrar los rasgos de quien lo había dejado. Fuerte en su ciencia del dolor, dio una recomendación a Lauris. Tenía que tratar de permanecer pasivo, inerte, esperando a que la fuerza incomprensible que lo había destrozado volviese a reanimarlo, al menos un poco: "Digo un poco, porque siempre conservará algo destrozado". No tenía que cometer el error que había cometido su madre, cuando había tratado de fijar el recuerdo de su abuela, y no lo había conseguido, o había encontrado solamente imágenes crueles, en un relámpago del sueño. "Los ojos del recuerdo terminan por no ver más nada cuando se los fija demasiado". Tenía solamente que tratar de sobrevivir, dejando que todo sucediese en él sin la colaboración de la voluntad; entonces las imágenes de la madre habrían renacido por sí solas, sin abandonarlo nunca más.

No se sentía más solo, huérfano, sin un nido, sin una guarida, sin una almohada sobre la que apoyar la cabeza. No era más un individuo, sino un hijo: tomaba el puesto de los padres en las cosas cotidianas, haciendo lo que ellos hubieran hecho, escribiendo cartas, felicitaciones y pésames a sus amigos casi desconocidos. Podía mirar hacia atrás, hacia su madre, y dirigirle apasionadamente la sonrisa más tierna. ¿Por qué sonreímos a los muertos? "¿Para tratar de engañarlos, de tranquilizarlos, de decirles que pueden quedarse tranquilos, que tendremos valor, para hacerles creer que nunca más seremos infelices? ¿O esta sonrisa no es otra cosa que la forma del interminable beso que damos a ellos en lo Invisible?"

Cuántas veces Proust tuvo que pensar en aquella conversación que había mantenido con su madre, cuando le aseguró que un día volverían a verse. No tenía convicciones filosóficas precisas; no era cierto eso de la inmortalidad del alma, si bien los nuevos filósofos lo afirmaban; ni era verdad lo de la reencarnación, aunque pensaba que el olvido no borra del todo, en nuestra mente, los recuerdos de la vida precedente. La inmortalidad del alma era para él, en primer lugar, una religión de la familia, una religión de la madre. Estaba convencido de que su madre y él eran dos personas reflejadas: no existía nada en uno que no encontrara en el otro su razón de ser, su fin, su explicación, su tierno comentario; cada uno de ellos era la traducción del otro; y estaba convencido de que desde el comienzo del mundo hasta la consumación de los siglos ninguno de los millones de seres humanos hubiera podido nunca reemplazar a él por ella, a ella por él. ¿Cómo era posible que dos seres tan similares se encontrasen "solamente un instante, por casualidad, en el infinito de los tiempos"? ¿Y que no volvieran a verse nunca más? Su ternura tenía un carácter eterno. Estos pensamientos, que Proust se repitió toda la vida, lo consolaban. Pero, por otra parte, había en él un aspecto de obstinado materialismo: la eternidad era un hecho que se veía, que podía olerse, que podía escucharse. Cuando murieron Bertrand de Fénelon y Robert d'Humières, escribió que "los muertos viven de tal forma en mí que no poderlos encontrar en la tierra me parece una especie de sinsentido, y que estoy un poco en la misma condición de espíritu de un loco".

Todos estos motivos confluyeron en dos grandiosos mitos casi gnósticos que Proust elaboró en la *Recherche*: la muerte de Bergotte y el *Septuor* de Vinteuil. En un texto gnóstico del siglo I o II, el *Canto de la perla*, un jovencísimo príncipe vive en un lejano reino del Oriente. El "rey de reyes" es su padre, la reina su madre; y una multitud de príncipes y de dignatarios se reúne en las salas de los grandes palacios, colmados de riquezas y de alegría. El padre y la madre le tejen un traje de colores, resplandeciente, ornado de oro y de berilo, de cornalina y de sardonio; este traje es su doble celeste, su yo permanente y esencial, que está más allá de los fenómenos de la apariencia, al mismo tiempo idéntico y distinto de él, como son distintas e idénticas una figura y su imagen reflejada. También en los mitos de Proust hay un reino de Oriente, si bien no lleva ese nombre. La *Recherche* recuerda que, para cada uno de nosotros, como para los grandes artistas, existe una patria desconocida, un mundo diferente al nuestro, fundado en la bondad, el escrúpulo, la delicadeza, el sacrificio, el genio por el arte y la artesanía. Allí arriba viven las Leyes: alguien, no sabemos quién, las ha trazado dentro de nosotros y por ellas contraemos las obligaciones.

Luego, en ambos mitos, sucede la caída. El jovencísimo príncipe deja el cielo: es enviado a Egipto, el reino de la materia, a liberar una perla prisionera, el alma humana.

Cuando llega, para ocultarse de los ojos hostiles de los egipcios, el príncipe lleva su traje impuro, el cuerpo de agua y tierra. Apenas termina su comida, cae en un sueño profundísimo, que le hace olvidar su origen real, el traje luminoso, la perla que tenía que liberar. A su alrededor ningún signo le recuerda el cielo; sólo está la perla, pero en el medio del mar, custodiada por una serpiente. También en Proust nosotros olvidamos nuestra patria desconocida; caemos en este mundo degradado, somos encerrados en la doble cárcel de la tierra y el cuerpo. Pero, alrededor nuestro, ¡cuántos signos de la vida anterior! Hay árboles de cerezas y peras, floridos en primavera, estas grandes criaturas blancas maravillosamente inclinadas, estos ángeles resplandecientes que custodian los recuerdos de la edad de oro y garantizan la Promesa. Están las melodías de Vinteuil, con su esperanza misteriosa, el color escarlata del Apocalipsis, el místico canto del gallo, la triunfal alegría supraterrena, puesta de acuerdo al unísono con la patria perdida. Y los hombres, ¿por qué son buenos, delicados, educados, por qué pintan con tanta ciencia y finura un pequeño muro amarillo de Delft, si no es porque han contraído una obligación con la vida anterior? Nunca un antiguo o moderno escritor gnóstico habría encontrado tantos signos de nuestro mundo degradado.

La conclusión de los dos mitos no es idéntica. En el mito gnóstico el joven príncipe se despierta del sueño del olvido, libera la perla, deja el cuerpo de tierra en las riberas de Egipto y vuelve a su reino donde encuentra a su Padre, a su Madre, al traje luminoso, con el cual se identifica completamente, lo comprende y es comprendido, lo ama y es amado, recomponiendo la escisión del yo. Proust no estaba muy seguro de que el "reino de Oriente" existiera. No sabía si cada uno de nosotros poseía un doble celeste. Sólo esperaba volver adonde habitaban las Leyes y su madre, mientras los ángeles de la Resurrección abrían triunfalmente las alas.

SEGUNDA PARTE

En torno a la Recherche

I. CABOURG Y LA FUGA

A fines de julio de 1906, Proust quiere huir. Quería dejar la casa, su cementerio, su cárcel, su pasado. Tenía cien proyectos: una villa en Cabourg, junto a un amigo, un hotel o una villa en Trouville, un yate para costear las riberas de Normandía o Bretaña. Pero la fuga, ya sea por la enfermedad del tío, ya sea por otras, más profundas razones, fracasó. Hizo sólo una pequeña tentativa cerca de casa. El 6 de agosto llegó al Hôtel des Réservoirs de Versalles, se instaló en un apartamento inmenso, triste, negro y helado, lleno de cuadros, de tapices y espejos en donde el sol no osaba penetrar. Se enfermó enseguida. Los primeros días vio desde la cama los últimos rayos del sol iluminar los árboles del parque, y quizás imaginó que visitaba el castillo y el Trianon y que observaba cada día el lento amarillarse, transformarse y caer de las hojas, tan de acuerdo con todo aquello que, en él, se marchitaba, se consumía y moría.

En casi cinco meses nunca puso un pie fuera del hotel. De día dormía; dormía profundamente, como los muertos; le parecía que estaba encerrado en una tumba o en una cabina telefónica, y, a veces, cuando de noche, a las ocho, abría los ojos, se preguntaba si era Versalles o si alguien, en el sueño, como en uno de los cuentos orientales que tanto amaba, lo había transportado a la otra extremidad de la tierra. No quería ver a nadie. Si los amigos insistían en ir a buscarlo, repetía con una sorda y tenaz violencia que era imposible: hacía frío, él estaba enfermo y se levantaba muy tarde. Una vez se atrevió a confesar: "Necesito en este momento una muerte momentánea, con la sensación de que los vivos me han olvidado".

Durante la noche, durante aquellas interminables horas en las que sentía una confianza tan plena, durante aquellas horas a veces tan misteriosamente luminosas, a veces angustiantes, a veces tan llenas de presentimientos, ¿qué hacía? Veía a menudo a René Peter; una noche asistió a una partida de billar en el hotel; cenó con varios amigos que habían osado violar su segregación; y leía a Dumas y el *David Copperfield*. No escribió una línea. El resto de aquellas miles de horas permanece oscuro, y quisiéramos penetrar en la gran habitación triste, helada y negra del Hôtel des Réservoires, bajo la mirada enlutada de los espejos que contemplaban la figura cada vez más pálida de Proust. Sobre estos meses aletea un aire trágico, lleno de misterios y preavisos. Vio en aquel escenario siniestro, en aquel lugar de nadie, en aquella nada, en aquel reino de la eterna noche, el símbolo de su derrota y desastre definitivo. Era alguien que había "perdido todo y ya no podía perder nada". Pero, justo en aquellos meses de "muerte momentánea", olvidado y lejos de los vivos, donde había tocado fondo, a lo mejor esperó la regeneración. A lo mejor exploraba su pasado, tratando de entender qué le había quedado. Así como una madre nutre al hijo todavía ignoto dentro de su cuerpo, a lo mejor preparaba su propia existencia futura, y miles de noches llenadas con la redacción de la *Recherche*, las noches sin las cuales no hubiera sabido vivir.

En los mismos meses en que habitaba en Versalles, Proust dirigió desde la cama una mudanza, uno de los acontecimientos épicos de la vida burguesa. Con la energía de un general durante las maniobras, la pasión de un gran actor, la obstinación de una doncella histérica, puso en escena lo que hoy parece una divertidísima *pochade* trágica, digna de ser representada en las mesas de la *Recherche*, haciendo transportar sus muebles del número 45 de la rue de Courcelles al número 102 del boulevard Haussmann. Quería abandonar la casa de la familia, demasiado grande, costosa y llena de recuerdos, y se dirigió a una agencia inmobiliaria. Pocos días después tenía muchas direcciones de apartamentos en alquiler: en rue Washington, rue Chateaubriand, rue d'Artois, rue de Berri, rue de Prony, rue des Saussaies, rue de Ribot, rue du Cherche-Midi, place Louvois, rue Margueritte. Enfermo como estaba o como quería o imaginaba estar, no podía dejar Versalles; y mandó a una multitud de amigos y de porteros a que miraran aquellas habitaciones con sus ojos. Deseaba una casa nueva, que lo liberase completamente de su propio pasado: silenciosa, sin árboles, sin polvo, en un sitio elevado. Perseguía a sus mensajeros con preguntas cada vez más ansiosas. ¿El apartamento tenía el techo alto o bajo, daba sobre un jardín, tenía un patio embaldosado o de tierra apisonada, y el salón, era grande?

A principios de octubre se había decidido; alquilaría el apartamento de la rue de Prony. No dormía por la angustia: deseaba y al mismo tiempo temía comenzar una nueva vida en un lugar desconocido, dejando a sus espaldas la presencia silenciosa del padre y la madre. Al final rompió las tratativas y resolvió subalquilar el apartamento del boulevard Haussmann número 102, en donde hacía tiempo había vivido su tío abuelo Louis Weil. Este apartamento no le gustaba y no era conveniente para él; le parecía la habitación de un "Nucingen menos rico y mucho más tardío". Era de mal gusto, y además estaba lleno de polvo, un árbol se asomaba contra los vidrios de la ventana, un tranvía hacía ruido en la calle. Todo amenazaba su asma y sus sueños. Pero su madre había subido junto a él aquellas escaleras, sus ojos habían mirado aquellas paredes, se habían asomado a aquellas ventanas; le parecía que allí hubiera podido vivir a la sombra de ella. Todavía no estaba listo para la separación definitiva. Más tarde, cuando hubiera conseguido mitigar, pacificar, alejar los recuerdos, podría vivir en casas nuevas, a lo mejor en otra ciudad y en otro país. Lleno de deseo, clavaba los ojos en aquel futuro maravilloso e imposible.

La empresa apenas había iniciado. Entonces comenzó la segunda parte de la mudanza: hacía falta amueblar el apartamento, y Proust se dirigió sobre todo a Madame Catusse, una vieja amiga de su madre, de la que se aprovechaba cada vez que estaba obligado a bajar al terreno de la realidad. Madame Catusse tenía –así la había descrito siendo muchacho– "un rostro muy gracioso, cabellos negros, piel lisa y aterciopelada, ojos clarísimos, muy vivaces y dulces, cintura muy delgada, rolliza, más bien pequeña, mucho espíritu y gracia..." En la cama, enfermo, inmerso en la muerte y en la nada, Proust comenzó a escribirle a Versalles interminables cartas cotidianas, meticulosas como los catálogos de una biblioteca, y poseídas por un bondadoso delirio. Chocó enseguida con una dificultad fundamental. El apartamento del boulevard Haussmann era (por lo menos en aquella época) bastante modesto: tenía un gran salón, otro pequeño, un salón comedor, un gran dormitorio que daba a la calle, otro más pequeño que daba al patio, la antecámara y la habitación de servicio, mientras el apartamento de la rue de Courcelles era inmenso y estaba monstruosamente lleno de muebles. Para entonces Proust no quería renunciar a nada; quería llenar el nuevo apartamento con todos los muebles, camas, divanes, tapices, sillones, canapés, cómodas, cuadros y demás pequeñeces de la rue de Courcelles, incluso a costo de transformarlo, como objetaba Madame Catusse, en un depósito. Especialmente su propia habitación, en la que se concentraban los afectos, iba a quedar abarrotada.

Todo se habría resuelto del mejor de los modos si Proust hubiera cedido una parte de la herencia a Robert, su hermano, que se había casado y tenía una hija. Pero en realidad Proust no tenía intenciones de darle absolutamente nada; no se daba cuenta –ciego como era, él, tan perspicaz– de cuán grandes eran los celos hacia su hermano. Quería despojarlo con su consentimiento. Así, en las cartas de otoño a Madame Catusse, asistimos a un ir y venir grotesco de concesiones y negaciones. Primero le cedió dos tapetes (que eran demasiado grandes para la casa de Robert); después algún tapiz; después ningún tapiz; después de nuevo los tapices del estudio del padre, que evidentemente no le eran tan queridos. Después fue la concesión magnánima: "Si se lamenta, dele todo lo que quiera": concesión verbal, que no fue seguida por ninguna concesión real ya que (por lo que parece) solamente los retratos del padre, algún cuadro holandés y flamenco y los tapices inacabados fueron a decorar la casa de su hermano.

Sobre todo le preocupaba el dormitorio. Pensaba en disponer del "cuarto azul" de la madre y en dormir en los muebles que habían asistido a su sueño, en mirarse en los espejos que habían reflejado su rostro; pero, a veces, pensaba que hubiera sido demasiado "cruel" para él y, con una imprevista ferocidad, destinaba el "cuarto azul" al polvo de un depósito. En cuanto a los cuadros no tenía dudas. Nunca hubiera tolerado en el dormitorio el retrato de la madre, porque se parecía demasiado a su imagen de difunta, cuando había sido “tan increíblemente rejuvenecida por la muerte”; y quería desterrarlo al salón, donde lo habría visto solamente cuando hubiera querido. Pero todo, en aquella habitación enlutada de Versalles, podía hacer nacer dramas terribles. ¿Qué tapices elegir? ¿Los de la antecámara de la rue de Courcelles? ¿O los de la salita? ¿O incluso aquellos usados como cortinas en el salón comedor? ¿Y dónde meterlos? ¿En la antecámara? ¿En el salón comedor? ¿En la sala? ¿Y se hubieran adaptado al tapizado color rojo cereza, o al más vago color Imperio crema?

En algún raro exceso de esteticismo soñaba que colgaba de las paredes un viejo tapiz veneciano, o romano, o de Siena: un Vivarini, o un pintor de la Capilla de los Españoles. Al igual que Mario Praz, hubiera querido sobre todo uno de aquellos cuadros que “conservan el olor de una ciudad o la humedad de una iglesia, y que como los *bibelots* contienen otros tantos sueños ya sea por asociación o por sí mismos”. Pero, en realidad, no tenía nada de coleccionista: los muebles, los cuadros o los libros no le interesaban. Lo que lo apasionaba en los objetos era el hecho de que pudiesen volverse sentimientos solidificados, depósitos de afectos, señales de personas desaparecidas, recuerdos de su propio pasado. No quería deshacerse de un escritorio porque, para él, era “un viejo amigo muy feo, pero que había conocido muy bien todo lo que más había amado”. Consideraba preciosas las fotografías de parientes lejanos, aunque nunca los había visto, porque sabía que su madre los había amado. Ni siquiera podía renunciar a uno de aquellos muebles, de aquellas camas, de aquellas fotografías, de aquellos tapices, de aquellos tapetes, cada uno de los cuales era una parte dolorida de su corazón. Los reproches de sus amigos elegantes no le importaban; no le importaba hacer rebosar las habitaciones, llenar intolerablemente las paredes, ofender a la divinidad del "buen gusto". Una cosa le preocupaba más que cualquier otra. Todo tenía que quedar inmóvil, fijo, como en los sueños de los fetichistas. En el salón del boulevard Haussmann los muebles tenían que ser los muebles del salón de la rue de Courcelles. El nuevo saloncito tenía que repetir el viejo. El salón comedor tenía que ser el mismo salón comedor. El escritorio del tío tenía que ocupar el mismo lugar junto a la ventana y contra la pared; y todos los muebles, con su muda presencia, habrían recreado por lo menos la apariencia de la "patria perdida". Nada, nunca, a ningún costo, podía cambiar, así como nunca, de los lugares, cambiaba nada en su imaginación. De esta forma Proust se derrotó a sí mismo en su segundo intento de fuga.

El 27 de diciembre de 1906, en un imprevisto sobresalto de energía, dejó el Hôtel des Réservoirs, instalándose en el primer piso del boulevard Haussmann. Al igual que en todos los períodos de mudanza de su vida, cerró el cerco en torno suyo. Nadie tenía que saber nada de él. Estaba muy mal. En quince días tuvo cuatro crisis de asma, que duraron treinta y seis, cuarenta, cincuenta horas. "Y durante todo ese tiempo... ¡la muerte!" Abandonado su cementerio de Versalles, habiendo ingresado en este nuevo cementerio que era solamente una imitación de la "patria perdida", el cementerio de siempre, se precipitó en el fondo de la enfermedad. Mientras yacía en la cama exhausto, en torno suyo la farsa de la mudanza llegó a su fin. Por algunos meses pareció que todos los ruidos de París, el bullicio de la Opéra y de la Madeleine, de los Invalides y de Montmartre, de los Champs-Élysées y de Pigalle, los estrépitos de los tranvías, de los martillos, de los serruchos, el canto de los obreros, las voces de los vendedores, el chirrido provocado por los primeros automóviles, todo parecía que resonaba en sus habitaciones.

Para empezar, el doctor Gagey comenzó los trabajos en el apartamento de la planta baja, exactamente debajo del suyo. Proust recurrió a sus armas conocidas: ruegos, recomendaciones, compensaciones extraordinarias, y obtuvo que los obreros trabajasen solamente de las ocho de la noche a medianoche, respetando su sueño. El primer peligro apenas había sido evitado cuando se le anunció otro mucho más grave. A mediados de marzo, Madame Katz (la madre de Achille Katz, el vicepresidente del tribunal del Sena) había dejado su apartamento, donde invisibles albañiles trabajaban sobre su cabeza, y alquiló un apartamento en el número 98 bis del boulevard Haussmann, limítrofe al 102. De improviso decidió instalar un nuevo baño en la habitación vecina al dormitorio de Proust, a pocos centímetros de su almohada. Los albañiles y los plomeros llegaban por la mañana, a las siete, cuando Proust hacía apenas una hora que se había dormido. Apenas llegaban manifestaban su propia incontenible alegría de vivir y su energía matutina golpeando violentamente con los martillos y serruchando detrás de su cama. Después, quién sabe por qué, se cansaban, se detenían, y cuando los párpados de Proust estaban por cerrarse, golpes todavía más horribles lo entregaban insomne a los terrores del día.

Ni cartas ni ruegos ni recomendaciones ni gestiones ni tratativas con el portero consiguieron detener aquella alegre energía matutina. Entonces Proust se dirigió una vez más a sus protectores, rogando, gimiendo, implorando que alejaran de él ese flagelo, pidiendo que también estos trabajos fuesen hechos por la tarde o por la noche, ofreciéndose a pagar él mismo los gastos extraordinarios de electricidad y velas. Hubo otras intervenciones. Madame Straus, gran amiga de Proust, invitó a cenar al vicepresidente del tribunal, comenzando trabajosísimas reparaciones, durante las cuales fue edificado un water closet "tan majestuoso como la pirámide de Keops". No había terminado. En mayo se derrumbó la chimenea del salón de Proust; y más obreros con ladrillos, yeso y polvo llegaron exactamente al corazón de la cárcel. Se rompieron cañerías de agua. Mucho más arriba, en el cuarto piso del mismo edificio, otro inquilino desconocido se había mudado hacía poco, y con un escalofrío de terror (y contra cualquier verosimilitud), Proust anunciaba a Madame Straus que "de allá arriba se oía todo, como si estuviese *en mi habitación*".

Cuando llegó la época de las vacaciones, Proust dudó. Hubiera querido ir a Bretaña, adonde lo llamaban las novelas de la Mesa Redonda, el destino de Isolda, el color de los lagos, la belleza evocadora de los nombres, el recuerdo de la estadía junto a Reynaldo Hahn; o bien vivir algún tiempo en una vieja ciudad provincial balzaciana, con su misterio intacto. Después recordó los consejos de su madre, y el 4 o 5 de agosto llegó al Grand Hôtel de Cabourg, para él "un albergue atroz y suntuoso", para *Le Figaro* "un verdadero palacio de *Las mil y una noches*" que todavía hoy asoma sus ventanas grandísimas del salón comedor sobre el mar de Normandía. Hizo vida de hotel, a pesar de que los huéspedes le disgustaban. Jugó al bacará, y contaba extasiado los problemas de la familia Edwards, un rico periodista anglo-franco-turco que había tenido cinco mujeres y que estaba allí con su amante, una actriz lesbiana, mientras le hacían de involuntaria corte la quinta mujer, el primer marido de la quinta mujer y el doctor Charcot, primer marido de la cuarta. Amaba la atmósfera de los grandes hoteles; la amaba por lo que tenía de lujoso, de teatral, de irreal y de falso; y por la ilusión que suscitaba en él la idea de que todo podía comprarlo con dinero, como un Señor del Oriente o un Rey de opereta, justamente él, que sabía que nada se podía comprar.

Ese verano descubrió el automóvil. Siempre había preferido los horarios ferroviarios, y sobre todo aquello que hay de único, directo e inexorable en el viaje en tren, que subraya la diferencia entre el lugar de partida y el de llegada. Con el automóvil podía palpar, explorar toda la región, sentir sus suntuosidades, los vagabundeos y el ir y venir de las calles, sin estar nunca seguro de la distancia; oír el golpeteo confuso del lugar hasta poner al improviso la mano en el corazón. Ya había estado en Normandía. ¡Cómo le gustaban las villas en las colinas, escondidas entre los árboles, embebidas de un perfume de ramas, leche y sal marina, y los bosques encantados de rododendros, y los claros de luna que transformaban los valles en lagos! Ahora sus choferes lo llevaban a través del campo, y ningún campo es más "permeable, poroso" y femenino como el normando. Vio (enumeraba los lugares a los amigos como en un comunicado de victorias) Caen, Bayeux, Balleroy, Houlgate, Trouville, Pont-Audemer, Lisieux, Évreux, Bénerville, Conches, Glisolles, los bosques, los altos prados llenos de manzanas, las abadías y las iglesias normandas, que tenían un extraño aire persa. En Lisieux quería ver el follaje en la fachada de la catedral, del que hablaba Ruskin; pero llegó cuando ya había caído la noche, y el chofer, el ingenioso Agostinelli, iluminó con la luz de los faros los pilares del pórtico, que de pronto salieron de la noche, destacando a plena luz, sobre un fondo de sombra, el ancho modelado de sus hojas de piedra. También en la catedral de Évreux llegó con el crepúsculo, bajo un cielo gris, opaco y cerrado; al igual que en Amiens, los vitrales exhibían a la noche sus "joyas de luz, el púrpura brillante, los zafiros llenos de fuego". Pero Normandía no bastaba. Hubiera querido ir más lejos, hacia aquella Bretaña adonde lo llamaban los ojos de Isolda.

¿Entonces se había curado? A lo mejor había aplicado a sí mismo lo que dijo a una conocida, y comprendió que se había enfermado tanto a fuerza de curarse, que hubiera hecho mejor tomando la decisión de estar bien. Aquel verano rompió con todas sus costumbres. En vez de dormir durante el día se despertaba en la mañana, se vestía, comía en el hotel, visitaba a los amigos que vivían cerca de Cabourg, iba a dar vueltas insaciablemente en automóvil, jugaba al bacará entre la gente y el polvo del casino. Vivía, probablemente, como Marcel en el restaurante de Rivebelle: encerrado en el presente, como un borracho, pegado a cualquier sensación, sin pasado ni sombra del porvenir; vacío, sin peso, consistencia y centro de gravedad; no podía parar de moverse y de hablar y le parecía que hubiera podido continuar su carrera hasta la luna. Pero el asma parecía completamente desaparecida, aunque había estado a punto de arrastrarlo consigo; a lo mejor comprendió que el asma no era la hija de los vientos y de los perfumes, sino del siniestro régimen que la neurosis y la literatura habían inventado para dominarlo completamente.

Especialmente al principio, Proust se lamentaba. Si estaba de pie era solamente porque bebía diecisiete cafés por día. Se sentía agitado, estéril, impotente. No tenía más espíritu ni corazón, o un corazón cada día más palpitante y doloroso; no sabía lo que pensaba, no gozaba con lo que veía, nunca había sido tan infeliz. "La vida sin sentido que llevo aquí", escribía a Georges de Lauris, "sin parar ni un segundo yendo de aquí para allá y tomando café me impide escribir una sola palabra, una especie de estremecimiento, parecido al de un motor, continúa zumbando dentro mío, rugiendo cuando bajo del auto e impide que mi mano se pose sobre las cosas y me obedezca". Vivía mucho mejor en la calma enfermedad de su cama, y no conseguía controlar el dolor por la muerte de sus seres queridos. "El dolor", repetía a Lauris, "no está hecho para ser removido: hace falta mucha inmovilidad para que se detenga y permita encontrar un poco de serena transparencia".

No tenemos que entender literalmente todos estos lamentos. En aquel verano al aire libre, agitado y en movimiento, cuando Alfred Agostinelli, oculto por una capa y una capucha, parecido a un peregrino o a una "monja de la velocidad", conducía un automóvil teniendo el volante entre las manos, igual a como los apóstoles de la Sainte-Chapelle empuñan la cruz de la consagración, Proust conoció el susurro y la sacudida imprevista de la felicidad. El sonido alegre, uniforme y casi humano de la bocina del automóvil le recordaba a *Tristán e Isolda*: en el segundo acto, la "repetición estridente, indefinida y siempre más rápida de dos notas", en el tercero la intensidad creciente, la insaciable monotonía de la flauta del pastor, a quien Wagner había confiado "la expresión de la más prodigiosa espera de la felicidad que nunca haya colmado al alma humana"... El automóvil realizaba el instinto de fuga, tan profundo en su alma como el instinto de concentración y de clausura; y lo liberaba de la aprensión que tantas veces había sentido de noche, encerrándose en su habitación, solo con su angustia. Podemos pensar que Proust pensó, alguna vez, en cambiar de vida. Hubiera dicho adiós a su vida nocturna, tirando abajo las paredes de su cárcel: para contentar a su madre, de ahora en adelante se levantaría temprano. El mundo lo esperaba.

Cuando, a principios de octubre, regresó a París, estas gráciles y quizás inconscientes resoluciones se disolvieron. Volvió a permanecer encerrado en el primer piso del boulevard Haussmann, toda la noche despierto; no volvió a poner un pie fuera de la casa; ignoró de nuevo la inmensa naturaleza; y el asma, la enemiga que había educado con tanto cuidado, volvió a él en la calle del retorno. Se adaptó enseguida a su suerte. La bocina uniforme, alegre y casi humana de la felicidad, que Agostinelli había tocado por las rutas de la Normandía, no estaba hecha para él. No podía "sin sacrilegio hablar de felicidad cuando estaban en la tumba aquellos que representaban", para él, "la posibilidad". No podía vivir en el presente sino sólo en el pasado, que anunciaba el futuro; no estaba hecho para la levedad, este don de los dioses, sino sólo para el peso del tiempo, de los recuerdos y la realidad. La única manera de mostrarse fiel a la madre era viviendo en el dolor, como ella lo había conocido. No tenía que abandonar las horas silenciosas, desoladas y lentas de la noche, porque junto a ellas hubiera abandonado la literatura, a la que quería aferrarse con desesperada tenacidad.

Entre junio de 1905 y noviembre de 1907 Proust escribió distintas prosas, entre las que se encuentran algunas obras maestras: las primeras *Journées de lecture*, *Sentiments filiaux d'un parricide*, las segundas *Journées de lecture*, *Les Éblouissements par la comtesse de Noailles*, *Journées en automobile*. Estas prosas viven todavía a la sombra de Ruskin: el escritor, no el crítico de arte. Proust notaba con exactitud que los libros de Ruskin tenían una forma "casi humorística". Mezclaba todos los tonos, la sátira, el capricho, el panfleto, la descripción artística, la divagación histórica, la elocuencia, la profecía, la observación moral, la página lírica. Probablemente sin saberlo, Ruskin se parecía a Sterne: apenas había partido cambiaba de camino, perdía de vista su objeto, recorría diez caminos al mismo tiempo, saltaba de una idea a otra, después volvía al comienzo, pero solamente para volver a perderse, y perderse mejor, o detenerse de improviso en medio de una plaza. Todas estas prosas de Proust obedecen al espíritu de divagación, de disgresión y variación. Incluso la más trágica, como *Sentiments filiaux d'un parricide*, comienza con la muerte de sus padres, recuerda la muerte del padre de van Blarenberghe, reproduce la carta del hijo, lo retrata, habla de la memoria, reproduce otra carta, habla del tiempo, de la crisis de los asmáticos y los locos, relata su lectura de los periódicos, vuelve a evocar algunos mitos griegos, un hecho de la crónica, para después forjar un grandioso mito psicológico. El *Contre Sainte-Beuve* es todavía, al menos en parte, un juego de variaciones. No lo será la *Recherche*, en donde el aprovechamiento de las disgresiones se ve sometido a la lógica despiadada de la novela.

Algunos años antes Proust había conocido a Henri van Blarenberghe, un hombre agradable y distinguido. Cuando en mayo de 1906 murió su padre, sintió por él la simpatía, la solidaridad y la complicidad de un huérfano, que experimentaba tan a menudo; y le escribió una carta "en nombre" de sus muertos. Van Blarenberghe le respondió agradeciéndole con delicadeza "aquel mensaje de ultratumba". Proust volvió a escribirle sintiéndose siempre más cerca suyo y hablándole de su enfermedad después de la muerte del padre y la madre; en una carta del 12 de enero de 1907 van Blarenberghe le confesó que tampoco él conseguía reponerse de la perturbación que le había causado la muerte del padre. Pocos días después, el 25 de enero, Proust leía *Le Figaro* cuando se sintió atraído por una noticia: *Un drama de la locura*. Henri van Blarenberghe, su gentil y melancólico corresponsal, había matado a su madre; la servidumbre había visto a Madame van Blarenberghe bajar las escaleras con el rostro cubierto de sangre y gritando "¡Henri! ¡Henri! ¡Qué has hecho!"; poco después había levantado los brazos y había caído al piso, con el rostro hacia adelante. Los policías habían entrado en la casa. Habían forzado la puerta del cuarto del asesino encontrándolo moribundo: Henri van Blarenberghe tenía la cara cubierta de heridas que se había hecho con un cuchillo, mientras la parte izquierda estaba descuartizada por una descarga de fusil. El ojo colgaba sobre la mejilla. El 30 de enero Gastón Calmette, director de *Le Figaro*, pidió a Proust un artículo sobre el delito, y Proust lo escribió febrilmente en una sola noche, entre las tres y las ocho de la mañana. Por la noche, cuando le llevaron las pruebas, agregó la conclusión.

Era simplemente un hecho de la crónica, "un drama de la locura", decía *Le Figaro*: pero, para Proust, aquel hecho de la crónica tenía la respiración del mito, la grandeza de la tragedia griega. "En qué pura, en qué religiosa atmósfera de belleza moral tuvo lugar", escribía, "esta explosión de locura y de sangre." Citaba a Esquilo, a Sófocles, a Shakespeare, a Dostoievski, a Tolstoi. Henri van Blarenberghe se volvía, a sus ojos, Ayax que masacraba a los pastores y los rebaños de los griegos; Edipo que mataba a su padre, inducía a la madre-esposa al suicidio y se cegaba para no ver "ni el mal que había sufrido ni el que había causado"; Orestes, que mataba a su madre y era perseguido por las Furias; el Rey Lear que apretaba entre sus brazos el cadáver de Cordelia... Si bien en este caso su cultura clásica descansaba solamente en un fragmento del *Cours de littérature dramatique* de Saint-Marc Girardin, Proust comprendió perfectamente la estructura del mito antiguo. Aquellos delitos habían sido delitos sagrados: Atenas había velado los ojos de Ayax; Edipo había sido perseguido por el oráculo de Apolo; Orestes había obedecido las órdenes de Apolo. ¿Quién podía acusarlos, según la lógica terrenal del derecho, de ser culpables? Habían obedecido a los dioses o habían sido aceptados por ellos. Y sin embargo eran hombres manchados, envueltos por las tinieblas, que habían llevado a cabo "el más terrible ultraje al orden sagrado que gobierna la vida humana" y recorrían la tierra como "extranjeros, miserables, perpetuos vagabundos, malditos". Sólo que, después de haber expiado el delito, se volvían *sacros* y *santos*: sede de la potencia sobrenatural que se había concentrado en ellos y los había destruido. Si habían sido los más malditos de los hombres ahora eran los más benditos; y sus tumbas protegían en la paz y en la guerra a las ciudades que los habían acogido.

Después de haber reconstruido aquel acontecimiento mítico, Proust se identificó completamente con la suerte de Henri van Blarenberghe. También él había sido un asesino; también él había llevado a cabo un matricidio; y estaba *man-*

chado como Edipo. " '¡Qué has hecho de mí, qué has hecho de mí!' Si pensáramos en ello, tal vez no exista una sola madre verdaderamente amorosa que en su último día, e incluso mucho antes, no podría dirigir este reproche a su hijo" concluía. "Después de todo, nosotros envejecemos, nosotros matamos a todos los que amamos con las preocupaciones que les damos, con la misma inquieta ternura que les inspiramos y a los que continuamente alarmamos". Pero ¿cómo podía expiar? Henri van Blarenberghe se había sacado un ojo con un disparo de fusil: Edipo se había quitado los ojos con el broche de oro de Yocasta para *no ver*. Él hubiera hecho lo opuesto, como anunciaba la primera parte de su artículo. También él era un "chivo expiatorio", pero su deseo de expiación se habría invertido en un arte de *ver* y de recordar, en una total exploración del pasado. Él era un Edipo vidente que apuntaría los "telescopios de lo invisible" en la sombra de los días vividos; y así como para Edipo, la maldición se transformaría en bendición para todos. Sin que Proust lo supiera, la *Recherche*, con su inmenso sentimiento de culpa y de expiación y su mitología de la memoria, ya había nacido en este artículo donde, en el curso de unas pocas horas febriles, Proust encontró la primera justificación a su pecado y su literatura.

¿Cómo hacía para volver a evocar el pasado? ¿Como podía apuntar "los telescopios de lo invisible" en la sombra de los días vividos? Para los arqueólogos era fácil: excavaban los monumentos y las tumbas y descubrían que "nada ha sido olvidado, nada ha sido destruido": los episodios de caza en Assurbanipal, los discursos, la muerte de la presa, el lujo de las comidas, el regreso de los invitados, los nombres de los lebreles, la flor de un rosario de Tebas, la miel de una colmena del Himeto, todos los detalles, todos los momentos de vida del pasado, por más fútiles y frágiles que fueran, estaban presentes en la memoria. Para él, arqueólogo de su propio pasado, era mucho más difícil. Si quería evocarlo, su Edipo tenía que volverse Ulises, en una escena de necromancia que fue una de las revelaciones capitales de su vida.

En el undécimo canto de la *Odisea*, Ulises llega a ultratumba. Cava una fosa y lanza una ofrenda por todos los difuntos, primero de leche y miel, después de vino, y al final de agua, rociándola de harina de cebada. Suplica a los muertos; promete inmolar, cuando llegue a Ítaca, la mejor vaca estéril; y después aferra y degüella en la fosa a un carnero y a una oveja negra, dirigiendo la mirada lejos, hacia las surgientes del río. De pronto llegan del Érebo las almas de los difuntos: mujeres, jóvenes, viejos experimentados en el dolor, tiernas esposas con el alma hecha trizas, guerreros muertos en la batalla; todos se reúnen en masa en torno al foso, sin intelecto ni memoria, emitiendo un extraño chillido de murciélagos. Los muertos tratan de beber la sangre: Ulises los mantiene alejados con la espada, hasta que habla Tiresis. Apenas el adivino profetiza su futuro, Ulises deja que los muertos se acerquen y beban la "sangre oscura como una nube": los muertos recobran la voz, el intelecto y la memoria, lo reconocen y relatan su propio pasado. Proust no sabía que esta práctica necromántica sucedía también en el mundo real. En Atenas, en los *Anthesteria*, el segundo y tercer día del triduo, se hacían libaciones de agua; y las almas de los muertos, llamadas con las ofrendas, residían entre los vivos.

También la *Recherche* sería una ininterrumpida necromancia, una incesante evocación de los muertos. Todos a los que Proust había conocido tenían que precipitarse en su condición de fantasmas, sin más voz ni memoria, como las sombras de la *Odisea*, y tenderle los brazos "tiernos e impotentes", pidiéndole sin palabras que los resucitara y los llevara consigo. Proust no sabía qué caminos seguiría su Edipo. ¿Con qué sangre abrevaría a las sombras, para darles a ellos voz y memoria? ¿Con qué espada los mantendría alejados? Tal vez comprendió que aquella sangre sería su sangre, el oscuro foso de dolor y de culpa, depósito de toda su vida, que habría alimentado la *Recherche*. Mientras Ulises obedecía a un ritual consolidado, él no conocía y no conocería jamás ningún ritual de necromancia. Obedecía a la casualidad, a la gracia, a los dones imprevistos de la memoria. Pero no llevaría a la luz un Hades como el de Ulises: sombras espectrales, sin fuerza, atrozmente tristes, sin luz. Su Hades estaría lleno de aquella luz radiante que sólo la eternidad sabe conferir.

En aquellos meses Proust vivió inmerso en los mitos. No sólo vio a Edipo, a Orestes y a Ayax en sí mismo y en las personas que lo rodeaban, no sólo actualizó los mitos antiguos, sino que trató de descubrir todos los mitos y las "fuerzas sagradas" que se escondían en los acontecimientos y en los mínimos objetos de la civilización moderna. Nosotros –decía él– las desconocemos: "Somos niños que juegan con las fuerzas sacras sin estremecernos ante su misterio".

Uno de estos objetos míticos era el teléfono, del que Proust conocía su fuerza inquietante desde que había llamado de Fontainebleau a su madre; y en su voz, tan dulce, tan frágil, tan llena de grietas y fisuras, había conocido todas las lágrimas que ella siempre había callado. El primer aspecto del "misterio" del teléfono era el más alegre y fantástico: la distancia extrema era acortada. El espacio era abolido. Era una *féerie*, como en uno de los cuentos más famosos de *Las mil y una noches*, en donde dos magos transportan a la amada junto al amado y la hacen dormir en su cama; o bien hacen aparecer al amado, en una luz mágica, a la amada, junto a él pero lejanísima, mientras hojea un libro, deja caer lágrimas o recoge flores. Bastaba tan poco: un leve ruido, un ruido abstracto; el de la distancia abolida. Luego de unos instantes junto a Proust aparecía la amiga a la que deseaba hablarle, invisible pero presente a través de las tinieblas vertiginosas de la lejanía. Ella estaba en su propia ciudad, bajo un cielo diferente, en un tiempo diferente, en circunstancias y con preocupaciones que él ignoraba, y sin embargo se encontraba de golpe transportada contra la oreja de él y le hablaba; y junto a ella el teléfono dejaba oír los ruidos que entraban por la ventana, todo el ambiente que la circundaba: la canción de alguien que pasaba, la bocina de un ciclista, la fanfarria lejana de un regimiento que marchaba. Proust tenía un símbolo religioso para expresar esto: la Presencia Real. Así como el invisible cuerpo de Cristo estaba presente en la hostia, así la voz remota, si bien pertenecía a otro espacio, le hablaba afectuosamente al oído.

Esta cercanía, oído contra oído, era una ilusión trágica, como cualquier relación que Proust establecía con otro. ¡Cuán lejana era la débil voz que había atravesado el espacio! El teléfono le hacía comprender cuán ilusoria era la más dulce comunicación amorosa; mientras le parecía que bastaba extender el brazo para apretar contra el pecho a la persona amada, golpeaba contra la insoportable distancia del sonido en la noche llena de apariciones, tan distantes de él como de todos los demás seres humanos. Esta distancia era el signo de la separación absoluta que nos aleja de los demás. La angustia crecía: cada conversación mantenida por teléfono le parecía una conversación con las sombras, con aquellos que habitan, "con los labios para siempre en el polvo", las profundidades de las cuales no se vuelve a subir. Cada relación con los demás, al mismo tiempo cerca y lejos, lejos y cerca, era una relación con la muerte, que vive inmersa en cada momento de nuestra vida. Aquella voz, que desde hacía apenas tres años volvía sola y sin un cuerpo, aquella voz que murmuraba a su oído palabras que hubiera querido abrazar, era la voz de su madre, que se le aparecía en sueños.

El juego leve y trágico con la cercanía y la distancia, con la separación y la muerte, producía una prodigiosa flora mitológica. Entre Proust y la voz de los amigos y las amigas lejanas, se interponía, en aquellos tiempos, las voz de las telefonistas que ponían en comunicación a los usuarios entre ellos. Él las transformó completamente. No eran más las modestas señoritas que había conocido en Fontainebleau y en París. Eran poderosas Sacerdotisas, grandiosas Mediadoras que velaban nuestras relaciones con las tinieblas, la distancia, el misterio, la muerte, lo invisible. Como todas las divinidades, tenían un rostro ambiguo, dulce y cruel. Ellas eran las Vírgenes vigilantes, los Ángeles custodios, las Omnipotentes, las Danaides de lo Invisible, las Furias celosas, las Siervas irritadas del Misterio, las Divinidades implacables, las Hijas de la Noche, las Mensajeras de la Palabra, las Diosas sin rostro, las Caprichosas Guardianas... ¿Cómo no darse cuenta de que Proust estaba jugando con estas fastuosas enumeraciones barrocas? Todo es un encantador y frívolo *flatus vocis*. O bien, mientras jugaba, detrás del velo de la ironía creaba una grandiosa familia mitológica que compite con la *Teogonía* de Hesíodo y con la religión cristiana, y las funde en una sola mitología sincrética. Figuras clásicas, forjadas en base al modelo antiguo, ángeles cristianos y figuras cristianas forman juntas la estirpe de las grandes Divinidades Desconocidas que aletean en el espacio entre la tierra y el Hades, entre la tierra y el cielo, entre el yo y el otro.

II. RECUERDO DE UNA MAÑANA

Durante los primeros meses de 1908, Proust se lamentaba porque París se había vuelto "brumosa como Londres". No podía soportar esas grandes nieblas que humedecían hasta las hojas de papel en las que escribía rápidamente las páginas geniales e informes de un libro todavía desconocido. En el curso de un año nada cambió. Como tía Léonie, no se movía de la cama, presa de espantosas crisis de asma que lo asaltaban durante cuarenta y ocho horas seguidas, parecidas a los asaltos –tal vez no demasiado lejanos– de la agonía. Escribir una carta le provocaba dolor de cabeza e insomnio. No podía hacer nada; ni levantarse, ni salir, ni ver amigos, ni hablar, ni comer, ni respirar, ni dormir. Mes a mes el tiempo crecía bajo él: los años se acumulaban unos sobre otros como cenizas de carbón, y él, casi viejo, se encontraba de pie sobre una torre móvil tan alta que tocaba el cielo y de la que de un momento a otro podía caer. ¿Cuándo se precipitaría de aquella altura vertiginosa? ¿Cuándo se arrojaría *afuera*, encontrando al padre y a la madre? Su vida se había vuelto silenciosa. Y, en aquel silencio fúnebre (habría escrito) advertía cada vez más agudamente sus sollozos de niño; los tremendos, dulcísimos sollozos infantiles, que ya una vez había representado o que quizás contenían el secreto de su vida.

Había pensado que poseía una vocación poética, no porque fuese orgulloso o ambicioso, sino porque sentía habitar la profundidad de su cuerpo, igual que como nos habita una enfermedad. Sabía que, dentro suyo, existían hermosas cosas vagas, parecidas al recuerdo de un aria que nos encanta sin que podamos hallar sus contornos, canturrearla o siquiera decir si tiene pausas o rápidas sucesiones de notas. Estaba obsesionado por el recuerdo de esta verdad desconocida. Pero pensaba que nunca conseguiría expresar esa música confusa, advertirla, reproducirla, cantarla; y tampoco habría escuchado el aria que lo había seguido durante toda la vida "con su ritmo inaferrable y delicioso". Estaba poseído por un sentimiento atroz de fracaso. Tenía la impresión de que su sensibilidad se hubiese debilitado, que el talento hubiera terminado en bancarrota, que la memoria se hubiese vuelto incierta. Y los fantasmas del pasado le tendían sus brazos tiernos e impotentes, como las sombras que Eneas encuentra en los Infiernos. Tenía miedo de morir, sus horas estaban contadas; cualquier cosa podía destrozar su cerebro: "Muy pronto", le advertía la muerte, "no podrás volver a decir todo esto". No sabía si había llegado al vuelco decisivo de su existencia. Justamente en aquel cielo brumoso, en aquellas crisis de asma, en aquella enfermedad (que le imponía la inmovilidad y el silencio), se escondía la energía tenaz que le habría permitido acercarse a su libro. Mientras tanto, se preparaba. No más viajes, no más visitas, no más cenas, no más (o casi) encuentros con los amigos, dentro de poco ni siquiera más lecturas; con una voluntad férrea, disfrazada de las más amables e hipócritas excusas, construía el espacio vacío que la obra vendría a llenar.

A principios de 1908 comenzó a escribir páginas que anticipan algunos de los principales temas de la *Recherche*. A partir de este momento en las cartas se dan cita los anuncios, las advertencias, los gritos de espera y alarma: "Quisiera comenzar un trabajo muy largo..."; "Te digo adiós, estoy por comenzar un trabajo muy importante". Algunos meses más tarde, en una larga carta a Georges de Lauris, alude a una frase del Evangelio según San Juan: "Aún por un poco estará la luz entre vosotros: andad en tanto que tengáis luz, para que no os sorprendan las tinieblas; porque el que anda en tinieblas, no sabe a dónde va. En tanto que tengáis la luz, creed en la luz, para que seáis hijos de la luz" (12, 35-6). Eran las palabras de Cristo, poco antes de la última Cena. Y citó el comentario de Ruskin: "Trabajen mientras todavía tengan luz". Sentía la angustia de sumergirse cada vez más completamente en la noche; a pesar de todo buscaba, escribiendo, utilizar los últimos débiles resplandores de luz que lo alcanzaban para volverse, también él, *hijo de la luz*. Un mes después, en una carta al mismo amigo, anunciaba que había perdido toda luz, y que había escrito desde las profundidades de la noche.

El libro acechaba: su voz gritaba que sólo se dedicara a él, que la mano comenzase a cubrir de signos el papel, que la voluntad abandonase cualquier cosa externa; entretanto crecía la espera frente a aquello sin nombre y sin forma y la inspiración estaba por asaltarlo como un río que no sabía que poseía dentro suyo. Le parecía que era una madre. Por un lado le parecía que el embarazo había esperado demasiado y que todo se había enfriado dentro suyo: por el otro, no sabía si vería alguna vez al hijo que se estaba formando y encontrado las fuerzas necesarias para generarlo. Decía a su libro, con una triste y dulce sonrisa: "¿Te veré alguna vez?" Así el trabajo creció, hasta llegar al paroxismo en julio de 1909, cuando por sesenta horas no se apagó la luz en la habitación del boulevard Haussmann. Escribió a Céline Cottin, la cocinera, un mensaje encantador: "Le mando mis felicitaciones y le agradezco por el maravilloso *boeuf à la mode*. Quisiera que lo que pienso emprender esta noche resultara tan bueno como lo suyo, quisiera que mi estilo fuese tan brillante, tan claro, tan sólido como su gelatina; que mis ideas fuesen tan sabrosas como sus zanahorias y tan nutritivas y frescas como su carne".

El trabajo que lo llevó hacia la *Recherche* fue largo, lleno de paradas, de interrupciones y retrocesos; a menudo tomaba caminos falsos que después resultaban ser el camino principal. A comienzos de 1908 apenas había comenzado a componer las páginas que anticipaban la *Recherche*, cuando de golpe se interrumpió. En París se desarrollaba el proceso contra un tal Lemoine, un estafador que había robado a la De Beers, una gran sociedad de minas de diamantes. Seducido por la astucia del ladrón y por el inverosímil enredo legal, Proust se puso a contar el proceso en una serie de estupendos *pastiches*, en los que imitaba a Balzac y a Flaubert, a Sainte-Beuve y a Renan, a Saint-Simon y a los Goncourt, a Henri de Régnier, a Michelet, a Faguet, a Chateaubriand, a Maeterlinck y a Ruskin. La inspiración lo asaltó de improviso, con una furia, una rapidez y una abundancia tal que él mismo quedó sorprendido. Nunca se había divertido tanto. De las páginas de los *pastiches* manaban explosiones de risa, geisers de buen humor, chorros de alegría, que se advertían quizás desde el apartamento de Madame Katz; la sonrisa crecía en él y lo superaba, y él no podía hacer otra cosa que seguir a su mano, obedeciendo al arrojo y al ímpetu de su felicidad. Había, en este buen humor, un extraordinario don cómico, la alegría de la inteligencia que comprende; y una especie de candor y pureza infantil ante el absurdo del mundo, que Proust conservó siempre, hasta sus últimos años.

Sabía que era un juego importantísimo, que expresaba un aspecto fundamental de su talento; pero más tarde hizo una interpretación reductiva, como si hubiese escrito los *pastiches* para liberarse y purgarse del riesgo de imitar a Flaubert o a Michelet o a los Goncourt venciendo su natural deseo de idolatría. En realidad, componiendo los *pastiches*, Proust tenía en mente un absoluto acto de conocimiento: *el conocimiento del otro*, de aquella esencia individual que él adoraba y que, según la máxima escolástica tomada de Benedetto Croce, sería "inefable". Proust no creía que fuese inefable; pensaba que se podía reproducir cada expresión, cada entonación, cada timbre de otra persona o de otro escritor. Ninguno estuvo más cerca que él del sueño de Borges: la refundición total de un libro. En este juego no hay ninguna búsqueda, ningún cálculo sistemático, ninguna cita precisa de elementos estilísticos, como suelen hacer los críticos parodistas. Proust siempre había tenido el talento de un clown y de un médium (el don que Charlus prescribía a los pianistas); siempre había sido un ventrílocuo demoníaco, capaz de imitar los gestos y las voces de los personajes del mundo parisino, y poseía un oído finísimo para descubrir la música de un texto, "el aria de la canción" que cada escritor canta detrás de las palabras. Entonces, apenas afinó su "metrónomo interior" a los distintos modelos, su prodigioso instinto mímico lo invadió.

Nunca había existido, probablemente, una parodia tan exacta que se volviera la llave privilegiada para recoger la esencia de la realidad. Los efectos estilísticos de un escritor, habitualmente distribuidos en todo un libro, se condensaban en poquísimas páginas; y esta condensación, y la repetición de las formas, producían un excitante efecto grotesco. La parodia asumía aspectos diferentes: degradación del texto considerado, autoparodia e, incluso, anticipo grotesco de tendencias proustianas que hasta ahora no se habían desarrollado. Pero sería un error hablar solamente de parodia. En ciertos casos, especialmente en los de Flaubert y Saint-Simon, Proust creó *otra* obra de arte, un paso más allá de Saint-Simon y Flaubert, bella como los más bellos pasajes de las *Mémoires* y *L'Éducation sentimentale*. En la página a la que hago mención, todos reconocen la misma respiración melancólica, dulce, infinita, llena de objetos, de *L'Éducation sentimentale*: "Pero algunos, pensando que la riqueza hubiera podido llegar hasta ellos, se sentían disminuidos, porque la habrían puesto a los pies de una mujer por la que hasta ahora habían sido despreciados, y que finalmente habría consignado a ellos el secreto de su beso y la dulzura de su cuerpo. Se veían con ella, en el campo, hasta el fin de sus días, en una casa de madera blanca, en la orilla triste de un gran río. Habrían conocido el grito del pájaro diablo, la llegada de la niebla, la oscilación de las naves, la transformación de las nubes, y se habrían quedado por horas con el cuerpo de ella sobre las rodillas mirando la marea que subía con los amarres que golpeaban, desde su terraza, en un sillón de mimbre, bajo un toldo a rayas azules..."

Con los *pastiches*, Proust había creado el primer equivalente a una obra de arte: la que él llamaba la *recréation vivante*; y pensaba que hubiera podido volverse una forma indirecta, instintiva, "más discreta, breve y elegante" que la crítica literaria. A otro equivalente del libro, la *claire analyse*, la crítica literaria verdadera, él consagraba su admirable intuición de los secretos de un texto, su fantasía objetiva, su don de refracción. Si hemos escuchado la *recréation vivante* de *L'Éducation,* tenemos ahora la *claire analyse*, en un ensayo incluido en el *Contre Sainte-Beuve*: "En el estilo de

Flaubert... todas las partes de la realidad son transformadas en un misma sustancia de vastas superficies, de monótono centelleo. Ningún rastro de impureza. Las superficies se han vuelto reflectoras. Todas las cosas se colorean, pero por reflejo, sin que alteren la sustancia homogénea. Todo lo que era diferente ha sido transformado y absorbido". Estas poquísimas líneas son una perfecta equivalencia objetiva del mundo de Flaubert, contienen lo esencial de aquello que puede ser dicho acerca de él, el núcleo radiante de cualquier crítica pasada y futura. En un cierto momento Proust pensó en recoger en un sólo libro las dos formas de crítica: puestas una junto a la otra, las *recréations vivantes* y los *claires analyses* habrían mostrado cómo el espíritu humano puede acercarse a aquel misterio que es la obra de arte y dominarla.

En el pequeño mundo parisino, los *pastiches* tuvieron impacto. Jules Lemaître quedó aterrorizado: le parecía que Proust reducía la obra de arte a un mecanismo que podía ser montado y desmontado, como una grúa o un automóvil. "No se tiene la osadía de escribir", decía. En cuanto a Proust, creo que él también sintió miedo, como cada vez que se internaba tan profundamente en el reino del *otro*. Naturalmente era un juego, una especie de broma, como la de Lemoine, que pretendía transformar el carbón en diamante: nada era más divertido; ¿pero no experimentó también una sensación más vertiginosa, casi el riesgo de perderse? Al final resultó levemente irritado. ¿Qué le importaba, ahora, volverse un Flaubert o un Saint-Simon? Continuaba deteniéndose indefinidamente en el vestíbulo de la ópera; lo que lo impulsaba era descubrir *su* música, y cantar finalmente a plena voz. Después, en tiempos de la *Recherche*, se hubiera dejado inspirar nuevamente por su instinto de ventrílocuo, parodiando personajes y escritores y transformando el texto, como habría hecho Goethe en el *Fausto II*, en una especie de compendio de la literatura universal.

Después de los *Pastiches* Proust intentó una nueva fuga: renunció una vez más a la obra, huyendo lejos del centro al exterior del libro, y al exterior de sí mismo. Quizás imaginó que sólo así se habría acercado a su propio corazón. Comenzó a releer las *Causeries du Lundi*, *Chateaubriand et son groupe littéraire*, los *Nouveaux Lundis*, los *Portraits littéraires*, *Port-Royal*, los *Portraits contemporains* y tomó la decisión de escribir contra Sainte-Beuve y su método. Proust ya había destruido a Ruskin después de haberlo adorado, pero esta nueva destrucción no nacía de ninguna veneración anterior. Fue una masacre espantosa, el más feroz acto de nihilismo al que Proust se haya abandonado jamás, llevado a cabo con injusticia, simplificación, vulgaridad, como si él hubiese tenido necesidad de encontrar alguien a quien fusilar. Con los años este odio se volvió una obsesión, un partido tomado que lo indujo a comparar la "depravación del gusto" de Sainte-Beuve con el *diminuendo* de Madame de Cambremer. Conocemos la bandera que Proust oponía a Sainte-Beuve: "Un libro es el producto de un yo diferente del que manifestamos en nuestros hábitos, en nuestra sociedad, en nuestros vicios. Este segundo yo, si queremos tratar de comprenderlo, está en el fondo de nosotros mismos, tratando de recrearlo en nosotros, que podemos alcanzarlo. No olvidar: los libros son obra de la soledad e *hijos del silencio*. Los hijos del silencio no tienen que tener nada en común con los hijos de la palabra..." Y luego, Sainte-Beuve era nada más que un "pastelero": un hombre pérfido, envidioso, celoso, vulgar; un verdadero canalla y un hipócrita. Y no sabía escribir.

Recordamos la máxima de un sociólogo famoso: las más terribles guerras de la religión, como aquellas entre el Cristianismo y el Islam, tienen lugar entre fieles cuyas religiones son muy parecidas. ¡Cuántas cosas tenían en común Proust y Sainte-Beuve! El deseo metafísico; la multiplicidad y la curiosidad insaciable de la mirada; la mente delicada, maleable, plasmable, porosa, casi líquida, el don de la empatía; la dulzura melódica; el terciopelo, la seda, la miel del alma; el lamento, al que nada puede calmar... Y si pensamos en la crítica literaria, cuando recordamos la máxima de Sainte-Beuve: "Lo que he querido en la crítica ha sido introducir una especie de *encanto* y, al mismo tiempo, más *realidad* de aquella que antes se ponía; en una palabra, *poesía* y, al mismo tiempo, un poco de *fisiología*", enseguida recordamos que ésta es la definición de la crítica literaria del *Contre Sainte-Beuve*. Como Proust, Sainte-Beuve traducía un texto, o una compleja condición espiritual, con el equivalente de una sola imagen o de un conjunto de imágenes; y estas imágenes eran a menudo de naturaleza físico-química, así como los adjetivos se parecían ya a tercetos o quintetos proustianos. Si hoy leemos todos los *Lundis* y los *Portraits*, incluso los menores, dedicados a escritores que Proust detestaba, nos damos cuenta de que forman un inmenso *salon*, que anuncia ya las más desmesuradas descripciones del *Côté de Guermantes* y de *Sodome et Gomorrhe*. En cuanto a la obra maestra, el *Port-Royal*, aquella encantadora fluidez narrativa, que absorbe en sí misma cualquier resistencia, ¿no es ya, acaso, un eco anticipado del *fondu* de la *Recherche*?

Muy a menudo las cualidades proustianas de Sainte-Beuve habían tomado otra vía o se habían detenido u obstruido. Así, por ejemplo, el deseo metafísico, que había impulsado a Sainte-Beuve a leer a Agustín, a Pascal y a los jansenistas, se mezclaba con una desilusión demasiado humana, con un pesimismo amargo, con un escepticismo melancólico, no importa su *naturaliter* cristiano; mientras, incluso si poseía una cultura religiosa mucho más limitada, Proust conservó puro y ardiente el deseo metafísico, hasta construirle en torno el edificio de la *Recherche*. Con coraje y ferocidad amaba la verdad, a cualquier precio, incluso hiriéndose de la manera más atroz, mientras Sainte-Beuve levantaba los brazos ante la limitación y la impotencia de las fuerzas humanas. En cuanto a la crítica literaria, Proust era un viajero y un actor como Sainte-Beuve, "que cambiaba cada noche de traje, de rostro y de papel"; pero Sainte-Beuve estaba siempre viajando, cambiaba y se transformaba y ondeaba girando voluptuosamente en torno a sí mismo, satisfaciéndose con una especie de semi-metamorfosis; Proust, en cambio, ya sea que practicase la *recréation vivante* o la *claire analyse*, quería la metamorfosis absoluta, el equivalente total del texto, hacer revivir al escritor aquí, ahora y por siempre, como si no existiera ningún otro en el mundo. "Ninguna conclusión" era el lema de Sainte-Beuve, mientras Proust prefería la urgencia del epígrafe. Y después, Sainte-Beuve era tan francés. Como muchos franceses amaba el buen sentido, el buen gusto, la discreción, aquella dote soberana que es el *tacto*; algunas veces, vestido de entrecasa y en mangas de camisa parecía que preparaba su cocina literaria nocturna, el huevo frito para sus lectores. Proust, en cambio, amaba la exageración, la admiración, el entusiasmo, la locura, como Saint-Beuve y Dostoievski.

Como sucede a menudo, el odio toma, a primera vista, la forma de la identificación. En las páginas más viejas del *Contre Sainte-Beuve*, Proust confesó que también él había habitado (y en parte todavía habitaba) en el autor de los *Lundis*. De la misma manera que Sainte-Beuve había quemado sus reservas y derrochado sus pensamientos más preciosos en la fabricación de aquellos cohetes que, durante diez años, lanzó cada lunes en el cielo con un esplendor incomparable, también él, durante muchos años, había derrochado su genio en las alegrías de la conversación y en las formas de la literatura menor. Había escrito artículos, ¿y qué es un artículo sino una forma pecaminosa de complicidad, una especie de arco que nace en nuestro pensamiento y termina en la admiración de los lectores? Cada lunes por la mañana, a la hora en que, en invierno, el día está todavía lívido en las ventanas cerradas, Sainte-Beuve abría *Le Constitutionnel* y pensaba que en ese mismo momento sus pensamientos nuevos y brillantes penetraban en tantas casas de París, con todos los detalles "a plena luz y sombra... amorosamente acariciados". También Proust había conocido la misma alegría, publicando sus propios artículos en *Le Figaro*. Cuando el cielo tenía el color de las brazas, miles de ejemplares del diario, húmedos de niebla y de tinta, más nutritivos y sabrosos que una *brioche* caliente, multiplicaban su nombre por miles de casas; y si el sol se levantaba, se inflaba, se iluminaba saltando más allá del violáceo horizonte, sus palabras invadían a todos los espíritus y los teñían con la vaga iridiscencia de sus colores.

Al menos en parte, el *Contre Sainte-Beuve* es una espléndida "conversación escrita" en donde Proust ostentó su propia inteligencia, como si quisiera demostrarnos que nadie era más inteligente que él. Nos damos cuenta de que Proust esta aquí, delante de nosotros: justamente él, un hombre de treinta y siete años, que vivía en boulevard Haussmann número 102 y sufría de asma; no otro hombre que habitaba en sus misteriosas profundidades; y con ese ímpetu que sólo la inteligencia febrilmente excitada conoce, se defiende a sí mismo, se divulga a sí mismo, ironiza, se burla, ofende, demuestra, polemiza, juega, pronuncia elegantes perfidias. Algunas páginas críticas sobre Baudelaire, Flaubert o Balzac, son prodigiosas: Proust traduce el corazón de una experiencia con sensaciones naturales, penetra en el último secreto de un estilo, como tal vez nadie más ha sabido hacerlo. Pero el tono es aquel del mundano diletante de la literatura, que conversa en un salón con amigos no menos exquisitos que él. Juega con los libros: los ama como se puede amar a una mujer, un vestido, un atardecer, una joya fútil y preciosa; y se acalora, se vuelve agudo, sutil y vivaz para hacerse amar por el pequeño público de sus amigos.

Esta suntuosidad de la inteligencia tiene un fin paradojal: demostrar que la inteligencia es una cualidad inferior, que "no crea, se contenta con desenredar"; así que ésta se mata literalmente a sí misma ante nosotros, ostentando su propia grandeza y su propia miseria. Y Sainte-Beuve, como sostiene Proust (se equivocó), sería un escritor simplemente inteligente, muy inferior a Balzac, a Flaubert, a Nerval, a todos aquellos sobre los que había dejado caer una mirada arrogante y aburrida. Esta exquisita conversación diletante, que

Proust lleva como un maestro, nos revela que la literatura no es esa "conversación escrita" entre personas refinadas y civiles con la que (según Proust) Sainte-Beuve amaba confundirla, y que el diletantismo literario es el peor de los pecados. "No lo olviden: los libros son obra de la soledad e *hijos del silencio*". También él había hablado mucho, había escrito artículos en los diarios... Así, por primera vez en su vida, Proust se justificaba ante sí mismo y ante la sombra omnipresente de su madre. Aquel severo yo profundo, que dentro de poco se expresaría en su libro, no tenía nada que ver con el yo cotidiano, encantador y fútil, que los amigos habían conocido.

El *Contre Sainte-Beuve* que Proust escribió entre 1908 y 1909 tiene dos formas. La primera es un ensayo crítico sobre el método de Sainte-Beuve, precedido de una *ouverture* teórica sobre la memoria que preanuncia, casi palabra por palabra, algunos temas-llave de la *Recherche*. También en esto la *Recherche* es una obra única. Si leemos el *Wilhelm Meister*, o *Crimen y castigo*, o *Anna Karenina* o *Los demonios* o *El hombre sin atributos*, nos damos cuenta de que la obra crece desde el principio como un árbol o un bosque, sin poseer todavía una arquitectura o una teoría de sí misma, que sólo más tarde coronará el libro. Proust procede de manera exactamente opuesta. No tiene todavía sobre el papel ningún material narrativo, pero ya dispone de una teoría intelectual, o para decirlo mejor, de un gran mito filosófico que querría parangonar con un mito de Platón. Toda la infinita masa narrativa se esconde allí dentro, como una semilla que se volverá árbol, bosque, continente.

En el *Jean Santeuil* había recogido muchas imágenes de

identidad memorial, con el mismo propósito de la *ouverture* del *Contre Sainte-Beuve*. Aquí Proust no recurrió a ninguna de éstas, porque no tenían para él ese carácter arquetípico que se requería de las sensaciones. Recuerdo tres nuevas imágenes de identidad que vuelven todas en la *Recherche*. Una noche su vieja cocinera le ofreció una taza de té, junto con una tostada. Cuando ponía en la boca el pan humedecido sintió como una turbación, olor de geranios, de naranjas, una extraordinaria sensación de luz y felicidad. De pronto las paredes de la memoria se cayeron, y recuerda que en los años de la infancia bajaba a la habitación del abuelo que le ofrecía una galletita bañada en el té; y en aquel momento todo el pasado volvió; un jardín, con sus senderos olvidados, sus cestos de flores, "como aquellas pequeñas flores japonesas que recuperan su vigor solamente en el agua".

La segunda sensación se conecta con la estadía en Venecia en el año 1900. Atravesando un patio junto con sus amigos, Proust se detiene de golpe en medio de los *pavés* desiguales y brillantes. También esta vez siente una oleada de felicidad que lo invade. Teme que el pasado se le escape; da un paso atrás y recuerda que había experimentado la misma sensación sobre el empedrado un poco desigual de la basílica de San Marcos. Una ola de luz lo inunda, junto a la sombra del canal, y todo el tesoro de aquellas horas venecianas se precipita sobre él. La tercera sensación es la de una cuchara que cae en un plato; tiene el mismo sonido del martillo de los empleados del ferrocarril que golpean las ruedas del vagón, mientras él, tiempo atrás, atravesaba el campo en tren, y junto al sonido vuelve a surgir "aquella hora quemante y ciega". En torno a estas tres sensaciones Proust esbozó su mito de la memoria que después desplegó en la *Recher-*

che. Quisiera ahora recordar solamente un hecho. Estas tres sensaciones son sensaciones de luz y de felicidad luminosa; y la luz no está (o no está solamente) en el paisaje evocado, sino que constituye la substancia misma de la memoria.

Aquí vivía el yo profundo, que había aparecido en los fragmentos de conversación del *Contre Sainte-Beuve*. Este yo profundo él lo conocía muy bien, aunque afirmase lo contrario. Había vivido en él, inspirando las páginas más bellas del *Jean Santeuil* y de los escritos sucesivos. Era el yo de la analogía –la analogía, esta cualidad suprema que el hombre conoció desde siempre, pero que en los tiempos modernos pertenece casi exclusivamente a los poetas, que han heredado las experiencias de los místicos. El alegre, febril hombre de la analogía estaba activo en Proust, incluso cuando el cuerpo estaba enfermo y sin fuerzas. Descubría un lazo profundo entre dos ideas, dos sensaciones, dos impresiones; entre un acontecimiento de hoy y un acontecimiento del pasado; entre dos cuadros de un mismo pintor descubría una "misma sinuosidad de perfiles, un mismo tapizado, una misma silla", que mostraba entre ellos algo en común; descubría afinidades entre dos libros de un mismo escritor, o entre dos o muchos aspectos estilísticos de un libro. Como todo hombre de la analogía, Proust moría "instantáneamente en lo particular y se ponía inmediatamente a ondear y a vivir en lo general", como esas semillas que dejan de germinar en una atmósfera demasiado seca, pero a las que un poco de humedad y de calor bastan para resucitar. Eran los juegos de lo Uno, que mucho tiempo atrás había practicado y que llenaban su vida de "semillas de esencia", de "gotas de luz", inmensamente benditas.

Antes de comenzar el *Contre Sainte-Beuve* había pasado

tiempos de angustia, que todavía signan el libro; había pensado que su sensibilidad se había debilitado, la memoria incierta, el talento agotado, las horas contadas. Entonces, escribiendo en torno a la analogía, se dio cuenta de que ya no era ese hombre casual y fragmentario que creía ser; dentro de él se escondía un ser vivo, compacto, coherente, robusto, capaz de ganarle a la enfermedad y a la muerte; un ser extraordinariamente unitario en todas sus manifestaciones y expresiones. Nada podía hacerlo más feliz, porque mientras aquel ser vivía en él, su existencia no era más que "un éxtasis, una felicidad"; conocía alegrías superiores a cualquier placer, sabía que la muerte no tenía ninguna importancia... Así lo sorprendió el sueño; compuso un libro con frases y episodios escritos solamente a partir de la sustancia transparente de sus mejores minutos, cuando vivía fuera de la realidad y del tiempo; escribir un libro con "gotas de luz", "esencias" y analogías. Pero estaba lleno de dudas, porque tanto el hombre de la analogía como las "esencias" son intermitentes. ¿Cómo escribir una novela solamente con "gotas de luz"? Mucho más tarde, en la *Recherche*, comprendió que una red de analogías gobernaba todo su libro.

La segunda forma del *Contre Sainte-Beuve* es la de una novela-ensayo, que hubiera debido llevar el título de *Contre Sainte-Beuve, Souvenir d'une matinée*. Comprendía un marco, con el despertar de Proust del sueño, las sensaciones de la mañana, la publicación de un artículo en *Le Figaro*, las primeras conversaciones con la madre, la aparición de un rayo de sol, el recuerdo de Venecia; un largo *flashback*, en donde afloraba por primera vez parte del futuro material de la *Recherche*; y se cerraba con una "larga conversación" con su madre "acerca de Sainte-Beuve y la estética". Respecto al

Jean Santeuil y al ensayo sobre Sainte-Beuve, esta novela-ensayo significa un vuelco absoluto. Allí, en primer término, estaba la luz, que lo exaltaba y lo embriagaba en los veranos de Illiers, o constituía la sustancia de la memoria. Aquí, en cambio, Proust comenzaba la novela con la noche: el sueño y las *reveries* nocturnas y el inconsciente y el semi-inconsciente y el lento despertar –aquello irracional que Sainte-Beuve, y los escritores devotos de la inteligencia, no querían tomar en consideración. Era ya la *ouverture* de la *Recherche*. Por primera vez Proust comprendió que cada cosa comienza, como dice Hesíodo, con "la negra Noche", de la que salió la Luz del Día. También él tenía que comenzar con las Tinieblas. La Luz, que hasta aquel momento ponía el comienzo, tenía que representar la conclusión de su obra.

Los fragmentos nocturnos de la novela son de una belleza extraordinaria. En ningún libro, quizás, es tan evidente la profundidad y la pesantez del sonido, cuando nos identificamos completamente con las cosas, nos sumergimos en la objetividad más absoluta, nos volvemos semejantes, tan unidos a nuestra cama y a nuestro cuarto, a un vaso de mermelada o a una manzana "llamada por un instante a una vaga consciencia", y después derrumbada en su insensibilidad deliciosa. Están los sueños, que llevan siempre más atrás en el tiempo. Cuando el despertar se acerca descubrimos que no existe sólo una memoria de los sueños, una memoria de las *rêveries* con los ojos abiertos, como aquella con la que se abre la *Recherche*, una memoria involuntaria, sino también una memoria del cuerpo, quizás la más segura de todas. El despertar tiene una osadía y una complicación, a la que la *Recherche*, más lineal, ha renunciado. Si el sueño mata el espacio y el tiempo, en el momento del despertar el durmiente se hunde en el vértigo: muchísimos tiempos y lugares –no sólo Combray y Tansonville, como en la *Recherche*, sino también Auteuil, el cuartel de Orléans, el castillo de Réveillon, el Hôtel de Ostende (o de Anveres), Beg-Meil, Trouville, París, la casa de la Villeparisis, Querqueville, Avranches, Aix-les-Bains, Dieppe– se confunden, se mezclan, se superponen vertiginosamente en un instante, mientras en torno cambian de forma, se encogen, se ensanchan, se arremolinan muros invisibles.

El libro avanza lentamente hacia la luz. En la primera aparición de la luz, en el balcón de su casa, Proust trata de restituir todo aquello que es mínimo, impalpable, aéreo en el juego de rayos y sombras. El rayo del sol se vuelve agua, música, cuadro impresionista, prodigioso trozo para un virtuoso del violín o del piano. Primero palpita en el soporte de la ventana; no se le ve todavía, pero se advierte su pulsación, que está por liberar todo el sol que contiene. Un instante después el soporte de la ventana se vuelve pálido como el agua matutina, en donde se bambolean los reflejos de los herrajes del balcón. Un soplo de brisa los esparce, y luego vuelven. La luz casi indiscernible crece de improviso en una progresión graduada y rápida, como los sonidos que terminan una *ouverture* de orquesta comenzada *pianissimo* y que aumentan hasta el supremo *forte* en una sola nota. Al final el balcón está "pintado por entero y como para siempre de aquel oro sostenido, compuesto por los esplendores invariables de un esmalte fijo de un día de verano"; y las sombras un poco gastadas de los herrajes del balcón se reflejan, mostrando sus últimos arabescos.

El triunfo de la luz tuvo lugar en Venecia. Aquí, como había sucedido nueve años antes, el ángel de oro del campanario de San Marcos está encendido por un sol que lo vuelve "casi imposible de mirar", así como no podemos mirar a Dios. Y el ángel lleva a Proust en sus alas encandilantes "una promesa de belleza y alegría, más grande aún que aquella que llevó a los corazones cristianos cuando vino a anunciar 'la gloria de Dios en el cielo y la paz en la tierra a los hombres de buena voluntad' ". La alusión es muy evidente. Es el momento supremo de la revelación cristiana. Cuando nació Jesús, el ángel se presentó a los pastores, "y la claridad de Dios los cercó de resplandor y tuvieron gran temor. Mas el ángel les dijo: 'No temáis, porque he aquí que os doy nuevas de gran gozo... Que os ha nacido hoy, en la ciudad de David, un Salvador, que es Cristo el Señor'. Y repentinamente fue con el ángel una multitud de los ejércitos celestiales que alababan a Dios y decían: 'Gloria a Dios en las alturas y paz en la tierra a los hombres de buena voluntad' " (*San Lucas* 2, 9-14). La revelación que, en el *Contre Sainte-Beuve*, corresponde al triunfo celeste y terreno de los Evangelios, es la suprema revelación de la luz, que redime a todo el universo, que rescata a las cosas humildes y las altas, Chardin y Veronese, que se vuelve recuerdo, que se transforma en sombra y unifica entre ellos la plaza y el mercado de Combray y la *piazza* de San Marcos en Venecia.

En los mismos meses, Proust se había preguntado en sueños si su madre "habría comprendido su libro". Como si fuese una respuesta, le edificó un ardiente monumento fúnebre: la transformó en el corazón y en la interlocutora de su libro, la envolvió en luz, volvió a evocarla con una dulzura y una congoja inagotables; aquella dulzura que mana de la fuente incesante del amor, que "brota a la vida eterna", como dice San Juan. Volvió a evocarla en todos los comportamientos: con la palabra inaceptada, la voz alterada por la afasia, mientras sonriendo todavía bromeaba con él, o cuando experimentaba tímidamente un aria del coro de *Esther*, como una de las muchachas de Saint-Cyr, y parecía Esther misma, o cuando con aspecto distraído e indiferente dejaba un ejemplar de *Le Figaro* sobre la cama; o en su propia habitación, sentada ante la *toillette*, con una gran bata blanca y los cabellos negros sobre los hombros; o mientras le leía a George Sand en la cama, con su bella voz, llena de distinción, de generosidad, de nobleza de ánimo; o sobre todo –el colmo de la dulzura– mientras le sonreía desde la ventana del hotel de Venecia y le enviaba desde el fondo de su corazón todo su afecto. En *Souvenir d'une matinée* le dedicó por última vez este monumento fúnebre. Después, en la *Recherche*, la muerte no volvería a alejarlo de ella, porque la volvió inmortal.

No es fácil hablar de la historia interna de *Contre Sainte-Beuve* y *Souvenir d'une matinée*, porque tenemos dos ediciones igualmente indecorosas, y un lector de buena voluntad está obligado a recortar y construirse un libro, montando como un *puzzle* los esbozos (parciales) que se presentan en la edición de la *Recherche* dirigida por Jean-Yves Tadié. Una cosa es cierta. El libro estalló en las manos de Proust. Los recuerdos de la infancia, los recuerdos de todo tipo que habitaban la mente del protagonista insomne se acumularon, se multiplicaron, se hicieron masa, llenaron el grácil *flashback* originario, hasta el punto en que ya no era posible volver atrás, a aquella *matinée* en que la madre y el hijo hablaban de estética. En la novela-ensayo originaria todo convergía al tiempo pasado, puesto al comienzo de la historia, a esa *matinée* que Proust conservó desesperadamente entre los manuscritos y las copias mecanografiadas, incluso cuando ésta había perdido su propia función narrativa. La *Recherche* no mira a un pasado, sino a una revolución futura que provoca el movimiento hacia atrás de la narración. Así, la *matinée* quedaba abolida. No tenía más significado si aparecía la madre muerta y no la madre ideal.

El *Contre Sainte-Beuve* quedó siempre para Proust, hasta el fin de su vida, como una mina de material y de invenciones. Algunos de los más grandes mitos de la *Recherche* –como la raza maldita, la estirpe de los Guermantes, Venecia– nacieron aquí, del juego de una pluma que vagaba buscándose a sí misma. Proust componía bocetos, con toques sucesivos, comenzando siempre desde el inicio, diez, doce, quince veces, a veces sin utilizar la versión anterior; como un pintor que pintara, casi al mismo tiempo, sobre diez telas diferentes. Desarrollando la intención de los artículos de *Le Figaro*, se había vuelto el soberano de la variación y la divagación: escribiendo a oleadas, retomando, volviendo a hacer mención, perdiendo y encontrando el hilo, a medida que una nueva asociación de ideas atravesaba su mente. Como en las conversaciones de Coleridge, que partían de la nada para abrazar al mundo, una vegetación lujuriosa florecía en un tronco liviano y débil. El libro no poseía todavía la arquitectura, la continuidad, la inmensa fluidez de la *Recherche*. No es el momento de lamentarlo. Podemos detenernos cualquier día en este libro delicioso, nacido exactamente ante la *Recherche* como un pabellón rococó en donde nos paramos a tomar un helado y a escuchar música antes de emprender la visita interminable a la catedral inacabada. Hay páginas de una felicidad, de una sabiduría y de una gracia musical, de un delirio estático y de una brillantez que nunca podremos olvidar. A pesar de todo, Proust estaba todavía como la estatua de Memnón. Un rayo de sol bastaba para hacerlo cantar.

Cerca del 15 de agosto de 1909 Proust estaba de nuevo en el Grand Hôtel de Cabourg, primero en una habitación húmeda, después en un cuartito del cuarto piso, cerca de un patiecito, en donde poseía un soberbio cuarto de baño para la servidumbre; en fin, en una habitación demasiado nueva, cerca de la de los norteamericanos, que lo inquietaban. Escribía hasta el alba y aparecía por primera vez en el restaurante entre las nueve y las diez de la noche. Había transformado el hotel en una cárcel. Estaba siempre encerrado; iba al Casino a través de un pasaje interno, no le importaba ver el mar, las líneas espumosas que ora iban hacia la playa avanzando, ora revelaban sus primeras ondulaciones después de una llanura arenosa, en una lejanía vaporosa y azulina como los témpanos de hielo en el fondo de los cuadros de los toscanos primitivos. Sabía que el libro que estaba escribiendo no era el suyo. Toda la historia de la literatura lo había creado, toda la sensibilidad humana lo había hojeado; hijo de todos los escritores de genio que, de repente, en aquella mañana de niebla y vidrio azul, se habían despertado dentro suyo.

Cuando regresó a París el libro volvió a expandirse como un pulpo velocísimo y gigantesco. En noviembre comprendía tres volúmenes; y Proust hizo leer las primeras doscientas páginas –el futuro Combray– a Reynaldo Hahn y a Georges de Lauris. Los dos amigos fueron entusiastas. Como uno de aquellos arrecifes de coral del mar de la India que Ruskin había comparado con Venecia, un mundo entero se asomó en las extensiones brumosas del invierno: las noches insomnes, la linterna mágica, Swann, el beso de la noche, la tía Léonie, la iglesia deteriorada por los mantos y las manos de los campesinos, Françoise, la sirvienta que se parecía a la Caridad de Giotto, el río y las flores de agua y todos aquellos recuerdos y aquellas imágenes que estaban escondidas en la taza de té, como los trozos de papel japonés que, apenas arrojados al agua, se vuelven flores, barcos, personajes. Él se ilusionaba pensando que terminaría pronto: algunos meses, a lo mejor un año de reclusión. Aquella reclusión le pesaba, y andaba pensando en el momento en que, entregado el libro, concluido el deber que lo encadenaba, habría vuelto a vivir, volviendo a ver a sus amigos, sus queridos rostros, sus queridas voces, y se habría saciado de ellos en "interminables visitas y mudas contemplaciones". Antes de dejar la tierra quería consagrarse encontrando, como decía Ruskin, a algunos "de los compañeros que le habían dado las mejores alegrías de su vida en la tierra" (porque en la otra temía "no divisar más sus ojos y estrechar sus manos"). ¿Qué hubiera hecho, *después*? ¿*Jeunes filles*? ¿O los placeres que se había negado? No imaginaba que no habría ningún *después*. La obra quedaría como una catedral inacabada: una grandiosa derrota, como todos los libros de los hombres modernos, porque "en nuestro mundo imperfecto las obras maestras del arte no son otra cosa que los despojos del naufragio de las grandes inteligencias".

III. DOS VISITANTES

Un día de noviembre o de diciembre de 1913, Céleste Albaret atravesó por primera vez la puerta del dormitorio de Marcel Proust. Su tarea era simplísima. Como ciertos genios de *Las mil y una noches* que ofrecen a los hombres una lámpara, una flor o un manto, ella tenía que ofrecerle a su misterioso señor el segundo *croissant*, que constituía la mitad de su primera comida. A las dos de la tarde, cuando el mucamo se tomaba su tiempo libre, llegaba al número 102 del boulevard Haussmann. Esperaba en la cocina. Estaba sola. No podía hacer otra cosa que sentirse ansiosa en el silencio del gran apartamento desconocido, donde no le estaba concedido entrar; y él, allá abajo, en el lejano dormitorio, donde dormía o escribía en sus cuadernos. Pero, en aquellas horas de espera, nunca se aburrió: no leía, no hablaba con nadie, no hacía nada, esperaba solamente el sonido de la campanilla que debía introducirla en la habitación de los misterios.

Durante días y días la campana nunca sonó. Céleste pensaba que nunca sería llamada. Después, un día, de repente, la campanilla sonó dos veces. "Dos veces para el *croissant*" le había dicho el mucamo. Céleste se levantó, aferró el platito con el *croissant*, que un muchacho de la panadería-pastelería de la rue de La Pépinière había apenas traído, fresquísimo y oliendo a mermelada. Tomó un largo corredor que atravesaba el ingreso y el salón grande. Cuando llegó ante la cuarta puerta no golpeó: abrió y apartó la cortina, como le había sido pedido.

Un humo densísimo llenaba la gran habitación. Sólo estaba encendida una pequeña lámpara que emitía una luz verde y débil. Aquella tarde Céleste no se atrevió a mirar la habitación, que durante años sería el corazón resplandeciente de su vida. Todo, allí dentro, era alto y silencioso: las largas cortinas azules corridas para impedir el paso de la luz del día, los paneles de corcho en las paredes, el techo que parecía tan lejano, la araña azul apagada que se perdía en la niebla. No vio las dobles ventanas que apagaban el ruido del tranvía, el armario con espejos, el piano de cola, el macizo escritorio lleno de libros, el mueblecito chino con la fotografía de Marcel de niño y del hermano, la estatuilla de Jesús niño coronado de racimos de uva, el biombo, la mesa de trabajo de la madre; y mucho menos los cuadernos con la *Recherche*, la pila de pañuelos, las bolsas de agua caliente, las lapiceras, el reloj.

Miró hacia abajo, hacia la cama de bronce iluminada por la luz verde en donde estaba acostado el hombre que nunca había visto. Apenas pudo divisarlo: distinguió una camisa blanca cubierta por un suéter de lana de los Pirineos, pero el rostro se perdía en la sombra y en la niebla de las inhalaciones. Vio solamente los ojos, que la miraban: más que verlos, los sintió. Era la primera vez; después, ¡cómo la fascinaría su modo de escuchar, la mejilla apoyada en la mano, y los ojos ora llenos de dulzura, ora brillantes de diversión, siempre atentos, como si estuviese transformando en invisibles signos de escritura todo lo que ella decía! Allí, en una mesa, había una bandeja de plata, con la taza, la cafetera y la lechera; y ella puso en la bandeja el platito con el segundo *croissant*. Solamente en aquel momento el hombre hizo un gesto con la mano que debía ser de agradecimiento. No dijo una palabra. Céleste volvió a la cocina. Tenía la impresión de haber entrado en un enorme tapón de corcho, en una cantera de mármol, como aquella adonde, cuando era pequeña, la habían llevado las monjas.

Por la tarde, o mejor dicho por la noche, otros visitantes violaban el mortal silencio de aquella casa de mármol. Entre estos visitantes conocemos sobre todo a un joven, Marcel Plantevignes, que fue para Proust lo que Gustav Janouch para Kafka. Proust lo conoció cuando tenía diecinueve años, mientras Kafka encontró a Janouch cuando tenía diecisiete. Plantevignes formaba parte de aquel pequeño grupo de amigos y amigas, en parte homosexuales, que Proust frecuentó en Cabourg, cuando buscaba las almas que todavía tenían que madurar, las "almas calurosas y profundas, siempre vibrantes y vivificantes provenientes de los cuatro vientos del espíritu". Proust sintió simpatía y afecto por él: lo invitaba al Grand Hôtel de Cabourg y a la casa de París. Después su relación se suavizó. Viejo, derrotado (al menos en la literatura), Plantevignes publicó un inmenso libro de recuerdos, *Avec Marcel Proust*. Así como Gustav Janouch mintió, así mintió él, inventó, coloreó, habló, atribuyéndose una parte mucho más importante de la que en realidad tuvo en la vida de Proust, que había sido el único *faro* de su existencia. Imaginó haber sido su confidente y su inspirador. Pero, al igual que Janouch, Plantevignes tenía el ojo y el oído precisos, una memoria casi infalible, y pocos testimonios reproducen con más verdad la voz de Proust.

Cuando quería ver a Proust, Plantevignes preguntaba por teléfono –pero antes de las diez y cuarto de la noche– a Nicolas Cottin, el mucamo, si el señor se había despertado, si había dormido bien, si el día había sido bueno, cómo había dicho que se sentía, si Nicolas había conseguido hacerlo comer; y después pedía consejo a Nicolas acerca de si era o no el momento de ir a ver a Proust y a qué hora. Cuando Plantevignes llegaba, sonreía al mucamo, pero no le daba la mano, lo que habría disminuido a sus ojos la importancia de la confianza que le había sido concedida. Después era introducido en un saloncito-escritorio en donde hacía mucho frío. Todas las veces Nicolas se excusaba ceremoniosamente, encendía el fuego de la chimenea, que conseguía templar apenas aquel intenso frío incontaminado. El silencio era absoluto; el mucamo se movía como una sombra monástica entre las alfombras, los tapices y las obras completas de Montesquiou apiladas en el piso. Después de un tiempo Nicolas volvía a aparecer en el saloncito y murmuraba solemnemente: "Monsieur Marcel espera al señor". Abría una pequeña puerta, que daba a dos grandes salones oscuros, atestados de muebles, de sillones recubiertos de fundas, de tapices, de pilas de libros por el piso; y sólo la luz que provenía de la salita y la luz proveniente del pequeño fuego permitían ver el retrato de Blanche, donde Proust-camelia desaparecía en la noche. Plantevignes siempre tropezaba, y siempre Nicolas se excusaba, sin encender nunca la luz. Al final abría la puerta, levantaba las cortinas y se apartaba para dejarlo entrar.

Allí, al fondo, junto a la pared, Proust estaba recostado en su cama. Su rostro mudaba, según los períodos. Durante mucho tiempo llevó en su rostro de marfil una barba negrísima que lo hacía parecerse a un Cristo de El Greco, o al poeta de una miniatura persa; después se la hizo cortar, como un actor que cambia de papel. Los ojos, móviles y profundísimos, luminosos y omnívoros, miraban con intensidad al visitante; huían, volvían a aferrarlo, lo envolvían de beatitud, de ironía, de melancolía, y después, febrilmente, si algo había despertado su atención, se conmovían. Su voz diáfana tenía a veces un timbre de melopea oriental: se posaba en el silencio con la blanda autoridad de las verdades definitivas; todo estaba tan bien dicho, tan esfumado, tan cincelado, que el visitante permanecía en silencio, para permitir a la melopea que pudiera continuar sus modulaciones. A veces la voz se volvía más grave, como si se inclinase ante lo incognoscible; o bien se hacía más confidencial y se apagaba casi en un murmullo.

Lo que golpeaba al oyente era la admirable, aérea, sintaxis de la voz. En aquellas modulaciones estaba presente la puntuación de la página escrita, porque el tono y las inflexiones daban lugar al punto, a la coma y al punto y coma, y a pausas, distancias, acercamientos que ningún signo tipográfico hubiera podido reproducir. Ninguna imagen, ningún recuerdo, ninguna idea llegaba nunca sola. Todas eran acompañadas y circundadas por un cortejo cantante, danzante y fantástico de imágenes. Proust apenas había comenzado a expresar una idea y ya aparecía otra que se ligaba con ella, y el tono de la voz abría un paréntesis dentro del cual se abría un segundo paréntesis. Quería expresar al mismo tiempo estas ideas hermanas, nacidas juntas, y no podía separarlas porque prestaba especial atención a los "reflejos".

A veces había disonancias de tono. En la ola aterciopelada de su voz melodiosa, Proust arrastraba al oyente hacia fantasiosos paisajes metafóricos, cuando, imprevistamente, con una sonrisa maliciosa, hacía precipitar la frase en un terreno más modesto, con detalles de arqueólogo, de pintor, de joyero, mostrando que estaba en estrecho contacto físico con la realidad de las cosas. O bien intentaba metáforas todavía más extraordinarias que en los libros: comparaciones locas, totalmente inesperadas, que no parecían ligadas con aquello que había dicho; hacía falta seguir el hilo de Ariadna, persiguiendo ideas lejanas o secretas, tratando de adivinar la meta misteriosa. A veces, Plantevignes experimentaba una especie de angustia. Comprendía que Proust hubiera querido poseer más bocas, más lenguas, más voces, para representar toda la múltiple orquesta de sus asociaciones mentales. El mecanismo de las ideas era tan rápido y rico, que apenas tenía el tiempo de decirlas: las palabras nacían tan numerosas, apremiantes y cerradas, que se percibía en él una especie de malestar y de impotencia expresiva; mientras detrás, en el fondo, se advertían ya las nuevas palabras que reclamaban su lugar.

Proust tenía muchas atenciones para con sus interlocutores. Nunca buscaba imponer sus ideas, o enseñar algo. *Proponía*. Parecía sugerir lo que decía, como si solamente quisiera recordar a Plantevignes lo que seguramente él conocía muy bien pero había olvidado, o bien a lo que no le había dedicado la suficiente atención. Era, o parecía, siempre dubitativo. Llenaba su conversación con una multitud de "quizás" y de "¿no le parece?", envolviéndola en un halo de incertidumbre. Todo eso daba al discurso una extraordinaria discreción y delicadeza; y además tranquilizaba a Plantevignes, porque solamente la duda afectuosa conforta a las almas inquietas. Proust nunca lo decía todo: muchas cosas las ocultaba o las reservaba; la verdad estaba lejos, muy lejos, quizás intangible, y con lentas vueltas él se acercaba a las paredes rocosas de las montañas, detrás de las cuales ella habitaba. Después, habiendo llegado a pocos metros de la cima, se interrumpía: "sería muy largo de explicar", dejando al interlocutor en un vacío imprevisto para el que no estaba preparado. Y estaban los misterios: los pequeños, deliciosos misterios, que en absoluto hacía falta revelar, que los conservaba para sí, sin despertar la más mínima sospecha.

Las noches en que la conversación de Proust más atraía eran aquellas en las que parecía un niño muy sensible de otra época, detenido en la vida de los adultos. Ora hablaba con una ironía muy leve, que se insinuaba en todo lo que decía, y casi se confundía con la tonalidad de su voz. Ora aconsejaba mirar y leer todas las cosas *en transparencia, a través*. Cuando descubría algo esencial en el terreno de la inteligencia, tenía una pequeña sonrisa nerviosa y sarcástica. Después se volvía áspero: pronunciaba observaciones despiadadas, dibujaba retratos muy crueles de sus contemporáneos; salvo que, al día siguiente, se hacía prometer que olvidarían lo que había dicho, o proponía una nueva redacción, más matizada, pero en el fondo más cruel que la primera. De pronto dejaba de hablar. Miraba hacia atrás, hacia el pasado; y una melancolía cansada y una tristeza desolada se apropiaban de su rostro. Después de algunos instantes, se reponía: pasaba una mano por su rostro y sonreía débilmente y con reconocimiento. O bien, en el curso de un relato, se quebraba su voz, y los ojos se le llenaban "inexplicable e impúdicamente" de lágrimas.

Pasaban las horas, la noche avanzaba, y la lenta melopea oriental continuaba hipnotizando a los oyentes, jóvenes y viejos, que tenían los ojos fijos y el rostro tenso. Lo que especialmente los fascinaba era que todo pudiese ser explicado y comprendido, y que nada (o casi nada) escapase a sus investigaciones. Cada cosa se volvía clara e inteligible, incluso si era tenue, frágil o infinitamente delicada. Mientras tanto, Proust se insinuaba y erraba en las almas de sus oyentes. Como dijo más tarde uno de esos jóvenes, Paul Morand, él era un verdadero "lector del pensamiento". Con él, disimular no servía para nada. Apenas un pensamiento emergía a la superficie de la consciencia del joven o del viejo amigo, Proust revelaba con un ligero shock que lo había visto en el mismo momento que el otro. El amigo se sentía comprendido, disculpado, perdonado; sin sombras ni reservas; y se revelaba completamente. Era tan dulce hablar con el doble de uno, incluso con un doble angelical e infinitamente superior.

Hacia la una, a menudo sonaba la campanilla. Proust se estremecía de alegría. Velozmente, Reynaldo Hahn entraba en la habitación diciendo buenas tardes a Proust, a veces sin siquiera estrecharle la mano. Era elegantísimo, chaleco blanco, corbata blanca, clavel blanco o gardenia blanca en el ojal, todo mundanidad y frivolidad. Iba a visitar a Proust antes de volver a su casa, saliendo del teatro o de una cena. Nunca se sentaba. Se quedaba alrededor de una hora, de pie, el ojo atento, la palabra mordaz, con los brazos apoyados en la cama de su amigo. Durante una hora volvía a la vida –al menos eso creía el visitante– el Proust de veinte años que había posado "con sus bellos ojos alargados y blancos como una almendra fresca" para el retrato de Blanche, ahora cubierto de polvo en el gran salón. Comenzaban los fuegos artificiales, las invenciones jocosas, las deliciosas y sutiles perfidias. Mientras Hahn hablaba, Proust, habiendo retrocedido a su natural condición de clown, hacía una imitación de la persona a la que su amigo se refería, o del amigo mismo.

Hacia las dos y media de la mañana, el visitante comenzaba a preparar la partida. No podía levantarse de golpe sin ofender a Proust y hacerle creer que la noche le había resultado larga y aburrida. Tenía que comenzar diciendo dulcemente que la mañana se acercaba, que dentro de poco tendría que irse, pero que no tenía ningunas ganas de hacerlo. Diez minutos después se levantaba con esfuerzo y decía con melancolía: "Tengo que irme", y después volvía a sentarse diciendo: "No, esperaré algunos minutos", y después otro intento de fuga esbozado e interrumpido, hasta que Proust se daba cuenta de la hora y ponía fin a la charla. Eran las tres o las tres y media. Plantevignes salía como en sueños. Al volver a casa, iba a su cama casi a tientas, sin tratar de distinguir la realidad de las horas pasadas con Proust. Al otro día se levantaba lo más tarde posible. El hechizo de Proust continuaba actuando por mucho tiempo en él, y le hacía huir de la presencia y la conversación de los otros seres humanos.

IV. DOS MUERTOS

Desde hacía algunos años Proust no veía a Alfred Agostinelli, el chofer de diecinueve años, el "peregrino" o la "monja de la velocidad", o "el apóstol" del volante, que en el verano de 1907 lo había llevado, a través de la femenina campiña normanda, a ver bosques, iglesias y abadías. Por cierto no había olvidado el sonido uniforme, alegre y casi humano de la bocina de su automóvil, que le había recordado dos pasajes de *Tristán e Isolda* y la voz misma de la felicidad. En mayo de 1913 Agostinelli golpeó a la puerta de Proust, pidiéndole que lo empleara como chofer. Proust le propuso que fuera su secretario, copiando la *Recherche*: le ofreció un buen sueldo, le regaló una máquina de escribir y lo hospedó en una de las habitaciones polvorientas del apartamento del boulevard Haussmann, junto a Ana, la amante-esposa. Vivieron juntos hasta fines de noviembre. En este tiempo el amor de Proust, que seis años antes no había pasado de una afectuosa simpatía, cristalizó imprevistamente: se volvió pasión; se dio cuenta de que amaba a Agostinelli, más aún, como dijo después, se dio cuenta de que lo adoraba. Trató de esconder su presencia a sus amigos y tendió en torno a él una red de discreción y misterio.

Ya en Normandía Proust había admirado qué ingeniosa y llena de recursos era la mente de la joven "monja de la velocidad". Ahora, con el alma encendida por el amor, descubrió que Agostinelli tenía una "inteligencia deliciosa", a pesar de que este descubrimiento no agregó nada a su ternura. Siempre había amado educar a sus jóvenes amigos, y comenzó a educar al joven chofer-dactilógrafo con dulzura y dedicación. Nos gustaría saber qué le enseñó; seguramente le hizo conocer a Mallarmé; quizás le hizo tocar la música que prefería en una pianola recién comprada; y quien sabe si algunos de los análisis literarios de la *Recherche* (sobre Thomas Hardy o Dostoievski o el "Claro de luna") no habían conocido como primer público al joven chofer, admitido en la habitación de las inhalaciones. Con su docilidad, Agostinelli se dejó educar; y escribía cartas en las que se reflejaba un lejano vislumbre del estilo de su señor, aunque difícilmente –como aseguraba Proust con ingenuidad– fuesen "dignas de escritores más grandes". Amaba los aviones. A veces, por la noche, como relata en *La Prisonnière*, Proust lo acompañaba a los aeródromos de París, atraído por esa vida incesante de partidas y arribos. Algunos mecánicos arrastraban fatigosamente un aparato, inerte y como anclado, similar a un barco arrastrado por la playa antes de dar una vuelta por el mar. El motor se encendía, el avión corría, tomaba impulso, y de golpe, en ángulo recto, se elevaba lentamente, "en el éxtasis de la rigidez, como inmovilizado, con una velocidad horizontal transformada de pronto en una majestuosa y vertical ascensión". El gran *esquif* celeste, en el que Proust y Agostinelli no dejaban de clavar la mirada, era en el azul un punto casi indiferente, en donde el aviador se deleitaba "apartado de todos los peligros, en aquellos horizontes solitarios, con la calma y la transparencia de la noche".

Sabemos poquísimo de la existencia de Proust durante aquellos meses, dividida entre la corrección de *Du côté de chez Swann*, la educación de Agostinelli y el amor, y la vida doméstica en el boulevard Haussmann, con los celos nacidos entre la vieja pareja de Cottin, la nueva pareja, y la primera, tímida intrusión de Céleste Albaret. Un episodio sigue todavía en el misterio. Como todos los veranos, Proust fue al Gran Hôtel de Cabourg junto con Nicolas y con los Agostinelli. Después de algunos días dio una vuelta en auto por Houlgate junto a Agostinelli; y de pronto sintió el deseo de estar en París y bruscamente decidió retornar. Sin siquiera volver a ver Cabourg, el Grand Hôtel y su servidumbre, fue con Agostinelli a la estación de Trouville y tomó el tren para París, sin equipaje, sin una sola camisa, y sin siquiera pagar la deuda del hotel. El episodio de la partida imprevista es inexplicable, a pesar de las hipótesis ingeniosas de George Painter; a Proust le pareció que debía resultar misterioso incluso a los amigos, si se apuró a dar dos explicaciones diferentes a Charles d'Alton y a Georges de Lauris. A Lauris le dio una explicación tan proustiana que hasta podría ser cierta: "Había dejado, al partir hacia Cabourg, una persona que raramente veo en París, pero que al menos sé que está, y en Cabourg me sentí muy lejos, ansioso. Decidí volver a París"; pero, como sabía que Lauris conocía muy bien sus deseos y sus ansiedades, nada puede excluir que Proust haya fabricado a propósito para él una interpretación "proustiana" de un acontecimiento del que solamente él conocía el secreto.

La felicidad, que había iluminado con sus colores pastosos y brillantes los viajes por Normandía, no lo siguió hasta París. Y en cuanto al resto, aunque la hubiera alcanzado junto a Agostinelli, no habría podido soportarla: "No tengo la fuerza necesaria para hacer frente a la felicidad". Las cartas de esos meses, en las que se refería a la publicación de *Du côté de chez Swann*, están llenas de lamentos: "Estoy *muy mal* y además siento mucho dolor". "Mi vida me resulta tan cruel en este momento". "Creo que te he dicho que mi salud había sufrido desde hace algunos meses un profunda alteración. Y al mismo tiempo un renovado dolor, inmenso y sin fin, se ha abatido sobre mí, cuando no estaba ya en condiciones de soportarlo". "Estoy extenuado de cansancio y de tristeza". "Soy muy infeliz en este momento". "Mi libro no tiene ningún éxito. E incluso si lo tuviera, no podría experimentar alegría porque estoy demasiado triste en este momento". Sufría de celos, la enfermedad que conocía tan bien y que tantas veces había representado; e indicaba a sus amigos los episodios de los celos de Swann, que había destilado de sus amarguísimas lágrimas. Comprendía que su destino era amar sin ser amado. Entonces soñaba que huía, lejos, de Agostinelli o con Agostinelli, y de su libro, que en aquel momento lo oprimía con el espectro del fracaso: en Italia, a Caprarola, o Florencia y a Siena, o a cualquier lugar, en donde habría intentado olvidarse de París.

El que huyó fue Agostinelli. El primero de diciembre, no sabemos en qué circunstancias, dejó el boulevard Haussmann y volvió a Mónaco, con su familia. Quería ser aviador, y emprender una carrera que le parecía repleta de oro; Proust le escribió una carta maldiciéndolo, y de la cual muy pronto se arrepentiría: "Si alguna vez la mala suerte quisiera que usted tuviera un accidente en aeroplano, dígale a su esposa que no encontrará en mí ni a un protector, ni a un amigo, y que no recibirá nunca un peso de mí". Emulando a Swann pensó en contratar los servicios de un policía, o en dirigirse a una agencia de detectives para hacer seguir al fugitivo. Después, con esa energía casi desesperada que reveló siempre en las grandes ocasiones de su vida, convenció a un joven amigo de Cabourg, Albert Nahmias, para que fuera a Niza y a Montecarlo. Nahmias se hospedaba en el Hôtel Royal; y el 3, el 4, el 5, el 6 y el 7 de diciembre Proust lo abrumó con telegramas insaciables, confusos, locos de ansiedad y de desesperación; grandes sábanas –trescientas cuarenta y seis palabras uno, cuatrocientas sesenta y tres palabras otro– con las firmas de Maurice y Max Werth. Al principio no quería llamarlo por teléfono, ni quería que Nahmias lo llamase; después trató de llamarlo, permaneciendo una mañana entera frente al aparato, pero no consiguió comprender nada. Estaba tan desesperado que le propuso –naturalmente temblando por el terror– ir él mismo a Niza.

Tenía un proyecto. Como un genio balzaciano de la maquinación, del chantaje y de la corrupción, como un loco Vautrin de los celos, dictaba a Nahmias planes fantásticos. Tenía que ir a ver al padre de Agostinelli, pero no para ofrecerle dinero al hijo; lo conocía demasiado bien, habría huido de nuevo. El padre habría tenido que ordenar a Alfred que volviera a París, pero sin dejar de ninguna manera que se entreviera la mano maquinadora de Proust. Sugería dos pretextos pueriles: el padre podía hablar de los peligros que el hijo estaba corriendo, o de una imperiosa necesidad de partir enseguida para París. Si Alfred hubiese vuelto a quedarse con Proust hasta abril (quién sabe por qué esta fecha), él habría mandado al padre un cheque por mes. A pesar de que es difícil penetrar la confusión verbal de los telegramas, Proust guiaba las cosas desde lejos con un ademán perentorio, amenazante, e incluso mercantil y comercial. Como se dice en las novelas populares, quería "comprar el amor". Sabía muy bien que nada es más difícil: que ni salarios ni regalos ni envíos pueden obligar a una joven criatura honesta que no nos ama a vivir junto a nosotros. Pero de todas formas corría este riesgo, en parte porque nutría un pesimismo sin límites acerca de la naturaleza humana, pero sobre todo porque los celos intentaban todas las vías, golpeaban a todas las puertas antes de declararse vencidos.

Tal como Proust había previsto, la misión del mensajero fracasó. La tristeza volvió a estrujar su corazón; decía que estaba "loco de dolor", y algo todavía más grave: "Atravieso en este momento el período más doloroso de mi vida, después de la muerte de mi madre". No tenía fuerzas para corregir las pruebas de su libro. No pensaba más que en Agostinelli. Después comenzó un período acerca del que nos faltan documentos: quizás el dolor disminuyó, o disminuyeron las tensiones, el rencor, el odio que había experimentado por Agostinelli. Le escribió cartas, de las que conservamos solamente la última: el tono oscila entre el amigable y el paternal; le habla de los últimos sucesos en París, de sus negociaciones con Grasset, y después de sus malas especulaciones con la bolsa, del proceso Calmette, de un artículo en el *Sport Belge* a propósito de *Du côté de chez Swann*. Pero era muy precavido. Quería que Agostinelli lacrara con mucho cuidado sus propias cartas, y después que volviera a enviarle las suyas. Como siempre, tenía miedo de las voces, los chismes, los chantajes.

En mayo, Proust intentó otra vía para seducir a Agostinelli. Vendió cincuenta mil francos de acciones: pidió una gran parte en efectivo, para ocultar lo que hacía, gastó veintisiete mil en un aeroplano y otra suma en otro regalo y ofreció ambos a Agostinelli, sin pedirle nada a cambio. Como siempre, estaba poseído por la vieja pasión de cubrir al amado de regalos, del oculto deseo de arruinarse por él; pero no estaba ausente el deseo de comprar su afecto. El joven aviador, mucho más delicado que el patrón, rechazó todo con un telegrama, y después con una carta. La carta contenía palabras muy parecidas a éstas: "Por lo que a mí respecta, crea que nunca olvidaré aquel paseo dos veces crepuscular (ya que la noche se acercaba y nosotros estábamos por dejarnos) y que se borrará de mi espíritu solamente con la noche total".

Proust admiró la gracia de la frase, y respondió con una carta muy amable. ¿Qué podía hacer ahora, quedándose con el aeroplano? No podía devolverlo a Monsieur Collin (lo que probablemente hizo): probablemente lo alojaría para siempre en un *hangar*. Entonces habría hecho escribir en un ala, o en el fuselaje, los versos de Mallarmé que Alfred tanto amaba:

Un cygne d'autrefois se souvient que c'est lui
Magnifique, mais sans espoir se délivre
Pour n'avoir pas chanté la région où vivre
Quand du stérile hiver a resplendi l'ennui...

Un cisne varado en el hielo, con las plumas inmovilizadas en el horror del suelo, el cisne que no había cantado al lugar "donde vivir", era también él, Marcel Proust, que había perdido otra vez sus *hoy*, que no eran más ni "vírgenes", ni "vivaces", ni "bellos".

Mientras escribía esta carta, Proust no sabía que Agostinelli había muerto o estaba muriendo. El joven se había inscrito en una escuela de vuelo en Antibes, con el nombre de Marcel Swann; la tarde del 30 de mayo de 1914 emprendió vuelo con uno de aquellos grandes *esquifs* del aire que tanto había admirado en París. Volviendo, el avión se precipitó. Desde el aeródromo los mecánicos y los aviadores lo vieron hundirse lentamente en el mar, mientras Agostinelli, aferrado al fuselaje, pedía frenéticamente ayuda. Luego de un momento a otro, el joven "peregrino de la velocidad" desapareció en el agua. Cuando Proust recibió la noticia, los dolores que lo habían torturado ese año –dolores de amor, dolores de infancia, dolores por el libro, dolores innombrables, dolores de toda la vida– se despertaron, se multiplicaron y tocaron el diapasón. Todo lo que antes era fluido y soportable se volvió rígido y lo inmovilizó con una mordida cruel. El invierno había penetrado dentro suyo: como decía Baudelaire, su corazón era "un bloque rojo y helado, como el sol en su infierno polar". Con ingenuidad, con abandono, con inmediatez afectiva, que más nos golpea de parte de quien, como él, sabía enmascarar sus propios sentimientos, Proust hablaba a todos de su propio dolor y del genio del muerto.

En septiembre de 1914 fue a Cabourg; y le pareció que el dolor encontraba una especie de sosiego. Había horas en las que Agostinelli desaparecía de su pensamiento. Tal vez –confesaba en octubre a Reynaldo Hahn– la culpa era de Agostinelli, que "se había portado muy mal" con él; todavía sentía rencores que la muerte no había podido borrar. Pero la verdadera razón era otra: aquella parte de él, ese yo que había conocido a Alfred, había muerto; su heredero, el yo de fines de 1914, amaba a Alfred, pero lo había conocido solamente por los relatos del primero. La suya era una ternura de segunda mano. Concluía: "Hace ya mucho tiempo que la vida no me ofrece otra cosa que los acontecimientos que ya he descrito. Cuando lean mi tercer volumen, el que se llama *À l'ombre des jeunes filles en fleurs*, reconocerán la anticipación y la segura profecía de lo que he experimentado después". Cuando volvió a París, la angustia volvió a asaltarlo, ardiente como antes; y experimentó una gran alegría volviendo a encontrar su propio sufrimiento. Era feliz por no saber olvidar. Sufría y quería sufrir: cada vez que subía a un taxi esperaba con todo el corazón ser aplastado por un autobús. Con el tiempo, su melancolía se volvió cada vez más profunda. Sobre el altar que ardía insaciable dentro suyo elevó a Agostinelli junto a su padre y su madre: junto a ellos era la persona que más había amado.

El 3 de agosto de 1914 Alemania declaró la guerra a Francia. El día antes Robert había partido para Verdun como oficial médico, y a medianoche Proust había acompañado a su hermano a la Gare de l'Est. No se hacía ilusiones sobre la guerra: pensaba que sería una *Guerra de los mundos*, como la que había relatado Herbert George Wells, y que millones de hombres serían masacrados. Cuando los alemanes atacaron París no dejó la ciudad, por no abandonar a su cuñada y a su sobrino. Él, que tenía miedo de todas las corrientes de aire y de las flores y de algo tan leve como los perfumes, nunca tuvo miedo de la guerra, y más tarde se pasearía entre las bombas y las esquirlas como si anduviera por una calle de Versalles. A principios de septiembre, cuando se creía inminente el asedio a la ciudad, una noche se levantó y salió a la calle, "bajo un claro de luna brillante, esplendoroso, reprobador, sereno, irónico y maternal". Vio al inmenso París, que en su inútil belleza esperaba el asalto que parecía inevitable. No creía que la amara tan profundamente –las casas, el río, el cielo, los mercados, los gritos de los vendedores, las altas chimeneas de las casas, todas las palabras que ella había inspirado– y explotó en llanto.

Noche y día no hacía otra cosa que pensar en la guerra.

Incluso cuando pensaba en otra cosa, escribía o dormía, el sufrimiento por la guerra no se detenía dentro suyo, como las maravillas que penetran en el sueño. Había asimilado tan completamente la guerra que no conseguía aislarla: para él no era tanto un objeto "como una sustancia que se interponía entre él y los objetos". Vivía *dentro* de la guerra, como se nada en el agua y se respira en el aire, como se ama en Dios. Leía siete periódicos: seguía las batallas en el mapa del Estado Mayor; apreciaba los artículos militares del *Journal des Débats* y del *Journal de Genève*. Bendecía la enfermedad que lo hacía sufrir: no servía a nada ni a nadie, pero le evitaba el dolor más grande que le habrían dado la salud y el bienestar, y deseaba sufrir todavía más profundamente. Con su ansia omnienvolvente, con su dolorosa ternura, compartía todos los dolores, todas las angustias, todas las penas, todas las muertes. Sufría por los que conocía y por los que nunca había visto. Lloraba sobre la Francia ofendida, sobre los pueblos tomados, sobre las catedrales destruidas, sobre las catedrales de Amiens, de Reims, de Laon que había visto en su juventud; pero más que nada lloraba sobre los soldados caídos. Escribía cartas de condolencias con una especie de voluptuosidad, recordando *sus* muertos; y la lista de los parientes, de los amigos y de los conocidos asesinados recuerda ya la lista de los muertos que, con grandeza barroca, hará Charlus al final de la *Recherche*.

A principios de 1915 corrió la voz de que Bertrand de Fénelon había muerto en combate. Proust no lo veía desde hacía muchos años; no se había amistado con él, pero aquella duda atroz le hizo revivir sus recuerdos. Volvió a ver *Ses yeux bleus*, "aquella sirena clásica de los ojos azul mar": volvió a ver aquellos movimientos altivos, rápidos, aquel cuerpo inflexiblemente esbelto, aquella cabeza alta, aquella mirada distante, su corazón, su demoníaco apetito de vivir. Esperaba que Bertrand estuviese vivo. "Pienso tanto en él que, habiéndome dormido un instante, lo vi, le dije que lo había creído muerto. Fue muy gentil". "Creo que está vivo... mis razones para esperar no son las suyas, pero de todas formas me parecen más fuertes que mis razones para desesperarme... Creo todavía que está muerto, que se ha rendido, y que la vida no será escamoteada a aquel que la amaba y que más que ningún otro era digno de traer alegrías". Como la guerra era una sustancia que se aparecía entre él y el mundo, así el rostro de Fénelon, incluso si pensaba o dormía, se interponía entre él y las cosas.

El 13 de marzo Proust leyó en *Le Figaro* una nota que confirmaba su muerte. "Después de una lucha encarnizada, el subteniente Salignac-Fénelon... fue golpeado mortalmente por una bala en la cabeza. Las fotografías de familia que llevaba consigo no parecen dejar dudas acerca de su identidad", decía el periódico. ¿Cómo podía todavía tener dudas? Y sin embargo, a pesar de esa noticia, con una esperanza ciega, desesperada y casi loca, Proust continuó, con la parte más profunda de sí mismo, creyendo que Fénelon estaba vivo en algún sitio, como susurraba una leyenda. No quería admitir que un hombre que amaba tanto la vida y la felicidad de vivir y que era tan digno de ellas, pudiera haber sido borrado con un gesto de la faz de la tierra; ni que para él no hubiese más "ninguna dulzura de pensamiento ni de sentimiento". No por sí mismo, sino por Bertrand, creía todavía en estas extrañas palabras: "Felicidad", "Felicidad de vivir". Sabía que su amistad, así como su amor, habían terminado para siempre; no lo vería nunca más; prefería conservar el recuerdo de un tiempo en que se encontraban todos los días y todas las noches, pero quería que aquel hombre tan feliz (o al menos así le parecía) fuese conservado por la amistad y la gloria de los demás. Al final aceptó la evidencia. Bertrand había muerto. El primero de enero de 1916 saludó a otro amigo, Antoine Bibesco, "en estos días tristes que nos recuerdan que los años vuelven cargados de las mismas bellezas naturales, pero sin volver a traernos a los seres humanos. ¡Ay de mí!, en 1916 habrá otra vez violetas, flores de manzano, y antes que ellas flores de escarcha, pero no estará nunca más Bertrand". No había noche que no pensara con inconsolables lamentos en su muerte; y tenía que aumentar las dosis de Veronal para hundirse en el sueño y olvidarse de él por algunas horas.

Vivió todo el año 1914 y 1915 y parte de 1916 bajo el signo de estos grandes dolores. Tenemos la impresión de que pasó meses de existencia debilitada, disminuida, empobrecida. Vivió casi solo, sin ver a nadie; en diciembre de 1914, para encerrarse todavía más en sí mismo, se hizo quitar el teléfono, con el pretexto de que estaba "arruinado". Volvió a asaltarlo la vieja angustia de morir, que tantas veces lo había empujado, casi desesperado, hacia el libro. Temía que su cerebro "frágil y herido" no consiguiese terminar la obra en la que había ocultado sus pensamientos y sentimientos más secretos, y las intuiciones cognoscitivas en las que confiaba. Era como un insecto, que siente sus días contados y se apura en poner a salvo los huevos que nacieron de él y continuarán su raza. Así, se sentía lleno de deberes hacia su propio libro: tenía hacia él las previsiones de una abeja; y las atenciones de un anciano venerable hacia su cuerpo, que todavía cargaba consigo. No quería que su manuscrito estuviese obligado a errar de editor en editor, sin encontrar, como "El Hijo del Hombre", una almohada donde posar la cabeza. Quería terminarlo, publicarlo, encontrar los lectores que se nutrirían de él como del alimento más nutritivo. No pretendía más que eso: ni siquiera sobrevivirle algunos meses, como dijo al año siguiente. Cuando hubiese terminado el libro, habría hecho como el "viejo Simeón", que había visto a Jesús y lo había tomado del brazo en el Templo, entonando el *Nunc dimittis servum tuum, Domine* (*Lucas* 2, 25-32).

En aquellos años, el único consuelo de Proust fue Céleste Albaret, que en agosto de 1914 había contratado definitivamente como sirvienta, en lugar de Céline Cottin. No era más la tímida muchacha de provincia que esperaba durante horas en la cocina el tiránico llamado de su señor. De pronto Proust había descubierto en ella a una nueva criatura. Era muy ignorante: creía que Napoleón y Bonaparte eran dos personas distintas; pero era inteligente, bromista, caprichosa, burlona, fantástica, mitómana; y tenía un ojo agudísimo para ver (incluso por teléfono o después de un encuentro fugaz) las debilidades y el ridículo de los demás. Además poseía el don de Proust, aquel don del que Proust se enorgullecía tanto: la parodia y el *pastiche*. Si el patrón le hacía leer en voz alta los *Alimentos terrestres* de Gide, durante algunos días Céleste hablaba en gidiano. Imitaba a Madame Soutzo, Madame Straus, Madame Scheikévitch... a todos los personajes que encontraba en la casa; y tenía invenciones verbales que Proust habría deseado poner en la *Recherche*. Proust se divertía muchísimo con ella. Hacía juegos aéreos con su nombre. La llamaba Clara d'Ellébeuse, el nombre de un personaje de Francis Jammes, virginal, del siglo XIX, al mismo tiempo melancólico y malicioso. Decía que tenía ojos "espejo de cielo"; que era una combinación de Juana de Arco, de Madame Récamier y las Madonnas de Botticelli; que su voz era como una celesta y conservaba el ritmo de los arroyos de su pueblo. Si una mañana, cuando llegaba el café y los *croissants*, estaba especialmente graciosa y de buen humor, le decía que se parecía a Lady Grey, una famosa belleza que había conocido siendo joven.

También para ella, como para Agostinelli, Proust construyó una cárcel: le impuso sus horarios imposibles, sus exigencias maníacas, su orden meticuloso, sus impaciencias. Se sentía celoso de los sentimientos que Céleste experimentaba hacia los demás. Pero, esta vez, el prisionero no huyó. Céleste se enamoró con todo el corazón de su patrón; y siendo tan bizarra, ligera y caprichosa, se dejó envolver completamente por esa tiranía de *Las mil y una noches*, que parecía tan suave y era la más insinuante, opresiva y tremenda de las tiranías. Vivía sólo para él, en una especie de encantamiento; no pensaba más que en él; todo en él le parecía fascinante y maravilloso, incluso la belleza, los trajes y el porte: nunca había visto gracia semejante; y trabajaba en casa cantando (a menudo ayudada por numerosas *suivantes*) con una alegría continua, "como un pájaro que vuela de una rama a otra". Participaba de la vida del patrón, aceptando y rechazando a sus amigos, y especialmente sus amigas, de las que invariablemente se sentía celosa. Comprendía al vuelo (o creía comprender) sus sentimientos y sus humores. Controlaba cada signo vital, cada mínimo movimiento o ruido que viniese de la lejana habitación; controlaba sus salidas nocturnas, sus fugas; y, si era necesario, se defendía con la mentira. Proust le retribuía con las atenciones más delicadas; y, lo que Céleste más adoraba, sentado en la cama, con los ojos brillantes o conmovidos, le contaba su vida y las invitaciones a cenas de las que participaba, con el retrato de las personas y la descripción de los vestidos. Para Céleste, ninguna *Opéra*, ninguna *Opéra comique*, ningún *Théâtre de vaudevilles* hubiera podido substituir aquel teatro familiar. Así, poco a poco, se estableció entre ellos la más estrecha unión. Él la llamaba su "amiga de siempre". Céleste comentaba, con absoluta verdad: "Había instantes en los que me sentía como su madre, y otros, como su hija".

V. AGRADECIMIENTOS DE UN CONVALECIENTE

En el curso de 1916 y especialmente en 1917, la vida de Proust cambió de tono y atmósfera. Probablemente los grandes dolores de los años pasados fuesen, si no olvidados, al menos asimilados: un nuevo yo nació en lugar de aquel yo antiguo que había conocido la muerte de Alfred Agostinelli y de Bertrand de Fénelon; este yo tenía un conocimiento remoto de sus dolores, y su vitalidad extraordinaria lo precipitó de nuevo hacia el mundo. En las cartas de este período no hay más esa lóbrega clausura, aquella oscuridad sin esperanza: las cartas brillan, centellean como alguna vez, ríen, hacen la corte, dicen cosas galantes, están llenas de bríos, calor y deseo de vivir. Necesitaba divertirse, como si ninguna muerte hubiese roto el hilo de su existencia. Volvió a asaltarlo una vieja pasión: la música. Y sin pensar en su "ruina" económica, hizo venir al cuarteto de Poulet para que tocara en su casa los últimos cuartetos de Beethoven, el cuarteto en re menor de Franck, y Mozart, Fauré, Ravel, Schumann. Nutría una especie de idolatría por el cuarteto en la menor, opera 132 de Beethoven, y por el famoso tercer movimiento, *Heiliger Dankgesang eines Genesenden an die Gottheit*, en el que veía un símbolo de su muerte y resurrección.

Había pasado semanas, o meses, sin levantarse de la cama. Ahora se levantaba a menudo dos veces a la semana y a veces incluso un día de cada dos. Como siempre, pensaba en su madre, que habría sido muy feliz viéndolo volver a una vida casi normal, y sufría porque ella no podía verlo. Salía con frecuencia. Iba a escuchar conciertos; salía a cenar a un ritmo preocupante, diez veces en un mes, o a veces todas las noches. Tomaba el taxi, que se había vuelto una prolongación de su cuerpo, y se escurría de noche según itinerarios y periplos más aventureros o más sospechosos. A menudo, en el cielo, había "un admirable apocalipsis". Si estaba en el Ritz, se instalaba durante una hora en el balcón a pesar del frío; las sirenas lanzaban su llamado desgarrador, los proyectores se movían rastreando los aviones enemigos y envolviéndolos con su luz, según un movimiento lento e insidioso, mientras los aviones alemanes subían y bajaban, formando y deshaciendo nuevas y móviles constelaciones. Como en el *Entierro del Conde de Orgaz* de El Greco, abajo se abría otra escena: las señoras en camisón o en bata daban vueltas en el hall del Ritz apretando contra el viejo pecho despojado los collares de perlas. Había un aire entre el Apocalipsis, la lluvia de magma y el río de lava sobre Pompeya y Herculano, Feydeau y el *vaudeville*. Entre los aviones-constelaciones, los zeppelines, los golpes de cañón de la "Gran Bertha", el sonido de las sirenas, los reflectores, la explosión de las bombas tan cercanas, Proust daba vueltas excitado a través de las calles de París y los puentes sobre el Sena, volviendo a casa con el sombrero cubierto de pequeñas astillas de proyectiles.

Como en los años de Cabourg, su existencia rodaba de nuevo en torno a un gran hotel, el Ritz, en la Place Vendôme. No amaba a sus huéspedes, hombres y mujeres, y el cielo raso rococó, "horrendamente cómico", no turbaba sus fantasías. Le gustaba el hotel porque era muy caliente, cómodo y vacío; y porque tenía un aire tan de fin de estación, como el Grand Hôtel de Cabourg, cuando los huéspedes partían y él se quedaba solo en el hall o en el restaurante, donde las atenciones de los camareros eran todas para él. Le gustaba también porque, como decía Baudelaire en el *Voyage*, era *une oasis d'horreur dans un désert d'ennui*. Se aislaba completamente: si en el restaurante había mucha gente o insidiosas corrientes de aire, se hacía servir en una habitación, solo. Con su facultad para transformar cada lugar en una sede odiosa y amada de la Costumbre, se había adaptado a todo: la temperatura, el ambiente, las corrientes, incluso los huéspedes; y se sentía como en su casa. El Hôtel Crillon tenía una sola ventaja: estaba iluminado hasta las dos de la mañana, mientras que el Ritz se oscurecía a las nueve y media de la noche; y así en el Crillon, a pesar de sus camareros antipáticos, podía corregir las pruebas de las *Jeunes filles en fleurs*.

En el Ritz cenaba a menudo solo, y muy tarde. Una vez llegó a las once y media. Ya no estaban los cocineros en la cocina, pero igual obtuvo una carne asada con papas y verduras, una ensalada a la *vinaigrette*, un helado de vainilla y doce o quince tazas de café. Cuando ofrecía la cena a sus nuevos y viejos amigos, nadie podía ser más ostentoso: mientras él no comía casi nada, exigía que los *maîtres* sacaran a relucir las "frutillas más desproporcionadas, las peras más insensatas, el champán más impetuoso". Con los camareros era muy gentil. Los llamaba a todos por su nombre, con más familiaridad que si hubiesen sido durante treinta años miembros de su familia. Conversaba con ellos: amaba en ellos una cualidad para la que tenía una sensibilidad extraordinaria, la naturaleza servil, tanto mejor si venía mezclada con la naturaleza rufianesca. Atraídos por la gentileza y las propinas, los camareros estaban siempre alrededor suyo; se anticipaban a sus deseos, alguno se transformó en su amante; el *maître*, Olivier Dabescat, era para él "una especie de jefe de la policía secreta" que le proporcionaba las novedades y las charlas más tenebrosas. A veces Proust visitaba a los camareros en sus casas, o los invitaba a la suya. Una noche, cerca de las doce, uno de ellos, Camille Wixler, que vivía en la rue de Bourgogne, oyó que alguien golpeaba a la puerta de la pequeña habitación donde dormía con su amiga. Era Proust, que llevaba su gran abrigo negro forrado de piel. Se disculpó por disturbarlo y le preguntó si tenía algo para comer. El camarero le presentó a su amiga, que ya estaba en la cama, y le preparó la cena. La razón de la visita de Proust era sobre todo literaria. Quería que Wixler frecuentara por la mañana los mercados de fruta y verdura, especialmente los que se emplazaban en las calles, y tomara nota con cuidado de todos los *cris de Paris* y los llamados y las frases de los vendedores ambulantes.

Después de veinticinco años, Proust había vuelto a ver a Laure de Chevigné, el amor de su juventud, que ya tenía sesenta años. No sabemos si continuó encontrándose con ella, porque años antes Madame de Chevigné había quemado muchas cartas de aquel "indiscreto"; pero en estos años de renovada frivolidad mundana, la vio muy a menudo, en las cenas en el Ritz e incluso sola. Recordaba aquel lejanísimo 1892, cuando la había seguido por la avenue Gabriel, irritándola y aburriéndola con su cortejo. Entonces, cuando la veía, experimentaba una especie de "turbación dolorosa"; ahora, lamentablemente, no la experimentaba más, porque la turbación había emigrado hacia otros seres humanos, mucho menos dignos que ella. Pero en él había quedado la fijación, tierna, triste, casi servil, de aquel amor fracasado. Así continuaba adorándola y venerándola, con los tonos más extáticos: "Usted..., lo quiera o no, vive en mí, en la 'luz de la eterna mañana' ". Le decía que pensaba siempre en ella, con dolor; que la encontraba bellísima, como había sido una vez ("no más, porque no había cambiado"), con sus ojos azules y ese aire de Diana cazadora. Nunca la olvidaría. Y agregaba con un cumplido de colegial: "Y en cuanto al resto, ¿sus ojos no nos dicen: 'No se olviden de mí', porque efectivamente son nomeolvides?"

Estaba por publicar el *Côté de Guermantes*, en donde la cabeza de pájaro de Madame de Chevigné y los ojos azules, la nariz arqueada, los labios finos, la estirpe en decadencia de una diosa y de un pavo real se habían transformado en la figura de Oriane de Guermantes. Proust le aseguraba que había sido y era su Laura: "La eterna historia de Petrarca y de Laura, toma todas las formas, pero permanece verdadera"; y hubiera querido hacerle de guía en el gran libro, indicándole todos los lugares en los que una mirada, una actitud, una magia, un sombrero con flores de lis le pertenecían. "Si solamente le gustara la mitad de lo que le gusta al narrador (que en el libro está loco por usted), me sentiré recompensado". Su recuerdo impregnaba la novela, como un perfume; o como en aquella iglesia de Brou, en donde Margarita de Austria había hecho esculpir en todos los pilares las iniciales de Filiberto el Bello, mezcladas con las suyas. Pero Proust se sintió desilusionado. Madame de Chevigné no quería ser considerada su Laura. Se ofendió. No leyó el libro. "No puedo leerlo", decía, "me enredo los pies en sus frases". Juzgaba a Proust como un esnob aburrido.

Proust imploró a Cocteau, que era amigo de la Chevigné, que le leyera al menos las páginas del *Guermantes* en donde había representado a Oriane. Madame de Chevigné se negó a oírlo. Entonces Cocteau escribió a Proust: "Después de todo, querido mío, Fabre no le pidió nunca a los insectos que leyeran sus libros". Proust quedó "ulcerado" por no recibir ni siquiera una carta de su vieja Laura. "Sucede", agregó amargamente, "que ser desconocido a veinte años de distancia por una misma persona, bajo formas igualmente incomprensibles,... es uno de los únicos grandes dolores que puede experimentar al final de la vida un hombre que ha renunciado a todo". Para vengarse, definió a Madame de Chevigné como "una gallina coriácea, que una vez tomé por un pájaro del Paraíso". Esta vez no se había equivocado. Madame de Chevigné era de verdad una "gallina coriácea". Pocos años después, Paul Morand la describía así: "Su máscara descarnada de viejo payaso trágico, su nariz de Polichinela, su boca de acento circunflejo y su voz de alcoholizada, sombría, que parecía salir del fondo de un subterráneo". Más encantador era que, en 1917, Proust la hubiese visto en su imaginación como era en la juventud: con los ojos muy azules y la apariencia de un pájaro mitológico, caminando altanera por la avenue Gabriel.

Mientras Proust frecuentaba el Ritz, amaba a la princesa Hélène Soutzo, de familia griega y rumana, que vivía en el hotel. Según Lucien Daudet, se parecía a una Palas Atenea que se hubiese comido una lechuza. La princesa invitaba a menudo a Proust a cenar en el apartamento del Ritz, solo o en compañía de Paul Morand, su amante y futuro marido, o con muchos huéspedes; y aquel salón se volvió para él "el cuadro y la iluminación de su aparición siempre nueva". Iba tan a menudo que se cansaba y volvía a casa "casi muerto". Introdujo a la princesa y a sus propias visitas incluso en el *pastiche* que compuso en esos tiempos, escribiendo en nombre de Saint-Simon: "Es bastante conocido por todos que es la única mujer que, para mi desgracia, consiguió hacerme salir del retiro en el que vivía... Sus gracias me habían encadenado, y me movía de mi habitación de Versalles solamente para ir a verla". Las muchas cartas de Proust a la Soutzo están llenas de ternura, galantería, melancolía, dolor y lamento, de esa dulce pasividad en la que el amor –aunque no sea tan profundo como éste– arrojaba siempre a su espíritu.

Cuando Paul Morand se fue a Italia, Proust se ocupó de una pequeña operación de apendicitis a la que la princesa tenía que ser expuesta, con toda la inmensa atención, la energía obstinada y la dedicación de que era capaz. Recibía noticias, enviaba noticias, daba consejos y consuelos, como si se hubiese tratado de una cuestión de vida o muerte. Le aseguró que la operación habría hecho aumentar su belleza. El día después de la anestesia, el rostro de la princesa habría adquirido una "palidez maravillosa", haciendo de ella un "mármol momentáneo", con aquel no sé qué "desgarrador e infinitamente atractivo" que el sufrimiento despierta siempre en los corazones. Y cuando la operación se llevó a cabo, recogió los ecos entusiastas del mundo de las doncellas: Antoinette, criada de la Soutzo, había dicho a Céleste, la criada de Proust, que no se podía "imaginar qué graciosa está la princesa después de la operación". Después, como un viejo médico que conocía todas las transformaciones de las almas y los cuerpos, le recomendó que se abandonase a la obra de metamorfosis, de muerte-resurrección, realizada por la convalecencia en su carne en flor. "La naturaleza descansa, se prepara para el restablecimiento de lo que ha sido herido. No hace falta alejar ninguna de las fuerzas secretas que colaboran en esta obra misteriosa. Si ha sabido prolongar la convalecencia, tarde o temprano estará completamente curada".

En realidad, el enfermo era él; y nadie podía operarlo y calmarlo y encaminarlo a la convalecencia. Como siempre le sucedía, las cosas más mínimas lo golpeaban y lo herían, volviéndose insoportables y trágicas. La noche del 16 de diciembre de 1917 , en casa de Polignac, había propuesto a la princesa acompañarla de regreso a casa (durante toda la noche había estado cultivando esta esperanza), pero ella le había respondido: "No, vuelvo con Beaumont". Conservó el trauma, el golpeteo del corazón de aquella noche durante quince meses. Cuando, en el verano de 1918, la Soutzo partió para Biarritz, él continuaba cenando en el Ritz, en recuerdo y en culto a ella, como los gatos que huelen cada día el diván donde su patrona ausente tenía la costumbre de tenderse. El 28 de agosto la Soutzo volvió a París; se hizo presente ante Proust el 11 o el 12 de septiembre; después de dos semanas, que habrían podido llenarse con visitas y discursos, supo que había vuelto. Se sintió completamente excluido. Temió no volver a verla nunca más; fue asaltado por una especie de fobia, y, para vencerla, cuando iba al Ritz, se esforzaba por mirar hacia el ascensor, de donde ella podía aparecer. Se formó en él una especie de "idea fija". Todo había terminado entre ellos; incluso si nunca había existido nada o casi nada, sólo una fijación amorosa de parte de Proust y alguna palabra amable de la princesa. Casi no volvió a verla. No volvió a empeñarse en ir al Ritz; no tenía más los ojos cansados; había engordado y tenía un aire un poco menos viejo. Pero la última carta de adiós, o casi de adiós, que le mandó, no la escribió: la *lloró*. "Léala lágrima a lágrima, si está contenta de haber sido amada".

Como le había sucedido con Fénelon y Bibesco, el amor de Proust fue doble: si dejaba caer sus propias lágrimas por la princesa Soutzo, amaba un poco también a Paul Morand, su amante, que estaba por publicar *Tendres stocks*. Si bien estaba en los comienzos de su carrera, lo veía ya como un verdadero diplomático. Adoraba su pulcritud, su lucidez, su disposición, su cruel velocidad, que sobrepasaba los tiempos ya veloces. Estaba allí, y de pronto estaba en otro sitio. Lo encontraba muy dandy, pero sin *politesse*. Como un verdadero Metternich, o un diplomático del siglo XVII, espiaba con los ojos, pero también con la boca, porque "una cierta apertura de los labios era en él más significativa que las miradas". Lo fascinaba porque le parecía diferente, cambiante, innumerable. Unía la malicia a la gravedad, la sensualidad a la unción piadosa. Era un fauno, y hubiera debido danzar en el escenario, en lugar de Nijinsky, el *Atardecer de un fauno*. Era refinado como Stendhal, sutil como el conde Mosca, ingenuo como un hijo de María o un niño del coro, amoroso y aventurero como Fabrizio Del Dongo. Era duro e implacable como un Rastignac que se hubiera vuelto terrorista. Era seco, pero escondía una extraordinaria amabilidad y nobleza de ánimo.

Este juego ambiguo de rostros, de máscaras y de matices fascinaba e inquietaba a Proust. Entre él y Morand existieron al principio malentendidos, que en parte fueron causados por la elegante sequedad de Morand, tan lejana a la efusividad de Proust. Cuando Morand fue transferido a la embajada de Roma, Proust experimentó las grandes angustias que le causaba cualquier separación: no soportaba físicamente que debiera partir dentro de diez días, y que al día siguiente faltaran solamente nueve, y tenía ganas de dar vuelta la cabeza mirando a una pared y tomar tal dosis de Veronal que se despertara cuando Morand ya estuviera en Roma. Sobre todo temía que su dolor no durase, y que en el futuro se habría olvidado de Morand y no hubiera sufrido por él. Como siempre, trataba de encontrar en la vida la confirmación de la filosofía de la *Recherche*. Esta vez no hubo confirmación. Tuvo razón Céleste, que le había dicho: "El señor nunca olvidará al señor Morand". Continuaba pensando en él; su rostro estaba siempre presente, recordaba las más mínimas arrugas de su sonrisa, la simplicidad de su afecto. "Mi tierna amistad no se debilita como un recuerdo muerto, sino que se profundiza como una realidad viva y fecunda". Comprendió que amaba a Morand, y que Morand lo amaba.

En octubre de 1919, Paul Morand publicó la *Ode à Marcel Proust*:

Sombra,
nacida del humo de vuestras inhalaciones,
el rostro y la voz
devorados por el usufructo de la noche...
....
–¿Quizás no ha visto nunca el sol?
Pero lo ha reconocido, como Lemoine, tan verídico
que vuestros árboles frutales en la noche
han dado flores...
... Proust, ¿a qué fiestas vais en la noche,
para volver con los ojos tan cansados y tan brillantes?

¿Qué terrores prohibidos a nosotros habéis conocido
para volver tan indulgente y tan bueno?
¿Y conociendo la fatiga de las almas
y lo que pasa en las casas
y que el amor hace tan mal?

No sé si Morand conoció, o sospechó algo, de las visitas nocturnas de Proust al burdel de Le Cauziat. Pero de todas formas no tiene ninguna importancia. Nadie comprendió con tal precisión, antes o después de Morand, cómo la *Recherche* nacía de un profundo conocimiento interior del mal: de una complicidad con el mal. Y cómo el fruto de este conocimiento son los "ojos indulgentes y buenos" de Proust, la virtud de Mademoiselle Vinteuil, la bondad cansina y sentimental que se insinúa en cada página de la *Recherche*.

Proust respondió con una larga carta. Con su habitual gentileza, comenzó aprobando el trabajo de Morand: "No puedo reprobarte por haber publicado tu *Ode*. El sacrificio de cualquier preocupación ajena y en particular los deberes de la amistad hacia la literatura es un dogma que no practico, pero al que adhiero enteramente". Justamente allí estaba la primera reserva: este dogma, de hecho, él no lo *practicaba*; él nunca habría causado un dolor tan grande, mientras que Morand había golpeado el corazón "de un amigo desarmado por su misma ternura". En cuanto al corazón de la *Ode*, fingió no haber comprendido; quiso sobreentender el texto de Morand, porque sabía muy bien que poseía el mismo conocimiento del mal que poseía Mademoiselle Vinteuil, y que justamente este conocimiento lo volvía tan lúcido y bueno. Tenía miedo. Se sentía herido, ofendido, denunciado; no deseaba ser ofrecido al odio del público, le temía, no quería que alguno reconociera en sus rasgos los de una lesbiana y una sádica. Concluyó con una explosión de odio: "Me has arrojado a ese Infierno que Dante reservaba a sus enemigos". Después perdonó a Morand. La amistad continuó, pero ya sin aquel fervor amoroso. Al año siguiente le escribió: "Tú, tú eres infinitamente gentil, pero no eres *bueno*". Morand no había descendido, como él, a los abismos del mal.

Muchos años antes, en uno de sus intermitentes asaltos de maldad, Robert de Montesquiou dijo a Proust que, dada la energía natural de su raza, hubiera hecho mejor en dejar la literatura y dedicarse a otros asuntos. No se había equivocado. Proust era un especulador nato –pero un especulador que siempre perdía, obedeciendo a una propensión natural hacia el desastre. Había heredado del padre, y sobre todo de la familia de la madre, una rica cartera de títulos, títulos sólidos, de cada país, poseídos por las buenas familias de Francia, que le habrían asegurado una tranquila vida de *rentier*. Pero él no se contentaba con tan poco. Leía con pasión las "noticias financieras" en los periódicos; con una jactancia ingenua, pretendía tener alguna noción de cosas prácticas, mientras su "pobres padres" no habían tenido ninguna confianza en él; y pedía consejos, arriesgaba propuestas, imaginaba ventas y adquisiciones, guiaba al inquieto frente móvil de sus acciones como el más experto de los generales financieros. Todo lo que hay de sórdido, deshonesto, aventurero y desleal en la realidad de los negocios despertaba en él un placer infantil, como en Balzac; lo fascinaba irresistiblemente, y esperaba que sumergiéndose en los coloridos reinos del Fraude, ganaría montañas de oro. No era solamente una pasión secundaria. Como en la *Comédie humaine* o en *El hombre sin atributos* hay, en la *Recherche*, un lado azaroso: un escritor está sentado ante la *roulette* de la literatura, y apuesta sumas cada vez más altas, a un setenta y uno, a un ochenta y tres, o a un *impair*, hasta descubrir el único número ganador.

Nunca se movía por su cuenta. Tenía entre sus amigos muchos consejeros financieros, y, especialmente, en el Banco Rothschild. A los que más amaba era a los consejeros oscuros, amigos "competentes" o pequeños agentes de cambio y comisionistas de bolsa que tenían relación con el Losco, y a los que no podemos dar un nombre. A partir de 1908 acudió a menudo a un consejero privado, Lionel Hauser, que conocía a Proust desde la infancia y trabajaba en París para el Banco Warburg. Era un hombre inteligente, lúcido, escrupuloso, muy honesto, muy preciso, muy amable; dotado, quizás de manera excesiva, de buen sentido, que combinaba con una pequeña dosis de megalomanía. Algunas veces era bromista, aunque eran las bromas de un banquero: "Te agradezco tus augurios de año nuevo, que me apresuro a restituirte con intereses compuestos a una tasa considerablemente superior a la del interés legal". Además era teósofo: adoraba a Madame Blavatzky, escribió un modesto libro teosófico-educativo, *Les trois leviers du monde nouveau*, que Proust trató en vano de que obtuviera algún comentario en los periódicos.

Nada, en su abundante epistolario, es más divertido que ver las cotizaciones de los títulos rusos y norteamericanos cruzándose con la transmigración de las almas, con la chispa divina de la individualidad y la persona transitoria que varía con cada encarnación. Hauser sentía por Proust un gran afecto, que escondía detrás de sus modales huraños de banquero-teósofo, pero lo despreciaba por su incompetencia práctica, por su sentimentalismo lacrimógeno, por su lado de caprichoso *enfant gâté*, y, especialmente, por su amistad con los ricos y los aristócratas, a los que odiaba como si fuera un revolucionario. Lo consideraba un caso extremo; vistos sus fracasos en *esta* vida, no se esperaba nada bueno para la próxima encarnación, que sin duda lo encontraría bajo forma de escarabajo o ratón. A menudo fue duro con él: le dijo amargas verdades que Proust no quería o no podía escuchar. Pero, en el curso de más de diez años, se comportó con él con una paciencia y una amabilidad admirables.

Con su instinto de especulador, Proust no soportaba que sus acciones le rindieran el 2,5 o el 3 por ciento, como las honestas acciones europeas. Quería intereses altísimos: 6,5 o 7 por ciento, que habrían demostrado al fantasma del padre y de la madre su genio como hombre de negocios. Así, ya en octubre de 1908, escribiendo a Reynaldo Hahn, comenzó a fantasear en lenguaje baudelairiano: "Ahora mi espíritu que el balanceo acaricia viaja entre las minas de oro de Australia y el ferrocarril del Tanganika y se posará en alguna mina de oro que espero sea merecedora de su nombre", y además estaba *El Banco español del Río de la Plata* y la *United Railways* de La Habana y *Tram, Light and Power* de Río de Janeiro, y un préstamo de la provincia de San Juan y muchas otras acciones africanas y suramericanas, todas listas para su deseo. El deseo se precisó: quería *El Banco del Río de la Plata* y *Tram, Light and Power*. Lionel Hauser se lo desaconsejó. Algunos meses después Proust se enamoró de las acciones del Puerto de Pará, y si bien Hauser le explicó que eran una estafa, igualmente las compró. Enseguida el capital de cada acción bajó cien francos, sin que nunca recibiera dividendos. En marzo de 1912 perdió cuarenta mil francos jugando a los vencimientos con acciones mineras. El gran desastre tuvo lugar en 1913, cuando Proust (al menos según lo que dijo a Céleste) perdió ochocientos mil francos, algo así como tres mil millones y medio de liras de hoy. Ningún documento permite reconstruir los hechos. Con toda probabilidad, Proust obtuvo informaciones secretas: alguien le pintó con oro los negocios que habría podido hacer comprando acciones rusas y norteamericanas: *Ural Kaspian*, *North Caucasian Oil Fields*, *Oriental Carpet*, *Spassky* y, sobre todo, *Doubawaïa Balka*, además de *Tramways de México*. No tenía dinero en efectivo, y pidió un crédito a su banco. Las acciones cayeron precipitadamente y no dieron dividendos; y Proust se vio obligado a pagar cada año una gran suma de intereses al *Crédit Industriel*.

Durante estos años Proust declaraba que estaba arruinado, pero ignoraba realmente hasta qué punto lo estaba. Sus títulos, descontados los intereses que pagaba al banco, le rendían diez mil francos al año, mientras gastaba seis mil francos en remedios y pagaba siete mil francos de alquiler. Interpelado una vez por Proust, Lionel Hauser se hizo cargo de sus cuentas en octubre de 1915: consiguió aclarar un poco aquel terrible enredo (al que probablemente contribuía la mala administración del banco) y con gran lucidez se puso al frente de la situación. Había una sola posibilidad: Proust tenía que vender una parte de sus títulos para anular el débito con el *Crédit Industriel*; de esta forma, las entradas anuales habrían vuelto a subir de diez mil a veintisiete mil francos. Al principio Proust se asustó. No creía ser tan pobre: *Comment en un plomb vil l'or pur s'est-il changé*, decía parodiando al *Athalie* de Racine. Después acusó a Hauser de obedecer a la moral de la Iglesia: "Me parece que no está muy lejos de aconsejarme que venda en las peores condiciones, para que el castigo sea más expiatoriamente purificador". Al final, inclinó la cabeza, agradeció a Hauser y aceptó.

Así comenzó uno de aquellos deliciosos *vaudevilles*, que hacen divertido el conocimiento de la vida de Proust. Lionel Hauser debía vender las acciones de la *Ural Kaspian*, las de la *North Caucasian*, las de la *Spassky* y las de la *Doubawaïa Balka*, pero eran acciones casi sin mercado, y además el ejército alemán avanzaba en territorio ruso y la Revolución se acercaba. Sobre todo las acciones de la *Doubawaïa Balka* eran invendibles: en las cartas de los años de la guerra asistimos a un continuo ballet, en el que éstas ahora subían, ahora bajaban, ahora estaban a 255, ahora a 17 0, ahora a 190, ahora a 204, ahora a 215, ahora a 220, ahora a 175; después saltaban (a causa de falsas noticias) a 235; y después se eclipsaban por largos períodos, y no se sabía ni siquiera si existían o habían desaparecido de la faz de la tierra. Muy hábil y atento, Hauser insistía: apenas podía, vendía alguna, aunque sufría por tener que venderlas a bajo precio. Proust seguía con atención estos intentos; por un lado amaba un poco a sus acciones infieles y fugitivas, por otro comentaba los acontecimientos con una alegría pícara, coronando a Hauser "príncipe de la Doubawaïa", como Napoleón había coronado al mariscal Ney "príncipe de Moscú". No por esto renunciaba a sus locas ideas especuladoras; continuaba soñando con negocios maravillosos; y en 1916 preguntaba a María de Madrazo si no había algún golpe "sorprendente" para realizar en títulos de minas de oro, mientras en marzo de 1919 hubiera querido dar su dinero a los bancos rumanos, que, según había oído, daban el 12 por ciento de interés. Cansadamente, pacientemente, Hauser aconsejaba, pero siempre volvían a sonar nuevas campanillas, siempre nuevos fuegos se encendían en la colorida e infantil fantasía de Proust.

Al final, el contraste entre Hauser y Proust salió clamorosamente a la luz. En octubre de 1918, Proust confesó con candor a Hauser que había gastado treinta mil francos en "un amor del pueblo, y en socorros filantrópicos relacionados con él": o sea, probablemente, para comprarle trajes lujosísimos y quién sabe qué regalos a Henri Rochat, un camarero del Ritz que vivía en su casa, repitiendo más fastidiosamente aún el destino de Agostinelli. Hauser se indignó: Proust echaba a perder su desesperado trabajo por salvarlo de la miseria; en la última encarnación debió haber sido un "hidalgo español, un tipo como el duque de Osuna, que creía, porque poseía una gran riqueza, que todo le estaba permitido" (y murió con una deuda de cuarenta y cuatro millones). De esta forma, con las reservas que le quedaban, tuvo una nueva idea: abrir una renta vitalicia, que habría impedido a Proust dilapidar su capital y le permitiría un modesto bienestar. Proust no quiso saber nada de esa propuesta: detestaba el modesto bienestar burgués que le proponía Hauser, tenía la firme intención de dilapidar su capital y morir rápidamente.

Hubo un intento de invitarlo a cenar a casa de Hauser, que Proust rechazó; contrapuso una invitación a Monsieur y Madame Hauser a cenar en el Ritz a las nueve menos cuarto de la noche, "para que tú te liberes de las restricciones, bebas champán y por una vez no prediques la economía".

Hauser se ofendió: ¿por qué comer a las nueve en vez de a las siete? Y además detestaba el Ritz, y todos esos restaurantes carísimos para "gente chic", donde se comen sólo alimentos artificiales, mientras existían tantos honestos y modestos restaurantes "familiares". Así la idea de la cena se disolvió y evaporó en el aire, con gran alegría para Proust. Pero se disolvió también la amistad entre Proust y Hauser: hubo peleas y disputas, incluso escabrosas; y el 26 de noviembre de 1919 Hauser entregó su dimisión como "consejero financiero". "Mi misión terminó". Quizás Proust no se sintió muy dolorido. Había recibido el premio Goncourt, y por primera vez ganaba con la pluma: pero no soportaba el atardecer de las amistades. "Es cierto, materialmente es una gran desventura para mí. Pero, incluso si fuese una felicidad, el dolor sería igual. No me acostumbro a las cosas que terminan".

VI. 18 DE NOVIEMBRE DE 1922

En las cartas de sus últimos años de vida, aparece otro Proust. Tenemos la impresión de que se hubiera alejado: no estaba más *aquí*, entre la multitud de seres vivos que trataban de penetrar en su nueva casa, la habitación llena de humo de la rue Hamelin, donde sólo una pequeña lámpara verde recordaba que afuera existía la luz. Seguía queriendo a los viejos amigos, pero ya no necesitaba verlos; como un egipcio de los tiempos de Keops, se había hecho "dobles" de ellos, que poblaban su memoria y le hacían compañía. Todas las personas que había conocido –por muchas de ellas había despedazado su propio corazón– estaban confundidas con la masa de personajes que poblaban la *Recherche*. Este poblamiento no era total: una parte del alma había quedado delicada y vulnerable como una vez; y allí necesitaba todavía afecto y ternura. La amistad de los jóvenes le daba placer. Pero ya no tenía fuerza para amar. Había comprendido que, al menos para él, la palabra felicidad ya no tenía sentido. A pesar de tantos signos y tantos errores, durante muchos años había creído que pertenecía al mundo. Ahora se daba cuenta de que su diferencia era irremediable. "Vine como extranjero, y me iré como un extranjero", declaró a Pierre Lafue en abril de 1921. "La vida de un artista no es más que una larga ausencia: él está en otra parte. Todo, aquí abajo, es hostil".

Vivía sólo para su libro, que continuaba moviéndose dentro suyo, desplazándose, exigiendo siempre la construcción de nuevas alas, torres, arcos, dinteles, o detalles que probablemente nadie habría observado, como nadie observa ese ángel o ese monstruo esculpidos en la cima de la catedral de

Amiens y de Chartres. No tenía tiempo: la muerte lo hostigaba. De esta manera usaba todos los minutos libres: los días, las noches, todo aquello que podía arrancar a la "conversación". Si Jacques Rivière le pedía un ensayo sobre Dostoievski, que por otra parte habría escrito con sumo placer, respondía: *Non possum descendere, magnum opus facio*, como el profeta Nehemías, que apenas había terminado de reconstruir los muros de Jerusalén y estaba por fijar los batientes de las puertas. Y después, como la muerte estaba tan cerca, tenía que pensar en el futuro de sus libros: ediciones agotadas, reediciones, ediciones populares. Mientras estuviera vivo, tenía que ocuparse de la vida y la nutrición de ellos, como la avispa excavadora de la que habla Fabre, que provee a sus pequeños de carne fresca para que coman después de su propia muerte.

Cultivaba una especie de ilusión loca; no sólo la de ser conocido y amado, sino la de ser comprendido sin límites, sin reservas, sin sombras, por sus lectores, como si una obra de arte, inmensa y misteriosa como la *Recherche*, pudiese ser comprendida totalmente. El 13 de mayo de 1922, cuando el correo le llevó una carta de su querida, melancólica y bromista Madame Straus, fue muy feliz. Apenas recibía un volumen de la *Recherche*, ella comenzaba a leerlo. Decía: "Leeré durante un cuarto de hora..." Después el cuarto de hora pasaba, y ella seguía leyendo. El mucamo golpeaba la puerta y entraba en la habitación para anunciarle que la cena estaba servida, y ella decía: "Voy", y continuaba leyendo. El mucamo, tímido, se quedaba en un rincón, y no se iba; recién entonces ella, molesta por su presencia, bajaba a cenar. Después de la cena, volvía a subir a su habitación, y poco a poco, sin aire, volvía a tomar con prudencia el "libro preciado", y otra vez se zambullía en la lectura, hasta que el marido gritaba con vehemencia: "¡Pero es terrible, esta mujer que lee siempre, durante el día, durante la noche, lee, lee, lee siempre!" Sólo así Proust quería ser leído: sin detenerse nunca, con total participación del alma y del cuerpo, en las casas aristocráticas, en las burguesas y populares, y después en el *métro*, en el carruaje, en el tren, donde los lectores estaban tan presos de la lectura que no veían a sus vecinos y se olvidaban de bajarse en las estaciones.

Dostoievski había escrito que una de las desventuras más grandes de su vida de detenido había sido la de, durante cuatro años, nunca haber estado solo. Proust se maravillaba. Cada uno, y especialmente un hombre con una imaginación tan alucinante como la de Dostoievski, puede suprimir todo lo que está alrededor, hombres y cosas. Sostenía que hay presencias mucho más terribles: las presencias interiores. Un hombre completamente dominado por su enfermedad, que sufre continuamente de fiebre, que le impide dormir, respirar, levantarse de la cama, estaba mucho menos solo que Dostoievski en medio de los detenidos. Pensaba en sí mismo. Vivió sus últimos años en el mundo de la enfermedad y los medicamentos. Tomaba demasiados somníferos, y se hacía dar inyecciones de adrenalina y de cafeína para levantarse y salir de casa. A menudo se intoxicaba con dosis excesivas de Veronal; una vez, a causa de la excitación por no poder dormir, tomó una caja entera junto con dial y opio. Un día tomó por equivocación una dosis de adrenalina no diluida, y se quemó la garganta y el estómago, como si hubiese tragado ácido sulfúrico. Si queremos creer en un relato de Céleste, quizás hizo un intento por penetrar todavía más profundamente en el inconsciente, y por dos días estuvo durmiendo en el umbral de la muerte, a pocos centímetros de la muerte.

Las drogas destruyeron su organismo desnutrido y debilitado. Sufría de afasia, de parálisis facial, de vértigo. A veces no conseguía comunicarse ni siquiera con Céleste: los trastornos eran tan graves, que no podía poner un pie en el piso sin caerse. Sufría miedos terribles: probablemente todo dependía de una enfermedad del cerebro, y hubiera tenido que trepanarse el cráneo. O bien la falta de palabras era el comienzo de un ataque de uremia, similar al que había matado a la madre. O bien la verdad era todavía más atroz: pronto se habría vuelto completamente mudo. Nada de palabras con Céleste, con sus raros amigos, y los extraños que llegaban hasta la rue Hamelin. Esperaba poder conservar la lucidez de su mente. Entonces, encerrado en la tiniebla y el silencio, habría continuado la *Recherche*, hasta dejar caer la palabra fin. Los médicos lo tranquilizaban. No tenía ni uremia ni ninguna enfermedad cerebral. La afasia, el vértigo, los trastornos, dependían solamente de su abuso de drogas. Pero él, hijo y hermano de los médicos, nunca creía completamente en ellos: temía que lo engañasen.

Así la muerte –la Extranjera, hermana suya–, bajó a envolver la vida de Proust. Ni siquiera Kafka, que se hallaba inmerso en ella de una manera irremediable, estaba tan corrompido. Ni siquiera Tolstoi, que escribía cada noche en su diario: "Si mañana estoy vivo", la tuvo tan presente. La idea de la muerte era, para Proust, la inminencia, el día del advenimiento de Cristo para los primeros cristianos: "Este día, nadie lo conoce", dice San Mateo (24, 36). Como escribe en una página de la *Recherche*, la muerte ya estaba dentro suyo: el más absoluto presente. Adhería "al más profundo estrato de su cerebro": no podía darse cuenta de algo "sin que ese algo no atravesase antes la idea de la muerte", y tampoco si no se "ocupaba de nada y permanecía en el más completo reposo", la idea de la muerte le hacía compañía, "incesante como la idea del yo". Proust ya había conocido una sensación igualmente omniinvasora en tiempos de la guerra y con la muerte de Fénelon, pero nunca de una manera tan intensa. Las cartas no hacen otra cosa que repetir: la muerte ha tomado posesión de todo mi ser, soy un muerto vivo, muero sin morir, cada día desciendo "más rápidamente hacia el abismo, una dura escalera de hierro". Dijo más. Ya había muerto, y había resucitado, tal vez por última vez. "Pero ya estoy *muerto*. Y me levanto *de profundis* y todavía todo fajado, como Lázaro". Después bromeaba con los amigos, como si su relación con la Extranjera fuera sólo un juego, una broma amorosa, un *marivaudage*; y hablaba de su *moribonderie*, de su *moribondage*. Era aquello que Emerson llamaba "la frivolidad de los moribundos".

Después –amada, odiada, deseada, temida– vino la muerte. El 21 de octubre de 1922 los análisis revelaron una pulmonitis viral. En su larga enfermedad tuvo crisis de delirio, de las que nos ha dejado testimonio alguna carta, pero también momentos de extraordinaria lucidez y frivolidad, en los que se demoraba hablando con Paul Morand sobre el segundo divorcio de Madame Scheikévitch, sobre la guerra griego-turca, sobre una carta a Giradoux, sobre una estupenda carta de Madame Straus ("a la que extraño tanto") a Madame de Chevigné. Algunos meses antes había escrito: "Las conversaciones serias están hechas para las personas que no tienen vida espiritual. Las personas que tienen una vida espiritual... tienen necesidad, en cambio, cuando salen de sí mismas y de su dura fatiga interior, de una vida frívola". Como la Berma moribunda, continuó trabajando hasta los últimos días, torturado por la alta fiebre, el insomnio y una tos terrible; así recomendaba *La mort du loup* de Vigny, emblema de su estoicismo:

Rogar, llorar, gemir es igualmente vil.
Has enérgicamente tu corta y pesada tarea,
y después, como yo, sufre y muere sin hablar.

Corrigió *La Prisonnière*, con la que no estaba conforme, por cuarta vez; corrigió *Albertine disparue*; preparó los fragmentos para la *Nouvelle Revue Française* y redujo *La Prisonnière* y (tal vez) *Albertine disparue* para las ediciones *Œuvres Libres*.

Refutó todas las curas de los médicos, y casi cualquier nutrición. No quiso matarse, como alguno ha sospechado. Quiso vencer solo a la muerte, con sus débiles fuerzas, con las fuerzas inmensas de su libro, y aquellas que, de lejos, le prestaba la madre: sin pagar, sin llorar, sin gemir, sin hablar, sin pedir ayuda. Fue una locura. Hubiera bastado una cura médica para permitirle vivir y concluir la *Recherche*, todavía tan llena de vacíos, de discordancias, de arcos abiertos al abismo, de naves incompletas, de campanarios dejados por la mitad. Fue una locura: sólo el último cumplido de un hombre que, durante toda la vida, fue devorado por el deseo de lo imposible, de lo inmenso y lo extremo. El 18 de septiembre había escrito a Ernst Robert Curtius: "No hace falta tener miedo de ir demasiado lejos, porque la vida está más allá".

TERCERA PARTE

La Recherche

I. EL PRONAO, PRIMERA PARTE: LA MEMORIA, EL SUEÑO

Como tantas obras del siglo XIX, la *Recherche* nace del "deseo y la búsqueda del Todo". Los textos que se le parecen son el *Fausto II*, *La comedia humana*, *La guerra y la paz*, *Los hermanos Karamazov*, *La tetralogía,* hasta *El hombre sin atributos*, donde este deseo tiende al extremo y desmenuza el libro, porque la arquitectura no consigue expresar la fuerza que la sostiene: una analogía fatalmente incompleta.

La *Recherche* trata de recoger dentro de sí toda la tradición de la literatura, como había hecho Goethe con el *Fausto II;* de Homero a la Biblia, a Sófocles, a Virgilio, a Ovidio, a Dante, a *Las mil y una noches*, a Racine, a Saint-Simon, a Balzac, a Nerval, a Baudelaire, a Dostoievski y a Tolstoi. Están todos los géneros: desde la novela simbólica a la lírica, desde el ensayo a la novela psicológica, desde la novela-conversación al catálogo, desde las memorias a la *pochade*. Está la pintura: Botticelli y Mantegna y Carpaccio, Rembrandt y Vermeer, Monet y Elstir, que comprende en sí toda la pintura del siglo XIX. Está la música: Beethoven, Chopin, la *Sonata* y el *Septuor* de Vinteuil, donde se encuentran decenas de músicos. Y está el universo, con flores, ríos, ciudades, playas, pueblos, casas de campo, árboles, la luna, el sol, París, Venecia, salones y multitudes de seres humanos. Para escribir un libro tan desmesurado, Proust tenía la impresión de que debía multiplicarse. Necesitaba llamar a todos sus sentidos: la vista, el oído, el olfato, el gusto, el tacto; y a la intuición metafísica, y a toda forma de inteligencia, filosófica, psicológica, literaria. Y además un artista solo, el *escritor*, no bastaba.

Habría tenido que ser novelista, actor, filósofo, "perfumero, decorador, músico, escultor, poeta" e incluso crítico literario, como escribió en 1908 a Marthe Bibesco.

Tenía un modelo sobre los hombros, lejos en el tiempo; una de aquellas Catedrales-Libro, en Amiens, en Chartres, en Reims o en Rouen o en Bourges, que había estudiado en los libros de Ruskin y de Mâle, y que dominaban las ciudades francesas, con las casas y los negocios a sus pies. Aquellas catedrales eran la mejor encarnación del "deseo y de la búsqueda del Todo", porque eran parecidas a la Biblia y al *Summae*, e incorporaban consigo la naturaleza. Si el de Proust no era un libro sacro, habría tomado forma de libro sacro, de un "gigantesco poema teológico y simbólico", como Elstir define a la catedral de Balbec. Había incluso pensado en dar a cada parte un título arquitectónico, como *Pórtico I*, *Vitrales del ábside*, y después renunció a eso para no parecer demasiado pretencioso. La catedral gótica tenía dos veces la "forma del tiempo", porque lo volvía visible en su interior; y porque estaba inmersa en el tiempo atmosférico, en el sol, en la lluvia, en la niebla, en la noche, bajo el vuelo de los gorriones y las palomas. También Proust daría a su libro la "forma del tiempo", dándole el espesor casi monstruoso de los años y las estaciones. Pero le quedó un lamento. Él era solamente un escritor, que componía libros de papel. No había compuesto un libro de piedra, no había construido una catedral "viviente, esculpida, pintada, cantante", no podía sumergirla en la naturaleza, abandonándola a los rayos del sol, al acoso de la lluvia, a la cercanía de la niebla, al vuelo de los gorriones y las palomas.

En cualquier caso, el Libro-Catedral tenía que permanecer inconcluso. No a causa de la muerte, que Proust esperaba vencer o eludir: de tanto en tanto la llevaba dentro de sí mismo, de tanto en tanto la Extranjera habitaba su cerebro, él se había acostumbrado a ella, estableciendo una especie de convivencia, regulada por pactos recíprocos. Las razones eran otras. Por un lado llevaba dentro de sí, como Faulkner, el sentido de la derrota total hiciera lo que hiciese; la lectura de Ruskin (el que decía que "ningún grande deja de trabajar hasta que no alcanza el punto de derrota") lo había fortificado en esta intuición; y en los tiempos del *Contre Sainte-Beuve* pensaba que todo eso dependía de los tiempos modernos, en los cuales "las obras maestras del arte no son otra cosa que los restos del naufragio de las grandes inteligencias". Pero había una razón más técnica. La amplitud de la arquitectura era tan inmensa (se había extendido en tantos tiempos de su vida) que no habría tenido tiempo para terminar ciertas partes, las cuales habrían quedado esbozadas. Una vez explicó a Céleste, que a menudo tenía el don de Eckermann: "Vea, Céleste, quiero que, en la literatura, mi obra represente una catedral. Es por eso que nunca está terminada. Incluso si está construida, siempre hace falta adornarla con esto o con aquello, un vitral, un capitel, una capillita, con su estatuilla en un rincón".

Proust pensaba que las grandes obras del siglo XIX –*La comedia humana*, *La légende des siècles*, *La tetralogía*– tenían solamente una unidad retrospectiva. Balzac, Victor Hugo y Wagner habían compuesto obras ricas pero diferentes, obedeciendo a planes distintos; y después, de golpe, cuando todo ya había sido escrito, descubrieron que estas pertenecían a un ciclo unitario. No tenía completamente razón, porque otros libros del siglo XIX, inspirados "en el deseo y la búsqueda del Todo", como el *Faust II* y *La guerra y la paz*, habían conocido desde el comienzo una unidad constructiva, aunque luego hubieran atravesado cambios, refundiciones y ensanchamientos. Pero cuando Proust escribía estas frases sobre Balzac y Wagner en *La Prisonnière*, tenía en mente una idea opuesta. Su *Recherche*, mil veces transformada y ensanchada, no era un ciclo. No poseía "una unidad que se ignoraba", como *La comedia humana*: había nacido de un antiguo proyecto arquitectónico, que Proust hizo estallar apenas había comenzado a escribirla. Cuando el primer arco había sido construido, el último ya despuntaba en el aire. Proust se confiaba mucho de su capacidad como arquitecto. Estaba convencido de que el nuevo siglo sería distinto justamente por estas dotes: conocimiento de los instrumentos literarios, osadía y consciencia de la arquitectura.

La *Recherche* tiene otro carácter que la vuelve anormal: la amplitud del Prólogo, o, para usar el término tan querido a Proust, del Pronao. La *ouverture* de *La Ilíada*, de *La Odisea* y del *Orlando furioso* comprende pocos versos; la de la *Divina Comedia*, un canto; *Los hermanos Karamazov* tiene un epílogo, pero no un prólogo; *Moby Dick* comienza con una serie de citas; *Los demonios* contiene un "capítulo uno, a manera de introducción"; por lo general las novelas tienen dedicatorias, premisas, advertencias, justificaciones. Solamente la obra maestra de Kierkegaard, *Estadios sobre el camino de la vida*, comprende una serie sucesiva de dedicatorias, prólogos, introducciones, casi sin texto. Pero Proust no compartía esta vena de histrionismo metafísico. En apariencia, la *Recherche* es una verdadera novela. Y más nos maravilla que su Pronao comience hacia el final del libro, y se irradie hacia atrás, hasta comprender casi enteramente los dos volúmenes de *Du côté de chez Swann*.

La parte fundamental del Pronao es el mito de la Memoria. Este mito es el vitral más colorido y decorado del Pronao, pero también el ligero y robusto fundamento, la "piedra angular" de toda la Catedral, y al mismo tiempo la cúpula aérea que la corona. Está hecho con nada: un olor, un sabor, un sonido: nada es más inconsistente; y sin embargo, sin eso, el entero edificio caería en ruinas. Como un viejo albañil, Proust trabajaba en ella desde hacía muchos años. Había hecho el primer esbozo en el *Jean Santeuil*, una segunda aproximación en el *Contre Sainte-Beuve*; y en la *Recherche* lo desarrolló, lo enriqueció, lo transformó en aquello que no había sido nunca: un principio arquitectónico y novelesco que atraviesa fases sucesivas, de una derrota a una revelación.

Si queremos comprender el alcance, debemos compararlo con algo aparentemente remotísimo: las Ideas de Platón. No es cierto que Proust las recordase. Pero los recuerdos de la *matinée* Guermantes pertenecen al mundo de lo eterno y lo Uno, emanan luz, toman la única y suprema realidad, como las Ideas platónicas. Proust las compara muchas veces con las sensaciones despertadas por la *Sonata* o por el *Septuor* de Vinteuil, cuya naturaleza platónica es evidente. Su carácter distintivo está en el hecho de que son Ideas platónicas dadas vuelta, que no habitan el "reino supra celeste", sino esta tierra: el mundo de las sensaciones, del olor y del sabor, del sonido y la vista. Están aquí, luminosas apariciones y encarnaciones del Ser. Tienen un famoso precedente, que probablemente Proust no conocía: el *Urpflanze* de Goethe. También el *Urpflanze* era "una idea" platónica, como decía Schiller, pero era al mismo tiempo una experiencia terrenal, una verdadera planta que Goethe contemplaba con los ojos.

Sobre la memoria flota una figura protectora. La madre de Proust había muerto; él había creído que la había matado, o en todo caso se había echado la culpa; y al comienzo de la *Recherche* la hace resurgir como la madre de Marcel. Mientras la abuela muere, y el padre muere (aunque sea de un modo invisible), la madre no desaparece nunca; en las mismas horas en que Marcel toma el carruaje para alcanzar la *matinée* Guermantes, va al té de Madame Sazerat. Si en la *Recherche* la madre da gran parte de su vida (y su muerte) a la abuela, ésta adquiere una función que en la realidad no había nunca poseído: se vuelve la madre diosa protectora de la memoria, y del esfuerzo de la memoria. En aquella noche de invierno, cuando Marcel vuelve a casa tiritando, es ella la que ofrece al hijo una taza de té y la *Petite Madeleine*, de las que, como en el juego japonés de los trozos de papel, salen las flores del jardín de Combray y las del parque de Swann, y las ninfeas de la Vivonne y la gente del pueblo y sus casas y la iglesia. En Venecia, es ella la que guía al hijo en el baptisterio, donde las dos losas desiguales anticipan, con muchos años de distancia, los *pavés* del patio del Hôtel Guermantes, que suscitarán la revelación. En el momento fundamental, como todas las hadas que conducen casi hasta la meta a sus protegidos, la madre se aleja, para el aburrido té de Madame Sazaret. De cualquier forma, Marcel ya no la necesita. Si la madre está muerta y ha renacido, no podemos maravillarnos de que sobreentienda el reino de la muerte y la resurrección, al que pertenece la memoria.

En la *Recherche*, las cosas capitales nunca nacen de los esfuerzos de la inteligencia y de la voluntad, que hacen empalidecer las cosas. Adquirir las cosas supremas no depende de nosotros: solamente puede ser nuestra la espera, que en la *Recherche* se prolonga durante años, casi hasta la extenuación. El recuerdo metafísico es un don, y como todos los dones debemos recibirlo pasivamente. ¿Pero quién concede el don? ¿Quién hace despertar los recuerdos encerrados en la taza de té, en las piedras desiguales, en el sonido de la cuchara, en la toalla rígida? Un cristiano, como Proust no era (o era en parte) hubiera dicho: la gracia. Al comienzo de la *Recherche*, Proust dice con claridad: el nacimiento del recuerdo metafísico depende de la *casualidad*. Tenemos que aceptar su respuesta: todo el edificio de la *Recherche* se erige sobre la casualidad, la cual, sin embargo, nos envía solamente signos que conducen hacia el Ser y lo Uno, como están habituados a hacer los dioses. Por lo tanto los dioses, sin que nosotros lo sepamos, están jugando con nosotros. Nos lo confirma otro pasaje, en donde Proust sostiene que el recuerdo es, al mismo tiempo, el acto más necesario, porque nosotros no elegimos recordar: sufrimos la fuerza del recuerdo, que sube hasta nosotros con una violencia casi mecánica. Es el acto más libre, porque ignora la costumbre y sus repeticiones. Entonces, todo lo que contiene en sí mismo necesidad y libertad, todo lo que transforma la necesidad en libertad y la libertad en necesidad, todo lo que vuelve las cosas al mismo tiempo implacables y espontáneas, no es más que un poder divino.

Los recuerdos de Proust son exclusivos. Ninguno de ellos es suscitado por la visión de una persona: nunca sucede que Marcel ve a Oriane de Guermantes o a Charlus o a Bloch o a Legrandin, y esta visión despierta no un simple recuerdo, sino un recuerdo involuntario. Como las almas de los muertos, los verdaderos recuerdos son prisioneros de las cosas; y sólo una cosa –la taza de té, la piedra, la cuchara, la toalla– puede liberar la infinita masa de recuerdos –momentos, horas, lugares– que ella contiene. ¡Qué contenedores inmensos son las cosas! ¡Y cuánto nos parecen sus estratos, cada vez más íntimos y abisales! Todo eso tiene un significado, que ya hemos entrevisto leyendo el *Jean Santeuil*. Las cosas no están muertas –duras piedras, árboles desnudos, mar sin alma–: éstas, por el contrario, vierten inexorablemente su alma. Así pensaba también la época de Proust. En la literatura de entonces, desde Flaubert a Hofmannsthal, desde Pascoli a Pessoa, reinaba una grandiosa mística objetiva: la riqueza del alma, que la literatura romántica había cultivado, se había invertido en las cosas, inundaba las cosas, se insinuaba en cada poro de las cosas. El mundo de los objetos puros parecía haber desaparecido. Si bien se había entumecido en los objetos, el alma estaba por todos lados, todavía más indefinible e ilimitada que antes.

Si los recuerdos son prisioneros de las cosas, Marcel cumple recordando un proceso de liberación que no podría ser más vasto: saca a la luz a Combray, sus flores, su iglesia; una jornada de luz enceguecedora en Venecia, una hilera de árboles iluminada por el sol, una visión azul en Balbec, un "océano verde y azul como la cola de un pavo real". Una vez –y es uno de sus delitos más graves– Marcel aprisiona aquello que estaba libre: regala a la propietaria de una casa de citas algunos muebles que habían pertenecido a la tía Léonie. Cuando va a la casa, los recuerdos y las virtudes encarceladas en los objetos, apenados por el contraste al que los había sometido, le imploran que los libere, "como esos objetos en apariencia inanimados de un relato persa, en los cuales están encerrados las almas que sufren un martirio e imploran por su liberación". Una vez más, Proust roza, sin saberlo, un tema gnóstico. En la Cábala de Izchak Luria, las *Sefirot* divinas se han desmenuzado, y las chispas luminosas están por todos lados: exiliadas, degradadas, humilladas, prisioneras de los poderes demoníacos; colgando de las cosas como dentro de pozos helados, alojadas en los seres como en cavernas clausuradas. Cada fiel debe tratar de liberar estas chispas prisioneras, de reunirlas y restaurar la perdida unidad de la luz. Él no olvida nunca su deber. Hasta sus más humildes gestos cotidianos son gestos de redención. Si trabaja con amor escrupuloso la piedra, libera las chispas divinas prisioneras de la piedra; si sentado en su banco de zapatero maneja con precisión el cuero, libera las chispas prisioneras de las pieles; si se alimenta según el ritual, libera las chispas prisioneras de las carnes y las verduras; si limpia cuidadosamente su propia casa, libera las chispas prisioneras de los muros y de la zahína.

Al igual que en *La Odisea*, en la *Recherche* el recuerdo es un acto de necromancia. Ulises deja que los muertos mudos y sin memoria se acerquen a la fosa y beban sangre; entonces éstos vuelven a adquirir voz, intelecto y memoria, y relatan con honestidad su propio pasado. Esta trama homérica reaparece en la evocación frustrada de los árboles de Hudimesnil. "Creí más bien que [los tres árboles] son los fantasmas del pasado, los queridos compañeros de mi infancia, de mis amigos desaparecidos... Como sombras, parecían pedirme que los condujera conmigo, que los volviera a la vida. En sus gesticulaciones ingenuas y apasionadas reconocía el lamento impotente de un ser amado que ha perdido el uso de la palabra, que siente que no podrá decirnos aquello que quiere decirnos y que nosotros no conseguimos adivinar". Pero Proust era un necromante mucho más poderoso que Ulises. Mientras los espectros del Hades, una vez bebida la sangre, cuentan sus historias, "vagan como un sueño", en la *Recherche* (si la evocación fue conseguida) los recuerdos encuentran la palabra y se vuelven luminosos e inmortales. El arte proustiano de la memoria enseña que tenemos que olvidar, abandonando nuestros recuerdos y nuestros seres queridos en el Hades, dejando que ellos se vuelvan fantasmas, como los espectros de *La Odisea*; el olvido mata a la costumbre, y cuando éstos renacen, liberados por la gracia o por casualidad, fortalecidos por el polvo de la costumbre, conocen la resurrección eterna.

En la revelación final, los recuerdos principales son tres, número que subraya la totalidad de esta experiencia. El proceso de la memoria es una fulguración inmediata y velocísima, que sucede sin esfuerzo alguno, como todo lo que nos es *donado* por la casualidad o la gracia. Marcel tropieza con las piedras mal cortadas del patio, como una vez había chocado contra dos lozas desiguales en el baptisterio de San Marcos; y de golpe un profundo azul embriaga sus ojos, impresiones de frescura y de luz enceguecedora ondean en torno suyo: es Venecia. En el salón de Guermantes, un criado golpea una cuchara contra un plato, como el día antes un ferroviario había golpeado la rueda del tren en el campo abierto; Marcel experimenta una sensación de mucho calor, un olor a humo, divisa la línea de los árboles iluminada por el sol. Mientras se seca la boca con la servilleta, rígida como la toalla que había usado en Balbec, una nueva visión del azul, puro y salobre, pasa ante sus ojos, y el océano despliega "su plumaje verde y azul como la cola de un pavo real". Los tres pares de sensaciones no son "el eco", "el doble" uno del otro: se cubren, se identifican, son la misma sensación, la piedra desigual es *aquella* piedra, el sonido es *aquel* sonido, la servilleta es *aquella* toalla.

Sabemos lo que sucedió desde el *Jean Santeuil*, que anticipa a la *Recherche* casi en cada detalle. En Marcel, como en Jean Santeuil, vive un individuo que persigue las esencias. Pero esta persona no puede aferrar la esencia en el presente, porque la imaginación no participa, ni en el pasado, que la inteligencia de la memoria voluntaria deseca, ni en la espera del futuro, que la voluntad construye con los fragmentos del presente y del pasado. El metafísico, que vive en Marcel, encuentra las esencias permanentes y ocultas de las cosas solamente cuando un momento presente se identifica con un momento pasado: un olor ya respirado, un ruido ya oído, son respirados y oídos otra vez, "reales sin ser actuales, ideales sin ser abstractos", preparando aquella "nutrición celeste" que el alma moribunda esperaba. En aquel momento explota la luz: todo es luz, tanto la visión enceguecedora de Venecia como la línea de árboles iluminada por el sol, como el océano verde y azul de Balbec. Comenzada en las tinieblas del insomnio, la *Recherche* concluye con esta triunfal revelación de luz. Ya habíamos conocido esta sensación escuchando el *Septuor* de Vinteuil. También allí había luz; y había, además, "algo que se podría comparar con la seda perfumada de un geranio". Por lo tanto, también en el recuerdo está ese liso, ese sedoso, ese *fondu*, que es la calidad suprema de la obra de arte.

Encontrando la identidad del presente en el pasado, Marcel aísla e inmoviliza –por el tiempo que dura un relámpago– lo que nunca consigue detener: "un poco de tiempo en estado puro". Mientras la inteligencia separa y distingue entre ellas las distintas sensaciones, la memoria resucita la complejidad y la compactibilidad, sedosa como un geranio, de un momento vivido, con todas sus sensaciones, impresiones, relaciones, reflejos y ecos; la servilleta-toalla contiene al mar de Balbec, y el olor de la habitación del hotel, la velocidad del viento, el deseo de comer, la incertidumbre de los distintos paseos. Nada es más sólido y espeso, nada tiene más *volumen* y espesor que un momento proustiano; nada tiene más materia; ¡y sin embargo, qué leve es, cómo se purifica, cómo se vuelve inmaterial, sólo un perfume y un sabor! Marcel ha alcanzado algo que parece lo opuesto al tiempo (pero no al tiempo puro): lo eterno. Ya no teme las vicisitudes y los desastres de la vida, su ilusoria brevedad, las inquietudes del porvenir. La muerte le es indiferente. Poseyendo una analogía, ha alcanzado lo Uno, y su lengua no analítica. Así, finalmente, conoce aquella plena, estática, enceguecedora felicidad, de toda el alma y de todos los sentidos, que llena las páginas de la revelación, como las del *Septuor* de Vinteuil. Entonces la vida, que parecía tan siniestra en las últimas partes del libro, se vuelve "digna de ser vivida" y transformada en obra de arte. ¡Qué optimismo recorre hacia atrás la *Recherche*, y obliga a releerla con otra alegría!

La empresa es tan arriesgada como el descenso de Fausto a las Madres. La sensación trata de recrear en torno suyo un lugar antiguo, mientras el lugar presente se opone con todas sus fuerzas. El comedor del hotel de Balbec, con sus servilletas listas a recibir la puesta del sol, trata de sacudir la solidez del palacio de los Guermantes; fuerza sus puertas, hasta hacer temblar por un instante los divanes de la biblioteca alrededor de Marcel. El lugar presente queda vencedor, pero si no hubiese vencido, si Balbec y el océano y la habitación y el restaurante del hotel hubiesen penetrado en la biblioteca, Marcel habría perdido la consciencia, o habría resbalado *al otro lado*, en un pasado distanciado de él por lo menos diez años. Parece leer *El sentido del pasado* de Henry James. Además, la empresa es fugaz. Cuando había imaginado por primera vez el *Temps retrouvé*, Proust había pensado en una *Adoration perpétuelle* como la ceremonia ininterrumpida, consagrada al Sacramento en ciertas iglesias, durante la Semana Santa o en otros períodos solemnes de la liturgia católica. ¿Había imaginado un éxtasis ininterrumpido, una condición estable? En una entrevista tardía, Proust declaró la quiebra: "No hay éxtasis durable en este mundo". La *adoración perpetua* entonces no era posible. La cosa suprema y extrema que él podía representar era la eternidad entrevista por un instante: una visión fugitiva, frágil, y enseguida abandonada. Pero este instante le bastaba. Moviendo a partir de eso, partiendo de un olor, un sabor, un sonido o una sensación táctil, enseguida volatilizadas y perdidas, sirviéndose de la "piedra angular" más leve que haya existido jamás, Proust construyó la más robusta y grandiosa de las Catedrales.

En el sistema de la memoria entran a jugar solamente cuatro sensaciones: el olor y el sabor (en la taza de té con la *madeleine*), el tacto (piedras desiguales, toalla), el oído (ruido de la cuchara). No hay ningún rastro de la vista, que, para los Griegos, como dice Aristóteles en la primera línea de la *Metafísica*, era el sentido supremo entre todos los sentidos, el que contemplaba las estatuas, los países, los hombres y, al menos una vez en nuestra vida, hasta a los dioses, a quienes era posible *tocar* con las miradas. En cierto sentido, Proust nutría diferencias por la vista, y por lo tanto por la tradición griega de la luz-inteligencia, "como si el sentido de la vista estuviese más próximo a la inteligencia, fuese más abstracto, estuviese más lejos que los otros". Temía que la mirada le diese una visión "plana y superficial", un diseño lineal de las cosas, y no conservase el inmenso espesor del pasado.

En otro sentido, Proust es el verdadero continuador de los Griegos, como haría sospechar su metafísica de la luz. En la mecánica del recuerdo, todos los estímulos de los sentidos terminan en una especie de visión alucinatoria de lo real. Siguiendo la huella del olor y el sabor, Marcel *ve* la casa gris de Combray, el pequeño pabellón que da al jardín, y toda la ciudad, y las flores y los nenúfares; siguiendo el impulso del tacto, él *ve* el azul profundo y la luz enceguecedora de Venecia; siguiendo el llamado del oído, él *ve* la línea de árboles iluminada por el sol; siguiendo de nuevo el tacto, él *ve* el mar, la playa, el árbol de Balbec. Si integramos estas páginas con los pasos paralelos de las *Jeunes filles en fleurs*, descubrimos un himno al "profundo estupor" de la vista, preferido a la simplicidad estilizada del recuerdo. De pronto, como un explosión fantástica, la vista se vuelve el más supremo de los sentidos, que comprende en sí todas las otras sensaciones. Cuando la mirada ve a las *jeunes filles*, las huele, las toca, las saborea, las palpa, las abraza, las pesa, las acaricia, las posee, las consuela. La verdadera visión es una especie de acto canibalesco: así como las abejas divisan las rosas y extraen de ellas la miel, así como nosotros en una viña comemos los granos de uva con los ojos, así nuestras miradas comen la totalidad compacta y sensual del cuerpo femenino. Proust se lamentaba de la pobreza de nuestros sentidos, y hubiera querido tener un centenar de ellos. Para realizar este deseo, él intensificó cada sentido: llevó al gusto, al olfato, al oído y al tacto a la máxima agudeza; y después los concentró todos juntos bajo el dominio soberano de la vista.

No he hablado de la primera, más famosa y quizás más bella de las reevocaciones de la memoria: la de la taza de té y la *madeleine*, protegida por la madre-sacerdotiza. En realidad, éste no es un recuerdo involuntario perfecto, como la trinidad final, que ilumina la biblioteca del príncipe de Guermantes; Proust repite muchas veces que se trata de un primer recuerdo, sólo en parte conseguido, no conducido hasta la plena elaboración teórico-mística. En primer lugar no es luminoso, como lo era en el *Contre Sainte-Beuve* ("de los olores del geranio, de las naranjas, una sensación de extraordinaria luz, de felicidad"), donde alcanzaba su punto culminante. En segundo lugar, las tres revelaciones son fulguraciones analógicas casi instantáneas, donde la sensación y la cosa recordada se identifican y se sobreponen: cosa sobre cosa. Aquí, en cambio, asistimos a una lenta, dramática, fatigosa búsqueda que se lleva a cabo a tientas, hacia atrás y adelante, con paradas, dilaciones y saltos imprevistos, en los abismos de nuestro espíritu. En tercer lugar, la búsqueda finalmente se parece a la pura quietud mística: sin esfuerzo, estáticamente pasiva. Aquí, en cambio, Marcel elabora una complicada técnica espiritual, fundada ya sea en el esfuerzo, ya sea en la pasividad provocada, como ciertos místicos aconsejan desde el comienzo de sus ejercicios.

El espacio ha cambiado. En las tres visiones definitivas hay un sentido muy fresco de aire libre, de azul, de humo, de luz, de mundo real, aunque haya sido reevocado por la mente. En el caso de la *madeleine*, tenemos la impresión física de vivir entre las huecas paredes del cerebro, en donde Marcel realiza un descenso a los tenebrosos infiernos de su espíritu. Es una página extraordinaria. Estas detenciones, estos intentos, estos esfuerzos, estos descartes y violencias, estas concentraciones y fatigas, estas distracciones y vacíos, estos desplazamientos y sobresaltos, las lentas subidas, el ruido de las distancias atravesadas, las intuiciones, los confusos debates, las formas confusas, las pausas, las bajadas, los inútiles comienzos, y, en fin, la inadvertida aparición: ningún escritor, ni siquiera Giovanni della Croce o Valéry o Musil han conseguido representar con semejante intensidad "el oscuro país" de nuestra mente.

El otro vitral del Pronao está consagrado al Sueño, que surge como una aparente *ouverture* de la *Recherche*. Como ya sabemos, la verdadera *ouverture* está mucho más lejos, en la revelación a la *matinée* Guermantes; como un experto constructor de cajas chinas, Proust inserta el sueño dentro de la memoria, y después el sueño, a su vez, envuelve la segunda revelación de la memoria, la de la *madeleine*. Que el sueño, en cualquier caso, sea el comienzo, que las primeras líneas hablen de camas, de acostarse, de velas apagadas, de ojos que se cierran, de dulce y reposante oscuridad y después de despertares, revela una intención capital. El sueño es una mirada: Proust quiere ver el mundo de la vigilia con los ojos de la noche. Los ojos insomnes miran y lo retocan todo, de manera que la *Recherche* sale no de una taza de té, sino de una habitación llena de tinieblas. Cuando estas tinieblas hayan sido llevadas al extremo, hasta las noches de Sodoma, de Pompeya y de París, y pueda decirse que está agotada, sólo entonces podrá explotar, en la construcción de la novela, la revelación de la luz.

Entre las muchas cosas extraordinarias de la literatura está el hecho de que nos otorga una experiencia de las cosas que no conocemos. Este insomne, este hombre que dormía solamente consumiendo drogas en dosis casi letales, nos revela la dulzura, la ternura, el reposo, la frescura primaveral del sueño, como sólo los jóvenes las conocen. Recordamos a Shakespeare: "El inocente sueño, el sueño que entreteje la enmarañada seda floja de los cuidados, muerte de la vida de cada día, baño reparador del duro trabajo, bálsamo de las almas heridas..." (*Macbeth* II, 2); y Goethe: "Tú vienes como una felicidad pura, no rogada, no suplicada... Tu deshaces los nudos y los pensamientos duros, mezclas todas las imágenes de la alegría y el dolor; sin obstáculo cierras el círculo de las íntimas armonías, y envueltos por una locura placentera nos hundimos y dejamos de ser" (*Egmont* V). En el sueño proustiano, como en Shakespeare y en Goethe, nosotros participamos de la vida de los elementos: conocemos las ágiles fuerzas vegetativas de la naturaleza, nos volvemos las hojas de un árbol, el mar; compartimos la ininterrumpida metamorfosis y la metempsicosis del gran Todo, del que, quizás, saldremos como águilas y peces. Si el proceso de la memoria es muerte y resurrección, el sueño, el vitral que responde a la memoria en el Pronao, es la misma cosa: porque "nos hemos iniciado en el otro gran misterio de la anulación y la resurrección".

Proust tiene cuidado en no confundir el sueño con el inconsciente y las tinieblas absolutas: mientras dormimos, vivimos dentro de una luz atenuada, velada, como la que baja al fondo opalino de las aguas; en vez de experimentar la total ausencia de pensamientos, conocemos los "pensamientos velados por la mitad". Es cierto, vivimos dentro de otro apartamento, completamente opuesto (incluso si a veces es especular) al nuestro. Éste tiene sus sonidos, sus criados, sus visitantes, sus voces: su tiempo, a veces más veloz, a veces más lento que el nuestro; y es frecuentado por una raza andrógina, por objetos que se han vuelto humanos.

En otros lugares de la *Recherche*, el sueño no es solamente un apartamento cercano al nuestro, o que está sobre el nuestro. Con una mezcla de estupor y de horror, Proust desciende a los "reinos más elementales de la naturaleza"; se vuelve un animal arcaico, se sumerge en las aguas de los orígenes que rodean a la vida de la vigilia, como el mar que rodea una península. Tenemos la impresión física de que dormir es un descenso a las últimas profundidades de la tierra, "a galerías subterráneas", "al suelo y la toba", y al mismo tiempo a una "ciudad muerta". Dormir profundamente es entonces una empresa que sólo los verdaderos geólogos y los arqueólogos (o sea, los escritores) saben llevar a cabo. Agustín hablaba de las "cavernas incalculables de la memoria, incalculablemente repletas de cosas incalculables"; hubiera podido hablar de las "cavernas incalculables del sueño". Allá abajo no llega ningún reflejo de la vigilia, ninguna luz del recuerdo. Pero en el abismo, como sabía Fausto, se encuentran los tesoros.

Si nos abandonamos al momento que pasa, como Proust en Cabourg y Marcel en Rivebelle, conoceremos los placeres frívolos de la levedad, de la agilidad, de la ausencia de gravedad y de peso. Cuando dormimos profundamente, vivimos en lo que es denso, pesado, espeso, cargado de tiempo: "Nuestras percepciones están tan sobrecargadas, cada una de ellas espesada por una percepción sobrepuesta que la redobla", al igual que como sucede si efectuamos excavaciones arqueológicas en Micenas o en Troya, o indagamos en una sección de terreno la superposición de distintas eras geológicas, divididas entre ellas por pocos centímetros y por millones de años. Así el sueño es similar al espesor y al volumen y al peso del tiempo en la *Recherche*. Si descendemos tan profundamente, ¿cómo podemos sorprendernos si perdemos nuestro yo? Salimos completamente de él. Ya no somos nadie. No debemos entonces sorprendernos (tan violento y dramático ha sido el descenso a los estratos inferiores y la salida de nosotros mismos) si al despertarnos entramos en otro cuerpo. Nadie puede excluir que podremos recordar también la vida que, quién sabe cuándo, hemos vivido en el cuerpo de otro hombre.

En el sexto canto de *La Eneida*, Eneas desciende, junto con la Sibila, a los "reinos inaccesibles" de Dite. Llega a una gruta:

> Había cerca de allí una profunda caverna, que abría su espantosa boca, defendida por un negro lago y por las tinieblas de los bosques, sobre la cual no podía ave alguna tender impunemente el vuelo: tan fétidos eran los vapores que se exhalaban de su horrible centro, infestando los aires. (237-41)

La Sibila y Eneas atraviesan la puerta de los Infiernos, mientras Virgilio invoca:

¡Oh dioses, que ejercéis el imperio de las almas, sombras calladas,
Caos y Flegetonte! ¡Oh vastas moradas de la noche y del silencio!
Séame lícito narrar las cosas que he oído.
¡Consiéntame vuestro numen descubrir los arcanos del abismo y de las tinieblas!
Solo iban en la nocturna oscuridad,
cruzando los desiertos y mustios reinos de Dite... (264-9)

Allí se abre el palacio de Dite, donde tienen su guarida el Dolor y los vengadores Afanes, las pálidas Enfermedades y la triste Vejez, y el Miedo y el Hambre y la Pobreza, y la Muerte y el Sueño y el Trabajo y los malos Goces del alma... También Proust revela "las cosas sepultadas en la profunda tierra y en las tinieblas"; también él construye en los Infiernos el Palacio del Sueño, como había descendido a los Infiernos para evocar los recuerdos. Es un palacio extraño, que a veces parece una casa clásica de la Memoria, y a veces una ruina romana de Piranesi: llena de antros, de jardines, de pasos, de cuevas, de plataformas giratorias. En una luz siniestra y grotesca, que parece parodiar la construcción infernal de *La Eneida*, ésta recoge las enfermedades imaginarias y nerviosas, los sueños artificiales, los juegos de la memoria, los recuerdos de los sueños, que por la mañana serán irreconocibles; los sueños profundos, las pesadillas, donde aparecen los padres muertos, y la plataforma giratoria, que vuelve a llevarnos a nuestra casa cotidiana.

Todos estos apartamentos secretos, estas profundidades de la tierra, estas "cavernas incalculables", estas ciudades subterráneas, estos Infiernos, todo el reino de la Sombra debe ser llevado, Proust lo repite muchas veces, "a plena luz". Siendo joven había escrito: "Si el poeta recorre la noche, que sea como el ángel en las tinieblas, llevando la luz". La iluminación del inconsciente es extremadamente riesgosa: allí está el verdadero peligro en el descenso de Proust a los Infiernos. La inteligencia puede borrar la sombra, mientras que la sombra debe conservar su vida, su abismo, su terciopelo, su sedoso geranio. En un fragmento suprimido de la *Recherche*, Proust expuso su propio programa: para llevar a la luz las partes inconscientes del yo sin disecarlas en manos de la inteligencia, tenía que "llegar a conocerlas directamente", esto es, llegar al punto en que éstas se conozcan a sí mismas, llegar al punto en que en una pequeña parte, en ciertos momentos, se acoplen a la conciencia, "volviéndose reflectoras, como ha hecho nuestra carne bajo la frente, allí, donde se ha vuelto ojos". Es un arte difícil: obligaba a Proust a mantener sus pensamientos en la penumbra, que era la única que podía conservarlos frescos, misteriosos e inquietantes hasta el momento de encontrarles una forma adecuada. Se habla mucho de Freud, a propósito de Proust. Pero Freud, durante toda su vida, hizo lo opuesto, llevando brutalmente al inconsciente al pleno día y desmontando su tejido de transposiciones y sustituciones. Kafka, en cambio, tuvo la misma cautela que Proust. En sus libros, las tinieblas no pierden nada de su fuerza inquietante, de su viscosidad, de su irradiación; el inconsciente sigue siendo inconsciente; la razón no se interpone nunca con la mediación; y sin embargo el territorio desconocido sale a la luz y encuentra una forma.

Si bien he descrito el vitral del Sueño, olvidé recordar su función narrativa; éste, y no el vitral de la Memoria, es la verdadera Schahrazad de la *Recherche*. ¿No es verdad que cada Scheherezade cuenta su cuento durante la noche, antes de que llegue el "dedo alzado del día"? Es cierto que la empresa cognoscitiva y artística de la *Recherche* está permitida por la revelación final, por la fulguración analógica de la memoria involuntaria, que genera la vocación de Marcel, el cual comienza inmediatamente después a escribir el libro que estamos leyendo. Pero la memoria involuntaria no cuenta el cuento, o cuenta solamente el episodio de Combray, que es dos veces su hijo, en tanto fue generado ya sea por la revelación final como por el episodio de la *madeleine*. Todo el resto del relato de la *Recherche* nace de las *rêveries* primero "ondulantes y confusas" y después más claras, en la noche, cuando Marcel, ya despierto, se acuerda "de nuestra vida de un tiempo, en la Combray de mi tía política, en Balbec, en París, en Doncières, en Venecia, en otros lugares más", y las huellas de la existencia de Swann. Es difícil determinar qué función tiene este recuerdo en el complejo sistema de la memoria de la *Recherche*. No tiene nada que ver con la "memoria involuntaria" ni con la árida "memoria voluntaria" ni con la "memoria del cuerpo" ni con la "memoria orgánica" del sueño: tal vez ocupa un lugar que está a mitad de camino entre la memoria involuntaria y la memoria voluntaria, sin éxtasis ni sequedad. Podemos llamarla la *memoria del narrador*.

El vitral del sueño contiene dentro de sí un vitral más pequeño, dedicado a la dulce y lóbrega diosa de la Costumbre. Marcel no es distinto a Proust. En su relación con el universo está dominado por un delirio de inmovilidad: nada debe cambiar en torno suyo, ni los muebles de su habitación, ni mucho menos su habitación, porque cada cambio es ya el anticipo inconsciente, la oscura sombra del cambio fatal: la muerte de sus padres, la muerte de todas las cosas amadas, su propia muerte. Así, desde el comienzo (dentro del más largo período que Proust escribió jamás) él representa su propia angustia ante la muda realidad; no menos tremenda que la de Kafka. ¡Qué horror, qué sofocación, qué tragedia ante las cosas todavía no conocidas y domadas! Como Proust en la habitación de Fontainebleau, apenas Marcel entra en el cuarto del hotel de Balbec se siente intoxicado por el olor del *vétiver*, agredido por la hostilidad de las cortinas violeta y por la insolente indiferencia del reloj de péndulo, atormentado por el extraño y despiadado espejo cuadrangular, torturado por la altura desmedida del techo. "No teniendo más universo, más habitación y solamente un cuerpo amenazado por los enemigos que me circundaban, estaba solo, y tenía ganas de morir".

Entonces interviene la costumbre. El yo no puede vivir sino en un mundo que se le parezca; y la costumbre es la fuerza que llena la cámara del yo, que la interioriza y la espiritualiza, hasta que el espacio no es más que un lago interior, una infinita ampliación del alma. La fatiga es larga: Marcel sufre noches duras, acostado en su cama, con los ojos abiertos, el oído ansioso, el corazón que late; pero al final la costumbre cambia el color de las cortinas, hace callar al reloj, enseña piedad al espejo, disimula el olor del *vétiver*.

No hay más espacio, no hay más cosas completamente impregnadas de alma. La función de la costumbre es doble. Por un lado "anestesia" los dolores, atenúa los sufrimientos; Swann la conoce tanto como Marcel. Pero, por otro lado, vuelve más rígido al mundo, interrumpe el círculo alegre-trágico de la metamorfosis, la cadencia de la muerte-resurrección, que la memoria y el sueño portan consigo como un talismán.

Así la costumbre revela, a medida que nos internamos en la *Recherche*, el rostro opuesto al que nos había anunciado en su umbral. Mata nuestros placeres y nuestras alegrías, nos hace vivir menos intensamente, nos esconde el universo real y fantástico y sus encantos, nos ofrece los alimentos más anónimos, debilita nuestra memoria, nos hace sufrir. Si nos hace sobrevivir a las crueles violencias de la realidad, es un arte desolado, opaco, disminuido, del que Proust conocía cada instante, cultivaba y detestaba. Sin él, la vida se vuelve deliciosa, vemos las cosas con ojos nuevos, como un incesante milagro, una continua obra de arte. Y si queremos escribir, como Proust sugiere a Marcel, debemos matar a esta diosa gris que nos ha salvado la vida: grandiosa tragedia, que se repite cada vez que Proust echa mano a su pluma. La vivificación de la realidad, que él cumple a través de la incesante metamorfosis analógica, pasa a través del auxilio y el sacrificio moral de la costumbre. Y sin embargo nada escapa a la gran ráfaga de la *Recherche*. Todo es compacto y maravillosamente unitario. También la costumbre está inmersa en el ciclo de la muerte y la resurrección. Nos hace olvidar, y por lo tanto permite, incluso involuntariamente produce, la renovación del yo. El viejo yo no muere: un nuevo yo renace de las cenizas. No sabe casi nada de nosotros. No sabe casi nada del mundo; y se mueve en el agua como un pez en las aguas vivificantes del sueño.

II. EL PRONAO, SEGUNDA PARTE: LA CULPA, COMBRAY

En el Pronao se repite dos veces la escena del Pecado Original, relatada en el tercer capítulo del *Génesis*, y que aquí aparece en lugares y bajo formas diferentes. La primera escena es el episodio del beso materno, negado y después concedido, que constituye una especie de "acontecimiento primordial": éste vive desde siempre y para siempre en la memoria y en la imaginación de Proust, que lo antepone a los acontecimientos de Combray, porque no necesita de ninguna *madeleine* y ninguna taza de té para volver a evocarla. Esa noche, asomándose a la ventana, mandando una carta a su madre, imponiéndole el beso de las buenas noches, Marcel repite el pecado de Adán. Naturalmente, no come el fruto del árbol de la vida, pero su culpa tiene en el universo de Proust la misma función. Detrás de una ternura y dulzura engañosas y un claro de luna, se esconde la violencia de un tremendo pecado edípico, si bien Proust esconde la alusión de la manera más discreta. Habiendo subido otra vez a la habitación de su hijo, la madre le lee *François le Champi* de George Sand; lo lee con toda "la ternura natural, la amplia dulzura" que las frases reclaman; y omite las escenas de amor, de manera que su hijo no comprende que el libro habla de él. Si Marcel no comprende, nosotros, en cambio, comprendemos perfectamente: en *François le Champi* el hijo (aunque sea por pura elección) ama a su madre, quiere casarse y se casará con su madre; el mismo deseo colma el corazón de Marcel y de Proust.

Como en el *Jean Santeuil*, Proust expresa esta relación incestuosa a través de la vasta, melódica gama del lenguaje litúrgico cristiano. Allí, el beso de su madre era el *viático* que se daba a los moribundos, y que permite, a Jean Santeuil niño, atravesar los horrores de la noche y la muerte. Aquí se trata de una *hostia*: "[la madre] había inclinado hacia mí su rostro amoroso, y me lo había ofrecido para una comunión de paz donde mis labios hubiesen alcanzado su presencia real y la posibilidad de dormirme". Si también aquí el beso permite atravesar durmiendo las tinieblas, la relación entre el hijo y la madre es sobre todo una comunión, o sea, el momento de absoluta identidad incestuosa, donde el niño devora el cuerpo de la madre-Cristo. Él se apropia de este cuerpo para siempre, incluso cuando se encuentra lejos de la noche y de la vida, ya que el amadísimo tema de la *presencia real* significa tanto la presencia de la madre en el beso como su presencia cuando ella ya no está materialmente *aquí*, como el cuerpo de Cristo no está aparentemente *aquí* en la hostia consagrada. Marcel transporta el beso de habitación en habitación, como una hostia delicadísima, fragilísima; o como un sorbo de vino consagrado: "Este beso precioso y frágil... tendría que transportarlo del salón comedor a mi habitación y conservarlo durante todo el tiempo en que me desvestía, sin que su dulzura de desintegrase, sin que se derramasen y se evaporasen sus virtudes volátiles".

Proust vierte en los hombros de su alter ego, Marcel, mucho más débil que él, su propio inagotable sentimiento de culpa. No hay límites a la serie de pecados que Marcel lleva a cabo en la dulcísima noche del beso, y del que la misma noche comienza a tomar consciencia. Obliga a su madre a abdicar, cediendo en la voluntad y en la razón, ante el furor de su neurosis; con "mano impía y secreta", traza una primera arruga en el alma de ella, la hace envejecer. Después sus culpas se extienden a la familia; desafía la autoridad del padre, que renuncia al papel de Abraham; encamina a la abuela hacia una "muerte lenta"; y, al fin, dirigiéndose contra Marcel, el pecado hace declinar su salud y su voluntad, obligándolo a renunciar a la vida. Las culpas se acumulan en su existencia. ¿Qué puede haber más grave que haber asistido al otro pecado original, la escena de Montjouvain? ¿Y qué hay más grave, sobre todo, que haber asesinado a la abuela con la indiferencia? Como en la vida de Proust, todas las culpas nacen y culminan en el matricidio.

El pecado exige una expiación. La revelación de la *matinée* de Guermantes, el comienzo y después la lenta culminación del libro deberían borrar la culpa original, transformándola en triunfo, como en el *Septuor* de Vinteuil. La *Recherche*, no solamente este Pronao donde los dos opuestos vitrales de la culpa y del remordimiento se enfrentan, es una inmensa catedral del deseo de expiación. Pero si la culpa es limitada, si la indicamos y la describimos con palabras precisas, ninguna palabra sabrá nunca contener el sentimiento de culpa y el anhelo de sufrir por los propios pecados y expiarlos, el más infinito e ilimitado de todos los sentimientos. Nada basta nunca, nada contiene nunca el asalto ondulante de los remordimientos. En tiempos del delito de van Blarenberghe, Proust pensaba, reconfortado por el mito griego, que las tumbas de Edipo y de Orestes se volvían una fuente de bendición para los demás, transformando el mal en bien; ahora cree que ni siquiera toda la catedral de la *Recherche* es una expiación suficiente. Ocupando totalmente la escena, tomando la palabra en lugar de Marcel, él escribe estas palabras terribles: "¡Mi abuela que, con tanto sufrimiento, había visto agonizar y morir junto a mí! ¡Si al menos pudiera, en expiación, cuando mi obra esté terminada, herido sin remedio, sufrir durante largas horas, abandonado por todos, antes de morir!" El matricidio no vengado continúa ocupando el horizonte hasta el final del libro.

La escena del beso de la madre encuentra su propio paralelo en la de Montjouvain, en donde Mademoiselle Vinteuil y su amiga ofenden y profanan el retrato y la memoria de su padre. Aquí el pecado original es explícitamente recordado; entrevemos el árbol del conocimiento del bien y del mal, el cual es de nuevo el árbol del pecado edípico, agravado por el lesbianismo y el sadismo. Ante el horror de las imágenes, que Marcel espía desde la ventana semi abierta, podremos creer que la escena que Mademoiselle Vinteuil y su amiga actúan ante nuestros ojos, es una encarnación del Mal Absoluto. Proust admite que el Mal Absoluto existe: ha leído a Dostoievski, conoce la naturaleza humana, sabe que el verdadero malvado es aquel para el cual el Mal no es exterior sino interior, una presencia profunda que coincide enteramente con él, sin dejarle ninguna vía de escape, ninguna rendija, ningún sentimiento que no haya sido tocado y manchado. El verdadero malvado no actúa el Mal: *es* el mal. Pero, en toda la *Recherche*, no existe ningún ejemplo de Mal Absoluto. Proust no llega hasta estos límites extremos, no presenta a ningún Stavrogin, ya sea porque no habita el mal, como Dostoievski, ya sea porque, en su infinita "indulgencia", con sus "ojos tan cansados y brillantes", conoce las vías secretas que transforman el mal en bien.

El análisis que Proust dedica a Mademoiselle Vinteuil es de una precisión implacable, porque está relacionado, en primer lugar, con él mismo. En el fondo de su corazón, Mademoiselle Vinteuil es una "virgen tímida y suplicante", "un alma sentimental" y hasta "pura". Siendo virtuosa, encuentra en el placer sensual algo de malvado; y, para gozar este placer, tiene que evadirse de su "alma escrupulosa y tierna", volviéndose malvada. ¿Cómo puede hacerlo? En el pequeño salón iluminado, ante el retrato del padre muerto, ella actúa junto a su amiga una escena de teatro, simula un pequeño "melodrama" sádico, en el cual ella encarna todos los papeles. Es el padre, con sus "gestos obsequiosos y reticentes, con sus bruscos escrúpulos"; repite al pie de la letra las palabras; es ella misma, la hija, y se comporta con la amiga como si ella fuese el padre, tendiéndole castamente la frente para que le sea besada; es en suma una malvada, cultivada en su imaginación novelesca, que profana al padre y quiere que su amiga escupa sobre su retrato. Como comenta el Narrador, sólo el sadismo "da un fundamento a la estética del melodrama". El único toque de esta estética del sadismo lo proporciona otro sádico, el barón de Charlus, cuando recomienda a Morel, que ejecuta al piano el XV cuarteto de Beethoven, que "comprenda el lado espiritista de la interpretación": el verdadero intérprete, animado por el "delirio sacro", debe volverse Chopin y Beethoven, *ser* Chopin y Beethoven. En los labios de Charlus esta recomendación no nos maravilla; él comprende que el sádico está tan acostumbrado a transformarse ya sea en la propia víctima como en el malvado que encarna el papel, que no puede hacer otra cosa que poseer la fantasía de un gran actor y de un gran mimo.

Proust era el doble de Mademoiselle Vinteuil. También él era "una virgen tímida y suplicante", un "alma escrupulosa y tierna". También él había llevado a cabo el pecado de Edipo; también él era un sádico y un homosexual; y, por lo que sabemos, sus profanaciones rituales del recuerdo materno tenían el carácter de juegos teatrales, de pequeños melodramas sádicos. En cuanto a las recomendaciones del barón de Charlus, ¿Proust no era quizás el más devoto de sus alumnos? Nadie como él comprendía el "lado espiritista de la interpretación": había mimado a Montesquiou, a Flaubert y a Sainte-Beuve, mimaba a Norpois y a Cottard y a Legrandin, agregando al Narrador un actor, animado por el más profético de los "delirios sacros". Todo esto nos lleva a creer que estos aspectos de su naturaleza que nos parecen tan remotos –el sadismo y el mimetismo– estaban en realidad ligados por hilos invisibles pero precisos. Proust se transformó en un gran mimo porque empleó en este oscuro y grandioso placer inmensas cantidades de deseo sádico que, en su vida, permanecieron insatisfechas.

Si en el caso de Marcel la culpa nunca es expiada, lo opuesto sucede con Mademoiselle Vinteuil y su amiga. Su relación lesbiana –dice en un borrador– se vuelve un "afecto, como raramente es el de dos hermanas, con todo lo que la abnegación, el desinterés, la ternura delicada, el respeto, la devoción más allá de la muerte puede hacer florecer de más heroico, de más santo". Y la profanación sádica del padre revela ser la metamorfosis de una veneración, que al final se vuelve de nuevo ella misma: un acto de culto. Con paciencia inmensa, inteligencia y respeto, la amiga descifra las anotaciones musicales incomprensibles e ilegibles de Vinteuil, y entrega a los hombres esa obra maestra que es el *Septuor*, expiando en su propio nombre y en el de su amiga. Si la lesbiana, la sádica, la profanadora no hubiese trabajado con tanto amor, nosotros hubiéramos ignorado el himno de triunfo del bien que resuena en el *Septuor*, la "esperanza mística del ángel escarlata de la mañana". Así, en el punto culminante de la *Recherche*, salen a la luz más radiante las fuerzas salvadoras que pueden estar escondidas en el mal y la profanación. El largo recorrido de la culpa ha concluido. A través de Mademoiselle Vinteuil y su amiga, Proust expía su propia culpa hacia su madre, que ni siquiera toda la *Recherche* hubiera podido borrar. Aquello que el arte no había podido hacer, lo cumple la atención, la paciencia y el escrúpulo afectuoso. Entonces Proust se nos aparece con su doble rostro, eternamente culpable del matricidio, apenas redimido por el matricidio, salvado, como Orestes, por las fuerzas del amor y de la música.

Apenas entramos en el vitral dedicado a Combray, Proust nos hace comprender que acabamos de entrar en Otro Lugar; doble Otro Lugar, ya sea respecto al resto de la tierra como a la totalidad de esta tierra. "En ciertos momentos me parece que puedo todavía atravesar la rue Saint-Hilaire, tomar una habitación en la rue de l'Oiseau..., sería como entrar en contacto con el Más Allá, más maravillosamente sobrenatural que conocer a Golo y hablar con Genoveva de Brabante". Y sin embargo este otro lugar es el corazón y el regazo del mundo, y la puerta de entrada a la *Recherche*. Aquí conduce la primera evocación de la memoria; aquí llevan los recuerdos del sueño; aquí (o en los alrededores) suceden los dos pecados originales. De aquí surgen casi todos los personajes, como si toda Francia fuese una sucursal de Combray: la familia del narrador, la tía Léonie, Swann y Gilberte, todos los Guermantes, Legrandin, la joven Madame de Cambremer, Françoise, los Vinteuil, el cura, Théodore, su hermana, la criada de la baronesa Putbus, Madame Sazerat. Todo vuelve a Combray, incluso Albertine, que no le pertenece, para morir. De esta forma no nos maravillamos si Combray es vuelta a evocar por un doble acto de la memoria involuntaria, la revelación final y la taza de té; y por esto nos ha parecido a todos dos veces precioso, como si contuviese más densa y olorosa "la seda perfumada de un geranio".

Combray es Flaubert, encerrado y multiplicado por la música de Proust. Especie de *Madame Bovary*, Flaubert relata las cosas que se repetían, las cosas que se acumulaban una sobre otra, las costumbres y los hábitos, la vida siempre igual en la que todas las mañanas Emma se despertaba, se levantaba, comía, iba, venía, llevaba a cabo la misma serie de actos, la vida en la cual cada día el maestro de escuela, el peluquero, los caballos del correo aparecían a la misma hora, la vida donde el agua de la Rieule caía siempre con el mismo ritmo, sin ruido, con grandes y sutiles arbustos que se doblaban como melenas verdes, mientras los sauces miraban en el agua sus cortezas grises; todo era así, desde siempre, sin fin; y el tiempo era "un charco dormido, tan tranquilo que el más mínimo acontecimiento que caía provocaba innumerables círculos concéntricos". Como en *Madame Bovary* y en *L'Éducation sentimentale*, en Combray todo se repite: en la cama, tía Léonie vive "la dulce uniformidad" de sus costumbres, aquello que ella llama, con desprecio afectado y profunda ternura, su *petit traintrain*; y todo alrededor de ella repite el mismo *traintrain*. Cada cosa tiende a la propia reencarnación ritual, como la comida del domingo, que refleja el ritmo de las estaciones y los episodios de la vida; y, sobre todo, aquella excepción, que se vuelve a su vez repetición ritual, la comida del sábado, anticipada una hora. Qué dulce, lenta, profunda y fiel es la existencia provincial. Es un mundo cerrado, en donde el niño vive a la sombra de sus padres y sus ídolos familiares, en la misma intimidad feliz del pueblo a la sombra de su campanario. El mundo externo está lejano, pero detrás de la apariencia de su solidez, Combray es tan frágil y delicada que, apenas encuentre al mundo exterior, éste lo aniquilará.

Aunque era un escritor enamorado de la historia, Proust nunca se sintió tentado por escribir un relato de argumento histórico: su *Salammbô*. En su único propio dominio, que es el presente y el pasado inmediato, él descubre las mismas costumbres y leyes que reinaban dos siglos antes, en la corte de Luis XIV, aplicando a la vida cotidiana la misma mirada que Saint-Simon había aplicado a la historia de entonces. Vista al mismo tiempo con el microscopio y el telescopio, la "mecánica" (como la llamaba Saint-Simon) de la vida de Versalles, con sus irresistibles manías y la maldad nacida de la pereza, con los ritos del levantarse, de la comida, del descanso, con los silencios o un matiz de buen humor o de orgullo, que se vuelven objeto, de parte de Françoise, de una interpretación infinita, apasionada y temerosa como lo eran el silencio y el orgullo de Luis XIV de parte de sus cortesanos. En su *estrato* de tiempo, como un verdadero arqueólogo-escritor, Proust desciende lentamente, hasta volver a encontrar, escondidos y subyacentes, todos los estratos de tiempo que han hecho la historia. Los viejos rostros de piedra, grisáceos y desnudos, de las estatuas de Saint-André-des-Champs vuelven a florecer en innumerables rostros populares; la Francia aristocrática-campesina vuelve a emerger por todos lados; de manera que tenemos, como en ningún otro escritor, el sentimiento de la ininterrumpida continuidad de la historia. En este sentido (y en otros muchos más) Proust es el verdadero anti-Flaubert, como ya había anunciado en el *Cahier* de 1908; y el *basso* flaubertiano, aquella música indistinguible y melancólica, aquel "aburrimiento vagamente difundido" ceden a una narración de un espesor y un volumen gigantescos.

Hay un lugar en donde el tiempo difundido hacia todas partes se concentra: la iglesia de Saint-Hilaire en Combray, que es el corazón tanto del tiempo, como de la luz, como del país. Es cierto, ésta es parecida y está cerca de todas las otras casas del pueblo; el ábside parece la pared de una prisión; su puerta, al norte, está cerca de la de la farmacia de Monsieur Rapin y de la casa de Madame Loiseau, cuyas fucsias refrescan sus mejillas violetas y congestionadas contra la sombría fachada de Saint-Hilaire. No importa, un abismo divide a la iglesia y las demás casas, porque en ella se encarna otro espacio: el espacio sacro. Y la iglesia toma conciencia de sí misma y de su propio carácter sacro, afirmando su propia existencia individual, solamente en el campanario. Se lo ve desde lejos. En el tren que viene de París, se lo divisa corriendo por todos los surcos del cielo, haciendo correr en todos los sentidos su pequeño gallo de hierro; y en los paseos más largos, su punta asoma sobre el bosque, tan pequeña y rosada que parece inscrita en el cielo por una uña. Si se sube a la cima del campanario, el panorama abraza cosas que habitualmente sólo se ven una sin la otra: la Vivonne y los arroyos de Saint-Assise-lès Combray, o los diferentes canales de Jouy-le-Vicomte, como en una anticipada reunión del *côté* de Méséglise. A cualquier lugar que se vaya, ésta da a todas las ocupaciones y puntos de vista del pueblo su figura, su coronación, su consagración. Incluso donde no se ve la iglesia, todo parece ordenado en relación al campanario, que surge de improviso entre las casas, más conmovedor todavía, sin la mole de Saint-Hilaire. Si la iglesia es el espacio sacro, el campanario es el centro del mundo: o al menos el de la vida del Narrador.

La iglesia es el Tiempo, como la *Recherche*. Si se recorre Saint-Hilaire, percibimos visiblemente las distintas épocas y dimensiones de la historia, desde el rudo y selvático siglo XI, con sus pesados arcos tapiados con grandes piedras, hasta las graciosas y bonitas arcadas góticas que lo esconden, hasta la torre que había contemplado San Luis y que todavía parece estar viéndola, hasta la cripta que se sumerge en una noche merovingia. Allí está la tumba de la pequeña hija de Sigeberto, donde, según la leyenda, una lámpara de cristal penetró en la piedra, que ha blandamente cedido bajo la llama y el peso, formando una profunda concha; y allí se sale del tiempo, en unas tinieblas que están antes que cualquier historia humana. En la iglesia conocemos los distintos aspectos del tiempo. ¡Cómo transforma las cosas! En el pórtico descubrimos la fuerza destructiva: el viejo pórtico y la pila de agua bendita tienen los ángulos rotos y profundamente ahuecados, como si el dulce roce de los mantos de las campesinas y de sus dedos tímidos, repetido en los siglos, pudiese corroer las piedras, grabarlas, tallar surcos similares a aquellos trazados por las ruedas de los carros. Pero, un poco más adelante, la fuerza es diferente. Las piedras tumularias, bajo las cuales yacen los abates de Combray, no son más materia inerte y dura, "porque el tiempo las había vuelto dulces y coloreado como la miel, más allá de sus propios límites, que habían superado con una onda rubia". Ésta es la verdadera metamorfosis del tiempo: todo está disuelto, transformado, cambiado; y lo que queda es la onda rubia de la miel, que empasta las cosas, parecida al *fondu* de la prosa de la *Recherche*.

Como la memoria, la iglesia es luz: recoge y multiplica la luz, que brilla con reflejos cambiantes en los vitrales, incluso cuando afuera el tiempo es gris. En lo alto, el reflejo oblicuo y azul del vitral, donde vive, bajo un baldaquino de piedra, una especie de Rey de los papeles; el sol en su rico mobiliario; en otro vitral, una turbia nevisca, que parece aclarada por una aurora: la misma aurora enrojece el retablo del altar con tonos tan frescos que parecen posados allí por una luz pronta a desvanecerse, más que por colores fijados para siempre en la piedra; y todos los vitrales son tan antiguos que su vejez plateada brilla con el polvo de los siglos. Uno de ellos se divisa en un centenar de pequeños paneles rectangulares donde domina el azul; pero apenas un rayo brilla, o la mirada de Marcel hace mover a través del vidrio un incendio móvil, un instante después asume "el esplendor cambiante del arrastrar de la cola de un pavo real, y después tiembla y ondea en una lluvia llameante y fantástica, que gotea desde lo alto de la bóveda sombría y rocosa, a lo largo de sus húmedas paredes", como "en la nave de cualquier gruta irisada por sinuosas estalactitas"; y después de otro instante los pequeños vitrales adquieren una inquebrantable dureza de zafiros, superpuestos a un inmenso pectoral, detrás del cual continúa advirtiéndose la sonrisa momentánea del sol. En las dos tapicerías que representan la coronación de Esther, los colores se han fundido, agregando una especie de luz; así el rosado ondea en torno a los labios de Esther, más allá de sus contornos, el amarillo de su vestido se expande untuosamente, el verde desteñido de la parte alta de la araña hace desprender "claramente, más allá de los troncos oscuros, las altas ramas amarillentas, doradas y como semi borradas por la brusca y oblicua iluminación de un sol invisible". Hemos presenciado la metamorfosis del tiempo. Ésta es la metamorfosis de la luz; ésta transforma todas las cosas (el retablo, la araña) en luz, que a su vez transforma la apariencia de las cosas o bien en la cola de un pavo real o bien en una gruta de *Las mil y una noches*.

Todo es sacro en Combray. En primer lugar la habitación de la tía Léonie, museo de los olores, corazón de la devoción y de las enfermedades; ligada a la iglesia y al campanario, como un centro a otro centro. También la naturaleza es sagrada. Si salimos al aire libre, en el mes de María descubrimos los espinos blancos (o mejor, los *aubépines*), que no son otra cosa que muchachas transformadas en flores, parte de aquel inmenso libro de las *Metamorfosis* que es el libro de Proust. He aquí "el movimiento de cabeza descuidado y rápido, la mirada graciosa, los ojos entrecerrados de una muchacha blanca, distraída y vivaz"; o bien "una muchacha vestida de fiesta", en su fresca *toilette* rosa, lista para el mes de María, entre personas en bata que se quedarán en casa. Después de la *Virgen dorada* de la Catedral de Amiens, los *aubépines* son la suprema encarnación del eterno femenino de Proust: la devoción católica, la coquetería, la gracia, el candor, la ternura, la sensualidad que se ignora, la elegancia popular, el perfume de la Rosina de Rossini y de la Silvia de Nerval. Por primera vez descubrimos los *aubépines* en la iglesia, depositados en el altar, inseparables de los misterios de cuya celebración forman parte, con sus ramos de capullos de un blanco esplendoroso, como en el manto de una novia. Cuando los vemos al aire libre, el espectáculo es todavía más sagrado y eclesiástico. Aquí toda la naturaleza es iglesia, y la metamorfosis no tiene límites. Los arbustos forman una serie de capillas, que desaparecen bajo las flores amontonadas en un altar; el sol parece atravesar un vitral; su perfume se extiende untuoso y delimitado como en un espacio cerrado, ante el altar de la Virgen; y las flores tienen finas y radiantes nervaduras en estilo *flamboyant*, como las que en la iglesia bordean la balaustrada de la cripta.

Si la iglesia es el Tiempo, un extraño reloj domina las vacaciones de Marcel y su familia. El relato progresa al mismo tiempo a lo largo de tres dimensiones del día, de la estación y de los años. En el curso de la misma jornada estamos, por la mañana, en la semana de Pascua, y todavía hace frío; poco después, Françoise prepara los espárragos, que en Francia crecen entre fines de abril y mayo; después ya hace calor, y las moscas ejecutan "la música del cuarto del verano"; en fin, estamos ocho días antes de las Rogaciones, o sea nueve días antes de la Ascensión, que cae cuarenta días después de Pascua. Por otra parte, las ocupaciones matinales de Marcel parecen las de un niño, y, por la tarde, las de un adolescente. No es por cierto una casualidad, como nunca es una casualidad el uso proustiano del tiempo, que obedece a un reloj cósmico que palpita solamente en la *Recherche*. No estamos ni en el tiempo lineal (el que sostiene a algunas secciones de la *Recherche*) ni en el circular (que sostiene a la totalidad del libro). ¿Estamos fuera del tiempo? ¿En Combray, donde se concentran todas las unidades de la duración, el tiempo es más denso, más rico y voluminoso que el nuestro?

En Combray todos se conocen, y "una persona que no se conoce" es tan poco creíble como un dios de la mitología descendido a la tierra en tiempos de los cristianos. La tarea de tía Léonie, cronista, espía y policía curiosísima del pequeño mundo de Combray, es el de transformar lo ignoto en noto: la "persona que no se conoce" en una persona conocida, o por lo menos pariente cercana o lejana de una persona conocida. Su curiosidad es digna de un gran novelista, fatalmente enamorado de los detalles. Al igual que ella, también Proust trata de transformar lo ignoto en noto (aunque dejando en torno el halo y el misterio de lo ignoto). Detrás de la enferma imaginaria y la cronista chismosa de todo lo que se ve desde la ventana de Combray, se esconde irónicamente Proust; y cómo se divierte, allí enmascarado, espiando a Madame Goupil, que va tarde a la iglesia y tal vez no llegará antes de la finalización de la misa, o al hijo de Madame Sauton, o los gruesos espárragos de Madame Imbert, o a la Maguelone que busca al doctor Piperaud, o compadeciéndose de la pobre Madame Rousseau apenas fallecida, o conjeturando cuál fue el perro misterioso (a lo mejor el nuevo perro de Monsieur Galopin), o una niña igualmente misteriosa que ha atravesado la plaza junto a Madame Goupil. A escondidas, Proust juega otro juego: el de dibujar un cómico retrato de sí mismo. Neurótico como tía Léonie, rutinario y ansioso como ella de catástrofes, y que todavía participa con loca curiosidad de la vida, la mira, la espía y la relata para alegría de todas las Françoise y de nosotros mismos.

Combray continúa en dos *côtés* opuestos: el *côté* de Méséglise (o *el côté de chez Swann*), y el *côté* de Guermantes; las metas finales de ambos son al principio inaccesibles e inalcanzables como el horizonte o la entrada a los Infiernos. De ellos sabemos lo que nos dice el padre de Marcel: Méséglise es el "más bello paisaje de llanura que conocí", Guermantes es "el tipo del paisaje de río". Mucho más no podemos agregar; si bien alguien puede decir que del lado de Méséglise está el amor, el pecado, la música, y que del de Guermantes la sociedad, la literatura, el retorno tardío, el temor del beso negado. Méséglise y Guermantes son sobre todo dos "creaciones del espíritu", "dos yacimientos profundos del suelo mental", que crean organizaciones opuestas del espacio; pero éstas se atraen como los términos opuestos de una analogía, que no tienen sentido cuando se han fundido en la calma de lo Uno.

III. EL PRONAO, TERCERA PARTE: SWANN, LOS CELOS, LA MÚSICA

En la *Recherche*, ningún personaje posee la gracia de Swann. Ni siquiera Oriane de Guermantes, cuando se llamaba princesa des Laumes. Nadie, como él, vive con tanta naturalidad en el reino ligerísimo de la apariencia, que una palabra acentuada, o el entusiasmo de la voz, o el error de un gesto bastan para quebrar. ¿Quién posee un nombre más extraño y elegante que el suyo? Swann: este cisne inglés al que le ha sido agregada una *ene*, como si pudiese agregarse un ala a un verdadero cisne; este nombre "blanco", decía Proust, que se pronuncia dulcísimamente (*Souann* en vez de *Svann*, como dice su hija). Y después el rostro: con la nariz arqueada, los ojos verdes, la leve miopía, el monóculo, la frente alta y rodeada de cabellos rubios casi rojos; el rostro que asemeja al de un gracioso Rey Mago (la misma nariz arqueada, los mismos cabellos rubios) de un fresco de Luini. Su *redingote* gris perla, que hace resaltar su alta estatura, su figura esbelta; la flor en el ojal, los guantes blancos con rayas negras, el sombrero de copa gris de forma alargada... Qué gracia en sus salidas poéticas, irónicas y evasivas. Recordamos sobre todo una, dirigida a la princesa des Laumes: "¡Ah! ¡La encantadora princesa! Vean, vino a propósito desde Guermantes para escuchar *San Francisco de Asis* de Liszt y, como es un gracioso abejaruco que ha venido volando, no ha tenido tiempo más que de picotear una cerecilla y unas flores de espino y ponérselas en la cabeza; todavía tienen unas gotitas de rocío..."

La gracia de Swann deriva en gran medida de la derrota y

la renuncia. Cuando era joven había conocido, como Proust, la "pasión por la verdad"; descifrando textos, comparando testimonios, interpretando monumentos, satisfaciendo su sed de absoluto. No sabemos qué lo alejó de la verdad– para Proust, el pecado máximo. Por cierto, ya maduro, Swann no cree en la *realidad* de las ideas, si bien no la niega del todo. Le parece que todo es cuestión de gusto personal, de clase, de época, de moda, ninguna de las cuales vale más que las otras. Duda de todo. No lleva sus ideas hasta el final, como hacía Proust, por una especie de pereza psicológica e intelectual que le permite evitar cualquier verdadero problema; y se vuelve incapaz de reflexionar por mucho tiempo. Despilfarra en la mundanidad y en los placeres frívolos sus exquisitos dones espirituales. Algo conserva de la juventud: la vitalidad judía, el amor por las mujeres, la pasión por lo novelesco, que debe venirle de Balzac, y una fortísima curiosidad por las cosas humanas, caracteres, acontecimientos, chismes, si bien a menudo nublada por la pereza y la debilidad.

No creo que Proust, el cual se encontraba dividido por una mezcla de amor tierno y odio hacia Swann, le imputase su estetismo, con la violencia con que se lo había imputado a Montesquiou y a Ruskin. Es un estetismo inocuo y lleno de gracia. ¿Qué puede haber más inocente que el juego, tan querido por Swann, de comparar los rostros de personas con obras de arte, Bloch con el Mahoma II de Bellini, el doctor du Boulbon con un Tintoretto, Odette a la Zéphora de Botticelli? También Proust lo hacía, en la vida y en el arte: se divertía muchísimo buscando los parecidos, que ponen en relación entre ellos los infinitos aspectos del universo; y no por esto se había vuelto un "idólatra". Ni siquiera era tan grave para Swann ser un coleccionista, o un "diletante de las sensaciones inmateriales", o no poseer talento literario.

Proust acusaba a Swann de un pecado mucho más grave, o, mejor aún, del verdadero Pecado contra el espíritu: ofender sistemáticamente la verdad. Con su falsa discreción, Swann se atreve a pretender amar solamente el detalle concreto; nunca expresa su admiración por un cuadro, es feliz de dar noticias sobre el museo donde se encuentra, sobre la fecha en que el cuadro fue pintado, y mucho mejor si solamente puede hablar de recetas de cocina. Si tiene que formular un juicio, decir esa *verdad* en la que en un tiempo había creído, da a sus palabras un tomo irónico, como si nunca compartiera del todo lo que está diciendo; o lo pone entre comillas, para alejarlo de sí mismo. Proust detestaba este sistemático evitar la verdad, esta discreción irónica y mecánica. "¿Para qué otra vida se reservaba el decir finalmente de modo serio lo que no podía poner entre comillas, y no abandonarse más con una cortesía puntillosa a las ocupaciones que al mismo tiempo consideraba ridículas?" Toda la existencia de Swann se resume en un gesto. Como su padre, cuando se encuentra ante algo oscuro, indisoluble o doloroso, Swann se quita los anteojos o el monóculo, limpia los vidrios y se pasa las manos por las pupilas cansadas. Es *su* gesto, que deja caer sobre él una sombra de gracia, de discreción, de renuncia, de melancolía y de desgarradora derrota.

Con su inteligencia, su elegancia, su cultura en historia, pintura y música, Charles Swann, amigo de los grandes aristócratas franceses y del rey de Inglaterra y de los pretendientes al trono de Francia, nunca hubiera entrado en la

Recherche, si no se hubiera enamorado de aquella a la que alguien llama *une petite grue*. Odette (al menos en su primera aparición) es una mujer ínfima; y sin embargo el amor por ella ennoblece a este judío evasivo, le hace entrever las grandes verdades y formas del espíritu. Apenas esta pasión habrá terminado, sus ojos se verán ofuscados de nuevo por la niebla de la evasión y no comprenderá nada. Desde el principio, el amor de Swann es un amor de imaginación, nada hay más irreal, ilusorio, inconsistente; pero esta imaginación conducirá a la pasión trágica. La primera cristalización es la *petite phrase* de la sonata de Vinteuil con sus trémulos de violín, que se vuelve "el himno nacional" de su amor. La segunda es más importante. Un día va a buscar a Odette, a su casa llena de palmeras, de crisantemos, de vasos chinos. Odette está un poco enferma, y de pie junto a él, dejando caer en las mejillas sus cabellos sueltos, doblando una pierna en un comportamiento ligeramente danzarín para poder doblarse sin problemas hacia la inscripción que él le muestra, bajando sus grandes ojos, tan cansados y enojados, golpea a Swann por su parecido con la figura de Zéphora (Seppora), la hija de Ietro, que Botticelli había pintado en un fresco de la Sixtina. La mira: un fragmento de la pintura aparece en su rostro y en su cuerpo; así, poco a poco, hace penetrar a Odette en su propio mundo de sueños, donde encuentra un lugar seguro. Estamos apenas en el umbral del *amor de Swann*.

Una tarde, Swann, que no tiene ningunas ganas de ver a Zéphora, llega tan tarde a casa de los Verdurin, y encuentra que Odette ya se ha ido. Hasta ese momento Odette había sido, para Swann, solamente un hábito, uno de esos hábitos que, para Proust, hacen tolerable la vida; pero apenas no la ve (si bien sabe que podrá encontrarla al día siguiente), experimenta un golpe al corazón. La angustia, la angustia sin límites, se desencadena. Trata de alcanzarla en donde Prévost, en una sala de té; pero, a cada paso, su coche se ve detenido por otros coches y por personas que atraviesan la calle. Cuenta febrilmente los minutos, se da cuenta de que no es más el mismo, que no está solo, que un ser nuevo está a su lado, allí, en el coche, adherido, amalgamado con él. Odette no está en donde Prévost, y Swann la busca en todos los restaurantes de los *boulevards*. Las lámparas a gas comienzan a apagarse. Bajo los árboles de la calle, en una oscuridad misteriosa, vagan los paseantes, cada vez más raros, apenas reconocibles. Algunas veces la sombra de una mujer se acerca a él, le murmura una palabra al oído, y lo sobresalta. En ese momento sucede la cristalización definitiva. Nace, en Swann, el *mal sacro*: el mal enviado por los dioses, que se dibuja y se modela; aquella tremenda fuerza objetiva que sacude todas nuestras imaginaciones iniciales, y que existe en sí misma, más allá de nosotros, y nos hace conocer lo "sacro" que habita en este mundo, a costa de matar y de hacernos morir, como lo había hecho conocer a Henri van Blarenberghe.

Como todo deseo metafísico, el "mal sacro" nace de la ausencia y de la espera: Odette no está ni en donde Prévost ni en ningún restaurante, ni entre los fantasmas que vagan por los *boulevards*, como sombras salidas del reino oscuro. Y esta ausencia se transforma en el violentísimo, doloroso e insensato deseo de poseer –siempre, a cada minuto y de una manera total– al otro; deseo que, en el mundo de Proust, no puede realizarse nunca, porque el otro es por definición lo imprevisible, lo inalcanzable. Naturalmente, este deseo, nacido de la ausencia que se esfuerza por colmar, da plenitud a la vida. ¡Qué colmada y henchida estará la existencia de Swann desde el momento en que el "mal sacro" se instala en él! La posesión de Odette no existió nunca: la posesión es imposible; pero está la continua, obsesiva presencia de Odette, cercana y lejana, cercana especialmente cuando está lejana. ¿Pero es verdadera vida, verdadera plenitud? En realidad, cada espera, cada deseo, cada búsqueda amorosa nos conduce a los Infiernos, entre los cuerpos oscuros, entre los fantasmas de los muertos, a la caza de una Eurídice que no se encuentra. Swann baja hasta allí, las puertas se cierran a su espalda; y, por todo lo que dura su amor, vaga entre los fantasmas de los muertos, que envían "cartas de fuego" que le queman las manos.

Los celos son el hermano gemelo del "mal sacro". Tampoco éste nos pertenece, también éste es una tremenda fuerza objetiva, enviada por los dioses e independiente de nosotros. ¡Qué vitalidad, qué alegría, qué ferocidad, qué voracidad posee, mientras nos lleva ante los ojos de las culpas, verdaderas o imaginarias, de la amada! ¡Cómo se alimenta de todos los alimentos que le suministra nuestra fantasía! Se diría que tiene un solo deseo: matarnos. También éste nace del deseo de la posesión total, y de la imposibilidad de esta posesión. Transforma todos los aspectos de nuestro tiempo. El futuro circula habitualmente en la mente de Swann como un río: transparente y frío, incoloro y libre, no le procura seguridad. Pero basta una palabra de Odette para golpearlo dentro, inmovilizarlo, transformarlo en un bloque de hielo; y Swann no consigue soportar esta masa enorme e inquebrantable que pesa en las paredes interiores de su ser hasta hacerlo explotar. En cuanto al pasado, ¿de qué manera *recordarlo*? El pasado de los celos se vuelve presente; es el mismo dolor, experimentado meses y días antes, que vuelve a aparecer, como Proust ya lo había relatado en *La fin de la jalousie*; abre la puerta de la atención y la cierra dentro de sí, y él debe pasar todo el día con esta horrible compañía, como si fuese *aquí* y *ahora*.

Los celos suponen siempre un misterio, una vasta zona desconocida y tenebrosa: aquel mismo misterio que fascina a los novelistas, y sin el cual ninguna novela sería escrita. Así los celos vuelven a encender, en Swann, la pasión de la verdad, que había inflamado su juventud, y que la vida, el esnobismo y la evasión sofocan. Como Proust lo había experimentado, los celos son el más filosófico y total de los sentimientos: si no los hubiera conocido, no habría escrito ese monumento teorético que es la *Recherche*. Ésta no tiene como materia los grandes hechos de la historia y del arte, no debe descifrar textos y comparar testimonios; su materia es solamente los "pequeños hechos y gestos cotidianos" de la vida de Odette, aquellos *individuales* hacia los que Proust, ya en tiempos del *Jean Santeuil*, declaraba sentir solamente desprecio. Pero los celos dan a estos "pequeños hechos y gestos" una fuerza terrible: les infunden un valor absoluto, atribuyen a la ventana iluminada o al golpe de campana o a las pequeñas mentiras el mismo peso que hubieran escondido bajo la encuadernación dorada de un manuscrito valioso. Así los celos se vuelven la forma más intensa del deseo de conocimiento que habita en el hombre.

Odette miente siempre y continuamente. Swann tiene la impresión de que sus mentiras son como el "velo sacro" que en Sais envolvía la estatua de Isis: "los ilegibles y divinos vestigios" de una realidad preciosa e inhallable. ¿Pero de qué manera descubrir la estatua de Isis, la realidad y la verdad inhallables? Por lo general Swann es perezoso, no tiene pasión ni intuición psicológica, pero los celos crean o despiertan en él un genio que no sabía que poseía. Como tantos otros amantes desilusionados y tantos novelistas, aprende aquello que Poe definía como "el método de Dupin". La intuición analítica estudia los hechos, los secciona, los subdivide, los compara; y tomando muchos pequeños indicios –la tristeza de Odette, el sonido de una campana, el título de una comedia, una palabra de Madame Verdurin– Swann llega a descubrir la inhallable verdad. No sirve para nada. En los celos, todo lo que hace el celoso se dirige contra él. Swann habría creído que *saber* podía ayudarlo a dominar los hechos con la inteligencia y a sufrir menos; en cambio no hace otra cosa que volver más irremediable su derrota y su sufrimiento.

Hay días de perdón y alegría calma en los que Odette vuelve a casa con Swann, pasa tiernamente la tarde con él bajo la lámpara encendida, y le prepara naranjada. Entonces sucede algo. Por lo general, para su imaginación celosa, una hora de la vida de Odette es una hora "atroz y deliciosa" que no consigue representarse. El mundo habitado por Odette es un mundo "espantoso y sobrenatural", en el que pasa el tiempo tratando de situarla. Ahora todas las sombras fantásticas que proyectaba en la pared, todas las sombras terribles y móviles que se hacía de Odette, se concentran en su cuerpo. Y piensa que esa hora pasada con Odette, bajo la lámpara, bebiendo naranjada, no es ficticia y está destinada a enmascarar lo que su imaginación se representa. Esa hora pertenece a la verdadera vida de Odette: su mundo es un universo real, con la mesa, la lámpara, la bebida, los objetos que contempla con curiosidad y gratitud. Esta vida anula sus sueños celosos, pero se enriquece con ellos; así es como la existencia real toma relieve ante sus miradas mientras tranquiliza su corazón. Y la lámpara, la naranjada, el sillón, que encierran tanto sueño y materializan el deseo, tienen a sus ojos "una especie de dulzura superabundante y una densidad misteriosa".

Se trata de un breve momento de calma. En cuanto al resto, la vida de Swann, durante algunos años, se resume en una sola palabra: obsesión, una obsesión no abstracta sino física, que tiene el cuerpo de un animal. Pronto la obsesión se vuelve una enfermedad, como la de un morfinómano o de un tuberculoso, que se vuelve "uno con él". Y Proust, que representa tan de buena gana los momentos donde lo psíquico y lo físico se confunden, da dos veces su parecer de médico: "El amor de Swann había llegado a ese grado en el que el médico y, en ciertas afecciones, el cirujano más audaz, se preguntan si privar al enfermo de su vicio o quitarle su mal todavía es razonable o incluso posible"; "esta enfermedad... no hubiera podido arrancársela sin destruirlo casi enteramente: como se dice en cirugía, su amor ya no era operable". *Ya no era operable*. Para salvarse, la memoria se remonta en el tiempo y explora los momentos que considera más dulces de su amor, cuando Swann pensaba que era amado. También allí no encuentra más que mentiras, y Odette lo golpea con "una precisión y un vigor de carnicero". Todo su pasado es un "tenebroso horror": alterado, destruido, poseído por las mismas fieras inmundas que habitan en las ruinas de Nínive, vuelto un lugar árido como la estepa. Quisiera hacer prisionera a Odette, encerrarla en la cárcel, iluminada día y noche por una lámpara para impedirle que huya; como hará más tarde Marcel, su doble. Quisiera verla muerta. O matarla él mismo, como Mahoma II, que enamorándose de una esclava, la apuñaló, para volver a encontrar la libertad de espíritu.

En *La guerra y la paz* el príncipe Andrei es gravemente herido durante la batalla de Austerlitz. Sobre su cabeza está sólo el cielo, un cielo alto, no límpido, pero inmensamente alto e inmensamente quieto, con un silencioso resbalar de nubes grises, detrás de las cuales se transparenta, matizada de azul, una profundidad infinita. "¡Qué silencio, qué paz y qué solemnidad! No como he huido yo", piensa el príncipe Andrei, " 'no como hemos huido, gritando y batiéndonos..., de una manera muy diferente resbalan las nubes por este cielo alto, infinito. ¿Cómo es posible que nunca antes me haya dado cuenta de este cielo? ¡Y qué feliz soy de haberlo finalmente reconocido! Sí, todo es vacío, todo engaña, menos este cielo infinito. Nada, nada existe fuera de esto...' "

¿Qué significa este cielo tan alto y tan calmo que de golpe llena la mente del príncipe Andrei? ¿Qué quiere decir esta profundísima Quietud que de improviso detiene el alboroto de la historia y el paso de la novela? ¿Qué nos está confiando esta visión estática de un misterioso más allá? Estamos frente a la máxima revelación religiosa que ilumina la mente del príncipe Andrei, la única a la que puede tener acceso a través de su agudo racionalismo matemático. En este momento, en la calma y a través de la claridad de las nubes, él descubre un Dios "indefinido e inescrutable, inconcebible y supremo", un Dios oscuro como el de la teología negativa, que ninguno de nosotros puede expresar con las palabras y con las imágenes y del que solamente la vacía quietud del cielo puede dar una imagen visible. No sabemos si llamarlo Dios, o el Gran Todo, o la Gran Nada. No podemos estar más lejos del Dios omnipresente, del Dios-naturaleza, del Dios-plenitud, del Dios creador de Pierre Bezuchov, si este Vacío ha absorbido en sí todas las cosas, las ha anulado, y las ha transformado en ilusión.

El campo de Austerlitz es el observatorio más alto que Tolstoi construyó en *La guerra y la paz*: la mirada que el príncipe Andrei lanza desde allí sobre el mundo es más ancha y vasta que la que adquirirá en su exploración en el reino de la muerte. No sabrá vivir a esta altura, como había esperado, tirado en el campo de batalla, bajo los ojos vanidosos de Napoleón. Su destino es el mismo de todos los personajes principales de Tolstoi: Natasha, Pierre, Levin, Anna Karenina, que conocen la cima de la vida en el curso de una revelación estática, de una iluminación extratemporal, que interrumpe el curso de sus existencias y de la narración. En aquel instante rapidísmo y fugitivo, saborean una gota de eternidad, que calma para siempre sus mentes y sus corazones. Pero estos momentos no tienen ninguna relación con el tiempo. No es posible historizarlos, disponerlos en el curso continuo y gradual de una existencia, como etapas en una carrera que debe conducirlos cada vez más adelante y más lejos. Son fulgurantes e instantáneos, como la luz con que Dios se manifiesta a sus iniciados. Después vuelve la vida, con su tiempo progresivo, sus convenciones; y el gran momento se volatiliza, no deja huellas, no fructifica, y deja solamente un recuerdo fugaz e intermitente, como el cielo de Austerlitz en la mente del príncipe Andrei.

No quiero hablar de influencias literarias. La literatura está construida de muchas grandes formas, temas o modelos o arquetipos que vuelven, casi idénticos, en pocos años o en decenas de siglos de distancia, sin que los escritores hayan tomado conciencia de que una de sus situaciones fundamentales es idéntica a una situación de Apuleyo, de Goethe, de Dostoievski o de Tolstoi. Como el príncipe Andrei encuentra lo absoluto en el campo de Austerlitz y después lo olvida, como Pierre encuentra lo absoluto en prisión (un mapamundi formado por millones de gotas de agua temblorosas) y después lo olvida, así los dos personajes claves de la *Recherche*, Swann y Marcel, que tienen entre ellos la misma relación especular que Andrei y Pierre, encuentran una imprevista fulguración escuchando la *Sonata para piano y violín* y el *Septuor* de Vinteuil, comprenden aquello que ni siquiera Proust, probablemente, había comprendido, y que después olvidan, para siempre o por muchos años.

La paradoja quiere que Swann llegue al momento más alto de su vida, uno de esos momentos que iluminan y hacen temblar de éxtasis a los amantes de Platón, solamente porque se ha enamorado de una "pequeña prostituta", de aire vagamente boticelliano y de rostro enflaquecido, que le ha inoculado el "mal sacro". También la *Sonata* con la *petite phrase* de Vinteuil nace de un "mal sacro" análogo, y lo difunde en torno suyo. Ésta es "una criatura sobrenatural", que pertenece a otro mundo (I, 215, 233, 343). Asemeja en todo a la idea platónica, porque no tiene ni espacio ni materia (206) ni tiempo, y es invisible (208); y después, inefable, imposible de describir, de nombrar, de recordar (206), impenetrable para la inteligencia (233, 244). Proust quiere que encontremos precisamente su alusión: insiste en el hecho de que Vinteuil llevó su *attelage* invisible, su lujoso coche, "a través de lo inexplorado, hacia la única meta posible" (345), como el carro de dos caballos alados sube, en el *Fedro*, hacia un sitio supraceleste, donde se extiende la Llanura de la Verdad. Pero el mundo supraceleste de Proust es más amplio que el de Platón. Además de las "ideas" musicales, comprende ciertas nociones físicas esenciales y elementales, como las de la luz, el sonido, el relieve y la voluntad física, nociones que no tienen ningún equivalente (como las ideas musicales) y no pueden ser traducidas (344); y las leyes secretas de la materia, de la química y de la electricidad, entre las que se encuentran las leyes descubiertas por Lavoisier y Ampère (345). Ideas platónicas, nociones físicas esenciales, leyes científicas que constituyen, todas juntas, el espacio donde habitan las grandes Formas de la mente.

El intrépido "explorador de lo invisible" sube al reino inexplorado en donde viven las "criaturas sobrenaturales"; encuentra una; se lleva consigo a esta "prisionera divina" y la vuelve visible, para que brille durante algún tiempos en nuestro mundo. Así ésta propugna nuestra condición mortal, y adquiere algo humano, que nos conmueve. O bien todo sucede dentro de nosotros. Vinteuil sube en la "gran noche impenetrable" de nuestra alma, la cual es el verdadero espacio celeste donde viven las ideas, y allí descubre los motivos y las notas, y las lleva al plano inconmensurable, todavía casi desconocido, donde se escuchan millones de toques de ternura, de pasión, de coraje, de serenidad. Después el piano y los violines interpretan la *Sonata* ante una multitud que a menudo la ignora. ¡A pesar de estar extendida en el pentagrama, todavía está tan lejos! El pianista y el violinista la evocan en una escena de necromancia: la llaman del reino de los muertos, donde residen también los recuerdos involuntarios, siguiendo todos los ritos y los encantamientos mágicos que permiten bajarla a la tierra. La *petite phrase* finalmente está aquí. Ha atravesado los espacios celestes, ha dejado la noche del alma, abandonado los Infiernos. No tiene palabras humanas; y sin embargo su lenguaje es el más necesario, lógico y riguroso que un hombre pueda imaginar.

Ahora la *petite phrase* está aquí, y Proust tiene que hablarnos de ella. ¿Cómo hacer si es inefable, imposible describirla, nombrarla, recordarla? ¿Y si la inteligencia no la comprende? Pero Vinteuil la ha traído hasta nosotros, en este mundo que para él es fatalmente una caída, la ha vuelto visible y transparente, y por lo tanto Proust puede representarla. Apenas la música aparece en escena –el violín se queda en una nota alta como en una espera, una espera que se prolonga sin fin, casi para mantener el camino abierto– Proust organiza un riquísimo concierto de analogías, para transformar lo invisible en algo terreno. La *Sonata* es toda la naturaleza: "el chapoteo líquido", "la agitación *mauve* de las oleadas que el claro de luna encanta y bemoliza": un "olor a rosas que circula en el aire húmedo de la noche"; un "país de montaña, detrás de la movilidad aparente y vertiginosa de una cascada"; un pájaro que lanza gritos tan imprevistos que el violinista tiene que precipitarse sobre el arco para recogerlos; en fin, un arcoiris, cuyo esplendor empalidece, declina, después vuelve a brillar, y antes de apagarse se exalta como nunca lo había hecho. La *Sonata* es mar, perfume, sonido y color. Pero es también un cuadro de Pieter De Hooch, con su puerta abierta; y todo el pasado de Swann y de Odette, y un arabesco –y muchas presencias femeninas–, una pasajera, Odette, una danzarina, una paseante montañesa vista de lejos, una cantante, una diosa protectora y confiada. Como si quisiera ocupar todo el espacio mental de Swann y el nuestro, la *Sonata* es una moral: la felicidad, la vanidad, la desilusión, el dolor como don supremo y después, venida quién sabe de dónde (pero, por cierto, de la ligereza), la "gracia de la resignación casi alegre".

Aquel día, en la *soirée* de la marquesa de Saint-Euverte, Swann toca la cima y el fin de su vida. La cima: porque ni siquiera Marcel, en el tiempo de su revelación musical y memoriosa, comprende con tal profundidad qué es el reino de las Ideas, habitado por las "criaturas sobrenaturales", su descenso entre nosotros y nuestro incesante deseo metafísico. El fin: porque la "prisionera divina", evocada una vez por el reino de los muertos, acariciable y tierna y dolorosa y perfumada, huye para siempre de él, hacia los lugares desde los que ha bajado. El "mal sacro", que Odette ha inoculado en el corazón de Swann, termina. Él ama a otras mujeres. Se casa con Odette. Tiene una hija, Gilberte. Invita a su nueva casa a oscuros burócratas que tiempo antes el gran esnob, el que frecuentaba Buckingham Palace, no hubiera siquiera saludado. Pero no es éste el signo de su final. Cuando Odette toca en el piano la *Sonata*, Swann dice a Marcel: "¿No es cierto que es bella esta sonata de Vinteuil?" El momento en que se hace la noche bajo los árboles, cuando los arpegios del violín hacen que baje el fresco. Confiesen que es graciosa: tiene todo el aspecto estático del claro de luna, que es el aspecto esencial. No es extraordinario que una cura de luz como la que ejecuta mi mujer actúe sobre sus músculos, si el claro de luna impide a las hojas que se muevan. Esto es lo que está tan bien pintado en la *petite phrase*, el Bois de Boulogne caído en catalepsia... En el *grupetto* se entiende nítidamente la voz de alguien que dice: "Casi se podría leer el periódico". ¿Esto es todo? ¿No hay nada más? El audaz "explorador de lo invisible" –lo había sido también Swann, no solamente Vinteuil– volvió a ser un diletante delicioso, un cisne fútil y elegante que transforma una idea en paisaje y pone "entre comillas" todo aquello que, de alguna manera, podría aludir a la verdad.

La muerte de ningún personaje de la *Recherche* es tan dolorosa como la de Swann. Había sido tan hermoso y elegante; la última vez que lo vemos parece un viejo judío, con nariz de Polichinela. Había sido el mejor amigo de Oriane de Guermantes, y Oriane lo reprocha por un par de zapatos rojos. Había sido el mejor amigo de Charlus, y Charlus, siniestro sepulturero, mancha su memoria. Había amado apasionadamente a su hija, y Gilberte le reprocha, se avergüenza de él, olvida o finge olvidarlo, repudia y pronuncia mal su nombre. En un boceto, es confundido con uno que vende portalápices. Incluso Marcel ostenta haber conocido el amor y el arte, mientras que Swann no los ha conocido nunca. ¿Por qué esta suerte? ¿Por qué esta crueldad hacia un personaje tan amado? Una vez Proust dijo que crueles eran "las leyes de la psicología", no él. Creo que mentía, o no sabía ver. Él quería que el más gracioso y elegante de los hombres, el cisne que por un instante había conocido a la "divina prisionera", se volviese un chivo expiatorio. Swann debía morir, ser inmolado, ser reprochado y pisoteado por todos, como una especie de Cristo del faubourg Saint-Germain, para salvar a Marcel, su doble, y permitirle encontrar y llevar a cabo la revelación que él había rozado.

IV. QUIÉN ERA MARCEL

La lectura de la *Recherche* nos deja, a cada instante, llenos de dudas, de incertidumbres y de inquietudes; a menudo no aferramos el punto de vista, o la tierra se mueve bajo nuestros pies. Nos preguntamos continuamente "¿Quién dice yo? ¿Quién es la persona que todas las noches quiere el beso de su madre, juega en los Champs-Élysées, se enamora de Gilberte, es recibido por los Guermantes, se enamora y tiene prisionera a Albertine, va a Venecia, se encierra en un sanatorio, y al fin recibe el don de la literatura? ¿Quién es el Narrador sin nombre, que dos veces es llamado Marcel?" La respuesta es doble. El Narrador, este hombre sin nombre ni apellido, este ser nulo, este muchacho torpe e infantil no tiene nada que ver con Proust. Nadie podría confundir la trágica vida de Proust con esta vida amorfa y espectral, siempre en los límites de la inexistencia, y creer que la voz elocuente, sarcástica, imaginativa del habitante del boulevard Haussmann tenga algo que ver con la tímida y silenciosa voz del Narrador. Hay una prueba evidente. El Narrador parece no escribir nunca, nunca lo sorprendemos con la pluma en la mano; tal como lo acusa Charlus, es culpable de *aplazamiento*. Mientras él no hacía nada, Proust había escrito *Les plaisirs et les jours*, el *Jean Santeuil*, *Contre Sainte-Beuve*, muchos ensayos y artículos, y la *Recherche*, que el Narrador comienza a escribir en el año en que Proust ya estaba muerto.

Inmediatamente después, tenemos que dar la respuesta contraria, sin olvidar la anterior. El Narrador es Proust. Lleva su nombre, Marcel, a quien se lo atribuye dos veces, en voz alta y por escrito, Albertine. Comparte las experiencias arquetípicas de su vida: el asma, la neurosis, el beso negado y después concedido por su madre, la llamada telefónica desde Fontainebleau-Doncières, el viaje a Venecia, la temporada en el sanatorio, la carta a Agostinelli-Albertine. Estudia a Ruskin, y el cultísimo Jupien nos informa (si bien sin dar nombres) que un ejemplar de *Sésame et les lys*, en la edición de 1906 del *Mercure de France*, está entre los libros del barón de Charlus. En un borrador, Proust atribuye al Narrador incluso el premio Goncourt. En el corazón de *Sodome et Gomorrhe*, una frase, hubiera dicho Proust, desgarradora "como una neuralgia", parece escrita a propósito para establecer esta identidad: "Yo, el extraño ser humano que, esperando que la muerte lo libere, vive con las persianas cerradas, no sabe nada del mundo, está inmóvil como un búho, y como él ve con un poco más de claridad solamente en las tinieblas".

Casi al final del *Temps retrouvé*, el Narrador recuerda que Bergotte (aquí Anatole France) habría encontrado "perfectas" sus páginas de colegial, y una nota nos informa: "alusión al primer libro del autor, *Les plaisirs et les jours*". Nos recuerdan *Las metamorfosis* de Apuleyo, donde el relato es conducido por un yo, Lucio, que no tiene nada que ver con el autor. Sólo que, en uno de los últimos capítulos, Apuleyo pone su firma: Lucio *es uno de Madaura*, o sea exactamente como él, Apuleyo, el "sacerdote de todos los dioses". Todas las cosas que le habían sucedido al otro le habían sucedido a Apuleyo. Si bien siempre había vivido en su casa africana y nadie se le parecía menos que Lucio, él había sido el joven deseoso de magia, el asno, el acróbata, el místico. Detrás del testimonio en primera persona, siempre había habido un narrador que lo sabía todo, el tejedor de las relaciones y las alusiones. Ahora, en el *Temps retrouvé*, al final del proceso de unificación de la *Recherche*, probablemente (digo probablemente, porque la condición del texto impide extraer una conclusión segura) tiene lugar el mismo suceso. Proust impone al libro su propia firma. Reconoce que todo lo que había atribuido a Marcel y que había alejado de mil maneras de sí mismo, como experiencias de otro, fueron, de una manera secreta, sus experiencias. Suya, sobre todo, es la revelación: su intuición del Tiempo.

Marcel es un personaje muy antiguo, que lleva en sus espaldas por lo menos diecisiete siglos de literatura, y coincide con una larga parte de la historia de la novela. Marcel es Lucio, el héroe de *Las metamorfosis*, Wilhelm Meister, el héroe de los *Lehrjahre* de Goethe, y muchos otros personajes que descienden de ellos. Tanto Lucio como Wilhelm Meister no se han destacado por cualidades positivas, no parecen llevados a esto o aquello, tienen un carácter pasivo, indeterminado, incierto, más víctimas que protagonistas de sus propias acciones. Atraviesan la vida prisioneros de sus doradas imaginaciones, de sus espumas de sueños, como Don Quijote en las novelas de caballería. Una de sus funciones esenciales es la de volverse un espejo, en donde se refleja la colorida realidad de la novela. Ninguno de ellos crece, se desarrolla, se enriquece, como, según una leyenda, deberían hacer los héroes de una novela. Ninguno de ellos adquiere "méritos". Ninguno de ellos comprende sus propias experiencias y el mundo que los rodea. Al final de la novela, Lucio alcanza el fondo de un abismo, Wilhelm Meister se pierde en una selva de experiencias no llevadas a cabo y de extravíos. En ese momento desciende la gracia sobre ellos. Isis se revela a Lucio a orillas del mar, emergiendo de las olas, brillando con un candor enceguecedor, mientras del alto del cielo cae el rocío lunar. Wilhelm Meister, sin ningún mérito, obtiene el don de Natalie, un "celeste fruto de oro", "larga y sabiamente preparado" por las amorosas manos de los dioses.

Marcel es el heredero de ellos, y no tiene ninguna importancia si Proust, que conocía muy bien el *Wilhelm Meister* –no sé si *Las metamorfosis* de Apuleyo– se daba cuenta. Todos los lectores han tenido la impresión de un carácter pasivo, apagado, perezoso, opaco, sin relieve, mal definido. Ortega y Gasset hablaba de *acedia*. Albert Thibaudet hubiera querido a Marcel más *vivant*, lamentando una cierta "impresión vaga que nos deja el héroe", mientras esta impresión es una de las grandes invenciones estructurales de Proust. Marcel es pasivo, porque debe ser un lago vacío que recibe todo tipo de experiencias, un espejo donde todo el mundo pueda reflejarse, un testimonio omnipresente, capaz de espiar detrás de las puertas todo lo que sucede y escuchar todas las palabras que pronuncian los personajes. Proust llega a hacer verdaderos trucos para conservarle este carácter. Muchos personajes, entre ellos Saint-Loup, exaltan sus calidades de conversador. Pero Marcel, en la *Recherche*, no habla casi nunca; por lo general sus preguntas son acotaciones, bastante tontas ("¿La princesa de Guermantes es superior a la duquesa de Guermantes?" "Le pregunté si la princesa de Iéna era una persona inteligente"). Además, cuando habla, Proust borra gran parte de la conversación: sucede a menudo que un personaje alude a una intervención de Marcel, mientras esta intervención es omitida en el texto de la *Recherche*. Del Marcel oral quedan poquísimas perlas, aparte de las "lecciones de literatura" a Albertine, que ha tomado de Proust. Quisiera citar sólo una de estas perlas, aunque también ésta proviene de las cartas de su autor: "Es puro *Pelléas*... este perfume de rosas que sube hasta los balcones. Es tan fuerte en la partitura que como sufro de *hay-fever* y de *rose-fever*, me hacía estornudar cada vez que escuchaba esa escena".

Marcel no es más astuto que Lucio y Wilhelm Meister. Como ellos, tiene la cabeza llena de fantasías, de imaginaciones y de "nombres"; y apenas confronta este tesoro interior con la realidad, la experiencia, puntualmente, lo desilusiona. Cuando se realizan, sus deseos pierden su flor. No aprende nada, o casi nada, de la vida. Atraviesa una primera fase, en la cual *no comprende*. No comprende nada. No comprende que Gilberte muchacha lo desea, no comprende la belleza de la *Sonata* de Vinteuil, no comprende la actuación de la Berma, ni la iglesia de Balbec, ni el mar, ni su propio amor por Albertine. En una segunda fase, que no siempre tiene lugar, otro (o él mismo) le revela lo que no había comprendido: Elstir le explica el milagro de la iglesia "persa" de Balbec, como los ujieres de la torre explicaban a Wilhelm Meister su vida. Marcel no tiene méritos. No cambia. Y cuando también para él llegue la revelación, será la *ocasión* de llevársela, gracias a una piedra desigual, al sonido de una cucharilla, a una toalla demasiado rígida.

V. LOS ÁRBOLES, LAS AGUAS, LAS *JEUNES FILLES*

Cuando Marcel es recibido por primera vez en la casa de los Swann, cerca del Bois de Boulogne, no tenemos que subestimar la fuerza de este acontecimiento, como si solamente se tratara de una invitación amigable. Marcel atraviesa un Umbral, penetra insensiblemente en el reino del Mito, como Ulises pasando Cabo Malea entra en el mundo sustraído al espacio y al tiempo, o los Argonautas a la caza del vellocino de oro. Él es la persona más apropiada para cumplir el salto vertiginoso. Vive en la pasividad absoluta, en el temor, en la espera, en la angustia, en el extrañamiento absoluto por lo real, como cualquiera que debe dar el primer paso de una iniciación misteriosa.

¿Qué importa que la casa más allá del umbral sea solamente una casa como cualquier otra, construida por el arquitecto Berlier? También el padre de Marcel hubiera podido alquilarla, y no lo había hecho solamente porque no era suficientemente cómoda y la entrada era poco luminosa. Obsesiones como ésta no se desarrollan nunca en el plano del mito; así es como un devoto de Apolo hubiera negado todas las obsesiones del escéptico, que ponía en duda que el templo de Delfos había sido construido por Éfeso y las abejas. Incansablemente, Proust subraya que, después del umbral, están presentes todas las dimensiones del mito: la real ("la sala del trono"), la fabulosa y mágica ("la residencia encantada", "un gran zapato de Navidad", "un antro mágico", "el laboratorio de Klingsor"), la sacra ("el santuario", "la capilla misteriosa", la "catedral") e incluso aquella sobrenatural (la "vida sobrenatural"). Por cierto, la insistencia de Proust nos hace sonreír; mientras se mueve serenamente en el mito, Proust le toma el pelo a las fantasías de Marcel y su propia ornamentación mitológica. Éste es casi siempre el doble rostro que el mito asume en la *Recherche*. Por un lado la experiencia del joven Marcel es seria y trágica como la de Ulises en las islas encantadas o de Fausto en las Madres; y entonces el acceso a la casa de Swann es un auténtico acontecimiento mítico, y el lenguaje de Proust es profundo como el de Píndaro. Pero, por otra parte, Marcel se mueve en una nube de timidez y de confusión. Estamos solamente en la casa de un *dandy* y de una *cocotte*. Así, las cosas graves que suceden también son cómicas, y el lenguaje mitológico de Proust, empleado con tanta abundancia, es una deliciosa espuma irónica y decorativa.

El acceso iniciático a casa de Swann es descrito dos veces, igual a como sucede en *Las metamorfosis* de Apuleyo. La primera vez es una tarde. Aquí está el portero, que en vez de Erinni es la "benévola Eumenide", que levanta su gorra con mano propicia; después la "oscura antecámara", parecida a la de Versalles, donde el perchero recuerda un candelabro de oro de seis brazos, que Jehová, en el Sinaí, le impuso construir a Moisés; aquí está el rumor de las voces, y la escalera de madera, y el perfume de Madame Swann, y el comedor, "oscuro como el interior de un Templo asiático pintado por Rembrandt", y la torta inmensa con sus encajes y bastiones, parecida a un palacio de Darío, y la taza de té que no deja dormir, y el "reino todavía más misterioso" donde Swann y su mujer llevan su vida sobrenatural. La segunda vez es el almuerzo, mejor dicho, el *lunch*. Antes está la espera a mediodía y veintisiete minutos en la *avenue*, cuidando de no ensuciarse los zapatos charolados; después el atravesar de los grandes salones y la espera en una salita vacía donde Marcel se queda solo en compañía de las orquídeas, las rosas y las violetas; después un segundo y un tercer camarero entran agregando carbón al fuego y agua a los floreros; al final Swann, Swann en persona, que muestra a Marcel sus nuevas adquisiciones artísticas; y, al final, Madame Swann con su abrigo de nutria o su capa clara en *crêpe de Chine*. Todo no es más que espera, espera, larguísima espera –y, al final, como en los procesos iniciáticos que han equivocado su propio objeto, la fatal desilusión.

Junto a este encantador florido mítico, la última parte de *Du côté de chez Swann* y la primera de *À l'ombre des jeunes filles en fleurs* ofrecen una de las más grandiosas representaciones de la realidad que Proust haya intentado. Como el joven Henry James, él se nos aparece como un delicioso novelista mundano, incluso con eso de equívoco, de chispeante y chismoso que este nombre significa. Quien aquí encarna el tiempo es Odette, la nueva encarnación de Odette, transformada en Madame Swann, con la fidelidad y al mismo tiempo la nostalgia que Proust experimenta por el pasado. Si Proust termina *À l'ombre des jeunes filles en fleurs* durante la Primera Guerra Mundial, Odette representa los años 90 del siglo pasado, sólo que este tiempo no es compacto; y en los años 90 afloran algunas veces (en una falda de hermosos tonos lóbregos, rojo o anaranjado oscuro, atravesados por una banda de encaje negro, o en una corbata con estampado escocés) los años 80, el período del amor de Swann; y así advertimos el tiempo que corre, adelante y atrás, mientras en otros personajes está irremediablemente fijo.

La antigua Odette es olvidada. Con uno de sus maravillosos golpes de escena, que desplazan el *suspense* de la aventura a los personajes, Proust la ha transformado. Si bien pasaron algunos años, ahora es mucho más bella, y parece más joven. Ya no tiene ese rostro marcado y cambiante, aquellos ojos y ese perfil demasiado saliente; engordó, tiene una apariencia más calma, fresca, reposada, mientras que sus cabellos lacios dan más extensión a su rostro, animado por polvos rosados, en donde los ojos parecen absorbidos. Se ha vuelto un tipo, un "género de belleza", y en sus lineamientos aplica este tipo fijo, como una juventud inmortal. No es inquieta sino que es natural y competente, si bien su *aisance* le viene de una doble imitación, la de Madame Verdurin y de los Guermantes. Aprendió los buenos modales: cuando encuentra por la calle a un aristócrata, le presenta a Gilberte y a Marcel, y nunca se sabe si es ella –la vieja *cocotte*– u otra, la que parece la más elegante y amable. Odette era estúpida y, como saben Proust y el marido, sigue siendo estúpida; pero ahora pasa por "una mujer superior", por la protectora y la inspiradora de Bergotte. Nos maravillaríamos menos si recordáramos que otra mujer estupidísima –la calma, tranquila y marmórea Hélène Bezuchova, la mujer de Pierre en *La guerra y la paz*– se había vuelto, bajo los ojos asombrados del marido y los irónicos de Tolstoi, *une femme charmante aussi spirituelle que belle, la femme la plus distinguée de Pétersbourg*.

También el apartamento de Madame Swann cambió de estilo. El extremo Oriente retrocede ante la invasión del siglo dieciocho; los almohadones que Odette amontona y acomoda en la espalda de Marcel están sembrados de mazos de flores Luis XV y no, como una vez, con dragones chinos. Ahora sucede más raramente que Odette recibe a sus íntimos con vestidos japoneses: los recibe con las sedas claras y espumosas de los batones Watteau, de los que acaricia en los senos la espuma florida. Pero la casa ha quedado como la de una *cocotte*. "Una gran *cocotte*, como ella había sido, vive mucho para sus amantes, esto es en su casa, lo que puede conducirla a vivir para ella misma... El punto culminante de su jornada no es el momento en que se viste para la gente, sino el momento en que se viste para un hombre". Alrededor de ella todo tiene la apariencia de un lujo secreto y casi desinteresado. Tiene siempre junto al sillón una inmensa copa de cristal, enteramente llena de violetas de Parma o de pétalos de margaritas en el agua, "lo que parece testimoniar a los ojos del huésped alguna ocupación preferida e interrumpida".

Con la complicidad de Proust, Odette orquesta en su salón un maravilloso interior *fin de siècle*. Los lujuriosos jardines de invierno, con sus múltiples árboles de especies distintas; el florero de cristal lleno de violetas de Parma, de colores desteñidos, líquidos y malvas, Madame Swann con su vestido de *crêpe de Chine*, blanca como la primera nieve, o con una túnica entablillada de muselina de seda que parece una alfombra de pétalos rosa y blanco; las rosas, junto a ella, en el encarnado de su desnudez, tan friolentas como ella; el sonido de los pasos sofocados por las alfombras; los enormes crisantemos, rosa pálidos como la seda Luis XV de los sillones, blancos como el vestido de *crêpe de Chine*, o rosa metalizado como el samovar; en fin, los tonos rosados o broncíneos, que el sol al ponerse exalta suntuosamente en la bruma de los atardeceres de noviembre, parecidos a una paleta inflamada de crisantemos; todos los colores y los matices del salón de invierno están emplazados en una naturaleza muerta, aproximados y fusionados los tonos que se atraen entre sí, como en la inmensa decoración de un Monet que se hubiese vuelto un Tiziano.

Odette no es solamente la encarnación y el símbolo de ese siglo que se apaga tan dulcemente. Ella es el símbolo del tiempo natural, la sacerdotisa de las estaciones, que en ella se persiguen, se sustituyen y de nuevo se persiguen, y de las que ella se apropia en el color de los vestidos y en el arte de la decoración. Cuando el invierno vuelve de improviso trayendo el frío en semana santa, Odette recibe cubierta de pieles, con las manos y los hombros fríos que desaparecen bajo la blanca y brillante piel de un inmenso manguito y de un cuello de armiño, que tienen la apariencia de la última nieve de invierno. A pesar del frío, la primavera avanza; y en el salón otras blancuras, más embriagadoras, las de las "bolas de nieve" que agrupan en la cima de los altos tallos desnudos sus globos divididos pero unidos, blancos como ángeles anunciadores. Cuando al fin llega la primavera, Madame Swann aparece antes del almuerzo en la avenida du Bois, calma y lujuriosa como una flor que no se abre a mediodía. Siempre está ataviada de un modo diferente, pero sobre todo malva; despliega su largo pedúnculo el pabellón de seda de una larga sombrilla, que tiene el mismo color que los pétalos de las flores de su vestido, sonríe dulcemente, sonríe a los hombres y a las cosas, feliz por el buen tiempo, feliz por el sol que todavía no molesta, con el aire de seguridad y de calma del Creador que ha hecho su obra y no se preocupa por el resto, convencida de que su atavío es el más elegante de todos; y las flores de su flexible sombrero de paja, las pequeñas cintas de su vestido, parecen nacer en el mes de mayo más naturalmente que las flores del jardín y los bosques. Ésta es su epifanía. No sólo obedece a la mañana, a la primavera, al sol como "una gran sacerdotisa" que conoce todas las liturgias y los ritos: ella es la diosa del Tiempo, y recorre el Zodíaco, sonriente y majestuosa, mientras "bajo el lento paso de sus pies" ruedan los mundos.

Estamos de nuevo en el libro de las Metamorfosis. Si Madame Swann se ha vuelto una flor, una sacerdotisa y una diosa, ¿por qué los árboles no podrían volverse mujeres-diosas? Así había sucedido un centenar de páginas antes, al final de *Du côté de chez Swann*, en el episodio de la calle de las Acacias. Aquí Proust se divierte parodiando uno de los más famosos episodios de *La Eneida*, el de los Campos del Llanto:

> No lejos de aquí se extienden en todas direcciones
> los llamados Campos del Llanto.
> Aquí secretos senderos que circundan una selva de mirtos
> ocultan a los que un doloroso amor consume con cruel dolor
> y que ni aun en muerte olvidan sus penas.
> En aquellos sitios ve Eneas a Fedra, a Pocris y a la
> triste Erifile, enseñando las heridas que le hiciera su despiadado hijo,
> y a Evadne y a Pasifae...
> Entre ellas vagaba por la gran selva la fenicia Dido,
> a quien hizo descender allí su reciente herida. (VI 440-51)

También la calle de las Acacias es "frecuentada por las bellezas célebres", por las Fedras, Procris, Pasifaes y Didos del tiempo de Swann y de Marcel. Pero no existen los Campos del Llanto. Aquí no hay amor doloroso ni dolor cruel; ni siquiera hay secretos senderos. Hay una avenida muy amplia, adonde llegan las frívolas *cocottes* del fin de siglo; y adonde llega, "arrastrada por el vuelo de dos caballos ardientes", una incomparable *victoria*, en el fondo de la cual reposa con abandono Madame Swann. Algo quedó de ese mundo antiguo. Aquellos árboles, aquellas acacias, son mujeres. Sus nombres femeninos, "perezosos y dulces", hacen latir el corazón de un deseo mundano; sus follajes son "ligeros y melindrosos", "de una elegancia fácil, de un corte gracioso y un tejido tenue", donde centenares de flores se inclinan "como columnas aladas y vibrantes de parásitos preciosos". Acostumbradas a vivir desde hace tantos años junto a las mujeres, las acacias son "ninfas", que podían haber salido de *Las metamorfosis* de Ovidio.

Años después, en el momento de concluir *Du côté de chez Swann*, el Narrador vuelve a la calle de las Acacias, en donde casi veinte años antes había visto los caballos furiosos y ligeros, la *victoria* y a Madame Swann con su cabellera rubia atada con una apretada cinta con flores. Pero ahora, para el Narrador, todo está degradado. El otoño cayó sobre el mundo, y no es el otoño dorado de la luz, que alterna y transforma la materia de las hojas, encendiéndolas, endureciéndolas como ladrillos, haciendo explotar un "inmenso mazo de flores rojas". Es el miserable atardecer de las cosas. No hay más *victorias*, sino automóviles, no más sombreritos como guirnaldas y solamente con una flor de lirio, sino sombreros inmensos, cubiertos de frutas, de flores y de pájaros; en vez de los hermosos vestidos de reina de Madame Swann, túnicas greco-sajonas, o Directorio, o telas liberty; los hombres están sin sombrero, y las agradables *cocottes* de una vez se volvieron "las sombras terribles de aquello que habían sido, vagando, buscando desesperadamente no se qué en los bosquecitos virgilianos". Lo que es más grave, el Narrador ha perdido el don erótico-mítico, la "fe" de su juventud, cuando transformaba los árboles en mujeres y las mujeres en árboles, y daba al espectáculo del mundo "consistencia, unidad y existencia".

Sabemos que asistimos a un instante pasajero. El Narrador perdió por el momento su potencia mítica, que volverá a adquirir al final de la *Recherche*: no sabe reinventar los automóviles, la moda liberty, las viejas *cocottes*. Ya no sabe dar realidad a las cosas nuevas; y por esto se aferra de manera fetichista a las cosas pasadas. Pero Proust no ha perdido la fe que sentía cuando joven, o que Marcel tenía cuando joven, y que ha quedado intacta bajo tantas ilusiones y desilusiones. Los dioses no murieron. Están vivos y permanecerán vivos eternamente, porque los dioses somos nosotros mismos, que damos luz y vida y realidad a las cosas.

En primer lugar, Balbec es un Nombre. Cuando Marcel imagina, fantasea y pronuncia un nombre, sucede una revolución inaudita: toda la realidad objetiva que él no ama, formada por ciudades, países, casas y calles, es abolida y transformada en individuos, que no tienen ningún equivalente con lo real; o, para explicarlo mejor, en una serie de mitos, que no tienen relación entre ellos. Todo lo que aparecía en su imaginación, todo lo que deseaba su corazón, es encerrado en el refugio de un nombre. Allí está Parma, con su tono "compacto, liso, malva y dulce"; Florencia "milagrosamente embalsamada y parecida a un collar"; y Bayeux y Vitré y Lamballe y Coutances y Questambert y Pontorson y

Pont-Aven y Quimperlé, con sus arroyos y la telaraña de una ventana y los rayos de sol cambiantes con las puntas de plata bruñida. Nada hay más real que esta invención mitográfica, porque Marcel ve, oye, toca y saborea Parma, Florencia, Balbec, Quimperlé con todos los "órganos de los sentidos". Balbec recoge, en su nombre, una serie de asociaciones que se fueron formando en el tiempo: los países de los Cimerios de Homero, el *finis terrae*, el reino de las eternas nieblas marinas, las sombras y las tempestades, una iglesia estilo gótica-persa construida en las rocas delante del mar furioso, el fondo de las leyendas bretonas con el rey Marcos y el bosque de Brocéliande.

La partida hacia un Nombre es un hecho trágico porque éste es un individuo, y el individuo es lo inalcanzable y lo impenetrable. Y después Marcel viola la ley capital de la realidad, que es la de la diosa Costumbre: deja la casa, la cama, la madre, ese mundo que durante tantos años había adorado, domesticado, vuelto familiar. Todo se vuelve terrible, incluso la simple partida para una estación de veraneo, que en otro caso habría sido solamente una excursión de placer; las experiencias de Marcel (de Proust) nacen de una persecución dolorosa, de una caza ansiosa, de una violación, de una herida. La primera fase es la estación de Saint-Lazare, este "antro apestado" de donde se accede al misterio, este gran taller envidriado, que despliega sobre la ciudad despanzurrada "uno de esos inmensos cielos crudos y cargados de amenazas acumuladas por el drama, parecido a ciertos cielos, de una modernidad casi parisina, de Mantegna o de Veronese, y bajo el cual podía cumplirse algún acto terrible y solemne como la partida de un tren o el emplazamiento de la cruz". La segunda fase es Balbec. Allí no hay nada de lo que el nombre hacía esperar; ni el país de los Cimerios, ni el mar en plena tempestad, ni la iglesia gótico-persa levantada sobre las rocas y lamida por las olas. La iglesia está en un pequeño pueblo en la tierra, en medio del tráfico, y ella, la única, y como ella, la Virgen del atrio. Pero Marcel tenía en la mente la Virgen ideal, inaccesible a las vicisitudes, universal. Ahora la Virgen, mil veces soñada, está encarnada en la figura real, reducida a su apariencia de piedra, encadenada a la plaza, inseparable de la *grand-rue*, próxima al café y a la terminal de ómnibus, alcanzada por el hedor de las cocinas de los pasteleros, sometida a la tiranía del Detalle, transformada en una viejita de piedra, a la que Marcel podía medir la altura y contar las arrugas.

Marcel había deseado lo nuevo, aunque fuera el Nombre; y ahora lo verdaderamente nuevo, la imprevisible realidad lo agrede con desmedida violencia. Junto a su abuela, Marcel baja al *hall* del Grand-Hôtel de Balbec, ante la escalera monumental que imita el mármol. Otra vez es la experiencia capital, que es anticipada en la *ouverture* de *Du côté de chez Swann*. En el espíritu del neurótico, del ansioso, del claustrofóbico, lo que es exterior al yo despierta una angustia tremenda: es un "suplicio", como el experimentado por Cristo en la cruz; y Marcel está obligado a comportarse como un esquizofrénico. Se inmoviliza, no deja nada vivo en la superficie de su cuerpo; fija un pensamiento en el lugar más profundo de sí mismo. El calvario no ha terminado. Marcel entra en la habitación del hotel. Todos los objetos son desconocidos y lo conocen: el reloj de péndulo, las cortinas violeta, las pequeñas bibliotecas con vidrios, un gran espejo en medio de la habitación, el techo altísimo, el olor del *vétiver*. Los objetos de la habitación de París estaban inmóviles, pacificados, asimilados, petrificados. Los objetos de la habitación de Balbec tienen una fuerza antropomórfica: son extranjeros, están animados, son agresivos, están envueltos por la Costumbre. El reloj de péndulo habla incesantemente en un idioma desconocido, las cortinas violetas escuchan sin responder estos discursos ofensivos, el gran espejo impide cualquier distensión, el cielo raso es incolmable, el olor a *vétiver* penetra en lo más íntimo de Marcel.

A la mañana siguiente, apenas ve el "mar desnudo", Marcel está a salvo tanto de la angustia de la realidad y de la noche como de la peligrosa ayuda de la costumbre. Él abandona sin lamentos todo lo que le había sugerido el nombre de Balbec: el país de los Cimerios, las sombras perennes y el mar tempestuoso. Lo que lo salva es aquello que había salvado tanto él de su infancia como Proust en sus escritos juveniles: el espíritu de la Analogía, que vuelve a encontrar la unidad entre el mar y la tierra, entre el mar y las montañas, entre el mar y el sol, y recorre la enseñanza de Elstir, cuando le mostrará el *Port de Carquethuit*. Con una especie de ironía petulante, Proust va al encuentro de Marcel, y lo socorre. Mientras tanto crea su más bello paisaje marino, donde la orquestación metafórica barroca, que parece robada a un conceptualista español, a la tradición de la pintura marina del siglo XVII, a Turner y a los Impresionistas, una grandiosa *summa* de culturas, se expresan en un divertimento sublime, como un juego que por momentos revela su deliciosa ligereza paródica.

Proust divide su texto en dos campos metafóricos, el del mar y el del sol; de un lado y del otro, analogías ligan los dos campos a realidades de todo tipo, hasta que con un último gesto Proust funde el mar y el sol en una realidad única. He aquí las imágenes del mar. En primer lugar, las olas son como *zambullidores*, que uno después de otro se lanzan del trampolín. Después se establece la imagen central: la de la comparación entre el mar y la *montaña*, que se divide en tres analogías paralelas. El mar es un "circo enceguecedor y montañoso", con las "vetas nerviosas de sus olas en piedra de esmeralda, aquí y allá pulidas y translúcidas" (es la primera aproximación a la analogía con el reino de las piedras preciosas); o bien asemejan "colinas", que vienen danzando hacia el observador, mientras las primeras ondulaciones aparecen en una "lejanía transparente", vaporosa y azulada como los hielos en el fondo de los cuadros de los Primitivos toscanos; o bien las olas son de un "verde tan tierno" como el de las praderas alpinas. El campo analógico del mar se ensancha todavía, porque el sol lo hace arder como un *topazio*, lo hace "fermentar, volverse rubio y lácteo" como la *cerveza*, "espumoso" como la *leche*; mientras un dios, moviendo un *espejo* en el cielo, hace que pasen "sombras azules" sobre la superficie de las aguas.

En cuanto al sol, éste aparece sobre todo en su encarnación antropomórfica, cada vez más paródica. Primero tímidamente, "sonríe sin rostro" sobre el mar-montaña, y después baja a saltos desiguales, por las mismas montañas, como un gigante de buen humor; le indica de lejos a Marcel, con un dedo sonriente, las cimas azules del mar; al final, agotado por el paseo entre los picos y sus laderas, entra en la habitación de Marcel, donde se protege del viento, abandonándose sobre la cama deshecha, y desgranando sus riquezas en la pileta o sobre la valija abierta. Pero aquí hay más analogías: la luz del sol es líquida y móvil como el agua, mientras la playa y las olas abren una brecha en el resto del mundo para hacer pasar y acumular la luz, que se deposita sobre el mar. Los dos campos de imágenes ya se han tocado y fusionado más de una vez, y esperan su coronación unitaria final. Lo que la provoca es una imagen sagrada: el recuerdo de la Jerusalén celeste en el *Apocalipsis* (21, 18-9), con "sus muros como de jaspe, pero la ciudad era de oro puro, parecido al vidrio limpio", mientras los fundamentos del muro están adornados "con piedras preciosas de todo tipo" (el primero con jaspe, el segundo con zafiro, el tercero, calcedonia, el cuarto, esmeralda). Todo se funde: el mar-montaña, la luz-oro, el mar y la luz del sol como piedra preciosa, el mar-montaña como Jerusalén celeste, dando así a la visión marina el toque final de una visión utópica. "Este comedor [del hotel] de Balbec, desnudo, lleno de sol verde como el agua de una piscina, a algunos metros de la cual la alta marea y el día levantaban, como delante de la ciudad celeste, un bastión indestructible y móvil de esmeralda y oro".

Si bien había conseguido comprender el mar (y la unidad de la creación), no creo que Marcel consiguiera comprender la realidad de Balbec –el mar veraniego, los hipódromos, la pintura y sus leyes, y, sobre todo, las *jeunes filles en fleurs*– si no hubiese tenido un intermediario. Marcel necesita de él, para *comprender*, saliendo de la ilusión dorada y volátil de los nombres; y nunca como en Balbec Marcel encuentra uno tan poderoso, Elstir, por medio del cual la iniciación se vuelve calma y perfecta. Quién es Elstir, no es fácil decirlo. Es un nombre y más que un nombre; toda la tradición de la pintura moderna se concentra en él, de Turner a Monet; pero también es Chardin, con la "vida profunda de la naturaleza muerta", y muchos otros pintores del pasado. Además es un Maestro, si bien Proust, demasiado ascético, lo critica por esta vocación; y Ruskin, y Émile Mâle con su cultura iconológica. Quizás la comparación más exacta sea el Monet tardío, que en Giverny llevaba a cabo dos veces "una nueva creación del mundo", en el jardín y en los cuadros; y cuando componía los Nenúfares se había vuelto una especie de filósofo presocrático, que conocía todo acerca de la naturaleza y los elementos. Elstir tiene un pasado del que se avergüenza, no recibió de lo alto la *sagesse*, pero la descubrió él mismo, error tras error, adquiriendo "un punto de vista de las cosas". Si bien en su pintura olvida la inteligencia, es extraordinariamente inteligente y culto; y con infinita amabilidad y alegría ofrece todo lo que sabe y ha acumulado a quien está en condiciones de comprenderlo. A Marcel le enseña dos cosas, o mejor dicho, todo: qué es la realidad y qué es el arte.

Como los verdaderos maestros, Elstir enseña a Marcel lo que ya sabe, o lo que ha recogido confusamente en su primera visión del mar, apenas llegó a Balbec. Si Marcel había visto el mar como una montaña, en el gran cuadro *Le port de Carquethuit* Elstir le ofrece un soberbio *pendant*: el mar como tierra firme. Cuando pinta, Elstir mueve siempre las impresiones y las ilusiones del ojo, pero estas ilusiones e impresiones no hacen otra cosa que confirmar una idea simbólica-filosófica. En *Le port de Carquethuit*, de un lado el paisaje marino es transformado en un paisaje terrestre; los techos de las casas son superados por los mástiles de los barcos insinuados en la tierra firme, de forma que las naves se vuelven algo ciudadano o construido en la tierra. Un barco en pleno mar, semi escondido por las obras del arsenal, parece flotar en medio de la ciudad. Un grupo de pescadores parecen viajeros de pueblo, porque salen alegremente en un barco sacudido como una carretilla, y un marinero atento y feliz lo gobierna como si estuviera conduciendo un caballo con las riendas. Del otro lado el paisaje terrestre se vuelve marino. Las iglesias de Criquebec, rodeadas por las aguas, en una polvareda de sol y de olas, parecen salidas del mar sopladas en alabastro o en espuma, y "cerradas en la cintura de un arco iris versicolor, formar un cuadro irreal y místico". Y las mujeres, que recogen langostinos entre las rocas, tienen el aire de estar en una gruta marina, abierta y protegida en medio de las olas milagrosamente retiradas.

La intención de Elstir no podría ser más clara. Cuando miramos con ojos no nublados por la inteligencia racional, lo que es terrestre se vuelve marino, y lo que es marino se vuelve terrestre. El poderoso espíritu de analogía, que dispone de dos o más elementos, crea un elemento solo, la tierra-mar, el mar-tierra, aboliendo cualquier demarcación entre ellos. Proust hace un rápido homenaje al señor de la analogía, Baudelaire, hablando de *cette multiforme et puissante unité*, que remite sin sombra de duda a *une ténébreuse et profonde unité* de las *Correspondances* baudelerianas. El paisaje marino-montañoso de Marcel culminaba en la visión de la Jerusalén celeste. También aquí dos alusiones nos transportan a los momentos emblemáticos de la historia de la salvación. El arco iris que envuelve las iglesias de Criquebec alude al pacto de alianza entre Elohim y los hombres: "Ésta será la señal del pacto que yo establezco entre mí y vosotros y toda alma viviente que está con vosotros, por siglos perpetuos. Mi arco pondré en las nubes, el cual será señal de convenio entre mí y la tierra" (*Génesis* 9, 12-3). Mientras las olas "milagrosamente retiradas", en la falsa gruta marina, aluden al gesto de Jehová que con un fuerte viento oriental hace retroceder el Mar Rojo, de forma tal que, para los hijos de Israel, las aguas forman un muro a derecha e izquierda (*Éxodo* 14, 21-2).

En ambos paisajes marinos el paisaje concluye con una visión simbólica; los momentos esenciales del pacto de la alianza entre Dios y el hombre, la visión de la ciudad cúbica y perfecta, más allá de la historia, donde el hombre habita en Dios y en Cristo, transformados en su templo. ¿Podríamos por lo tanto creer que, también aquí, como en la *Sonata* de Vinteuil, "una prisionera divina" desciende del cielo trayendo una revelación celeste? ¿Que también aquí conocemos ese temblor metafísico que extasió a Swann? A diferencia de Vinteuil, Elstir no es un pintor metafísico; representa lo que es, mar, iglesia, playa, barcas, pescadores. Pero él conoce y revela a Marcel la estructura en la cual el elemento metafísico se dispone en la *Recherche*: el fulgor de la analogía, el disparo de la identidad, la aparición de lo Uno.

¡Cuántas cosas enseña Elstir, con las palabras y, sobre todo, con los cuadros, al joven Marcel! Todas las ilusiones de los nombres caen, ante la luz enceguecedora de la realidad y de la pintura, por una vez fundidas juntas. Elstir enseña que los sujetos de los cuadros no tienen ninguna importancia; tanto la catedral famosa, como la barca abandonada en la costa, como la mujer un poco vulgar, como la vela brillante de un barco, como lo antiguo, como lo moderno, son igualmente preciosos, perdidos en la unidad vibrante y sonora de la naturaleza; lo que importa es la mirada del pintor, que se identifica con la mirada infinita de la luz. Y el cuadro, construido por la luz, es algo doble, porque por un lado es el "espejo del mundo", y por lo tanto Marcel puede servirse de los cuadros para comprender qué es un deshielo o un espino blanco; y por otro lado es un mundo absoluto, cerrado en sí mismo, reflejado en sí mismo, fundido en sí mismo, compacto y con fronteras imposibles de transponer. En fin, el cuadro es la medida del tiempo, el reloj de los instantes que huyen y se precipitan hacia la muerte. "Justamente porque el instante pesaba sobre nosotros con tanta fuerza, este cuadro tan detenido en el tiempo daba una impresión fugitiva, se sentía que pronto la mujer iba a irse, las barcas a desaparecer, la sombra a cambiar de lugar, que la noche estaba por llegar, que el placer termina, la vida pasa y los instantes, mostrados al mismo tiempo por tantas luces cercanas entre ellas, no vuelven a encontrarse".

La sabiduría de Elstir no tiene límites. Explica a Marcel, desilusionado, todos los detalles iconológicos del pórtico de la iglesia de Balbec, ese "gigantesco poema teológico y simbólico"; y por una vez la esperanza de Marcel, que soñaba con contemplar una iglesia gótico-persa, no está fuera de lugar, porque los capiteles del pórtico reproducen telas con dragones chinos-persas traídos del Oriente, por quién sabe qué navegante. De improviso, Elstir no es más Émile Mâle: se transforma en Baudelaire y revela al joven alumno la belleza de la vida moderna. Un hipódromo es hermosísimo. He aquí al jockey, grisáceo en su casaca que esplende, que es una unidad con el caballo; qué delicioso es mostrar su mancha brillante, y el manto de los caballos en la pista de carrera; qué graciosas las mujeres que llegan en coche, con los binoculares en los ojos; y la inmensidad luminosa del campo, llena de sombras y reflejos, y la humedad marina y holandesa, que sube hasta el sol. También las reuniones de *yachting*, las regatas, los encuentros deportivos, donde las mujeres bien vestidas se bañan en la luz glauca de un hipódromo marino, son, para un artista moderno, un motivo encantador como las antiguas fiestas venecianas para Carpaccio o Veronese. Elstir no experimenta ninguna nostalgia por el pasado, prefiere lo moderno a lo antiguo; esos tonos simples, claros, grises en los *yachts* que con el tiempo velado y azul toman un matiz cremoso; y los vestidos marinos de las mujeres, ligeros, blancos y con colores unidos, de tela, de lino, de pekín, de *coutil*, que al sol y al azul del mar hacen un blanco esplendoroso como una vela blanca.

Marcel había llegado a Balbec con una idea romántica del mar: tempestades turnerianas, sombras cimerias, fin del mundo; y Elstir enseña la belleza del mar veraniego, este "vapor blancuzco", que pierde toda consistencia y todo color. El mar veraniego es el lugar privilegiado de Elstir, el lugar de la metamorfosis, donde todas las cosas, como en sus cuadros, cambian incesantemente de forma, extensión, apariencia. Mientras la iglesia de Balbec parece una gran escollera, las rocas marinas, tan potente y tan delicadamente cortadas, hacen pensar en una catedral. Si el día es tórrido, las rocas parecen reducidas a polvo, volatilizadas por el calor, que casi ha bebido el mar, transformándolo en una apariencia gaseosa. Pero las verdaderas criaturas del mar veraniego y de Elstir son las Sombras, que asumen un cuerpo, gestos y movimientos humanos, y el halo mítico de las Diosas. Mientras la luz disuelve la realidad, ellas se concentran en estas criaturas densas y transparentes, que se vuelven sólidas. Excitadas de frescura, abandonando el lago inflamado, refugiándose a los pies de las rocas, a resguardo del sol, ágiles y silenciosas están listas para, al primer movimiento del sol, resbalar bajo la piedra, escondiéndose en un agujero, apenas la amenaza hubo pasado, vuelven justo a la roca o al alga, de las que como guardianes inmóviles y ligeros velan su sabor. Otras ruedan lentamente en las aguas como delfines aferrándose a los costados de los barcos, ampliando los cascos, sobre el agua pálida, con sus cuerpos vidriados y azules.

Un día llegan al muelle de Balbec las *jeunes filles*, parecidas a un grupo de gaviotas que pasean sobrevolando la playa, desconocidas y diferentes a los bañistas. Son cinco o seis. Una lleva una bicicleta, otras dos llevan accesorios de golf. Marcel ve una nariz recta y un rostro morocho, un par de ojos duros y sonrientes, mejillas bronceadas que evocan los geranios, un rostro blanco, y no sabe cómo distinguirlos. En realidad no son muchachas diferentes y separadas, sino un grupo: una banda aparte; algo como fusionado, unitario, un conjunto de forma irregular, compacto y piante, que primero se detiene como un conciliábulo de pájaros que se reúne antes de emprender vuelo, y después avanza lentamente por el muelle, ligado por una ligazón invisible. Proust representa esta mezcla, donde todas las gamas de colores están cerca, todas las frases musicales son confusas, inciertas e irreconocibles, y cada apariencia es fluida. Parecen una "masa amorfa y deliciosa", un solo racimo brillante y tembloroso, uno de esos organismos primitivos, uno de esos pólipos en los que el individuo todavía no existe por sí mismo. Si Marcel mira de cerca, ve cada rostro confundido en el ojo de la aurora y de los cuales todavía no han surgido los verdaderos lineamientos. El rostro no tiene nada definitivo, el cuerpo no está fijado y solidificado en una forma. Como una pasta preciosa, la carne todavía trabaja; las muchachas no son sino un montón de materia dúctil, que todo el tiempo toma la forma de la pasión pasajera que las domina. Su gorjeo es mucho más variado que las palabras de los adultos. Como ciertos pájaros tienen en la voz, antes de cambiar las plumas, notas que después pierden, así en la de ellas hay notas que no existen en la voz de las mujeres maduras; y por medio de este instrumento tan variado, tocan con los labios, arrastradas por el mismo ardor de los pequeños ángeles musicales de Giovanni Bellini.

Mientras las personas adultas mueven al mismo tiempo los miembros, cada uno de los miembros de las *jeunes filles* es independiente de los demás. Rebosantes de juventud, deseosas de gastar a cada instante su don alegre y doloroso, no pueden ver un obstáculo sin divertirse saltándolo, tomando carrera para saltar o con los pies juntos, interrumpiendo su lento camino de graciosas desviaciones donde el capricho se mezcla con el virtuosismo. Con cruel vitalidad juvenil, una de ellas salta sobre la cabeza de un viejo banquero, que su esposa había dejado, protegido del viento, sobre una sillita plegable. Y cuando entran en el Grand-Hôtel, transformadas en saltadoras, bailarinas y cantantes, van del vestíbulo al salón saltando sobre todos los asientos, resbalando sobre el piso, conservando el equilibrio y cantando a plena voz. A veces, la felicidad baña las mejillas de una de ellas con una luz casi móvil que la piel, vuelta fluida y vaga, deja pasar como miradas que la hacen parecer de otro color, pero de la misma materia que los ojos; y en sus rostros ondean dos manchas más azules, los ojos, donde la "carne se vuelve espejo y nos da la ilusión de dejarnos acercar al alma más que a las otras partes del cuerpo". La felicidad no es solamente, por lo tanto, la estatua de Memnón, al que "un solo rayo de sol hace cantar", sino esta luz física, esta absoluta transparencia del rostro, del ojo y del alma.

Llegamos al corazón humano del reino de la metamorfosis. Conocimos los árboles que mudan y el mar que cambia, y ahora estas *jeunes filles* se transforman y se recrean como los árboles y las olas del mar. Cada una de ellas tiene tantos rostros como un dios oriental. Si Marcel recuerda una mirada enérgica y un aire atrevido, la próxima vez encontrará, en una de ellas, un perfil casi lánguido, una dulzura soñadora; y la próxima vez es rechazado por unos ojos penetrantes, por una nariz puntiaguda y unos labios cerrados. Todo en ellas y en torno a ellas es movilidad, fugacidad, engaño. Ora parecen rosas que se separan del perfil del mar, ora las mismas "ondulaciones montañosas y azules del mar", ora criaturas míticas, Nereidas, y sus rostros están envueltos por el dulce desmenuzarse de las aguas; ora figuras de las Panateneas, ora bacantes desaforadas. Marcel nunca antes de este momento conoció la riqueza, la movilidad, la vitalidad, la felicidad, la crueldad de lo real; y la alegría que deriva de eso no es la atemporal que conocerá muchos años después, por el impetuoso recuerdo de una analogía, sino la alegría de lo que cambia, muda y nos sorprende todo el tiempo. Queda profundamente atraído por eso; ama a las muchachas todas juntas, y se deja impregnar, como un convaleciente se deja impregnar por el olor de las flores y los frutos que emanan de un huerto. Su vida está embebida del perfume de ellas, parecido a un racimo de uvas que se deja nutrir por el azúcar del sol.

El reino de la *madeleine* y el de la metamorfosis son dos mundos opuestos, como lo eterno y lo cambiante. Tienen una cosa en común: ambos emanan luz; el primero encandila con la revelación atemporal, el segundo respira la luz del rostro, de la piel transparente, de los ojos que parecen hacer llegar la mirada hasta el alma. Pero la luz de la metamorfosis es engañosa. En realidad ésta esconde y se esconde como las nubes, que se interponen entre los ojos y las muchachas, y cambian el color de cualquier cosa con la concentración, la movilidad, la diseminación, la fuga; nubes que son las mismas *jeunes filles*, todas parecidas a la Leucotea de *La Odisea* (V 333-4), la "diosa blanca", la "diosa de la espuma del mar". Así el reino de la metamorfosis es incognoscible e intangible; forma parte "del abismo inaccesible que da el vértigo de los besos sin esperanza"; o la conocemos solamente contemplándola, sometida a las leyes de la analogía, en los grandes cuadros de Elstir.

Con los primeros fríos, Marcel deja Balbec, el suntuoso Grand-Hôtel, la habitación ya aplacada por el hábito. Cuando, ya en París, piensa en Balbec, recuerda las mañanas en las que, según el consejo del médico, se quedaba durante mucho tiempo acostado en la cama. El episodio es una respuesta al comienzo de *Du côté de chez Swann*: aquellos sueños y recuerdos nocturnos se dan vuelta en este día radiante de sol, según ese pasaje de la sombra a la luz que domina la *Recherche* hasta la revelación final. A causa de la luz demasiado fuerte, Marcel tenía cerradas las cortinas violetas; Françoise agregaba colchas, mantas y un mantel rosado, pero la oscuridad no era completa: los rayos de sol se difundían sobre la alfombra "como un deshojarse escarlata de anémonas"; mientras sobre la pared frente a la ventana, un "cilindro de oro" se desplazaba lentamente, parecido a una columna de fuego que, de noche, precedía a los Judíos hacia Canaán (*Éxodo* 13, 21-2). ¿Hacia qué Canaán guiaba a Marcel la luz en la pared? ¿Hacia la revelación y la luz final?

En cualquier caso, ésta es signo de la superabundancia de alegría que representó para él la experiencia de Balbec.

Marcel no veía a las *jeunes filles*, pero mientras llegaban a sus oídos las voces de los vendedores de periódicos, las de los bañistas y los niños, adivinaba la presencia de ellas. Oía la risa enredada, como la de las Nereidas, en el dulce romper del mar que subía hasta sus oídos. A las diez comenzaba el concierto. En los intervalos de los instrumentos, si el mar estaba crecido, "volvía, atado y continuo, el resbalar del agua de una ola que parecía envolver los paisajes del violín en sus volutas de cristal". A mediodía llegaba Françoise. Abría la ventana; y cada mañana, tanto se había fijado el tiempo bueno durante el verano que Marcel encontraba el mismo borde del sol doblado en un rincón de la pared exterior. Tenía un color inmutable y denso, "como un esmalte inerte y artificial". Mientras Françoise sacaba las mantas y corría las cortinas, el "día de verano que ella descubría parecía tan muerto, tan inmemorial como una momia suntuosa y milenaria que nuestra vieja criada estaba liberando con precaución de todas sus vendas, antes de abrirla, embalsamada en sus hábitos dorados".

Conclusión extraña. La luz radiante del sol veraniego, apenas comparado con los pétalos de las anémonas y con la columna luminosa que lleva a los Judíos a la tierra de Canaán, se vuelve "inmutable", "densa como un esmalte", "muerta como una momia". ¿Qué significa esta inmutabilidad del buen tiempo? ¿Hay algo de funerario en ella, en tanto está librada a la movilidad de las estaciones? ¿O hay algo de funerario en el mismo sol, cuando es mirado directamente, no en los infinitos reflejos y refracciones que forma, al menos para nosotros, la verdadera sustancia?

VI. LOS GUERMANTES Y EL MITO

También Guermantes es un nombre. Y entre todos los nombres que desfilan en la fantasía excitada de Marcel, dejando caer su brillo sonoro y coloreado en las páginas de la *Recherche*, el de los Guermantes es el más cargado de disonancias, de recuerdos y sugestiones. Es un nombre infantil, que la nodriza repetía cantando la vieja canción: *Gloire à la marquise de Guermantes*: es un nombre que hace referencia a los tapices de la iglesia, donde la condesa de Guermantes aparece en *La coronación de Esther*, el vitral con la figura cambiante, ora verde, ora azul, de Gilbert le Mauvais, y la imagen de Genoveva de Brabante en los ojos de la linterna mágica; y el nombre que baña como un atardecer en la luz anaranjada de la sílaba *antes*. Y después está el torreón demolido del paseo del *côté de Guermantes*, y el sueño amoroso de la duquesa que enseña a Marcel el nombre de las flores, y el sueño histórico de la época en que la casa de los Guermantes surgía sola en el Medioevo francés, cuando en el cielo vacío no aparecía todavía Notre-Dame de París, Notre-Dame de Chartres, la catedral de Laon y la de Bayeux. Todas estas imágenes llenan la fantasía de Marcel adolescente, y dan un halo de poesía a su esnobismo, mientras, temblando como un corzo, persigue por las calles de París a Oriane de Guermantes.

En segundo lugar los Guermantes son un mito, entre los miles de la *Recherche*, que Proust elaboró con más sabiduría mitológica, riqueza visual y deliciosas variaciones irónicas. Si los Olímpicos y los Átridas son una raza *aparte*, un *genus*, tampoco los Guermantes tienen ninguna relación con el resto de los hombres: su paso entre nosotros señala la imprevista irrupción de lo mítico en la realidad cotidiana. Como cualquier estirpe celeste, éstos tienen una genealogía, que Proust, nuevo Hesíodo, construye devota e irónicamente. Mejor dicho, únicas entre las razas divinas, hay dos. La primera es la misma que, casi treinta años antes, Proust había atribuido a Laure de Chevigné; en su nariz curva, en sus labios finos, en la mirada aguda, en la piel demasiado fina, se revelaba una estirpe descendiente "de una diosa o de un pájaro"; y también los Guermantes quedan aislados en su "gloria divinamente ornitológica", porque descienden "de la unión de una diosa y un pájaro". Es la genealogía más singular, que no corresponde a ninguna tradición griega. La segunda es clásica: como Helena, Clitemnestra y los Dióscuros, hijos de Zeus-cisne y de Leda (o de Némesis), los Guermantes tienen su origen en "la fecundación mitológica de una ninfa por parte de un Pájaro divino". Pero, a diferencia de los genealogistas helenizantes del Renacimiento, Proust no se siente obligado a ninguna coherencia: los hijos de Zeus y de Leda se vuelven dioses; Basin Guermantes es Zeus o Heracles, el barón de Charlus es Apolo; y, como a menudo sucede en Proust, su genealogía griega puede ser transcrita a una cristiana, si el árbol de los Guermantes es como el árbol de Josué, antepasado de Cristo, representado en todos los vitrales de las iglesias medievales.

Estamos apenas en los comienzos del mito; en torno al núcleo genealógico Proust encuentra una extraordinaria riqueza de sensaciones físicas y visuales que forman un gran cuerpo imaginativo. La descripción es muy minuciosa, como si Proust quisiera emular a Pisanello o las inscripciones científicas de un zoólogo; pero sin que siquiera uno de los detalles contradiga u olvide la metáfora central. Los

Guermantes tienen un equivalente en la estructura física del universo; son "un filón precioso de ópalo azulastro y luminoso" dentro de una materia tosca; o bien son filones rubios veteados de jaspe y ónix, o "la suave ondulación de esa melena de luz cuyas crines despeinadas corren, como rayos flexibles, en los flancos del ágata enmohecida". Conocemos todos cada parte de su cuerpo: los cabellos rubios, o mejor, dorados, que parece que hubieran absorbido los rayos del sol, tienen algo de pelaje de felino; los ojos son verde-celestes como el mar, y, en la cara, el cutis rosado llega a parecer violáceo; la nariz arqueada, los labios demasiado finos, la voz rauca; una extrema movilidad y flexibilidad muestra a su cuerpo en perenne inestable equilibrio de movimientos asimétricos y compensados –una pierna arrastrada, una desviación del torso, un hombro que sube, un brazo extendido en toda su longitud, un saludo a cuarenta y cinco grados que termina en un brinco hacia atrás de la misma altura. Si los Germantes descienden de los dioses o son dioses, deben dar luz, como todo lo que es mítico. ¡Qué esplendor encandilante emanan sus ojos, la piel, los cabellos artificialmente luminosos, los ondulantes filones de claridad prisioneros en el jaspe y el ágata!

El juego mitológico triunfa en el espectáculo en la *Opéra*, donde el mito es transportado hasta la propia celebración barroca y al mismo tiempo parodiado como una eflorescencia vana y lujuriosa. Proust se disfraza de Elstir. Si en el *Port de Carquethuit* agua y tierra estaban identificadas, aquí el teatro es transformado en un espectáculo divino y marino, con una coherencia que no olvida el más mínimo detalle. Los palcos son grutas marinas. Las señoras que aparecen a la luz, destacándose una después de otra de la profundidad de la noche, ninfas semidesnudas, que esconden el rostro detrás de "el romperse risueño, espumoso y ligero de sus abanicos de plumas"; sus cabelleras púrpuras parecen curvadas por las olas; junto a ellas están sus hombres, "tritones barbudos colgando en la anfractuosidad del abismo". En el palco de la princesa de Guermantes el espectáculo marino encuentra su punto culminante. La princesa está sentada en un sofá, rojo como una roca de coral; una gran flor blanca, que le cae junto a la mejilla, parece una florescencia marina; una redecilla de conchillas blancas y de perlas, pescadas en los océanos australes, se extiende sobre su melena; mientras desde el corazón de las aguas la duquesa de Guermantes, con un *aigrette* de pájaro sobre la cabeza y un abanico de plumas de cisne, defiende los derechos del reino de los pájaros. Al final todo se funde: el reino del mar y el de los pájaros se hace uno; el palco es la asamblea de los dioses que contemplan a los hombres a través de una imprevista laceración de las nubes, entre dos pilares del cielo. Marcel está abajo, entre las madréporas humanas, entre los protozoos sin existencia individual. Cuando de pronto la duquesa lo ve. Levanta la mano enguantada de blanco, la agita en señal de amistad, hace llover sobre él "el aguacero chispeante y celeste de su sonrisa" y las miradas de Marcel encuentran "la incandescencia", "los fuegos" de los ojos de la princesa. El mundo de Guermantes ha encontrado su más radiante apoteosis de luz.

Después el reino celeste de los Guermantes se acerca a la tierra. Las mujeres-pájaro descienden entre los hombres, junto a sus rubios y celestes compañeros. Al comienzo del *Côté de Guermantes*, la familia del Narrador va a vivir exactamente al lado de ellos, en el Hôtel de Guermantes, en la rue de Grenelle. La casa es una de esas viejas residencias francesas, donde en la corte de honor –recuerdo de un tiempo más antiguo, cuando los distintos oficios se agrupaban en torno al señor– se abren las trastiendas, los talleres, los pequeños negocios de los zapateros y los sastres. La persecución del Nombre, que se prolongó durante años y centenares de páginas, había entonces terminado. El pasado está encerrado en el presente; los gestos, la *politesse* y la simplicidad de Luis XIV y del *Grand Siècle* están aquí, en el mundo de hoy, "como una emanación más densa, inmoral y estable"; y el mito, entrevisto por primera vez en la iglesia de Combray, pasea por las calles de París, en el vestido de una mujer de nariz arqueada y ojos celestes, milagro no menos grande que el cuerpo de Jesucristo en la hostia. Debe haberse cumplido el último paso. Marcel sueña con entrar exactamente en el corazón del Hôtel de Guermantes, donde vive el mito. Pero el paso a dar es muy grande. Marcel es rechazado y alejado de Oriane de Guermantes, hasta que él piensa en entrar en el lugar de la *féerie*. Cuando en cambio piensa que el salón de los Guermantes es un lugar como los otros, y que Oriane no es una diosa sino una mujer, el encanto se rompe, y la puerta se abre con naturalidad. No se trata solamente de un don. Alguien ha roto el *tabù*. La madre ha obrado como una maga o una hipnotizadora, liberando a Marcel de su sueño amoroso, y permitiéndole el acceso al lugar privilegiado.

Sabemos lo que le sucede a Marcel apenas atraviesa el umbral; del misterio largamente soñado, que lo había atraído con tanta fuerza, no queda nada. Oriane, la diosa hija del dios pájaro, se vuelve una "burguesa culta", que sigue la moda como las otras mujeres, admira por la calle a una actriz bien vestida y, en el más completo olvido de su propia grandeza nativa, mira si cae bien el velo, ajusta las mangas del vestido, atenta en llevar perfectamente la capa. Y de los amigos de los Guermantes, con esos bosques y esos campanarios góticos reflejados en el nombre, quedan solamente inteligencias parecidas o inferiores a esas personas que Marcel conoce. ¿Por lo tanto toda la maravillosa erupción del Nombre y del Mito, con los tapices, los vitrales, el color naranja del sonido, el pasado medieval, la floración del amarillo y el azul, se ha disuelto en la nada? Estamos en uno de los puntos críticos de la *Recherche*. Como siempre, apenas emerge de sus ilusiones, Marcel *no comprende, no ve*; lo que parece más extraño es que en este caso parece no comprender tampoco el Narrador; o, lo que es lo mismo, el lector. En realidad la experiencia de Marcel no fue absolutamente negativa y desilusionante, como de hecho no lo había sido la de Balbec o la de la Berma. Marcel algo ha conseguido. Los gestos y las maneras de los Guermantes le evocan inconscientemente los gestos de la corte de Luis XIV, prisioneros del presente, como lo eran los de Françoise, resucitando así el pasado; rubios y dorados, los cuerpos de los Guermantes emanan luz; Charlus es una poderosa aparición demoníaca; los placeres de la superficie son a menudo deliciosos; y la conversación de Oriane es un pequeño milagro de futilidad y de artificio, que al menos encanta al Narrador que debe reproducir la música. Pero Marcel debe negar el valor de todo lo que ha experimentado, para que la revelación final descienda como un milagro desolado y sin colores.

Si después olvidamos los cuerpos, los rostros y los gestos de los aristócratas, tan a menudo estúpidos y crueles, la aristocracia sigue viva por su florescencia puramente heráldica:

la genealogía. ¡Cuántos hechos históricos y de linaje olvidados recuerda la genealogía! Ésta les da vida a los nombres: Marcel cree que el castillo de Féterne es sólo una indicación del lugar; cuando aprende del duque de Guermantes que es un nombre de familia, tiene la impresión de que la genealogía le devuelve la vida a las viejas piedras. Hay además nombres abandonados, caídos en el olvido, porque las familias que los llevaban se han extinguido, mientras que en algún castillo o pueblo lejano sobreviven solamente como indicaciones de cosas, bajo las cuales ya no pensamos en descubrir un nombre de hombre; nada es más romántico, tenebroso y siniestro que esta poesía de los nombres olvidados. La genealogía tiene un poder extraordinario, porque borra a los actuales representantes físicos del nombre –¿qué importa que en realidad sea el príncipe de Agrigento o incluso el duque de Guermantes?– y forma un dibujo puramente abstracto, con todas las alianzas, las afinidades, los parentescos, sin ningún resabio de experiencia material y de experiencia mundana, con sus retoños "translúcidos, alternados y multicolores", parecidos al árbol de Josué, dibujado en los vitrales, y al comienzo del Evangelio de San Mateo y de San Lucas. Así la genealogía reconstruye el reino de los Nombres, como dice Genette, justamente en medio del mundo de la realidad.

Pero no basta. Si el duque de Guermantes, para explicar su parentesco con Madame d'Arpajon, tiene que remontarse hasta Colbert, los sucesos históricos del pasado aparecen disfrazados y limitados al nombre de una propiedad o de una mujer. Así la genealogía revela ser una especie de construcción fantástica que contiene en sí, prisionera y amurallada, la historia, la misma potencia maciza y ciega con que una iglesia románica aprisiona el espacio y los restos de las arquitecturas precedentes. La comparación es clara. Exactamente como la genealogía aristocrática, la *Recherche* (heredera de *La comedia humana*) funde historia y novela, y hace de la primera una prisionera de la segunda, en una arquitectura no menos maciza y ciega que la de la iglesia románica. Y de la misma manera infinitos hilos y lazos que, desde la primera a la última palabra, mantienen unidos entre ellos a los personajes, los hechos, las imágenes y los símbolos de la *Recherche* son similares a los lazos que mantienen unidas entre ellas, a través de decenas de siglos, a las figuras genealógicas, los retoños del inmenso árbol de Josué de una gran familia. También la *Recherche* es un árbol de Josué. De esta forma el mundo de los Guermantes, que parecía tan lejos de la vocación artística de Marcel, revela ser, encerrado en las profundidades del libro, un símbolo de toda la *Recherche* y de sus ramificaciones.

La primera vez que Oriane aparece en la *Recherche* todavía no se llama Guermantes. Lleva el nombre de princesa de Laumes. Y no tiene todavía el rostro inconfundible de los Guermantes. Lleva solamente un peinado: pelotillas de coral y de esmalte rosado, "salpicadas de diamantes", que Swann, con su galantería, finge confundir con pequeños frutos de cerezo salvaje o espino blanco y gotas de rocío que la princesa-pajarito ha encontrado en los árboles para ponerse en la cabeza. Nunca ha estado tan deliciosa; su espíritu juvenil, observa Swann, tiene todavía una ternura, un *fondu* (cumplido supremo en el mundo proustiano), que desaparecerá en la duquesa de Guermantes. Es cierto que su inteligencia desciende ya del *côté* Mérimée-Meilhac-Halévy, que ha encontrado su expresión más desfachatada en el teatro de Offenbach: es elegante, discreta y evasiva, como la de Swann. ¡Pero cómo brillan y chispean de alegría los ojos radiantes del joven y vanidoso pajarito apenas alguien le hace un cumplido! Su conversación es un prodigio: agradable, caprichosa, insolente, llena de frívolo narcisismo.

Cuando Marcel la encuentra, muchos años después, Oriane ya es la duquesa de Guermantes y posee un rostro que solamente puede ser el de su raza. Marcel la ve por primera vez como "una señora rubia con una gran nariz, ojos azules y penetrantes, una corbata suelta, en seda de color malva, lisa, nueva y brillante, y un pequeño forúnculo a un costado de la nariz". El atractivo de la princesa-pajarito desapareció un poco, a pesar de que nos encantan sus miradas que pasean aquí y allá, suben a lo largo de las pilastras, se detienen finalmente en Marcel, como un rayo de sol que deambula por la nave, mientras su propietaria está sentada en la iglesia de Combray. Cuando encontramos a la duquesa en París, sus lineamientos se precisan más todavía: la nariz es el pico de un pájaro, como el de una divinidad egipcia; en los ojos (dos "nomeolvides", dice Charlus) está aprisionado el radiante cielo azul de una tarde de Francia; la voz es áspera, ronca, pesada, arrastrada, con una rudeza agreste. No solamente su perfil, sino también, como dice Swann, su mente, se ha vuelto más "dura" y "angulosa". Sobre el seco e irónico espíritu Meilhac-Halévy están depositadas las inflexibles líneas rectas y la ausencia de sombra del siglo XVII francés. Su elegancia es dura, su ironía fría, su gusto por la discreción y el límite a menudo obtuso, las palabras a menudo vulgares. Como decía Balzac, tiene el "corazón en la cabeza". Sabíamos que era celosa, pero ahora la sorprendemos envidiando la felicidad de un criado; y todo lo que puede ser cruel, frígidamente cruel, con sus vestidos y sus zapatos color rojo sangre, lo experimenta Swann, el más querido de sus amigos.

Oriane tiene talento para la conversación, en la cual brilla el espíritu de los Guermantes, a pesar de que ella tiene perfectamente razón al decir que ese espíritu es solamente suyo (y de algún amigo). Marcel no lo ama: soñaba con que la conversación con Oriane reflejara el color amaranto de su nombre, el misterio de un tapiz medieval y de un vitral gótico y el color dorado de la frescura silvestre. En cuanto a Proust, si bien está oculto en la *Recherche* como un hueso de jibia, todo hace creer que se divierte imitando esa música fría, ora elegante, ora desfachatada. A Oriane le falta una verdadera cultura, todo lo que sabe le viene de Swann y de Charlus; su talento es el de un crítico, y, en su enorme vulgaridad, Madame Verdurin tiene mucha más audacia e intuición que ella. Todo esto no tiene ninguna importancia, porque Oriane no pretende ser inteligente: actúa lo que ha oído –ideas, libros, imágenes, palabras– como materiales de su música verbal, ante la cual el París mundano se rinde fascinado y encantado.

No es fácil decir en qué consiste el timbre de voz de Oriane. No podemos pasar por alto que es francés; ignoramos si leyó a La Rochefoucauld, a La Bruyère y a Chamfort (ha hecho óptimos estudios), pero lo cierto es que Oriane es la última heredera de la gran tradición moralista del siglo XVII y XVIII, revivida durante siglos en los salones. Ama sus géneros literarios: el retrato, el epigrama, la *pointe*. En parte, Marcel y Swann no se han equivocado: en ella hay siempre algo duro, anguloso, rectilíneo. Cuando va a visitar a sus primos, "enciende" de una vez por todas la luz de sus ojos y se asegura de su brillo, como si fuese una autómata que enciende la luz eléctrica. Pero el carácter de su espíritu está justamente en esto. Mueve algo mecánico y automático, y después lo desplaza, le da vuelta, lo abandona, ya sea con un movimiento todavía más automático o con una naturalidad llena de gracia. Quiere asombrar, busca la imagen imprevista y absurda; custodio de las formas, rompe continuamente las formas; su triunfo lo consigue cuando elige una imagen aparentemente arbitraria que después se revela milagrosamente exacta.

Entre las muchas falsas verdades de los psicólogos y los novelistas, está esa de que la palabra (y por lo tanto la conversación) revela nuestra alma, admitido que exista una manera de descender hasta ella, ese lago de secretos. Proust no pensaba así. La conversación de Oriane de Guermantes revela sólo en una pequeña parte su misterio. Si queremos comprenderla mejor tenemos que mirarla a los ojos. "Entonces, mirando y escuchando a Madame de Guermantes, veía, prisionero en el perpetuo y tranquilo mediodía de sus ojos, un cielo de Île-de-France o de Champagne tendiéndose, azulado, oblicuo..." Oriane es una hija de Combray, una criatura de Nerval; una frágil y frígida Diana cazadora, aristocrática y agreste, del siglo XVI, que se pierde entre los bosques y el río. Su vocabulario es antiguo y puro, el de las viejas canciones, de la abuela y la madre; un mundo al mismo tiempo amado por Proust y extraño a Proust, que no tenía a sus hermanos entre las criaturas de la Île-de-France, sino en París, en Alemania, en Petersburgo, donde Baudelaire, Schopenhauer y Dostoievski se expresaban en una lengua mucho más complicada. Como las criaturas de Nerval, Oriane es melancólica y soñadora; y a veces, cuando una fiesta termina y los invitados se van, la asalta una ansiedad neurótica que quisiera prolongar las alegrías más efímeras.

El fin de Oriane es triste. El pajarito que ha picoteado los frutos del espino blanco y los diamantes para hacerse un sombrero, desapareció; la dama del siglo XVII, señora de la conversación, desapareció; y con ella desapareció también Diana la cazadora, entre los bosques y el cielo azul de la Île-de-France. Quedó solamente un hada desilusionada y derrotada que ya no encanta a nadie; y que se pierde y se degrada, ella, que había tenido a todo el mundo bajo su cetro, imitando lo que una vez había despreciado, la jerga de los actores y los escritores.

Lo primero que nos asombra en Palamède, barón de Charlus, es que no se parece en nada a un Guermantes. No posee nada de la raza nacida de un pájaro divino y una ninfa, ni los luminosos ojos celestes (que aparecen sólo en una variante), ni los radiantes cabellos rubios, ni la nariz arqueada, ni la piel rosada, ni los movimientos asimétricos. Y sin embargo es él, este hombre grande y gordo, con mostachos negrísimos, el que lleva al límite la consciencia histórica y mitológica de los Guermantes. Charlus está aparte, solo, sin nadie, encerrado en la cárcel trágica de su persona. Justamente a él, Proust le dedica el más grande de sus retratos, al que quisiéramos darle un atributo: ¿un Saint-Simon, un Goya, un Balzac, o un Fray Galgario? Como un pintor, aferra a Charlus en sus gestos, o lo fija en movimiento. Para empezar, no sabe nada de su psicología: conoce solamente desde el exterior estos gestos, como si ninguna vía lo llevase hasta su corazón; y lo interroga, lo interpreta, lo desmonta, lo investiga con la ardiente pasión de un policía, tratando de llegar a su secreto. "Di vuelta la cabeza y vi a un hombre de unos cuarenta años... que, mientras golpeaba nerviosamente un junquillo contra sus pantalones, me observaba con unos ojos dilatados por la atención. Por momentos eran atravesados en todos los sentidos por miradas de una actividad extrema, como las que tienen los hombres que, ante una persona que no conocen, por un motivo cualquiera, ésta les inspira pensamientos que ningún otro tendría; por ejemplo los locos o los espías. Él me lanzó una mirada suprema, al mismo tiempo audaz, prudente, rápida y profunda..."

Ya hemos aferrado lo esencial. Charlus está en sus miradas: *es* sus miradas. Proust tiene una convicción doble: ora piensa que los secretos de los hombres están escondidos en las miradas; ora que es una ilusión creer que conocemos a las personas a través de ellas. En el caso de Charlus, se abandona a un verdadero delirio interpretativo: esas miradas son de loco, de espía, de abusador de hotel, de ladrón, de alienado, de hombre que se venga de una humillación, de mentiroso, de devoto, de hipócrita, de animal asustado, de comerciante que le teme a la policía, de investigador, de hombre de incógnito. En un cierto sentido, todas las apreciaciones, incluso las más extrañas y aparentemente fuera de lugar, son justas: Proust ha aferrado su presa. Más tarde, cuando tengamos más confianza con Charlus (a pesar de que él no la concede con mucho gusto), nos detendremos sobre todo en dos apreciaciones que parecen, o son, opuestas. Por un lado, Charlus es un *espía*, y como todos los espías (Proust narrador en este mismo momento) interroga e indaga a la realidad, permaneciendo escondido, tratando de no ser sorprendido por nadie. Por otro lado, es un hombre que se esconde, y trata de mantener herméticamente cerrada la expresión del rostro y sus propios secretos. Sus ojos son un tragaluz a través del cual pueden percibirse miradas circunspectas e inquietas, que hacen pensar en algún enigma, en "el disfraz de un hombre poderoso en peligro, o... en un individuo peligroso pero trágico".

El secreto de Charlus sólo lo conoceremos mucho más tarde, al comienzo de *Sodome et Gomorrhe*: es homosexual. Ésta es solamente una de las redes de secretos que lo rodean. Él tiene dos modelos. Como Hârûn al-Rashîd sueña con recorrer el París de la fantasía y la noche camuflado, enmascarado, espiando, ejerciendo el poder con las miradas. El otro modelo es Vautrin, o, para decirlo mejor, los héroes de todas las novelas dedicadas a la masonería y a las sociedades secretas, de *Los años de aprendizaje de Wilhelm Meister* a las novelas negras del siglo XIX. Al igual que Vautrin, tiene, o dice tener, una inmensa sabiduría secreta, "un tesoro de experiencias, una especie de legajo secreto e inestimable", que a veces se reduce a historias de escándalos homosexuales. Al igual que él, tiene, o dice tener, informadores misteriosos. Esas novelas culminaban en una sabiduría y una enseñanza esotérica; y también Charlus quisiera educar al joven Marcel en la virtud, e incluso en una especie de sacerdocio, del que desde el principio es solamente un neófito. ¡Pero qué lejos está Vautrin, con su energía y su poder demoníaco! En la *Recherche* estamos en el fin del mundo: Charlus es solamente un actor neurótico e inteligentísimo, que quisiera actuar los papeles de Hârûn al-Rashîd y de Vautrin.

Charlus es también, y probablemente sobre todo, un actor. Ya en la escena del retrato lo sorprendimos mientras miraba alrededor suyo, adquiría de improviso un aire distraído y altanero, miraba un afiche, lo leía, silbaba una canción, ajustaba la rosa que colgaba sobre los botones de su traje, extraía una libreta en la cual fingía tomar notas, sacaba del bolsillo el reloj, hacía un gesto de desagrado, exactamente como un actor que actúa un papel. ¡Qué actor! Sin saberlo, Charlus posee un inmenso repertorio: puede ser un actor trágico shakespeariano y corneilliano, puede ser el farsista Scapin, puede ser un actor de Grand-Guignol. Sus obras maestras son los grandes discursos, que Proust le atribuye con inmenso placer y diversión: nobles, abyectos, arrogantes, pomposos, tiernos, absurdos y locos, en los cuales la tradición clásica (cuántas lecturas de historiadores y predicadores hay en el fondo) llega al mismo tiempo al triunfo y a la autodestrucción. Un actor sabe que sabe actuar; mientras que Charlus es (no siempre) un actor que se ignora, tan mitómano es, tan megalómano, tan locamente narcisista, siempre dominado por un *furor* teatral de un carácter físico que prorrumpe. Ora eleva su ego, aflora y supera la paranoia, actuando el papel de Dios o de Cristo triunfante y sacrificado. Ora proclama sus edictos de prohibición, preso de terribles accesos de insolencia, odio, vulgaridad, obscenidad y ferocidad. Ora exalta a la aristocracia francesa, mejor dicho a su familia, la estirpe real de los Guermantes. Nada sería más ridículo que estos accesos de mitomanía, probablemente ante un turbado Jupien, si no estuviera claro que también entonces, más allá del límite de la paranoia, Charlus es el último, el sublime Don Quijote que trata de rescatar el sueño aristocrático en decadencia, mientras se hunde desesperado en su derrumbe.

Charlus es un personaje tan rico que contiene en sí también a una mujer, mejor dicho, a una multitud de mujeres prisioneras. A veces, cuando habla, expresando cosas delicadísimas, su voz se posa en las notas altas, adquiere una dulzura imprevista, y parece contener coros de novias y hermanas que difunden su ternura; o bien se oye, escondida en su voz, una risa aguda y fresca de colegialas coquetas golpeando al prójimo con lenguas maliciosas; o bien hace el gesto asustado de una mujer pudorosa pero no inocente. También su risa es femenina. "Tenía una risita que era muy particular. Una risita que probablemente había heredado de alguna abuela bávara o lorenesa, que también ella había a su vez heredado, idéntica, de un antepasado, de manera que sonaba así, sin cambios, desde muchos siglos en algunas viejas y pequeñas cortes de Europa, y se disfrutaba de esta preciosa cualidad como se disfruta de ciertos instrumentos antiguos que se han vuelto muy raros". De este lado femenino que lleva dentro suyo, proviene su inteligencia tan tolerante: "Me esfuerzo por comprender todo y me cuido de no condenar nada"; y esa mezcla de ternura raciniana y de sentimentalismo dostoievskiano que lo hace tan querido por la abuela de Marcel, y del que proviene su esencia psicológica "singular, secreta, refinada y monstruosa". En cuestiones artísticas Charlus es un diletante. Pinta los abanicos de Oriane, compone pequeñas sonatas, toca muy bien a Fauré, cuyo estilo "inquieto, atormentado, schumanniano" se adapta a su romanticismo y a su neurosis; tiene una inclinación de esteta "idólatra" a lo Montesquiou, y todos estos dones, que lanzan sobre el mundo aristocrático una luz de belleza, de pintoresca y frívola elegancia, nacen de su tierno corazón femenino.

Proust sabía qué escondía esta ternura porque la escrutaba y la espiaba en sí mismo. De esta forma las voces de novias y hermanas, o de colegialas y coquetas, o de hipócritas prisioneras en la voz de Charlus, no deben eludirse. Tampoco debe eludirse la delicadeza, profundísima bondad de Charlus, a quien Morel considera casi un santo. Tenemos que mirar largamente esa cabeza magnífica y repugnante, de Apolo envejecido, con la boca malvada, de la que parece a punto de salir un líquido verdoso, hepático, que él muestra la noche que invita a Marcel a su casa. Charlus vive en las tinieblas, es de la raza de los Svidrigailov y de los Stavrogin; como ellos, ya sea por orgullo ofendido o por amor desilusionado, ya sea por rencor, sadismo o por idea fija, está listo para matar y justificar su asesinato. Morel tiene razones para sentirle miedo, o mejor dicho terror; y una carta abierta después de la muerte de Charlus, muchos años después de la *matinée* en casa los Guermantes, revela que el barón había decidido matarlo.

La *Recherche* no está formada por un tiempo homogéneo para todos los personajes; el tiempo corre más velozmente para Charlus que para los demás; y mientras Oriane o Marcel o Madame Verdurin consumen alrededor de dos años, Charlus quema diez. Cuando ve por primera vez a Marcel es un hombre alto, gordo, viril, de "alrededor de cuarenta años"; menos de dos años después, cuando encuentra a Jupien y el avispón fecunda a la orquídea, ya es un "cincuentón barrigón". El derrumbe es imprevisto y total: aquí está caminando ondulante, con un vientre que engorda y un trasero casi simbólico, mientras la crueldad de la luz descompone el colorete que llevaba en los labios, los polvos fijados con la *cold cream* en la punta de la nariz, la tinta de ébano en los bigotes. ¿Quién recuerda todavía la nidada de novias y colegialas? Ahora es una vieja señora amanerada, torpe y melindrosa, que se menea con mil ondulaciones del cuerpo, y tiene el rostro inclinado y satisfecho, lleno de pequeñas arrugas de afabilidad, y sonríe sin abrir la boca, moviendo apenas las comisuras de los labios, o encendiendo delicadamente la mirada. Su hipocresía sale a la luz. El barón baja devotamente las cejas ennegrecidas, que, contrastando con las mejillas empolvadas, lo hacen parecerse a un gran inquisidor pintado por el Greco: un inquisidor tremendo, interdicto por la iglesia.

Esta transformación física, esta apariencia de vieja señora o de eclesiástico untuoso en quien parecía tan viril, depende de una completa transformación moral. Charlus ya no resiste a su vicio. Las redes de férreas reticencias, de defensas, de mentiras, de exhibiciones de voluntad, de las que el vicio emergía solamente como a través de una tronera, caen completamente. Ahora el vicio quiere gritar en voz alta: se ha vuelto como una máscara que oculta el viejo rostro y el viejo cuerpo. Ahora Charlus ama la bajeza, la infamia, la degradación, la abyección: se hace pasar por un viejo criado al que Morel le paga. Sus discursos cada vez se alimentan de más vulgaridades. Busca a la *canaille*. Sin saberlo se comporta como uno de sus antepasados, el duque de La Rochefoucauld o el duque de Berry, que pasaban la vida (cuenta Saint-Simon) con sus siervos, jugando a las cartas o tomando con ellos. Tiene una necesidad de mal cada vez más insaciable, busca a los ladrones y a los asesinos, el hombre amado no puede para él ser más que un criminal seductor, "un verdugo delicioso". Al mismo tiempo, ya que Sodoma está ligada indisolublemente a lo cómico, se precipita en la farsa en todas sus formas: rabelaisiana, absurda, frivolísima. Pero nunca podremos olvidar que él es Palamède, barón de Charlus, último heredero de la más antigua familia de Francia. Hasta el fin, inmerso en la abyección y en la farsa, Charlus es un grande de la Tierra; uno de esos grandes que el mito griego y la Biblia representaban en la última desventura; es un rey en decadencia, *Prometeo encadenado*, rey Lear en su majestad shakespeariana, con los cabellos y la barba de plata pura.

VII. APOLO Y LA MUERTE

Después de los meses transcurridos en Doncières junto a Saint-Loup y a sus amigos, Marcel vuelve a París. La abuela no espera su regreso. Está leyendo y piensa en cosas que hasta ese momento había escondido ante él. Marcel no la mira con la mirada de siempre, con la del afecto y la costumbre. Esta mirada es una especie de "necromancia" del pasado, que a menudo nos restituye una persona que no existe. Esto viene de la idea que nosotros tenemos de la persona amada, y hace adherir y coincidir con ella todas las imágenes que nos llegan, arrojándolas "en el sistema animado, en el movimiento perpetuo de nuestra incesante ternura". Todo cambió en quien amamos: y sin embargo continuamos viendo a una persona que ya no existe desde hace mucho, y que nuestra piedad no quiere dejar morir. La ternura inmoviliza el tiempo y le roba los rostros amados.

Aquel día, sacudido por la ausencia y el viaje, que han interrumpido sus hábitos, Marcel mira a la abuela como puede hacerlo "un testigo, un observador, con sombrero y abrigo de viaje, el extranjero que no es de la casa, el fotógrafo que viene a tomar una instantánea de los lugares que no volveremos a ver nunca más". Este testigo toma la realidad tal cual es; cruel y despiadada como una película fotográfica, este observador ve las figuras amadas tal cual son, y no como la "necromancia" las ha transformado; este extranjero observa un fiel instante del tiempo. Cuántas veces, en la *Recherche*, encontramos las miradas del "extranjero": sus miradas rapidísimas, de reojo, que no respetan nada de aquello que el hábito, la imaginación o la ilusión han inventado. Así sucede también en aquel momento. Marcel ya no vislumbra a la abuela tan amada de su recuerdo, quieta, siempre allí, en el mismo lugar del pasado, a través de "la transparencia de los recuerdos vecinos y sobrepuestos". Esta abuela está muerta: aparece sólo un instante; y después Marcel ve, sentada en el sofá, bajo la lámpara, "roja, pesada y vulgar, enferma, mientras fantasea y mueve sobre un libro miradas un poco locas, a una vieja postrada", a la que no conoce.

La abuela está enferma. Alrededor de su enfermedad, Proust reconstruye un mito de Apolo curador y de la medicina délfica, que es velado o enmascarado detrás de la superficie del relato. En el texto de la *Recherche*, Apolo aparece sólo una vez: después de haber dado muerte a la serpiente Pitón, entra en Delfos con un ramo de laurel en la mano para protegerse y purificarse "de los gérmenes mortales del animal venenoso". En realidad, en el mito griego, Apolo llegaba con el ramo de laurel desde el valle de Tempe, donde se había purificado de su propia culpa tras haber dado muerte al dragón (o dracena) hijo de la Tierra. Esta idea del dios culpable que expía su propia culpa, del purificador que debe ser purificado, hubiera gustado muchísimo a Proust, que habría visto en eso un gesto casi dostoievskiano. Casi con certeza, Proust no la conocía; en cualquier caso no alude a ella; en su texto, Apolo es solamente el dios purificador. Pero Apolo conocía las prerrogativas délficas del dios de la medicina: Proust se divierte (uno de sus juegos más profundos y plenos de resonancias) en transformar los instrumentos de la medicina moderna en divinidades apolíneas. ¿Qué hay más simple, para un racionalista moderno, que el termómetro? Para Proust, la columna de mercurio es en cambio, antes que nada, "una salamandra de plata", que "parece muerta"; después una "pequeña bruja" que prepara el horóscopo; y finalmente "una pequeña Sibila sin razón", "una pequeña adivina" que pertenece al reino de Apolo.

La imagen de la medicina, que aletea en torno a estos pasos, no podría estar más lejos de la de una ciencia moderna, como la que practicaba Adrien Proust, el estólido y eficaz doctor Cottard, el brillante y fatuo doctor Boulbon. Todo recuerda a Epidauro, la medicina griega y el culto a Esculapio. En la enfermedad nos damos cuenta –dice Proust– de que, entrando en contacto con nuestro cuerpo, nos hundimos en un mundo inmensamente más arcaico que el de nuestro espíritu; el cuerpo se encadena a un reino diferente: nos separan abismos; no nos conoce, y es absolutamente imposible hacerse comprender por él. La enfermedad es Pitón, el monstruo primigenio, hijo de la Tierra. Apolo curador no usa entonces hacia la abuela su sabiduría luminosa, que Eurípides había opuesto, en un coro de *Ifigenia en Táuride*, a la clarividencia tenebrosa de la Tierra. La sabiduría de Apolo curador es ctonia: nada excluye que la haya tomado de Pitón. Para vencer la fiebre de la abuela, Apolo usa la quinina: contemporáneo de las "razas desaparecidas", anterior al reino de las plantas, anterior a la creación del hombre pensante, la quinina conoce el cuerpo humano, que es más joven que ella, pertenece al mismo reino, y puede dominarlo. Así tiene lugar en el cuerpo de la abuela "la batalla prehistórica". En un momento "Pitón resulta aplastado" por la quinina prehistórica.

Es una victoria momentánea. Inmediatamente después Apolo es desafiado por una fuerza tremenda: la uremia. "El testigo, el observador, con sombrero y abrigo de viaje, el extranjero que no es de la casa" no se había equivocado viendo, en el rostro de la abuela, los signos de la muerte próxima. Con las páginas que siguen, que constituyen el corazón del *Côté de Guermantes*, Proust intenta su más grandiosa representación de la muerte; o la única, porque las otras –las de Swann, Bergotte, Albertine, Saint-Loup– son desapariciones, y suceden casi siempre lejos de la escena, detrás de bambalinas.

Virgilio rivalizaba con Homero; Dante con Virgilio; y es probable que en estas páginas Proust rivalizara consciente o inconscientemente con Tolstoi, a quien en los tiempos de su juventud, en el *Fin de la jaulousie*, había imitado. Ahora él estaba inmensamente lejos de Tolstoi. Las muertes de *La guerra y la paz* y *Anna Karenina* son sublimes fragmentos de tragedia, que casi siempre obedecen a una absoluta monocromía. Proust, en cambio, se comporta como un alumno de Dostoievski. Actúa por contraste: aproxima lo trágico a lo cómico, de modo que lo trágico se vuelve más intolerable e insostenible. De esta manera alterna escenas terriblemente dolorosas con otras que extrae de su propio repertorio cómico, como un gran autor de farsas: la marquesa, poseedora de elegantísimos y exclusivos baños públicos en los Champs-Élysées; el profesor E, impaciente por ir a la cena del ministro de Comercio; el especialista en nariz, que hace enfermar a toda la familia; la aparición del duque de Guermantes con su pompa ridícula, su vanidad y su frivolidad; y el médico Dieulafoy con su habilidad de prestidigitador para hacer desaparecer los recibos.

El descubrimiento de Tolstoi científico y narrador de la muerte había sido el de contemplarla con los ojos del que muere, en una interiorización sublime de la experiencia suprema. Ahí está el príncipe Andrei mientras sueña: sabe que *eso* está del otro lado de la puerta, la empuja, y él se aferra a ella, haciendo un gran esfuerzo por mantenerlo afuera; pero la puerta se abre y *eso* entra, y eso es la muerte. Desde ese momento es un extraño, llegado hasta los hielos del Tíbet, y vive en un frío insoportable. Ahí está Anna Karenina en la cama con los ojos abiertos, mirando la luz de una vela que está por apagarse, el marco de un cielo raso y la sombra de un biombo que la invade: la sombra del biombo se mece, invade el marco, el techo, más sombras del otro lado se precipitan encima de ella, por un momento retroceden, después avanzan con renovada rapidez, se mecen un poco, se confunden y todo en la habitación y dentro de ella se hace oscuridad. Ahí está, por fin, Iván Ilich que siente a la muerte introduciéndose en su cuerpo: está allí, se anida, cumple su ansiada labor, se detiene ante él; lo mira y pretende que él también la mire así, fijamente, impertérrito, exactamente a los ojos, que la mire sin hacer nada y sufre de una manera indecible, temblando.

En la *Recherche* no sabemos nada de estas experiencias supremas. Nunca vemos a la muerte con los ojos de la abuela; no conocemos sus pensamientos de moribunda. La muerte es mirada desde afuera, con los ojos despiadados y la inextinguible sabiduría del Narrador, que conoce minuciosamente todas las fases. Desde el principio esta parece una presencia cotidiana, que se introduce en la abuela de la manera más simple y natural: ella pasea, va en coche, el tiempo es hermoso; y la muerte elige ese día cualquiera para entrar inadvertidamente dentro suyo, casi en el instante en el que la coche llega a los Champs-Élysées. Nada parece más tranquilizador y familiar que esta primera captura. Pero, en realidad, nada es más tremendo. La muerte habita constantemente dentro de ella, como una persona; es el inquilino que vive en el apartamento de arriba; va y viene en su cerebro; la abuela conoce sus costumbres y los ruidos que hace regularmente: una mañana no la oye más; y después, imprevistamente, vuelve.

Pronto la muerte se vuelve absolutamente extraña, su enemiga. El mundo entero y su cuerpo asaltan a la vieja señora: el ojo no consigue hacer frente al ataque de las imágenes que la pupila no puede contener; el terrible peso de la presión universal la agrede, como la agredería la presión atmosférica si hubiese vacío dentro de ella, expuesta, indefensa a las fuerzas del mundo. En fin, la extrañeza se vuelve metafísica. Como Jacob en el *Génesis*, se había quedado solo, luchando hasta la mañana con Dios o el ángel de Dios, que le dislocó el muslo (*Génesis* 32, 25-6: *Oseas* 12, 4-5), así la abuela tiene el sombrero, el rostro y el abrigo desordenados "por la mano del ángel invisible" con el cual ha luchado.

La muerte se aleja cada vez más, ausente de lo que sucede y que ella misma ha causado y causa. Ahora es una escultora, que trabaja con el rostro y los miembros de la abuela como si fuesen de piedra. Tiene en mente un modelo que nadie conoce: plasma la piedra, disminuye la estatura, transforma la vena en una piedra rugosa; hasta que el cuerpo de la abuela, "escabroso, atrozmente expresivo", parece una escultura primitiva, casi prehistórica: "la figura áspera, violácea, con los cabellos rojos, desesperada, de la salvaje guardiana de una tumba", la tumba a la cual después descendería. Después la muerte desaparece. Nunca más inquilina, nunca más ángel visible, nunca más escultora. No está la vieja moribunda, dentro de la cual se esconde la muerte transformándola en una figura irreconocible, ciega, sorda, confundida en la palabra, continuamente agitada. Por un momento la abuela sale de la piedra y retorna "de mármol, con las manos inmóviles sobre las sábanas". Trata de arrojarse por una ventana. Cuando la hija se lo impide, se vuelve una autómata impasible, que quita con cuidado los pelos del tapado que quedaron en su camisón. El descenso a los abismos no tiene límites. Ahora la guardiana de la tumba es un animal que se engalana con los cabellos de la abuela y se ha acostado entre las sábanas. Sopla, gime, sacude las frazadas con sus convulsiones: no conoce a nadie; aleja de sí las frazadas con un gesto mecánico, que no significa nada; y de sus ojos ya no sale luz.

Al final el doctor le inyecta morfina y le aplica un tubo de oxígeno. "Cuando volví a entrar, me encontré ante un milagro. Acompañada en sordina por un murmullo incesante... parecía dirigirnos un largo canto feliz que llenaba la habitación, rápido y musical... Liberada por la doble acción del oxígeno y la morfina, la respiración de la abuela ya no era esforzada, ya no gemía, sino que resbalaba viva y liviana, patinando hacia el fluido delicioso. Quizás el aliento, insensible como el aliento del viento en una flauta, mezclaba en el canto algo de esos suspiros más humanos, que liberados por la cercanía de la muerte hacen pensar en impresiones de sufrimiento o de felicidad en los que ya no sienten más, y agregan un acento más melodioso, pero sin cambiar el ritmo, a esa larga frase que se levantaba, subía para después volver a caer, se lanzaba de nuevo del pecho aliviado persiguiendo al oxígeno. Al fin, llegado tan alto, prolongado con tantas fuerzas, mezclado con el murmullo suplicante de la voluntad, el canto parecía apagarse totalmente, como una fuente cuya agua se agota... Como si un afluente llevara su tributo a los cauces secos, un nuevo canto se introducía en la frase interrumpida. Y esta volvía con otro diapasón, con el mismo arrojo inextinguible. ¿Quién puede decir si, sin que la abuela hubiese tenido consciencia, tantos sentimientos felices y tiernos comprimidos por el dolor, no escapaban ahora de ella, parecidos a los gases livianos que habían permanecido largo tiempo sofocados? Era como si todo aquello que tenía para decirnos se manifestase: como si ella misma dirigiese a nosotros esta prolijidad, esta dedicación, esa efusión".

Nunca como en estas páginas Proust es un poeta del cuerpo, de sus oscuridades y profundidades, de sus automatismos y su fin, y penetra en los abismos interiores, donde probablemente nadie ha penetrado. Él no se ilusiona: la abuela no está consciente; después de haber sido guardiana de su propia tumba, ahora es solamente una autómata. Estamos en el reino de la pura *physis*: nunca se abre otro horizonte. Pero ese soplido tan vivo, liviano, "patinador", esa larga frase que se eleva, se eleva, cae y después se eleva de nuevo, es un canto simbólico. Es el canto del alma, que sube hacia la liberación, y al mismo tiempo desea hablar, por última vez, con sus seres queridos. ¡Cuántas veces Proust entonó este canto!

Cuando muere, la abuela es peinada y acostada en la cama. La larga lucha ha concluido con la victoria de la muerte, que debería afirmarse en su rostro alterado por la agonía. Pero sucede lo contrario. El viaje al más allá, la muerte como inquilina, la lucha con el ángel, la muerte escultora, la presencia del animal –todas las imágenes de la muerte como radicalmente *otra*– desaparecen. La muerte libera la vida. El rostro de la abuela vuelve a ser joven. "Como en el lejano tiempo en el que sus padres le habían elegido un esposo, tenía los lineamientos del rostro delicadamente trazados por la pureza y la sumisión, por un sueño de felicidad, hasta por una sabiduría inocente... Una sonrisa parecía posarse en sus labios... En su lecho fúnebre, la muerte, como el escultor del Medioevo, la había tendido con los rasgos de una muchacha". En una versión anterior, Proust se había atrevido a decir más: "La abuela parecía lista para recomenzar su vida, lista para que un nuevo cortejo la condujera a su esposo". Por lo tanto también ella cedía al gran ciclo de la muerte-resurrección, a la vida que vuelve a comenzar eternamente, obedeciendo al tema de la *Recherche*. Proust encontró esta hipótesis demasiado audaz. A él le importaba, sobre todo, la imagen de la muerte joven, como muchos años antes había visto, tendida en la cama, a su madre.

VIII. SODOMA Y GOMORRA

De principio a fin, la *Recherche* está plagada de citas y alusiones bíblicas. Nos maravilla que Proust haya querido llevar a cabo su ciclo: junto a la Biblia existen los apócrifos bíblicos, y junto a *su* Biblia él dejó insinuar en el texto de la *Recherche su* apócrifo bíblico, su destino de los hijos de Sodoma y Gomorra. El *Génesis* había dicho: "Entonces llovió Jehová sobre Sodoma y sobre Gomorra azufre y fuego de parte de Jehová desde los cielos. Y destruyó las ciudades, y toda aquella llanura, con todos los moradores de aquellas ciudades, y el fruto de la tierra... Y subió Abraham por la mañana al lugar donde había estado delante de Jehová. Y miró hacia Sodoma y Gomorra, y hacia toda la tierra de aquella llanura miró; y he aquí que el humo subía de la tierra como el humo de un horno" (19, 24-5, 27-8). Esta versión no satisfizo a Proust, que propuso otra tradición. Según la *Recherche*, los dos ángeles, que habían sido puestos a las puertas de Sodoma para examinar los pecados de la raza maldita, habían sido mal elegidos por el Señor, que hubiera debido confiar la tarea a un Sodomita. Estos no habrían dejado pasar a ninguno de ellos, revelando implacablemente las mentiras y las culpas. Los ángeles en cambio creyeron en las mentiras, y dejaron escapar a los Sodomitas. De esta forma éstos tuvieron una posteridad, numerosa como el polvo de la tierra; vivieron en todas las ciudades, tuvieron acceso a todas las profesiones, entraron en todos los clubs, formando en cada país "una colonia oriental, culta, musicófila, mal hablada, que tiene fascinantes cualidades e insoportables defectos". Este es el apócrifo proustiano. Como sucede a menudo con los apócrifos, es la versión cómica del destino de Sodoma y Gomorra, que tiñe gran parte del final de la *Recherche*.

Junto a esta tradición apócrifa, en la *Recherche* subsiste la versión bíblica originaria: la maldición trágica de la raza maldita. Apenas Marcel mira a Charlus, después del encuentro con Jupien, ve aparecer finamente trazados con tinta y hasta ahora invisibles, los caracteres que componen la palabra tan querida por los Griegos antiguos: "pederasta". Es una revelación similar a la que sucede en el libro de Daniel. Cuando el rey de Babilonia, alterado por el vino, ordenó a sus príncipes, a su mujer y a sus concubinas que bebieran en los vasos sagrados que su padre, Nabucodonosor, se había llevado del templo de Jerusalén, todos le obedecieron. En ese momento aparecieron los dedos de una mano humana que escribía en el muro del salón un texto misterioso: *Mene mene, tekel, upharsin*. Ese texto, leído e interpretado por Daniel, anunciaba la condena del soberano y el fin de su reino.

También los Sodomitas son *mene, tekel, upharsin*. En un período inmenso, que evoca al Baudelaire de *Lesbos* y de *Les femmes damnées* y le responde, en un período pleno de *pathos* lírico y de tensión epigráfica, Proust recuerda que aquella Sodoma es "una raza sobre la que pesa una maldición y que debe vivir en la mentira y en el perjurio". Raza sin madre, que miente a la madre incluso en el momento de cerrarle los ojos, que la profana y la prostituye en sus lineamientos; raza sin amigos, a pesar de aquellos a quienes su atractivo inspira y que su corazón desea; raza sin amor, porque su deseo es considerado avergonzante, castigable e inconfesable; raza excluida de sus iguales a los que otorga el disgusto de ver, pintado en un espejo acusatorio, lo que ellos son; raza proscrita como los judíos; raza que vive en secreto, como una masonería mucho más amplia, que reposa en una identidad de necesidades, de gustos, de hábitos, de peligros, de saber; raza obligada a una continua contrición interior; raza saturnina, parecida a la inmensa tribu de los melancólicos; raza signada por el complejo de Andrómeda, atada a la roca, expuesta al Monstruo, abandonada al vicio, que ningún Perseo liberará... En esta letanía de apelativos, que contiene novelas abreviadas y chorreantes de fuego y azufre, el maldito se vuelve aquel que "no puede encontrar una almohada en la que reposar la cabeza". Aquí Proust deja que retumbe una alusión evangélica, que amaba mucho: "las zorras tienen cuevas y las aves de los cielos nidos; mas el Hijo del Hombre no tiene donde reclinar la cabeza" (*Lucas* 9, 58). Así sobre la cabeza del Sodomita maldito aletea la misma maldición que atormentó a Cristo.

El tema de la maldición bíblica confluye en otro más vasto y tremendo: el del desastre definitivo que amenaza a Occidente y a nuestra civilización de Sodomitas. Quien lo anuncia es Charlus, el hombre de todos los finales. El París en el que vive, amenazado por las bombas alemanas, es la nueva Pompeya; el Vesubio son los cañones de la marina alemana, las exhalaciones del volcán son los gases asfixiantes; y todo es "los últimos días de Pompeya"; Madame Molé que se maquilla por última vez antes de ir a cenar con la cuñada; Sosthène de Guermantes, que termina de pintarse las cejas; los hombres que se refugian cada noche en los sótanos, escondiendo lo más hermoso que tienen. En los muros de una casa de Pompeya hay una inscripción reveladora: *Sodoma, Gomorra*. Cuando, entre las bombas y los incendios, sale a la noche del burdel de Jupien, Marcel piensa que sus habitantes son los Sodomitas de la Biblia y de Pompeya. Mientras el fuego cae del cielo, los nuevos Sodomitas se refugian en los corredores del subterráneo, negros como catacumbas; se abandonan en la oscuridad a sus vicios, esperan la respuesta de la carne, celebran, bajo el bramar de las bombas, los ritos secretos de las tinieblas de las nuevas catacumbas. El grandioso tema apocalíptico se apaga en el fuego y el azufre del fin. Proust ha querido descender hasta el último círculo del Infierno antes de anunciar a sus lectores la revelación de la luz.

Las resonancias terribles y grandiosas de la condena bíblica que destruye la "ciudad de la llanura"; del azufre y del fuego que destruyen Pompeya y probablemente destruirán París y nuestro mundo, no llenan todo *Sodome et Gomorrhe*: son como un marco que contiene una materia muy diferente, que a su vez se entrelaza con el marco. Quien ha escrito *Sodome et Gomorrhe* es, sobre todo, como decía Proust, un "herborizador humano, un botánico moral"; ese botánico moral oculto en la *Recherche*, que interpreta la infinita variedad de la psicología y la sociedad humana.

Como un verdadero botánico, al comienzo de *Sodome et Gomorrhe*, Marcel quisiera contemplar la fecundación de una orquídea, con su pistilo ofrecido al viento, por parte de un abejorro. Proust había leído a Maeterlinck y a Darwin, y de ellos provenía la idea de una "astucia" de la naturaleza (como en los *mirabilia* medievales), que realiza la selección de la especie. Marcel asiste, en realidad, a otro espectáculo. Charlus se une con Jupien. El barón va, viene, mira al vacío, de manera que valora la belleza de sus pupilas, adquiere un aire tonto y ridículo, mientras Jupien, en perfecta simetría con el barón, levanta la cabeza, posa con grotesca impertinencia el puño en la cintura, hace resaltar su trasero, hace poses con la coquetería que hubiera podido tener una orquídea para el abejorro providencial. Esta analogía significa que también aquí, en el encuentro entre dos especies de homosexuales, tiene lugar la misma selección. La homosexualidad es una necesidad, una fatalidad natural que obedece a una atracción mecánica; y se remonta a un "hermafroditismo inicial" de la especie. Todo eco bíblico desaparece, todo fuego de Jehová y del Vesubio se apaga. Proust estudia la inversión como podría hacerlo un estructuralista: con una especie de diversión matemática describe todas las posibles uniones que se dan entre la parte masculina y femenina del hombre y la parte masculina y femenina de la mujer; toda forma de eros heterosexual y homosexual.

También este tema tiene un eco cómico, como el apócrifo bíblico. Si la unión entre Charlus y Jupien forma parte del gran cuadro de la *harmonia mundi*, pocos espectáculos se parecen más a una farsa que cuando Charlus silba "como un gran abejorro", y cuando Jupien, que echa raíces como una planta, contempla con aire maravillado la redondez del barón envejecido. Después de la solemne frase baudeleriana, *Sodome et Gomorrhe* se transforma en una frivolísima *pochade* homosexual. A medida que avanzamos todo se vuelve más fútil, liviano, vulgar, absurdo, chillón e inverosímil. He aquí a Charlus, el príncipe de Guermantes, Aimé, Morel, los muchachos y las muchachas agitando las piernas y los miembros en una opereta frenética. Todo resulta deformado, degradado, profanado; el gusto blasfematorio ya no tiene límites; los versos de Racine se aplican a los camareros; con una especie de perverso placer Proust contempla cómo su lirismo sublime, del que aquí y allá queda algún resto, se hunde en la infamia. Imagina que recordaba entonces a Dostoievski y sus bufonerías siniestras. Con qué crueldad describe la degradación de Saint-Loup, una abierta criatura de luz, que con los movimientos de la cabeza, el mechón de oro de sus cabellos un poco desordenados, los movimientos del cuello más ágiles, violentos y coquetos que los de un ser humano, se vuelve un pájaro que pasea histéricamente en su jaula en el Jardin des Plantes. Y qué horror idiota suscitan las charlas en el burdel, donde los clientes quieren ora un criado, ora un monaguillo, ora un chofer negro, ora un soldado canadiense o escocés, ora un mutilado, ora un verdadero asesino; los falsos criminales ostentan una crueldad que no poseen y los militares pasean con los curas. Tanto el mal, como el sadismo, como la inversión, han perdido todas las tinieblas y cualquier misterio romántico. No son otra cosa que farsa.

Hacia el final de la *Recherche*, casi todos los personajes se vuelven invertidos, pocos se salvan; y se tiene la impresión de que Sodoma y Gomorra fue una de las primeras palabras de la humanidad, allá, en las "tierras de riego" de la llanura, en el "jardín de Jehová" (*Génesis* 13, 10-1), a lo mejor incluso la última.

En esta conclusión, se entrelazan los dos tiempos principales, aparentemente contradictorios, de *Sodome et Gomorrhe*. Por un lado, el moralista bíblico que se escondía en Proust, ha querido representar una humanidad condenada, amenazada por el fuego y el azufre, profanada y profanadora, un momento antes de que la gracia de la memoria la salve. Por otro lado Proust era, como ya sabemos, un "herborizador humano, un botánico moral". Y el botánico moral quería representar la transformación de los hombres en una sola raza, como en los orígenes, en la que heterosexuales, sodomitas y lesbianas no son más que variaciones, unidas entre ellas por innumerables hilos. No es verdad, como dice el epígrafe de Vigny, que "para la mujer, Gomorra, y para el hombre, Sodoma", y que "lanzándose desde lejos una mirada irritada, los dos sexos morirán cada uno por su lado". Los dos sexos se unen: Morel tiene el deber simbólico de fundir heterosexuales, Sodoma y Gomorra. A espaldas de estos juegos del "botánico moral" está el sueño bíblico, gnóstico y cabalístico del andrógino, de la figura "macho y hembra", doble y única, dada a entender en el primer relato del *Génesis* (1, 37). Con qué gracia y dulzura Proust vuelve a evocar "las grandes actitudes del Hombre y la Mujer, en las cuales trata de unir, en la inocencia de los primeros días y con la humildad de la arcilla, lo que la Creación ha separado..." ¡Y cómo sufre Marcel con la condena de la naturaleza, que ha establecido la "división de los cuerpos"!

Muchos lectores piensan que Sodoma y Gomorra representan, en la *Recherche*, un mundo aparte, que obedece a leyes eróticas y morales diferentes. Están los que sostienen que Gomorra es "infinitamente más inquietante y negra" que Sodoma; están aquellos que opinan que es mucho más misteriosa; mientras que hay otros que afirman que el amor revela su propia naturaleza sobre todo en las enfermedades amorosas, donde la alteridad del amado es más fuerte. No creo que Proust, el gran Legislador, haya cambiado las leyes de Eros para adaptarlas a las "tierras de la llanura". Las leyes de Eros siempre son iguales. No nos olvidamos de que la *Recherche* está dominada por la mirada del testigo, Marcel, y que muchos sentimientos que le pertenecen no son compartidos con el Narrador. Si Gomorra nos parece más inquietante y tenebrosa es sólo porque el placer lesbiano y sádico había sido la primera revelación de la culpa, allí, en la casa de Montjouvain, para el niño Marcel, que miraba con el ojo dilatado del espía. Pero detrás del Marcel testigo siempre está, ubicuo e inalcanzable, omnipresente e indescifrable, la figura del Narrador.

En una carta de 1917 Proust escribía que Albertine era el "verdadero centro de la obra". En *À l'ombre des jeunes filles en fleurs*, el Narrador no hacía otra cosa que confirmarlo: Albertine es la primera palabra que "volvemos a encontrar (tanto en el momento del despertar, tanto después de un desmayo), incluso antes de la noción de la hora, del lugar donde estamos, casi antes que la palabra 'yo', como si el ser que nombra fuera más nosotros que nosotros mismos".

Podemos pensar en los personajes célebres de la historia de la novela: Emma Bovary, Raskolnikov, Andrei Bolkonski, el príncipe Myskin, Anna Karenina, que tienen el mismo lugar central e irradiador y son, como diría el Narrador, "más nosotros que nosotros mismos". Pero mientras estos personajes anuncian rápidamente que ocupan el centro de la novela, Albertine vive casi siempre en las *coulisses*. Aparece, con su pelo negro y su bicicleta, al comienzo de la segunda parte de las *Jeunes filles*; vuelve a aparecer en *Du côté de Guermantes*; ocupa, siempre en sordina, gran parte de *Sodome et Gomorrhe*; y solamente después de esta preparación, después de este prólogo que no tiene fin, en las últimas páginas de *Sodome et Gomorrhe* se vuelve el "verdadero centro de la obra", la grandiosa antagonista dramática de Marcel.

Cuando la encontramos, en la primera estadía en Balbec,

creemos saber todo acerca de ella. Tiene una mirada "negra y brillante", dibujada en el fondo del mar; una voz cansina y nasal, y una pronunciación tan carnal y dulce que, mientras habla, parece abrazarnos, tanto que su conversación cubre de besos a los que la oyen; la mano aprieta con una dulzura sensual en armonía con el color rosado, ligeramente malva, de su piel; la felicidad baña sus mejillas de una luz tan móvil que la piel, vuelta fluida y vaga, deja pasar las miradas ocultas que la hacen parecer de otro color, pero de la misma sustancia que sus ojos...

¿Qué más quisiéramos saber? Pero Albertine es todavía una criatura vaga e informe, una de las miles de *jeunes filles* que pueblan el mar y sus orillas. Cuando la dejamos, no sabemos si es una "bacante demoníaca", un joven San Jorge en bicicleta, una pequeña gata astuta con la nariz rosada, o simplemente una rosa, de colores únicos, violácea y cremosa.

Los primeros amores de Marcel y Albertine, el largo preludio al Gran Amor, obedecen a las mismas leyes que regulan el eros proustiano. Marcel ama lo que es imposible de alcanzar; ama, en ella, sus proyecciones fantásticas; ama siempre el mismo tipo de mujer, aquella que satisface sus sentidos y hace sufrir su corazón; ama a Albertine como si fuera el espíritu de un lugar; la ama no porque la necesidad y la predestinación lo obliguen, sino porque el caso se presenta; si la desea con la imaginación (nadie, en Proust, ama de otra manera) la suya es una oscilación rítmica, un juego de arrebatos y rechazos, de atracciones y fugas, lo que es el modo más seguro para contraer una pasión; Albertine lo hace sufrir y lo calma, es el mal y el remedio. Ya que Marcel ha conocido la pasión edípica, nunca será correspondido.

Con estas últimas leyes y estos tétricos y dolorosos repiques, nos acercamos ya al núcleo de la Pasión; y he aquí los primeros movimientos de los Celos y la atracción y el terror de Gomorra... Pero, por ahora, estamos en los límites. El "mal sacro" que había devastado a Swann todavía no se ha expresado. En las páginas de la segunda estadía en Balbec, lo que fascina es justamente todo lo que no encontramos en los sombríos amores proustianos: la alegría pura y tranquila, la ternura amable, la feliz continuidad de la vida cotidiana, el recuerdo como "una gran compresa calmante" aplicada al corazón. Albertine lleva un sombrerito de paja, una blusa blanca con pelotillas azules y un echarpe de seda; y salta al auto con la levedad de una perra joven. Ella y Marcel toman sidra juntos, se abrazan y se besan en la playa, dan vueltas por el campo, inmersos, como las iglesias y las estatuas y el automóvil, en la fluidez de la luz.

Bañado de felicidad, de ternura y de luz, Marcel no es feliz. Albertine no le basta, porque él pide una sola cosa al amor: el sufrimiento. Al igual que Proust, Marcel no posee la fuerza para soportar la felicidad: excava dentro de ella hasta que la luz y la ternura desaparecen, caen las densas tinieblas y los lineamientos de los amantes hablan con la voz del dolor. De esa forma, en Balbec, él quiere dejar a Albertine. No espera nada de la realidad, no tiene el más mínimo presentimiento; y es justamente en esos momentos, cuando no entiende nada, que la verdad lo asalta desde afuera, lo lastima y lo hiere para siempre. Casi bromeando, Albertine le revela que conoce muy bien a la hija de Vinteuil y a su amiga; las llama "mis dos hermanas mayores". En ese momento se desencadena en Marcel una *intermittence du coeur*: con la misma intensidad con que, en Balbec, había vuelto a ver el rostro de la abuela que años antes le ataba el cordón de los zapatos y con la misma inmediatez (pero sin ningún éxtasis de luz) que asaltará su memoria al final de la *Recherche*. Se despierta en él la imagen de la escena de Montjouvain, con la hija de Vinteuil y la amiga, que se abrazan, se besan e insultan al padre: viva en el corazón con todos los gestos, las palabras pronunciadas y el halo de horror sacro.

No sabemos cuál es la fuerza de esta intermitencia en la mente de Marcel. La escena de Montjouvain es el Pecado Original que había manchado el Edén de Combray: contemplando la escena lesbiana y sádica, él había comido, junto a las dos mujeres, el fruto del árbol del bien y del mal. Su culpa había sido la de haber mirado: porque mirar, espiar, escuchar (tanto la escena de Montjouvain, como los amores de Swann, como el encuentro de Charlus y Jupien) significa, en el mundo de Proust, una culpa equiparable a la de cometer un delito. Pero ahora este recuerdo lo culpa, como el más terrible de los vengadores, de otro delito. Si Orestes había matado a su madre, si la hija de Vinteuil había matado a su padre, también él era culpable de matricidio: por indiferencia, ingratitud, crueldad, dureza de corazón, quizás una culpa todavía más profunda e indescriptible, que Marcel no se atreve a revelar (como Proust no se atreve a revelar el abismo de su matricidio), había matado a la abuela. Y este recuerdo, proveniente de la noche en la que había quedado sepultado durante tantos años, lo golpea con la fuerza de un "suplicio" y de un "castigo": sin piedad, como Orestes, después de tantos años, había matado a Egisto y a Clitemnestra "con la espada de la punta asesina".

El "mal sacro" había asaltado a Swann cuando no encontró a Odette entre los fantasmas que recorrían los *boulevards* de París: su amor era hijo de la ausencia. El "mal sacro" nace, en Marcel, de la manera más irremediable: de la atracción, del horror y la fascinación que sobre él ejerce la escena de Montjouvain, el pecado original. Ahora, finalmente, Marcel sufre: de un solo golpe recibe todo el dolor que había deseado, todo el amor que el dolor suscita. Detrás de Albertine no están más las montañas azules del mar, sino la lejana habitación de Montjouvain, donde él cae entre los brazos de Mademoiselle Vinteuil, haciéndole sentir "el sonido desconocido de su goce". La escena está *aquí*, inmediata, presente en el corazón gracias a la "intermitencia". Albertine forma parte de ella, ya sea encarnando el papel de la amiga o asumiendo el rostro acalorado de Mademoiselle Vinteuil, que se abandona entre los brazos de la amiga, con su "risa extraña y profunda". El dolor de Marcel es intolerable. Albertine, que hasta hace un minuto parecía tan distante, entra para siempre en la "profundidad de su corazón desgarrado". ¿Pero es solamente Albertine? ¿O detrás hay algo más tremendo? En esos momentos en que nos agreden con tanta fuerza, ¿no vienen las mujeres acompañadas de "fuerzas invisibles", de "oscuras divinidades" con las que se relacionan? Creemos que amamos a las Albertine cuando en realidad amamos a las diosas que se han apoderado de ellas.

En Balbec, por la mañana, sale el sol, rompe el misterioso velo púrpura de la aurora detrás de la cual se le sentía bramar, e irrumpe en el cielo circundado de llamas y de oleadas de luz. Es un signo: parecido al gesto del sacerdote que, durante la misa, levanta la hostia envuelta por las llamas del ostensorio. Marcel ve el símbolo de su vida futura: ya sin alegría, torturado por la angustia, con la herida del dolor sangrando, siempre abierta, tendrá que repetir su propio sacrificio, día tras día. Si ha cometido el pecado, si ha visto la escena de Montjouvain, si ha matado a la abuela, ahora, para borrar la culpa, tendrá que repetir el gesto que renueva la muerte y la inmolación de Cristo. Y el sacrificio no podrá ser otra cosa que vida "terrible" junto a Albertine, en la que Albertine será al mismo tiempo el veneno y el antídoto. Marcel ha llegado a los umbrales de la expiación, que Mademoiselle Vinteuil y su amiga ya habían atravesado, dedicándose a copiar la música del *Septuor*.

Estas son las páginas donde el sentimiento de culpa de Proust, su instinto del sacrificio, su imposible nostalgia de expiación se revelan del modo más atroz. El cielo todavía no está libre; la luz no persigue a la noche; el horror del pecado mancha la esperanza de la liberación. Cuando llega la madre, muestra al hijo la imagen del sol. Detrás del sol que se eleva con sus rosas en llamas, Marcel continúa observando la habitación de Montjouvain: la obsesión no lo abandona; Albertine ha tomado el lugar de la amiga, repite las mismas palabras pronunciadas por otra muchos años antes, y ensucia y mata otra vez a Vinteuil: "¡Y bien! Si nos ven, será mejor... ¿no me atreveré a escupir, yo, a ese viejo mono?" Incesante, eternamente renovada, inmutable, la escena de Montjouvain degrada a la aurora: el sol rojo se vuelve un "denso velo"; los barcos, que sonriendo a la luz oblicua del sol vuelven a entrar en el puerto, también ellos son un espectáculo espectral, que no consigue "anular, cubrir, esconder la horrible imagen". La vida familiar de Marcel y de Albertine comienza así, con estos signos siniestros que los acompañarán hasta la muerte de la criatura del sacrificio.

En París, en la casa de la rue de Grenelle, de la que la

madre de Marcel está ausente durante largos meses, volvemos a encontrar a otra Albertine. ¡Cómo cambió! Sus grandes ojos azules cambian de forma: son más grandes; si bien tienen el mismo color, parecen haber pasado al estado líquido. Sus cabellos, que poco a poco se han vuelto una enorme cabellera, despiertan el deseo. Su cuerpo desnudo es dulcísimo, sus pequeños senos son tan redondos que no parecen formar parte del cuerpo, sino haber madurado dentro como dos frutos. Albertine continúa cambiando durante la estadía. Cuando había llegado parecía un joven animal doméstico, que nunca cerraba las puertas y entraba en un cuarto en cuanto encontraba la puerta abierta. Para volverla cada vez más esclava, Marcel la transforma en una criatura elegantísima, pesada y opulenta. Ahí está con sus hermosas batas en *crêpe de Chine*, con sus vestidos japoneses, con los zapatos negros adornados de brillantes, con el abrigo de marta cebellina, con las chinelas de chinchilla y corzo dorado; ahí está transformada en un "ángel músico", una "infanta de Velázquez", una "Santa Cecilia en un cuadro", una obra de arte viviente; ahí está, llevando, como una gran dama, un traje "azul y oro y forrado de rosa", un abrigo azul de Fortuny; y ese azul y ese dorado son las sombras tentadoras de la invisible Venecia. Pero el pálido tirano no consigue matar la vitalidad, la alegría y la risa de Albertine. No consigue vencer su inmensa sensualidad, que quisiera poseer, con cada sentido, todo lo real. Cuando escucha las voces de los vendedores de París, Albertine quisiera comer esos pescados, esas ostras, esos mejillones, esas verduras, esos porotos, esos espárragos, esas zanahorias, esos quesos, junto a las voces que las anunciaron; y si lame un helado quiere devorar, con una voluntad que nos da miedo, un cuerpo humano viviente.

En cuanto a Marcel, parece haber olvidado completamente su deseo de sacrificio y de expiación. También él es parecido a Swann y a los personajes de Tolstoi. Las grandes revelaciones de la vida lo asaltan por un instante, lo llevan a la cima de la pasión y de la inteligencia, y después lo abandonan, como si nunca lo hubieran visitado. Ahora es torturado por los celos, esa inagotable pasión cognoscitiva que nos hace poseer todas las nociones posibles, salvo la única que nos importa: esa "inquieta necesidad de tiranía", ese demonio que nunca puede ser exorcizado, ese espíritu del mal encarnado bajo una forma siempre nueva. Trata de recordar todo. Enciende el espíritu de la memoria, pero los celos son como un historiador que debe escribir una historia acerca de la cual no posee documentos. Hurga en la memoria, pero las imágenes que le interesan fueron borradas. Los celos no están solos. Quien los aviva es el horror de Gomorra. Ya lo había conocido en Balbec, cuando había visto a una lesbiana mirar a Albertine con una mirada que arrojaba fuegos alternados, una especie de línea fosforescente; quizás esos "fuegos", esos "faros", esa "fosforescencia", eran la luz siniestra de Gomorra; ¡y qué terror pensar ahora en esas miradas hambrientas!

Así, para no dejar escapar a Albertine, Marcel le construye alrededor una cárcel del siglo XVIII, como había imaginado en Balbec. En esta cárcel él es el tirano que la espía y controla sus movimientos; el juez, que le prepara un incesante proceso; el actor, que miente siempre, diga lo que diga, porque sus relaciones con Albertine están fundadas en la mentira. Alrededor de este tema, Proust construye una red de alusiones literarias, al mismo tiempo trágicas y paródicas, que proyectan la casa de la rue de Grenelle en la inmensidad del tiempo y de la literatura. Marcel se vuelve *Assuero* en la Esther de Racine, el tenebroso y triste tirano, invisible en el fondo de los palacios; Fedra, presa del furor amoroso, que odia la luz; y el soberano de *Las mil y una noches*, que mata a las mujeres que lo traicionan. Albertine es Esther exiliada; Hippolyte, que desciende como ella, intrépida jinete, de una estirpe de Amazonas; Shahrazad, que toca el laúd al rey Shahriyâr, pero una Scheherezade a la cual se le ha quitado el don del relato, que probablemente la habría salvado. En la cárcel demasiado lujosa y elegante, Albertine pierde poco a poco su alegre y vital juventud: empalidece, entristece como los pájaros en su jaula; y comienza a coleccionar objetos de plata –ella, la desenfrenada bacante de Balbec–, "como una aburrida y dócil esclava". Pero nadie está más prisionero que el gran tirano. La cárcel también encierra a Marcel, que poco a poco comprende que se ha vuelto esclavo de su esclava.

Albertine es un "ser en fuga", como el agua de la que ha salido: muda, cambia, se transforma, miente, se escapa entre los dedos. Incluso si se queda inmóvil. ¿Cómo podría detenerla Marcel, fijarla, aprisionarla? Ya una vez, en Balbec, había querido poseer con los labios aquella "rosa desconocida"; se había acercado poco a poco con la boca hasta la mejilla de Albertine, y su ojo había visto un paisaje transformado –una multiplicidad de Albertines–. Cuando los labios se habían acercado a la mejilla, todos sus sentidos lo habían abandonado: la vista, el gusto, el tacto, el olfato; se había encontrado delante del misterio de esa mejilla impenetrable. El conocimiento físico es locura. Pero Albertine era mucho más que un cuerpo. Su ser tocaba "todos los puntos del espacio y del tiempo" que había ocupado y ocuparía; ¿y de qué manera alcanzarlos con los sentidos, la inteligencia y la imaginación? Albertine es la verdadera "diosa del tiempo"; ¿y cómo sacar a la luz el tiempo que su cuerpo tiene escondido? Si Marcel toca las rodillas de Albertine, tiene su cabeza entre las manos y la acaricia con sus manos, aprieta entre los brazos solamente el envoltorio de un alma "que desde el interior accede al infinito". Mil sensaciones se reúnen en torno a ella, como en torno "al centro generador de una inmensa construcción" que pasa a través del corazón de Marcel. No es posible conocerla. La culpa es de la naturaleza. "Cuando ha instituido la división de los cuerpos" ha olvidado "hacer posible la interpretación de las almas".

Hay una sola salvación. Y esta proviene de la benévola diosa Metamorfosis y su siervo fiel, el Sueño, que en Proust desata situaciones angustiadoras. Cuando duerme, Albertine se transforma. Acostada en la cama de Marcel, con los cabellos en el rostro como en los cuadros de Elstir, se transforma en una planta florida; posee la vida inconsciente de los vegetales y los árboles; pero como la metamorfosis nunca tiene fin vuelve a encontrar su naturaleza más profunda; ahora es el mar dormitando en el atardecer, bajo la luna, y el leve soplido de la respiración de las aguas dormidas. Proust crea un sistema metamórfico, donde el mar, los árboles, Albertine y Marcel se funden en una imagen única e inmensa. El sueño profundo y el mar abierto; los escollos, los sobresaltos de la consciencia; la ligera agitación de Albertine, la de las hojas despertadas por la brisa; sus cejas, un nido de gaviota; las manos entrecruzadas, los barcos; Marcel se sube a su cuerpo, "se embarca en el sueño", entrando él también en el reino de la metamorfosis, y su pierna que cuelga de la cama es un remo arrastrado por el agua.

Estamos al final de *La Prisionnière*, en una rarísima zona de quietud y felicidad pura. Cuando Albertine duerme, Marcel la sueña, como por otra parte puede soñarla solamente en su ausencia; y allí, bajo la mirada, bajo las manos, la conoce y la posee completamente, mientras que cuando está despierta no conoce ni posee nunca ni su cuerpo ni su alma. El amor es entero, porque la irrealidad del sueño y la realidad de la posesión se funden en una sola dulzura. La "interpretación de las almas", que la Naturaleza nos ha prohibido, se realiza en el sueño. Albertine ya no es una sola mujer: innumerables muchachas atracan en su cama; toda la naturaleza, pura, inmaterial y misteriosa, duerme –plantas, mar, luna llena, ramas de los árboles apenas movidas por el viento– bajo los ojos de Marcel. Como la naturaleza, Albertine es misteriosa; y sin embargo ya no hay misterio que explorar, ningún enigma que interrogar, ningún lugar del espacio y del tiempo queda por investigar. Albertine está allí, presente: luminosa como la luz del plenilunio, borra las sombras inquietas de los celos.

Parecida a un reloj y a un instrumento musical, la respiración de Albertine mide los segundos y los minutos. ¡Cuántas cosas se esconden en esa respiración! Proust desciende al mundo que está debajo de la consciencia, en la oscura noche del sueño; y justamente allí abajo encuentra la fuerza, como la habían encontrado Goethe y Kafka, para saltar más allá de la consciencia. La respiración de Albertine es superior tanto a la palabra como al silencio; es fluida y liviana como no puede serlo nunca la palabra; ignora el mal; es el soplo de la flauta de los pastores edénicos; el "puro canto de los Ángeles". Ante la respiración lunar de Albertine durmiente recordamos otro canto feliz: el aliento de la abuela moribunda, también éste "insensible como el del viento en una flauta", que sube, crece, y después vuelve a caer y se arroja nuevamente hacia lo alto.

Si bien vive en la cárcel que él mismo ha construido, Marcel conoce la pequeña felicidad cotidiana de la vida conyugal. El pensamiento erótico llena la casa de una permanente dulzura doméstica, casi familiar, que se irradia incluso en los corredores. El abrigo, el sombrero y el paraguas de Albertine, dejados en la antecámara, vuelven respirable y feliz la atmósfera de la casa. Su vida está llena de pequeños encantos. Por la noche Albertine lee a Marcel en voz alta, toca, juega a los dados con él; las almas, los cuerpos e incluso las sombras parecen confundirse y fundirse. En la casa flota la presencia de la madre lejana. La escena arquetípica –la de la noche de Combray– se repite entre los muros de la cárcel. El beso de Albertine es una "hostia" y un "viático", como el beso de la madre; la lengua asomada en la boca tiene algo de sagrado, como el beso en la frente en Combray; y da la misma calma, la misma tranquilidad, la misma fuerza nutritiva, el mismo remedio contra el insomnio. Si Albertine no llega, es la angustia. Así el amor sensual se sacraliza, mientras que al amor por la madre lo acompaña una profunda sombra incestuosa y un velo de profanación.

Como siempre, Marcel no comprende. Olvidó su deseo de sacrificio y de expiación: ese sol rojo, flameante, elevado como un ofertorio, espinoso como un ostensorio. Por cierto, su amor está construido en los márgenes de un volcán y está amenazado por la lluvia de azufre y de pez; pero en el mundo de Proust todos los amores lo están. Marcel no comprende que ama a Albertine. No comprende que toda pasión es una cárcel recíproca, una recíproca tortura; no comprende que cuando da tranquilidad y se transforma en la calma del mar iluminado por la luna y en el susurrar de las ramas, es amor absoluto. El terrible desasosiego de Balbec se ha calmado, y Marcel sufre, porque Albertine ya no lo hace sufrir. Cree que la diosa del tiempo se transformó en la diosa de la costumbre y que le impide conocer el mundo. Entonces, quiere abandonarla.

En los largos meses de su amor por Albertine, Marcel recibe dos revelaciones. En Balbec, Elstir le había pronunciado por primera vez a Marcel el nombre de Mariano Fortuny, el artista español-veneciano que había encontrado el secreto de la fabricación de las telas antiguas; y poco después las mujeres podían pasear, o quedarse en casa, con tejidos magníficos, como los que adornaban Venecia, para sus patricias, con dibujos de Oriente. Después el motivo de Fortuny se asoma en primer plano en la *Recherche*. Con cartas a amigos, Proust se había informado sobre el artista que fascinaba la fantasía femenina de Occidente. Probablemente supo que Fortuny sufría de asma como él, y que vivía en Venecia en un edificio en donde las lámparas luminosísimas no arrojaban sombra. De la India traía el añil, de México las conchillas, de la China huevos centenarios de un olor pútrido. Sus fuentes eran la pintura italiana y flamenca del siglo XV, especialmente Carpaccio, la escritura árabe, los animales heráldicos de Persia, adornos de todo el mundo: capiteles, púlpitos, techos, ventanas, estatuillas, cofres, de los que hacía inventarios precisos, alineados en su biblioteca. Era un imitador meticuloso de todas las decoraciones del pasado y, al mismo tiempo, un fantástico inventor de mantos y vestidos que extraía de las telas de Carpaccio y de Memling para depositarlos sobre los cuerpos de las damas de la época.

Fortuny vive en la *Recherche* en el papel de una contrafigura de su autor, aunque lo es menos que Elstir y que Vinteuil, que Balzac y Dostoievski y Saint-Simon, sobre los que Proust irradia una inmensa parte de sí mismo, en esa fantástica proyección de los mitos que lo inventa como persona. Al igual que Fortuny, Proust es una araña que absorbe de su cuerpo los motivos y los tiempos del pasado. Cuando cita un tema de la Biblia, de Baudelaire, de Vigny, de Homero, de Sófocles, de Saint-Simon y de *Las mil y una noches*, o alude a ellos secretamente, parece tan feliz: los conserva en la fantasía, se apodera de ellos y después los transforma y los cambia en temas radicalmente distintos, como Fortuny transformaba el pasado sobre los hombros de las mujeres. Fortuny es el orfebre, el imitador, el manierista, sobre todo es un autor de *variaciones*, que vive en la *Recherche* junto con otros cien artistas. ¿Acaso Proust no había dicho que no podía escribirla un artista solo? Él, la enorme araña, necesitaba un arquitecto, un teólogo, un filósofo, un novelista, un actor, un músico, un pintor, un poeta, un escultor, un crítico literario, un decorador, un perfumista, e incluso un sastre, a los cuales confiar esta parte o la otra. Sus alumnos hacían con diligencia los deberes que les eran impuestos. Fortuny era, entre todos, el más diligente, mientras el Gran Arquitecto reunía en su mente todos los motivos y los trenzaba en un significado que probablemente continúa escapándosenos.

Así las grandes damas y las muchachas visten, en la escena teatral de la *Recherche*, los vestidos de entrecasa y los hábitos y los mantos de Fortuny. La primera es Oriane de Guermantes, a la que sorprendemos vestida sombríamente con una bata a rayas, parecida al ala de una mariposa, desarreglada. Después es el turno de Albertine, con un traje azul y oro forrado de rosa Tiépolo; invadida por una ornamentación árabe, parecida a los edificios de Venecia disimulados detrás de un velo de piedras perforadas; y ese azul profundo, que a medida que la mirada avanza en él cambia a un oro tan maleable como el azul que, en el Gran Canal, se vuelve "metal llameante" delante de la góndola que avanza. Un detalle sobre el que Proust vuelve muchas veces nos golpea: el traje de Albertine lleva entrecruzados dos pájaros que Fortuny había extraído de la basílica de San Marcos en donde, según *La Prisonnière*, beben "en las urnas de mármol y de jaspe de los capiteles bizantinos". El tema proviene de *Las piedras de Venecia* de Ruskin; Proust funde la tradición griega y la cristiana, el "todo debe retornar" estoico, y la muerte y la resurrección de Cristo. El motivo de la muerte y la resurrección es central en la *Recherche*; presente en todos lados, en la memoria, en el sueño, en la metamorfosis, en el *Septuor* de Vinteuil. Cuando las luces de la memoria vuelven a encontrar el pasado, todo resurge en la *Recherche*; con la única excepción de la joven y frágil mujer que lleva el vestido azul y oro y rosa, encerrada para siempre en la tumba de la mente de Marcel, que le impide renacer. Se comprende entonces la importancia que tiene Fortuny con sus índigos, las conchillas y los huevos podridos y los Carpaccio, si es justamente él quien hace resonar con más claridad el motivo de la muerte y la resurrección.

La segunda revelación, mucho más significativa, le llega a Marcel del *Septuor* de Vinteuil, que es el símbolo de toda la música moderna, aunque yo creo que entre las influencias tuvo más importancia la del *opus* 132 de Beethoven, con el movimiento *Heiliger Dankgesang eines Gegenesenden an die Gottheit*. Por muchos aspectos el *Septuor* no hace otra cosa que recoger los motivos de la *Sonata*, con su fortísima entonación platónica, gnóstica y romántica. Como los grandes artistas, Vinteuil es ciudadano de una patria desconocida; ha olvidado la patria celeste pero continúa inconscientemente de acuerdo con ella; y si canta con los acentos de su patria, delira de alegría. Con su propia música vuelve a los orígenes, cuando el mundo todavía no había decaído y poseía esa "comunicación de las almas", ese conocimiento intuitivo y directo del Ser que reinaba en el paraíso terrestre, donde, según el *Génesis*, el hombre era todavía indivisible, "macho y hembra". Después el mundo inventó la razón y las palabras, tomando la vía del lenguaje hablado y escrito, del "lenguaje analizado". Como toda verdadera música, la de Vinteuil es el lenguaje originario: algo que se ha perdido, que no tuvo continuación y sobrevive sólo en él. Todas las frases de Vinteuil, tan parecidas entre ellas, demuestran que el individuo existe: el individuo, que durante toda su vida Proust había amado por sobre cualquier otra cosa, buscándolo en las cosas y en las personas; el individuo que Marcel no consigue abrazar; el alma, que ni siquiera la *Recherche* sabe reproducir en su singularidad y su secreto, y tiene "una existencia irreduciblemente individual". ¿De qué sirve buscarla en la vida? Sólo en el arte, donde no importan las influencias sino las vueltas, donde los parecidos son "disimulados e involuntarios", donde todo es *leitmotiv* y cruce, donde podemos volver a encontrarla y admirarla.

La *Sonata* es blanca, femenina, adolescente: bordada de

plata, chorreante de sonoridades brillantes, ligeras y dulces como chalinas; un alba cándida y campestre. El *Septuor* es púrpura y escarlata: rojo como la sangre y el triunfo; comienza con un *Génesis* y termina con un *Apocalipsis*, el libro escarlata por definición. Al comienzo resuenan las primeras líneas del *Génesis*. Está la vastedad del mar, un "vacío infinito", una "mañana tempestuosa", un "silencio acre"; después el rosa de la aurora, que se transforma en un rojo que tiñe todo el cielo, como "una esperanza misteriosa"; y un canto estridente, que parte el aire y parece "un místico canto del gallo, un llamado inefable pero agudísimo a la eterna mañana".

No seguiré con todos los motivos y sus cruces. Seguiré con la desaparición de la promesa de la Aurora, borrada por la atmósfera fría, lavada por la lluvia del Principio; y, hacia el final, por una frase dolorosa, "tan profunda, tan vaga, tan interior, casi tan orgánica y visceral que no se sabía, en cada una de sus repeticiones, si eran las de un tema o las de una neuralgia". A diferencia de la *Sonata*, el *Septuor* conoce la desolación, el desastre, la sangre derramada. Todo es atravesado por una grandiosa, dramática interrogación, por una inmensa y apesadumbrada plegaria; las frases interrogativas se vuelven cada vez más insistentes, más inquietas; las promesas más misteriosas; recuerdan la acre promesa de la mañana roja. En el final, el motivo doloroso y el canto del gallo se acercan; se enfrentan, se combaten, uno desaparece en favor del otro, mientras del enfrentamiento emergen sólo fragmentos; hasta que el llamado alegre permanece triunfal. O es el llamado inquieto del comienzo, lanzado detrás de un cielo vacío, o más bien es una "alegría supraterrestre", un rojo que desencadena todas las posibilidades de victoria y de exaltación. Es el triunfo de la felicidad sobre el dolor, del rojo sobre el blanco, del bien sobre el pecado, del cielo sobre la tierra, de la veneración sobre la profanación, de la resurrección sobre la muerte. Es la esperanza de la mañana, que la humanidad esperaba desde hacía milenios, finalmente realizada en el espacio de la música, en todo el día y en todos los tiempos.

Esta página sublime, donde Proust ha realizado la fusión de todas las artes en un desesperado grito de triunfo, suscita mil preguntas, no menos inquietantes que la música. En primer lugar: ¿cuál es su función en la *Recherche*? Con decisión, Proust liga el *Septuor* al tema de la memoria involuntaria, esto es, a la revelación final. Por cierto, también esa que tiene lugar en la *matinée* de los Guermantes es una revelación, pero a pesar de ser estática y estar llena de luz, no posee esta importancia. Su consciencia metafísica es menos aguda, porque nace de sensaciones terrenas, y no de las voces de la patria celeste. Su victoria es menos "escarlata", menos triunfal y total. Proust comprendió que no podía cerrar el libro, o esconder la llave, en el "místico canto del gallo". Necesitaba bajar el tono, descender hasta la tierra; de lo contrario la estridente e inefable flecha vertical no habría dado a la *Recherche* el fundamento que ésta necesitaba.

En cuanto a Marcel, esta vez comprende. La música habla de su vocación; es la misma voz que había escuchado en los llamados del recuerdo, el mismo sabor que saboreará llevándose a los labios una taza de té y una *madeleine*. Entonces comprende que el arte puede salvarlo de la vanidad y de la nulidad de la vida. Habría bastado muy poco: escuchar la voz de Vinteuil, que le anunciaba la liberación de sus culpas; y mirar por largo tiempo las palomas de Fortuny, que le anunciaban ellas también la muerte y la resurrección. Pero todavía es muy pronto. Como la de Swann y la del príncipe Andrei, la atención de Marcel es pasajera. Las dos grandes revelaciones se disuelven. Marcel vuelve a su vida de siempre, a la dulcísima y tremenda cárcel compartida con Albertine.

Una mañana, a las nueve, mientras Marcel duerme, Albertine huye de su cárcel. El dolor de Marcel es inmenso. "Esas palabras: 'Mademoiselle Albertine se fue' habían producido en mi corazón un sufrimiento tal que sentía que no hubiera podido resistir mucho tiempo. Había creído que ella no era nada para mí y simplemente era toda mi vida". Marcel no podría declarar más profundamente su propio error; no le queda más que buscarla, seguirla, hablarle de su amor o renunciar a ella. Y sin embargo, justamente en ese momento, se abandona a su propio delirio de impotencia, se miente a sí mismo, piensa que puede cambiar la realidad con el cálculo, la mentira, la astucia, la corrupción, el dinero. Ante sus ojos tiene un solo modelo: Proust. Repite todas las acciones hechas por el autor de su libro, cuando Agostinelli lo había dejado; trata de corromper a Albertine y a su tía con dinero, un *yacht* y un Rolls-Royce; probablemente Proust escribió estas páginas para parodiarse amargamente a sí mismo o para expiar. Como siempre, Marcel cree que, para hacerse amar, tiene que fingir que no ama; este sistema le había hecho conocer solamente desastres, y sin embargo lo aplica por última vez y escribe a Albertine diciéndole que no la ama. Si una vez había sido Assuero y el sultán de *Las mil y una noches*, ahora solamente es Fedra, furibunda de amor y celos, que quería ver muerto a Hippolyte. Piensa algo tremendo: "¡Ah! Si le hubiese sucedido [un accidente], mi vida, en vez de resultar para siempre envenenada por estos celos incesantes, hubiera encontrado enseguida, no la felicidad, pero sí la calma a través de la supresión del sufrimiento".

Como Proust sabía, nuestros deseos se realizan siempre, pero para nuestro mal. Albertine quisiera volver: la prisionera liberada desea nuevamente su cárcel amadísima, su tierno y siniestro tirano, su Assuero, su Fedra. Demasiado tarde: la muerte la libera. Durante un paseo por la Touraine o a lo largo de la Vivonne, el caballo la arroja contra un árbol; o, si queremos creer en los *Temps retrouvé*, "en el río". Así se cumple su destino mítico. Albertine, que está hecha de agua, muere en el agua, como Hippolyte arrastrado y asesinado en el mar por los caballos asustados por el monstruo Poseidón.

Cuando Albertine lo había dejado, para Marcel todos los objetos –*su* silla, la pianola, la habitación, la cama vacía, el ruido de las puertas– estaban embebidos de su ausencia y su propio dolor. Ahora tiene que olvidar a las miles de Albertine que había amado. La memoria, justamente la *intermittence du coeur*, que había revivido a su abuela y que lo salva al final de la *Recherche*, lo tortura. El rayo de sol que cae en su cama es el mismo rayo que caía en la iglesia de Bricqueville, que había visto junto con ella; la sidra y las cerezas, traídas por Françoise, son la misma sidra y las mismas cerezas que un muchacho les había llevado a Balbec. Lo recuerda todo: la oscuridad completa, el rayo de luna, la frescura del alba, la hoja siniestra, blanca, fría e implacable del alba. Trata de no recordar, ¿pero cómo huir del poder terrorífico de la memoria, cómo cerrar los ojos y los oídos? Si la memoria es el horror, olvidar, tratar de olvidar a Albertine, como había olvidado a Gilberte y a Oriane, es un castigo todavía más cruel.

El recuerdo permanece vivo. A pesar y más allá de la muerte, permanecen ardientes los celos, y continúan traicionándolo, en Balbec, en todas partes, con las adeptas de Gomorra. De esa forma el pasado de Albertine –con todas las sospechas, los celos, las traiciones– se proyecta en el presente y en el futuro; es y será para siempre este presente y este futuro. Marcel manda a Aimé, el *maître* de Balbec, a buscar pruebas. Y Aimé le informa que Albertine hacía el amor, en el balneario de Balbec, con algunas mujeres y algunas *jeunes filles*; y que en los últimos días de su vida entraba en el agua del Loira junto a una joven lavandera y sus jóvenes amigas. Aimé va a la cama con la lavandera, como Albertine, y conoce en su cuerpo lo que Albertine había experimentado y lo que hacía experimentar a la muchacha.

Finalmente, los celos de Marcel poseen lo que deseaba. No tiene más informaciones indirectas, abstractas e imaginarias; desde su cárcel abandonada de París, Marcel *ve* con terrible intensidad alucinatoria (nunca Proust escribió una página tan atroz) la escena entre Aimé y la lavandera, la escena originaria entre Albertine y la lavandera. El recuerdo es intolerable. Resucitada por los celos, Albertine se pone rígida entre los brazos de la lavandera, excitada por el placer, y le muerde el brazo. Marcel había creído que nunca podemos compartir las sensaciones y los sentimientos de los demás, los cuales conservan siempre para nosotros su misterio. Ahora tiene un conocimiento del cuerpo de Albertine, se vuelve su cuerpo, rígido y excitado por el placer, comparte sus sensaciones, desciende a su misterio y a su esencia.

Por primera vez Marcel conoce al *otro* con una terrible intensidad dolorosa. Entonces volverse el otro, lo que siempre fue el sueño más ansiado por Proust, es el infierno. "Todas estas imágenes... mi sufrimiento las había alterado en su misma materia, no las veía con la luz que ilumina los espectáculos de la tierra, era el fragmento de otro mundo, de un planeta desconocido, una visión del infierno".

Ahora Marcel comprende que había amado a Albertine. Con ella había conocido el amor absoluto, el amor imposible que los hombres buscan en vano, fundiendo la ternura conyugal con el placer de los sentidos. Albertine había sido para él hija, hermana, madre, amante; había sido su vida, su universo; y ahora que ella estaba muerta, él también sentía que moría. A lo largo de toda su existencia Marcel había creído solamente en las ilusiones y en los placeres de la imaginación, realizando el arquetipo de su infancia, esos besos dados y negados por su madre en Combray, que habían continuado con besos de la noche, en la lengua que la joven prisionera le insinuaba en la boca "como un viático" y como "una hostia". Así, poco a poco, se convence de que la ha matado. Soñando que vivía con ella, en esa desesperada mañana en Balbec, cuando el sol llameante se levantaba en un gesto de ofertorio, había pensado que expiaba el matricidio: la muerte de la abuela. No había expiado nada, no había llevado a cabo ningún sacrificio. Solamente había cometido un "doble asesinato", matando primero a la abuela y después a Albertine. Su vida estaba sucia por una mancha "que sólo la vileza del mundo podía perdonarle".

Después, sobre este gran amor, que comparte la pasión, la fuerza erótica, la ceguera, las miserias, la mezquindad, las ilusiones, los errores de cualquier amor humano, desciende el olvido. Los primeros síntomas aterrorizan a Marcel. La calma que siente en sí mismo es "la primera aparición de esa gran fuerza intermitente que comienza a luchar en él contra el dolor, contra el amor, y terminaría teniendo razón"; y su amor todavía vivo brama, como un león que está por ser devorado por una serpiente pitón. Pronto ya no ama a Albertine. Desaparecen recuerdos y dolores. Siente un inmenso vacío, como un hombre al que una arteria cerebral se le ha roto y una parte de su memoria está paralizada. Cuando va a Venecia con su madre –esa Venecia que Albertine anticipaba en sus vestidos–, Albertine todavía vive en él; pero cerrada, encerrada en su cárcel del Palacio Ducal interior, lejana, inaccesible en las profundidades extremas, sepultada para siempre en su inconsciente. Y Marcel no desciende allá abajo –como una vez Proust había pensado– para alcanzarla y liberarla.

Todavía en Venecia, una falsa noticia le comunica que Albertine está viva; pero la noticia no lo alegra. No sólo Albertine está muerta dentro suyo, sino que está muerto en él aquel que la había amado y aprisionado en una cárcel viviente. Como los monstruos míticos, el olvido ha devorado su amor. Cuando Marcel ve un cuadro de Carpaccio, *Il Patriarca di Grado che esorcizza un indemoniato*, reconoce en la capa de una de las figuras la misma capa "azul oscuro" que Fortuny había preparado para Albertine y que ella había llevado en Versalles la noche antes de abandonarlo. Es asaltado por un fugaz sentimiento de deseo y melancolía. La capa "azul oscuro" se adaptaba a la noche, a Versalles, a la próxima muerte de Albertine. No era el vestido con los dos pájaros unidos, que bebían en las "urnas de mármol y de jaspe de los capiteles bizantinos" y que significaban muerte y resurrección. Albertine nunca resucitaría.

El olvido es un monstruo. Ningún escritor se ha rebelado más que Proust contra la crueldad del olvido, que devora a las personas que hemos amado y los recuerdos que tenemos de ellas. Y ninguno ha comprendido mejor que él su fuerza benéfica, que permite la salvación de la memoria involuntaria y la continuidad y la metamorfosis de la vida. Para Albertine no hay más pájaros unidos. Marcel ya no piensa en ella: si vuelve por casualidad, su nombre no suscita ni dolor ni lamentos; todo ha muerto; y sólo una vez, durante la guerra, la prosa de la *Recherche* se entibia de nostalgia, al recuerdo de los queridos "vestidos grises" y los "ojos sonrientes". Para Marcel, también él encerrado en su "cárcel del Palacio Ducal", no hay ninguna expiación. El pecado permanece, sin poder ser expiado; y ni siquiera la liberación del arte lo absuelve de su doble asesinato.

IX. EL TIEMPO RECOBRADO

Hacia el final de *Albertine disparue*, el mundo de Marcel se desmigaja, y toda la *Recherche* parece precipitarse en la ruina. Marcel está en Venecia, en la terraza del hotel, mientras alguien canta *Sole mio*: no quiere volver a París con su madre; y de golpe esa Venecia tan amada –San Marcos, el Palacio Ducal, el Gran Canal, su madre en la ventana del hotel, el ángel de oro llameante del campanario que anuncia a los hombres una eterna promesa de alegría– le resulta infinitamente extranjera, lejana, irreal. La ciudad que tiene ante sí ya no es Venecia. Su nombre le parece una ficción mentirosa, que no puede inculcar a las cosas. Los espléndidos edificios de mármol son puras piedras; el agua azul y oro del Canal es una combinación de hidrógeno y oxígeno, "eterna, ciega, anterior y exterior a Venecia, ignorante de los Dogos y de Turner"; el puente del Rialto, con su curva bellísima, no es más el Rialto, como un actor, a pesar de su peluca rubia y su vestido negro, no es más Hamlet. El canto de *Sole mio* no golpea el corazón proclamando su desesperación; el Gran Canal se ha vuelto un riacho, después que el alma de la ciudad se ha escapado; y toda Venecia se precipita en la ruina, mientras el sol se detiene en el cielo detrás de San Giorgio Maggiore. Venecia ha muerto. Marcel ha conocido una imprevista crisis nerviosa, un asalto, no sabría decir si de depresión o de esquizofrenia.

Poco después también Combray morirá para siempre. Después de miles de páginas y de tantos años, Marcel entra en Tansonville, la casa de Swann, invitado por Gilberte; penetra en el lugar que tanto había soñado en la infancia, el jardín donde había visto a la niña de cabellos rojos, con los ojos negros, brillantes, que hubiera querido tocar, capturar y llevarse consigo; todo se ha realizado; pero todo se ha realizado en vano, porque ahora Gilberte no lo ama y él no ama a Gilberte. Cuando cae la noche, repite junto con Gilberte los paseos que daba cuando era niño; a veces se arriesga solo, dejando su sombra detrás, como un barco que atraviesa espacios encantados. Pero ya no le importa nada de Combray; ya no nace en él "la inmediata, deliciosa y total deflagración del recuerdo"; y piensa que su "imaginación" y su sensibilidad se han debilitado. Respecto a la infancia, cuando era fuente de mitos y de fantasías, Combray está completamente desmitificada. Una vez las desconocidas "fuentes de la Vivonne" eran para él algo tan extraterrestre como la entrada a los Infiernos; traídas ante los ojos, no son más que una especie de lavatorio cuadrado, donde alguna burbuja sube a la superficie. Y después Combray, lugar del Edén, de la madre, de la abuela, de la vieja Francia aristocrática-popular, de la naturaleza y de la elegancia, es profanada; o segrega corrupción.

Algún tiempo después de la estadía en Tansonville, Marcel es internado en una clínica; en 1916 entra en otra clínica, de la que saldrá sin haberse curado muchos años después, después del fin de la Primera Guerra Mundial. En la *Recherche* hay muchas omisiones; ésta, quizás, es la más grande; un inmenso espacio en blanco, como los que Proust tanto había amado en *L'Éducation sentimentale*. El Narrador no explica por qué Marcel decidió encerrarse en una clínica, ni cuenta ninguna de sus sensaciones: tiempo abolido. Sólo sabemos que estuvo allí casi veinte años, un período larguísimo, más apropiado a una verdadera locura que a una simple neurosis, como la que había llevado a Proust a la clínica del doctor Sollier, en Boulogne-sur-Seine. Si el Narrador calla, nosotros, los lectores, podemos arriesgar algunas hipótesis: la muerte de la abuela y de Albertine, el agudísimo sentimiento de culpa, el horror del doble asesinato, la extrañeza de las cosas, la disgregación y la ruina de la realidad que había conocido en Venecia, todos estos sentimientos llevan a Marcel a la locura. Aparentemente, él la costea, sin hundirse en ella completamente.

La ruina se extiende, se ensancha, se amplía. Estalla la guerra. El fuego y el azufre que habían destruido las "ciudades de la llanura" y Pompeya están por destruir París; París es la nueva Sodoma-Gomorra, donde se desarrollan impíos ritos secretos; y sobre todo el Occidente culpable desciende la sombra apocalíptica del final. La guerra destruye el maravilloso conjunto de castillos, iglesias, paisajes, hombres, *chansons de geste*, la humilde fe que había sido Francia. Y entre todo eso, el Edén profanado: Combray. La iglesia, que se ha transformado en un observatorio alemán, es derrumbada. La batalla de Méséglise dura ocho meses, matando a seiscientos mil alemanes. En el camino de espinos blancos, donde Marcel se había enamorado de Gilberte, mueren los soldados. El campo sembrado se vuelve la zona 307 de la que hablan los comunicados de guerra. El puente sobre el Vivonne –el Vivonne, con su pescador ignoto, sus prados de flores amarillas, que probablemente habían llegado desde Asia, las garrafas con los costados transparentes de agua endurecida en donde los muchachos tomaban pequeños peces, los jardines de crisálidas blancas y escarlatas que daban al agua un fondo verde oscuro o azul claro "japonés" y donde se reflejaba la felicidad silenciosa del cielo de la tarde y el rosa y la *rêverie* del atardecer, como si florecieran en pleno cielo– el pequeño puente sobre la Vivonne fue tirado abajo.

Mientras todo se derrumba, la *Recherche* está dominada por un movimiento opuesto: la búsqueda de lo Uno. Al comienzo, los dos sexos eran opuestos, estaba el hombre y la mujer; ahora forman una única figura, un hombre-mujer bisexual, como en la primera creación del *Génesis* cuando, según las especulaciones cabalísticas, Dios creó al andrógino. Al comienzo, el espacio estaba netamente dividido en dos: de este lado, Guermantes, del otro, Méséglise, inconciliables como Oriente y Occidente; en la estadía en Tansonville, Marcel aprende que el paseo más hermoso para llegar a Guermantes es el que pasa por Méséglise. Al comienzo, la sociedad francesa descansaba en sus posiciones sociales: una persona educada en Combray sabía que aristocracia, burguesía, campesinos, artistas y *cocottes* formaban castas cerradas, que no tenían relación entre ellas. Al final de *Albertine disparue* y en *Le temps retrouvé*, Proust proyecta una serie de golpes de teatro romanesco, *alliances et mésalliances* que habrían gustado a Balzac; Gilberte Swann, hija de un judío y de una *cocotte*, se casa con Robert de Saint-Loup, un Guermantes; la sobrina de Jupien, de extracción obrera, llega por el camino del vicio a contraer matrimonio con un Cambremer, noble de campo; Madame Verdurin, con su equívoco salón de artistas, se casa con el príncipe de Guermantes; Odette, la vieja *cocotte*, se vuelve la amante adorada y encarcelada del duque de Guermantes. Todos estos matrimonios y estas combinaciones recuerdan la mezcla de clases y la degradación de la aristocracia, que el ojo vigilante de Proust constataba, especialmente en los años posteriores a la guerra mundial. Pero también significan que el tejido social de la *Recherche*, infinitamente fragmentado y subdividido al principio, se recoge y se concentra, según esa *reductio ad unum* que es el significado metafísico del libro.

Este proceso se vuelve visible en la *matinée* de los Guermantes, cuando Marcel encuentra a la hija de Robert de Saint-Loup y de Gilberte Swann. Al comenzar la *Recherche*, Proust había dispuesto en el papel infinitos hilos narrativos, y ahora todos estos hilos se cruzan entre sí, formando un tejido, reuniéndose en la figura de Mademoiselle de Saint-Loup, donde acude, a través de un juego de verticales y transversales, el *côté de Guermantes* y el *de Méséglise*, la figura de Swann, las noches de Combray, los juegos con Gilberte en los Champs-Élysées, las tardes en las playas de Balbec con Saint-Loup, el sueño de la iglesia persa, Oriane de Guermantes, Odette, el tío político, Morel, la pasión de Saint-Loup por Morel, la música de Vinteuil, los Verdurin, Albertine; y muchos hilos más.

Toda la *Recherche*, entonces, se concentra en un punto; porque la vida "teje sin fin los hilos entre los seres y los acontecimientos, los entrecruza, los redobla para espesar la trama, de manera que entre el más ínfimo punto de nuestro pasado y todos los demás" se forma una riquísima red de recuerdos, y todo eso no es otra cosa que "el hermoso terciopelo inimitable de los años" (el *fondu* tan amado por Proust). Por otra parte, si el texto de *Le temps retrouvé* es confiable, hay una identificación definitiva entre Marcel, el personaje dudoso, pasivo y perplejo, y Proust, la gran araña que ha tejido soberanamente la tela. Me pregunto si toda la

Recherche no está contenida en dos frases de Emerson, que habían fascinado a la joven "paloma apuñalada": "La naturaleza es una combinación infinita y una perpetua repetición de alguna ley. Con innumerables variaciones, ella canta la vieja aria tan común". "Será poeta quien consiga discernir la esencia *única* de la naturaleza bajo el ropaje ondulante de los acontecimientos, y sepa revelarla: así él conseguirá atraernos hacia sí con amor y terror".

Antes de encontrar a Mademoiselle de Saint-Loup, Marcel había conocido la revelación. Ésta, a su vez, había sido precedida por la angustia de la derrota y la perdición. Cuántas veces Marcel había conocido la impotencia; de muchacho, camino de Guermantes, había sentido que no conseguía descubrir los secretos escondidos detrás de los espinos blancos; en Tansonville le había parecido que su imaginación y su sensibilidad se habían debilitado, que sus recuerdos habían muerto. Ahora su condición es más trágica. El tren que lo lleva a París se detiene en medio del campo; el sol ilumina la línea de árboles y las pequeñas flores del talud del ferrocarril; quisiera escribir, pero su natural sensibilidad está marchita. No tiene entusiasmo, que es el primer signo del talento. Ve las cosas con frialdad y aburrimiento, con una "lucidez estéril", "con un ojo minucioso y tétrico". "Árboles, pensé, ya no tienen nada para decirme, mi corazón helado ya no los oye". Poco después, en París, trata en vano de recordar Venecia, pero le parece estar visitando una aburrida exposición fotográfica. Su existencia está perdida, no tiene talento para la lectura ni para la vida; ha golpeado todas las puertas, pero todas estaban cerradas, o lo conducen al vacío. Así como la historia del mundo se había precipitado en el burdel de Jupien, en el fuego y el azufre de una nueva Gomorra, así la vida de Marcel ha caído en el abismo.

En este preciso momento todo se da vuelta. La muerte se vuelve resurrección, el fin, comienzo, el desastre, alegría. La puerta –que, como en las fábulas, esperaba desde siempre a Marcel, y lo esperaba solamente a él– de golpe se abre, sin que él la vea y la empuje.

En los pasajes más arduos de la *Recherche*, a Proust le gustaba recurrir a las imágenes bíblicas, que hacían de eco, profundización y fondo; y aquí tiene consciente o inconscientemente en la memoria un gran sistema metafórico, que los primeros cristianos infieren de las Escrituras. Los *Salmos* habían dicho: "La piedra que desecharon los edificadores, ha venido a ser cabeza del ángulo" (118, 22), mientras Isaías había recordado que Jehová "será por santuario; mas a las dos casas de Israel por piedra para tropezar, y por tropezadero para caer, y por lazo y por red al morador de Jerusalén" (8, 14). Los Evangelios, los *Hechos de los Apóstoles*, Pablo y Pedro vieron en esta imagen el anuncio de Cristo: la grabaron y la incrustaron en su prosa como una insignia de luz, y construyeron la teología del Cristo-piedra. Cristo era la "piedra que desecharon" los que edificaban, como la "piedra de tropiezo" con la que se golpea y se cae, y que permite distinguir quién está a salvo y quién está condenado, como la "piedra del escándalo" para quien aspira a la justicia de la ley, como, en fin, la "piedra angular" en la construcción de la Iglesia y del nuevo universo (*S. Mateo* 21, 42: *S. Marcos* 12, 10: *S. Lucas* 20, 17: *Hechos de los Apóstoles* 4, 11-2: *Epístola a los Romanos* 9, 33: 1º *Epístola de S. Pedro* 2,

6). Probablemente la memoria de las antiguas lecturas bíblicas volvió a aflorar en la mente de Proust y transformó a Marcel en una especie de contrafigura de Cristo. También Marcel, en ese momento, es una "piedra que desecharon": ¿quién hay más miserable y derrotado que él? Dentro de poco "tropezará" con los *pavés* mal cortados del patio del Hôtel Guermantes. Y, aunque sea una "piedra que desecharon", las revelaciones que tendrá inmediatamente después forman la "piedra angular" –la "piedra de fortaleza, de esquina, de precio, de cimiento estable", decía Isaías (28, 16)– de la entera catedral de la *Recherche*.

Como siempre, Marcel está muy cerca y muy lejos de las experiencias de Proust. Por un lado, la revelación que él está por recibir es la misma que Proust había recibido años antes, en tiempos del *Contre Sainte-Beuve*, con las mismas imágenes y las mismas palabras. Pero, por otro lado, nadie está más lejos de su recorrido. Proust había conquistado su revelación memoriosa durante catorce años; había estudiado dramáticamente algunas imágenes, las había sacudido y unificado, indagando su sentido más recóndito y descubriendo cuál era el sentido metafísico de la analogía. Marcel se parece a Wilhelm Meister, que al final de los *Lehrjahre* contempla el espectáculo de su propia vida, y sus ojos se detienen espantados sobre una selva de errores y de desvíos, parecidos a los de un niño incapaz de crecer. Sus experiencias le parecen una inútil maraña de gestos, palabras, actos y pasos. Su existencia tiene un solo y lamentable error, algo de lo que debería renegar y alejar con un gesto. De esta forma Marcel no tiene ningún mérito; su vida no ha ido creciendo o progresando hacia lo alto como un árbol o una escalera; no ha profundizado su experiencia memoriosa; ha recolectado muchísimos tesoros e indicios, ignora que los lleva en la mente y no comprende su significado.

Tanto en los *Años de aprendizaje* como en la *Recherche*, la conclusión es idéntica. El destino interpreta la vida y el corazón de Wilhelm; no obtiene a Natalie en premio por sus acciones, que hasta el último instante son erradas y confusas; Friedrich, el burlesco invitado del destino, le concede como un don la mano de Natalie, como una "gracia", como una "felicidad inmerecida", como "un celeste fruto de oro", larga y sabiamente preparado por las prudentes y amorosas manos de los dioses. También la revelación de Marcel es un don; no importa hablar de gracia o de casualidad. Marcel no puede elegir sus sensaciones, son esas, y las ha recibido tal como son. "Y sentía que esa era la impronta de su autenticidad. No había ido a buscar los dos *pavés* diferentes del patio, donde había tropezado. Pero justamente la manera fortuita, inevitable, con que la sensación había sido encontrada, controlaba la verdad del pasado que ella misma resucitaba, la verdad de las imágenes que ponía en movimiento, ya que sentía su esfuerzo por subir hacia la luz y la alegría de lo real recobrado".

Como en *Las mil y una noches*, los dioses o los demonios obran, y multiplican las señales providenciales. Ahí están otra vez, y por última vez, estas señales que recorren la *Recherche*, como un leitmotiv a veces oculto y a veces triunfal. Marcel tropieza con las piedras mal cortadas del patio, y de golpe vuelve a surgir Venecia; cuando la cuchara resuena contra los platos, vuelve a surgir la hilera de los árboles iluminada por el sol; la servilleta con la que Marcel se seca la boca hace resurgir el plumaje verde y azul del océano en

Balbec. El momento presente se identifica con el pasado. Estalla la luz, tanto en Venecia, como en los árboles, como en el mar de Balbec. El tiempo en estado puro es aislado y el volumen del objeto, recuperado; lo eterno ha sido alcanzado. Hemos entrado en el reino de la analogía, donde la única ley es lo Uno.

También hemos entrado, como lo había señalado tantos años antes el "púrpura" *Septuor* de Vinteuil, en el reino de la Alegría. Ahora Marcel ya no le teme a la vida. Ya no teme a la muerte. Conoce un "apetito de vivir", un entusiasmo, conquistado sobre las ruinas y los restos de la tragedia, como lo había conocido (mucho más frágil) en la juventud. De improviso, su condición pasada sufre una inversión. Hasta un momento antes había vivido una existencia insensata y fragmentaria; no había comprendido ni la Berma, ni el mar de Balbec, ni a los Guermantes, ni el amor de Albertine. Ahora esta existencia, iluminada retrospectivamente por la voz de la memoria, se vuelve una vocación, o sea, una vida en la que se manifiesta el destino, donde cada cosa es destino. Entonces todo adquiere un sentido. Todo lo que Marcel había visto, oído, olido, amado, comprendido o malentendido, apunta a construir un libro, como la albúmina dispuesta en el óvulo de las plantas lo transforma en grano.

Cuando escribía *Anna Karenina*, la primera revelación de Tolstoi fue narrativa. Mientras luchaba con la somnolencia, contempló el codo desnudo de un elegante brazo aristocrático, después la espalda, el cuello y toda la figura de una bella mujer que lo miraba con ojos tristes, implorando, y la imagen se volvió *Anna Karenina*. La revelación de Proust (en los tiempos de *Contre Sainte-Beuve*) y de Marcel fue teórica y arquitectónica: tres analogías que debían volverse la justificación y la "piedra angular" de un libro. Todo el espacio estaba vacío: la catedral, con sus naves, sus columnas, el ábside, sus galerías, su cúpula y el campanario, todavía debía ser imaginado. Pero, aunque aparentemente coinciden, el libro de Marcel y el de Proust son muy diferentes. Marcel relata una "vocación", esto es, la historia de su vida, o, para usar un término de la crítica literaria, sus *Memorias*. Proust escribe una obra de la imaginación, que toma como punto de partida algunos episodios de su vida y los transforma en un género sin nombre.

En el prefacio a *El Mundo como voluntad y representación*, Schopenhauer había escrito: "Para quien quiera penetrar a fondo el pensamiento aquí expuesto, no le queda más que leer este libro dos veces; y la primera vez con una buena dosis de paciencia que podrá alcanzarse solamente con la confianza espontánea de que el principio del libro presupone el final, casi tanto como el final el principio, y que cada parte que está de ahora en adelante presuponga la que sigue, casi tanto como esta última la precedente". Proust realizó el sueño de Schopenhauer: el libro circular. Hemos llegado aquí, al final del *Temps retrouvé*; hemos leído miles de páginas sin comprender los signos, los gestos, las advertencias, las revelaciones incompletas, las iluminaciones en la sombra; enteros episodios reciben solamente ahora su significado: ni siquiera hemos comprendido las páginas iniciales; y ahora tenemos que volver atrás, deletrear *Longtemps, je me suis couché de bonne heure*, y después volver a leer todo el libro, mientras Marcel comienza a escribir el suyo. Solamente la segunda (la tercera, la cuarta, la décima) lectura es, como decía Schopenhauer, la justa, ya que sólo entonces podremos tener en mente, como en un inmenso zodíaco, los miles de puntos y motivos que están en relación entre ellos. *À la recherche du temps perdu* es un libro que se proyecta hacia el futuro, y desde allí vuelve hacia atrás, como la serpiente Ouroboros que se come la cola. ¿Acaso el círculo no es la única forma que puede asumir lo Uno?

En el umbral de la gran representación barroca de la vejez y el tiempo con que concluye la *Recherche*, están dos figuras míticas, el rey Lear y Edipo. Es la ocasión de recordarlos, porque Proust los entrecruza en su prosa. El rey Lear, acompañado del bufón, vaga por la estepa: "Se arranca los blancos cabellos, que el viento impetuoso en su cólera ciega esparcen"; y "lucha con el furor de los elementos: ordena al viento que sople la tierra en el mar, o que encorve las aguas encrestadas más allá de la tierra, de forma que todo mude o muera".

Viejo, vagabundo, ciego, cubierto de harapos, sin patria, con los cabellos en desorden que ondean al viento, Edipo entra en el bosque prohibido de las Euménides. Poco después el coro entona el canto de la vida y la vejez:

No haber nacido es la suprema razón;
pero una vez nacido,
el volver al origen de donde uno ha venido
es lo que procede lo más pronto posible.
....
Envidias, sublevaciones, disputas, guerras
y muertes; y viene, por último,
la desdeñada, impotente, insociable
y displicente vejez, en donde los mayores males
de los males conviven.

En ella yace este desdichado, no sólo yo;
y como orilla batida por todas partes
por el viento norte que la azota
con tempestuoso oleaje:

así a éste las terribles desgracias,
que no le abandonan jamás,
lo bambolean de arriba abajo,
como olas que vienen de todas partes...
(*Edipo en Colono* 1224 ss.)

Charlus es el rey Lear, y Jupien su bufón y su Cordelia. El sombrero de paja deja ver un bosque indomable de cabellos enteramente blancos; y su barba blanca lo hace parecer una de las estatuas que se encuentran en los jardines, toda cubierta de nieve. Pero, al mismo tiempo, es como si en él hubiese tenido lugar una alteración metalúrgica: los mechones de cabellos y de barba son geisers de plata que han vuelto visible el metal del que estaban hechos, mientras que los ojos, por un proceso contrario, han perdido su esplendor. Pocos meses antes, Charlus ha sufrido un golpe de apoplejía: sus movimientos son descoordinados; el rostro está en parte paralizado y la voz se ha vuelto una imperceptible sucesión de palabras susurradas, al final de la cual se oye como un ruido de piedras. Junto con el esplendor de los ojos ha perdido también su furia, su intolerante orgullo, su furor. Cuando pasa Madame de Saint-Euverte –a la que muchos años antes había cruel y brutalmente insultado–, se quita el sombrero, se inclina con diligencia, humildad y timidez, como ante una reina de Francia. Charlus había sido un grande de la tierra; ahora este gesto proclama la vanidad de todas las grandezas con más elocuencia que el coro de Sófocles en el *Edipo rey* o la *Oración fúnebre* que Bossuet dedicó a Enriqueta de Inglaterra. Pero Charlus no ha perdido su gracia. Sobre todo no ha perdido su papel fundamental: de señor del tiempo, de tenebroso anunciador del fin de toda cosa humana. "Con una dureza casi triunfal repetía en tono uniforme, apenas balbuceante y con sordas resonancias sepulcrales: '¡Hannibal de Bréauté, muerto! ¡Antoine de Mouchy, muerto! ¡Charles Swann, muerto! ¡Adalbert de Montmorency, muerto! ¡Boson de Talleyrand, muerto! ¡Sosthène de Doudeauville, muerto!'. Cada vez esta palabra, "muerto", parecía caer sobre esos difuntos como una palada de tierra más pesada, lanzada por un sepulturero que trataba de fijarlos más profundamente en sus tumbas".

Como un viejo y elegante maestro de ceremonias, Charlus nos introduce en la siniestra y grandiosa fiesta del Tiempo. Apenas Marcel entra en el salón de los príncipes de Guermantes tiene lugar uno de los golpes escénicos más extraordinarios de la *Recherche*. Desde hacía muchos años Marcel no andaba en sociedad y no reconoce a nadie. Junto con él, nosotros creemos que hemos ido al teatro: ese es un baile de máscaras, o una de esas *pochades* que Proust adoraba tanto y que también aquí suscitan en él una diversión inagotable. Todos se han disfrazado, como Fregolis menos dotados. Alguien se ha ataviado con una barba blanca, y se ha atado a los zapatos suelas de plomo que lo obligan a arrastrar los pies; otro se ha cubierto el rostro de arrugas y se ha puesto cejas de pelos erizados; otro, que alguna vez fue solemne y rígido, se ha disfrazado de viejo mendigo, con los miembros temblorosos y una sonrisa de estúpida beatitud en el rostro; otro se ha puesto en las mejillas enormes bolsas rojas que le impiden abrir la boca y los ojos; otro parece un muchacho de dieciocho años arruinado; otro tiene la voz de un fonógrafo, que no se adapta a su cuerpo. Como sucede en las fantasmagorías, no podemos estar seguros de estar asistiendo a una premier de Labiche. Porque, a veces, los invitados parecen insectos, o peces o ranas; y todo nos hace creer que entramos en un museo de historia natural. O bien la hipótesis es más aterradora. Los invitados fueron petrificados por una mano misteriosa, y desde el comienzo de su petrificación pasaron enteras eras geológicas, tal es así que podemos observar la erosión a lo largo de la nariz y los restos *aluvionales* en los bordes de las mejillas.

Mientras en la biblioteca de los Guermantes Marcel había saboreado una gota de eternidad, en el salón, donde provenientes de todas las épocas llegan los invitados disfrazados, conoce la segunda revelación de la jornada: el Tiempo en su proceso y en su perspectiva. Todos conocemos el Tiempo, todos vivimos inmersos en él y sentimos el lento crujido que lo acompaña y nos envuelve mientras penetramos dentro de él; los escritores lo aprisionan en sus libros, Stevenson restituye su veloz levedad, Flaubert su continuidad monótona, Hardy su fatigante densidad, Proust la melodía aterciopelada y *fondue* que suena, inadvertible, detrás del sucederse de los acontecimientos. Pero aquí, en esta escena, Proust quería volver *visible* el tiempo; quería exteriorizar el tiempo; como en la iglesia de Combray, donde lentamente descendemos en las profundidades de las épocas históricas.

Por cierto, era una empresa imposible. ¿Cómo se hace para descubrir ese fluido impalpable que nos envuelve? Marcel sobrepone a su recuerdo de los invitados su presencia actual, con los rostros y los cuerpos disfrazados; sobrepone dos imágenes, de forma tal que espacializa el tiempo, representando ante nuestros ojos una *vue optique*, donde los años aparecen en perspectiva. Si la levedad de Stevenson y la monotonía de Flaubert no habían podido exteriorizar el tiempo, estos viejos grotescos, estas torpes marionetas nos dan finalmente la impresión de que el tiempo real es visible. De esta forma, ante los ojos de Marcel, los invitados aumentan de estatura. No tienen más la longitud de sus cuerpos sino la de sus años; y helos aquí, espectáculo grandioso y grotesco, caminando vacilantes encaramados a la cima de "zancos vivientes, que crecen sin fin, y a veces son más altos que campanarios, casi tocan el cielo, y vuelven su camino difícil y peligroso. Después, de improviso, caen de sus zancos en la tumba".

Entre estos invitados y actores disfrazados, el más sublime es el duque de Guermantes, que una vez había sido el Zeus de la *Recherche*. Todo cambia, se derrumba, se precipita, se degrada, se arruina, como anuncia el lamento barroco entonado por Proust en lengua barroca. "Así es como cambia la imagen de las cosas de este mundo; así es como el centro de los imperios, o el catastro de las fortunas, y el papel de las situaciones, todo lo que parecía definitivo y reorganizado, y los ojos de un hombre que ha vivido pueden contemplar el cambio más completo justamente donde le parecía más imposible". El duque, corazón de la aristocracia francesa, tiene secuestrada a Odette, tal como Marcel había secuestrado a Albertine. Su retrato es pintado por un pintor fantástico de la vejez y la muerte, por un Rembrandt siniestro que dispone de una paleta de "grises plomo", de "grises casi blancos" y de luces apenas visibles; y usa violentas pinceladas sucesivas, a estratos, con grumos, creando una impresión extraordinaria de espesor y volumen. En el fondo resuena el coro del *Edipo en Colono*, que se lamenta de "la vejez desdeñada, impotente, insociable y displicente vejez". El duque de Guermantes es una visión romántica: una roca en la tempestad, castigada por todas partes por las olas del sufrimiento, por la cólera y la muerte; un promontorio castigado por ráfagas trágicas, cacheteado por la espuma de su magnífica cabellera blanca. Es una estatua antigua, resquebrajada y roída por el tiempo. Es el rey decadente de una tragedia griega. Es Edipo vagabundo transformado en suplicante, que necesita secarse la frente, se tambalea tanteando un escalón que huye del pie, y busca un apoyo, implorándolo dulce y tímidamente. Es un león encadenado en el jardín zoológico, que cree que es libre en los desiertos de África. Pero es también –y aquí el trágico Rembrandt de la vejez se vuelve un farsesco Molière– un ridículo Geronte, burlado por los jóvenes en el *Médecin malgré lui* y en las *Fourberies de Scapin*.

Estamos en el umbral de la muerte, que el duque de Guermantes, montado sobre sus piernas temblorosas y sobre sus zancos vacilantes, está por atravesar. Algunas veces nos preguntamos si no estamos ya del otro lado, en el reino de la muerte, adonde Proust nos ha llevado sin advertirnos. Como en un *Triunfo* medieval allí están las mujeres casi paralizadas, curvadas, con la cabeza baja y las manos inciertas, que no consiguen liberar completamente el vestido que quedó atascado en las piedras de la tumba; y alguien con los párpados sellados de los moribundos, y los labios, agitados por un temblor perpetuo, que parece murmurar las plegarias de los agonizantes. Allí está Odette, que tiene la voz, el extraño, triste y suplicante chillido de los muertos de la *Odisea*. Allí está la Berma, parecida a un mármol del Erecteón, con las arterias casi petrificadas, largas y escultóricas cintas en las mejillas, y los ojos que, en la terrible máscara osificada, brillan débilmente como una serpiente que duerme entre las piedras. Toda la fatuidad y los disfraces de la *matinée* Guermantes se olvidan. La muerte de la Berma es sagrada: la que había sido Fedra ahora come el postre de su cena funeraria, presenciando las ceremonias preparadas para su muerte, como si participase invisible en un rito fúnebre griego.

Llegados al umbral de la muerte, debemos volver atrás. Hemos conocido lo eterno y el tiempo visible; y ahora encontramos el tiempo interior. Mientras continúa la fiesta de disfraces de los Guermantes, Marcel desciende profundamente dentro de sí mismo; y se da cuenta de que el tiempo está dentro de él, llena y ocupa su cuerpo, y es un sonido sin interrupción, de duración incesante. Si el tiempo real era visible, el tiempo interior es una música invisible, que se proyecta hacia afuera, forma otro cuerpo, construye esos zancos vertiginosos a los que Marcel y el duque de Guermantes y todos los demás se han trepado. Marcel apoya la oreja. Escucha el paso de sus padres, que acompañan a Swann a la puerta, y el sonido de la campanilla, "ese tintineo rebotado, ferruginoso, inagotable, estridente y fresco": lo oye, lo oye todavía, sin que haya cambiado nada, sin que después de tantos años haya dejado de resonar dentro suyo. De esta forma otra vez la *Recherche* vuelve al principio, vuelve a evocar la escena arquetípica, formando la perfección de un círculo. Todo vuelve, pero nada ha sido expiado.

X. EL NARRADOR

El Narrador de la *Recherche* es parecido al de muchas novelas de Dostoievski: por ejemplo al de *El idiota*, que Proust juzgaba "la más bella novela que conozco". Quien narra es Marcel, un testigo, no un narrador omnisciente. Como sucede con todos los testigos, su ciencia es limitada: sabe solamente aquello que ve; ve las cosas desde afuera; ignora los sentimientos de los personajes; conoce la apariencia, la superficie, o, como él dice, la "corteza" del universo. En cuanto a la verdad o a la esencia, no sabe nada; y debe limitarse a interpretar lo que sus ojos ven, formulando hipótesis que no puede verificar. Al mismo tiempo, como en el caso del amor de Swann, tiene un recurso: alguien (no sabemos quién) le informa de los acontecimientos sucedidos muchos años antes, así como los testigos de *El idiota* y de *Los demonios* recurren continuamente a sus informadores secretos. A menudo el testigo es solamente "el observador..., el extranjero que no es de la casa, el fotógrafo"; y sabemos qué efectos maravillosos extrae Proust de la total extrañeza de la mirada en la escena, que transforma el mundo en una serie de cuadros fría y atrozmente grotescos.

El testigo se transforma en espía. Hay un misterio, tremendo como la escena de Montjouvain y el encuentro entre Charlus y Jupien; o inocente, como los misterios de Combray, que la tía Léonie observa desde su cama de sufrimientos y fantasías. Entonces el testigo se esconde; oculta su rostro; mira sin ser visto, detrás de una puerta, una ventana, un arbusto; y este escrutar en secreto provoca una profunda avidez, una extraña codicia a su mirada, mientras que la escena observada se vuelve infinitamente preciosa, impregnada de fascinación y obsesión. Con el ojo detrás de una grieta, él escruta largamente, largamente; posee aquello que ve; espera; tentado, atraído, corrompido; y se transforma en cómplice de aquello que ve. Narrar es como espiar; es la condición de Conrad, cuando nos cuenta *Lord Jim*, *Nostromo*, *Bajo la mirada de Occidente* y *Destino*, y observa los sucesos detrás de puertas semi cerradas o de una cortina, del agujero de una cerradura, o a través de un vidrio roto. Proust sabía que este arte de ver y narrar era un pecado; o mejor dicho, el máximo de los pecados, el que Adán cometió en el Paraíso Terrenal, porque dejaba que se ensanchara en él (como en Marcel) "la funesta vía del Saber destinada a ser dolorosa". Pero, ¿cómo renunciar a la mirada de reojo? ¿Cómo abandonar los placeres atroces del *voyeur*? La mirada de Montjouvain era el corazón, la espina de su arte de la visión.

A los grandes novelistas no les gusta ni la coherencia de los métodos literarios, ni la verosimilitud que quisiéramos imponerles. En *La guerra y la paz* el narrador omnividente y omnisciente cambia a menudo su propia óptica, restringe el punto de vista, omite, calla, y se vuelve una mirada que contempla fijamente la pura superficie de las cosas. En Dostoievski y en la *Recherche*, sucede lo contrario. El testigo parece aburrirse de su conciencia limitada; y de repente conoce todos los secretos de las almas, todos los misterios de los acontecimientos. Ningún personaje, ni siquiera el más mínimo, escondido en un ángulo de la tela, se escapa a su mirada. Pareciera que Proust se ha vuelto Tolstoi. Pero, poco a poco, Marcel vuelve a ser un testigo. Su omnipresencia y omnividencia es intermitente: ahora está escondido dentro de las cosas, ahora fuera; ahora sabe, ahora no sabe; y

Proust obtiene efectos sutilísimos de este cambio del punto de vista.

Mientras escuchamos la voz interminable relatar, comentar, anotar, conduciéndonos desde *Longtemps, je me suis couché de bonne heure* hasta *en el Tiempo*, nos preguntamos a quién pertenece esa voz. Marcel *sine nomine* y Marcel Proust, que poseen el mismo nombre. Quien escribe, ¿es Marcel *sine nomine* que, habiendo alcanzado la revelación, vuelve a recorrer su vida, descubre en ella una "vocación" y la interpreta según esta vocación, relatando todo lo que puede ligarse a ella? ¿O en cambio es Marcel Proust, nacido en Auteuil el 10 de julio de 1871 y muerto en París la tarde del 18 de noviembre de 1922, el único que ha tenido una vida, al menos según el registro civil? Debemos estar atentos. En esa voz única están escondidas dos personas, fundidas bajo el mismo envoltorio: Marcel, el Narrador y Marcel Proust, el "Autor de este libro", que cada tanto se destaca invisiblemente del primer Marcel, y, a sus espaldas, hace un pequeño gesto, que nos abre un horizonte diferente. Nada es más fácil que equivocarse, confundiendo las dos voces, y malentendiendo el significado del libro. Si queremos comprender, debemos tener en la memoria la *Recherche* entera y todos los personajes y los paisajes y los motivos y las imágenes y las palabras que forman una sola trama.

Pocos escritores se vieron poseídos, como Proust, por la obsesión del punto de vista. ¿Quién podía establecer que los acontecimientos de la *Recherche* se habían desarrollado como se habían desarrollado? ¿Y excluir que los personajes pudiesen ser interpretados según una mirada completamente diferente? ¿No era mejor dar más versiones de la misma historia? Ideas como éstas, o parecidas a éstas, asaltaron a Proust, ya que en un esbozo preveía "una segunda novela, que sería la misma vista por otros ojos, un epílogo, si se quiere..., donde se diría lo que los personajes eran para las otras personas". Después Proust renunció a este epílogo, pero realizó una parte de su idea en el *pastiche* del *Journal* de los Goncourt, comprendido en las primeras páginas del *Temps retrouvé*. Aquí tenemos justamente aquello que había anunciado: los restos de una "segunda novela", donde algunos personajes de la *Recherche* son vistos por otra mirada, y nos parecen diferentes. Monsieur Verdurin es un crítico de gran talento, morfinómano y asmático, autor de un bellísimo libro sobre Whistler, que ha dejado de escribir sus *Salons* después del matrimonio; Madame Verdurin es una figura dramática, inspiradora de Elstir, con los ojos febrilmente dirigidos hacia el pasado y "la rebelión contenida, todas las rabiosas susceptibilidades de una amiga ultrajada en las delicadezas, en el pudor de la mujer"; Cottard es un médico filósofo; e incluso Madame Cottard es una persona culta, que lee a Stevenson. De esta manera la *Recherche* contiene, entre sus pliegues, una segunda *Recherche* en formato reducido, que constituye la parodia de la primera; y Proust nos invita a continuarla, imaginando lo que habría podido ser el libro si lo hubiese escrito Edmond de Goncourt.

En su juventud, Proust había amado a Flaubert: esos libros donde todas las partes se "transformaban en una misma sustancia, de vastas superficies, de chisporroteo monótono", y donde no quedaba ningún rastro de impureza. Creando la *novela pura*, que tendría una herencia grandísima en la literatura moderna, Flaubert abolió todo lo que había formado la sustancia de la novela, desde los tiempos de Apuleyo hasta

Cervantes, Sterne, Balzac, Dickens y Dostoievski: la interrogación ensayística sobre el tiempo, la vida, los sentimientos, la realidad, la literatura, fundida en el relato, o arrojada allí, como en una bolsa inmensa, donde se podía encontrar de todo. Cuando comenzó a escribir la *Recherche*, a Proust, de la novela pura, no le importaba nada: esas superficies chispeantes, monótonas, donde todas las cosas se pintaban por reflejo, ya no le interesaban. Quería componer una novela impura y monstruosa. Como todos los novelistas, tenía que contar una historia: la eterna historia de la novela, la del joven que busca el secreto de la realidad, y al final lo descubre, la historia de Lucio, de Wilhelm Meister y de Pierre Bezuchov. Pero esta historia no le bastaba. Deseaba escribir todo lo que había pensado en su vida, todo lo que su fantástica imaginación, su inagotable sentido analógico y su inteligencia minuciosa habían intuido del universo.

Cuando miraba la realidad no veía nada compacto ni continuo: todo era casualidad, fragmento, división. Sabía que podía encontrar la verdad solamente si aceleraba esta tendencia de las cosas. Así, trabajando en su laboratorio, subdividió todavía más lo que se presentaba a sus ojos; apuntó el microscopio a todos los acontecimientos; y en aquello que, para los demás, era una unidad de tiempo, descubrió una gran cantidad de momentos infinitesimales; disoció un yo en muchos yo que morían y nacían; dividió cada sentimiento en una gran cantidad de sentimientos contradictorios. Pero no podía tolerar un mundo sin ley. Desde lo alto de su observatorio que lindaba con las estrellas, apuntó hacia la tierra un telescopio, el instrumento del que se sentía más orgulloso. Entonces todo se transformó: la realidad dividida y molecular obedeció a una orden, entró en el cosmos. Su telescopio simplificaba la realidad, descubría líneas curvas donde antes reinaba el polvillo. Tuvo el sueño de volverse el Legislador del mundo, y comenzó a elaborar grandes Leyes sobre el origen del amor, sobre los celos, la memoria, la costumbre, el sueño, la sociedad, la guerra, la sexualidad humana.

Con complacencia y un poco de ironía, hablaba de su obra de "naturalista humano", y de su don de "herborizador humano", de "botánico moral". Y con complacencia todavía mayor aplicaba a los sentimientos metáforas físicas, químicas, fisiológicas, y transformaba la psicología en una suerte de combinación química, subrayando la *necesidad* de los procesos psicológicos; las leyes sobre los celos, o aquellas sobre el olvido, tienen la misma validez que la ley de la gravedad universal o que el tercer principio de la termodinámica. Recordamos a Tolstoi, que en *La guerra y la paz* aplica a la historia metáforas biológicas y mecánicas, influyendo por cierto en las discusiones sobre la guerra que se dan en Doncières. En Tolstoi, sobre el fondo de las mareas dobles, del vino que fermenta, de la gravedad que aumenta a medida que nos acercamos a la tierra, existe un Dios bíblico, enmascarado detrás de la necesidad natural. En el análisis psicológico de Proust no hay ningún principio divino; el metafísico que ha creado la casa del Ser, apoyándose en la "piedra angular" de la memoria, no tiene ninguna relación aparente con el exquisito y tremendo psicólogo que describe las curvas de los sentimientos humanos, hábito o amor. ¿Cómo llamaremos entonces a este "herborizador humano"? De hecho no se parece en nada a los estudiosos positivistas que elaboran una psicología científica. El "herborizador humano" era un fenomenólogo del alma humana que, utilizando a veces el microscopio y otras el telescopio, describía una pequeña parte –la única que se presentaba a sus ojos– del sistema analógico del universo.

De la mano del "botánico" y del "herborizador" nacieron así los pequeños y grandes ensayos, a veces incluso los tratados que Proust incorporó a la *Recherche*. Hace falta distinguir entre ellos; algunos están perfectamente fundidos con la narración y constituyen la continuación y el eco intelectual que da fuerza y profundidad al relato. Otros son verdaderas divagaciones, que expresan ese "espíritu en fuga" que balanceaba en Proust la tendencia al orden y la ley, a pesar de que entran en la arquitectura general de la *Recherche*. Hay, después, muchos otros pequeños indicios, que no obedecen a ninguna necesidad estructural: alusiones, gestos, homenajes, reverencias, que encontrarían su lugar mucho mejor en un libro de memorias o en una autobiografía que en una novela. Todo nos hace creer que Proust quiso, por medio de estos indicios, hacernos comprender que la *Recherche* había reunido todos los géneros literarios existentes bajo la forma de una novela, de la que había dilatado enormemente sus confines. Pero que a él tampoco esto le bastaba. Quería escribir un libro que saliera de todos los géneros posibles: un puro *monstrum*; *À la recherche du temps perdu*.

La *Recherche* es el ejemplo más extraordinario de esa forma narrativa que se puede definir como "novela sinfónica". O mejor dicho, la *Recherche* se ha transformado en una novela sinfónica, como el modelo inconsciente de la *Recherche*, *Los años de aprendizaje de Wilhelm Meister*, alcanzó la forma sinfónica solamente después de un largo trabajo de transformación. Si leemos los cuadernos en los que Proust escribió las primeras redacciones de *Du côté de chez Swann*, nos damos cuenta de que el relato avanzaba por medio de largos fragmentos de calidad homogénea: los retratos de la tía Léonie, de Eulalie, de Françoise y del cura estaban dispuestos en fragmentos compactos y continuos. Durante la elaboración, Proust se movió al mismo tiempo en tres direcciones. Por un lado, dividió las grandes escenas en escenas menores; liberó todos los motivos de la escoria que lo afligía; a menudo los dividió en motivos pequeños. Después, en las misma páginas o en las páginas vecinas, cruzó cada motivo con un motivo de entonación diferente, obteniendo efectos de contraste, de disonancia o de paralelismo. En suma, transformó una parte de los motivos en letmotiv. El tema de Oriane de Guermantes, por ejemplo, primero aparece de incógnito, como una nota en sordina; la segunda vez vuelve a aparecer velado; y después aparece a plena luz, y se desarrolla hasta el infinito, desapareciendo y volviendo a aparecer, en forma siempre distinta, suscitando resonancias en la inmensa estructura, tocando un diapasón y una disolución final. De esta forma la *Recherche* es una inmensa sinfonía, en la que cada motivo vuelve con una distancia de cien o mil páginas y se cruza con los otros en una arquitectura musical inextricable.

La *Recherche* no posee esa fluida continuidad temporal que nos encanta en *La Chartreuse de Parme* o en *La isla del tesoro*. Proust no la escribió de un solo impulso, sino por fragmentos, por pedazos, por trozos; y en el momento de la redacción, yuxtapuso escenas diferentes, escritas en tiempos diferentes. Si Fortuny era un decorador y un sastre, él era un taraceador, que encastra sus taraceas una después de otra y una en la otra. En dos lugares del libro nos toma de la mano y nos demuestra que la *Recherche* es un retablo, o incluso una colección de cuadros. En el Grand-Hôtel de Balbec, Marcel entra en su habitación; mira el cielo y el océano; a través de los vidrios de la ventana, o reflejados en los cristales de la biblioteca, los ve subdivididos en escenas diferentes, como las escenas de un retablo. Ora tenemos un cuadro religioso, ora un Pisanello, ora un Grünewald, ora una estampa japonesa, ora un "estudio de nubes", ora un Whistler. Cuando está en París, Marcel mira las casas populares: en una ventana una cocinera sueña mirando el piso; en otra, una muchacha se deja peinar los cabellos por una vieja bruja; y a Marcel le parece estar asistiendo a una "exposición de cuadros holandeses yuxtapuestos". ¡Qué evidente es la línea que subdivide las mil escenas! Pero Proust no se contenta con esta línea. Rechaza toda unidad de estilo: acerca u opone fragmentos de estilo muy diferente, trágico o grotesco o patético, o farsesco, o metafísico, como en la jornada musical de la marquesa de Saint-Euverte, o en los capítulos de la muerte de la abuela.

Estas verdades nos inquietan. La *Recherche,* ¿es nada más que un gran retablo? ¿Proust es solamente un maravilloso taraceador, que ha diseñado el piso de una iglesia del siglo XII? ¿O un infatigable pintor, que ha pintado uno después de otro los mil cuadros de una pinacoteca? ¿La catedral es solamente una ilusión? Muchos signos nos convencen de lo contrario. Nadie más que Proust ha insistido en la necesaria fusión del tono y el estilo. En 1904 escribía a Anna de Noailles: "Si se busca qué es lo que consigue la belleza absoluta en ciertas cosas, en las *Fábulas* de La Fontaine o en las comedias de Molière, se ve que no es la profundidad, o esta o esa virtud. No, es una especie de *fondu*, de unidad transparente en la que todas las cosas, perdiendo su primer aspecto de cosas, llegan y se disponen una junto a la otra en una especie de orden, penetradas por la misma luz, vistas las unas en las otras, sin que una sola palabra quede afuera, o resulte refractaria a esta asimilación... Supongo que es eso lo que se llama el barniz [*le Vernis*] de los maestros..."

En la *Recherche*, el *fondu* se vuelve un tema conductor. La música de Vinteuil despierta en la imaginación de Marcel "algo que podría comparar con la seda disecada [y la 'fragancia'] de un geranio". Después de la revelación de la biblioteca, Marcel se acuerda de que las verdades de la inteligencia "son planas", no tienen "profundidad", y están encerradas por "contornos secos"; mientras solamente las verdaderas obras de arte poseen el misterioso "terciopelo". Bergotte moribundo, ante la *Vista de Delft* de Vermeer, observa "pequeños personajes de azul, que la arena es rosada y que la materia preciosa del pequeño pedazo de pared amarilla... No quitaba la mirada, como un niño y una mariposa amarilla que quisiera aferrar, del precioso pedazo de pared. 'Es así que hubiera debido escribir', decía. 'Mis últimos libros son demasiado secos, hubiera debido extender muchos estratos de colores, volver a mi frase preciosa en sí misma, como este pequeño pedazo de pared amarilla' ".

No creo que Proust haya tenido alguna vez la nostalgia de Bergotte. Este *fondu*, en el que todas las cosas se disponen una junta a la otra, vistas las unas en las otras, penetradas por la luz; esta seda disecada y esta fragancia del geranio; este terciopelo de la mente; estos estratos de colores sobrepuestos, que vuelven preciosa la materia: no hay mejor definición de la compactibilidad tonal que despierta la *Recherche* en la fantasía de sus lectores, a pesar de lo disímil de los materiales con que está construida. La catedral brilla y resplandece al sol, fundida en el misterioso Barniz de los Maestros. Y después, detrás, detrás del *fondu* y el "geranio" y el "terciopelo", advertimos una incesante unidad de respiración, una continuidad de inspiración, que corre página a página, volumen a volumen, como el sonido "rebotado, ferruginoso, inagotable, estridente y fresco" de la campanilla que resuena sin fin en la memoria de Marcel y en la nuestra.

Proust no ama la realidad plana, que nos ofrece la pura percepción visible, y que nosotros, como Ingres, podemos restituir trazando líneas sobre un papel blanco. Ama el volumen, el espesor de la realidad; lo que es sólido, profundo, estereoscópico; y nuestra familiaridad con la *Recherche* nos impide darnos cuenta de que probablemente ningún otro novelista, ni siquiera Balzac, poseía el arte de rivalizar con el arte de la escultura o el estereoscopio. Si Proust mira una flor, encuentra en los pétalos un espesor impalpable e invisible, formado por todas las miradas que el tiempo ha posado en ella, y que su mirada de hoy debe volver a atravesar para llegar a ella. Si mira un rayo de sol, innumerables recuerdos vagos desde el fondo del pasado otorgan a la impresión una especie de volumen, como coristas invisibles que sostienen la voz de una cantante célebre y un poco cansada. Si mira a una muchacha, los sentidos buscan la calidad de la vista, del olor, del tacto y del sabor, y restituyen la profundidad del cuerpo. Si mira a Albertine, el tiempo y los deseos naturales y espirituales que la ligan a él forman una figura de muchos planos, como las que se escrutan detrás de los vidrios de un estereoscopio...

Hay también otra especie de relieve. En tiempos del *Contre Sainte-Beuve*, Proust acusaba a Balzac de no transformar completamente la vida, absorbiéndola en la obra de arte tal como era, tanto que *La comedia humana* sería una especie de inmenso Museo Grévin, representado con una cháchara maravillosa. A veces, en la *Recherche*, se diría que también Proust modela estatuas, o figuras de cera, parecidas a las del Museo Grévin. Cuando representa a Charlus o a Norpois, no nos damos cuenta de que él tiene un modelo delante suyo, mejor dicho, muchos modelos. Él incorpora ese cuerpo visible a las páginas de la *Recherche*; nos parece que chocamos, que nos encontramos con él, como nunca nos sucede en Flaubert, en Stendhal, y ni siquiera en Tolstoi, pero sí a menudo en Balzac y en Dostoievski. Y además, como Balzac, Proust es un grandísimo charlatán. Él no se contenta con incorporar ese modelo real en sus páginas: lo imita, lo actúa, lo transporta a la escena, casi como si fuese un actor de talento incomparable, capaz de manifestar todos los gestos y todos los *tics* de una persona. El "pequeño Marcel" que imitaba a Montesquiou en el guardarropa; Proust adulto que imitaba a Flaubert, a Sainte-Beuve, a Saint-Simon, a los Goncourt, renace aquí, en las grandiosas escenas miméticas de la *Recherche*, que poseen el relieve y las tres dimensiones de la realidad cotidiana.

Poseído por este grandioso mimetismo, Proust es un retratista maravilloso, que rivaliza con Tiziano, con Rembrandt, con Goya, y con una especie de coquetería repite sus gestos y sus procedimientos. A menudo pone su caballete afuera.

Si Flaubert fundía el retrato en la narración continua, él lo destaca, lo aísla del relato, lo pone *aparte*, y siempre parece a punto de levantarse de su banquillo y colgar el retrato en un lugar de la pared. Especialmente en los de Saint-Loup y Charlus, lo que atrae es el movimiento, el gesto imprevisto e irrepetible, que todavía se mueve en las páginas, como la primera vez que se separaron del fondo de la realidad. Tiene todas las dotes: una extraordinaria sensualidad para el color, un pincel que de pronto es rapidísimo y de pronto ondulante, de pronto violento y de pronto delicado; el don de ir del gesto al alma y a la oculta genealogía que se entrevé detrás de las figuras. No todos los retratos que salen de su *atelier* son idénticos. Algunos son totales. Otros, como los de Cottard, Norpois, Brichot, son sobre todo verbales; otros, como los de la abuela y la madre, son invisibles, sin trazos fijos ni fisonomía verbal. Como en los *ateliers* de todos los artistas del pasado, de las paredes de su estudio están colgados también los retratos de familia: el de los Guermantes, que es también un fresco, y el otro, burgués, de la familia Cottard.

Probablemente una sola cosa saciaba a Dickens: el inmenso flujo de los diálogos humanos, el lugar donde la lengua le parecía más móvil y absurda, y donde la imaginación y la locura podían desencadenarse libremente. Entonces la alegría, que lo inspiraba escribiendo, prorrumpía; y nada, ni siquiera el delito, lo excitaba y lo exaltaba tanto. "Los grandes sorbos de palabras eran para él", decía Chesterton, "como los grandes sorbos de vino, punzante y refrescante". Se confesaba, como no se había confesado ni siquiera en las páginas más dolorosas de sus novelas; ya que los retratos verbales de sus geniales y locos habladores –Mrs. Nickleby,

Mr. Pecksniff, Mrs. Gamp, Mr. Micawber– eran autorretratos. Su prodigiosa retórica, la euforia lingüística, el amor por los juegos y el *nonsense*, la verbalidad sostenida por la abundancia de comida y bebida, parodiaban maravillosamente el genio alcohólico de Dickens. Mientras reía hasta las lágrimas a sus espaldas, los admiraba, así como se admiraba a sí mismo. Nunca erraba una nota. Escuchaba mentalmente las voces imaginarias de cada uno de sus personajes: el timbre de la voz, el estilo, la excitación, la rapidez, la lentitud; y después, con los ojos cerrados, como un director de orquesta, los "ejecutaba", siempre con nuevas variaciones.

Al igual que Dickens, Dostoievski y Joyce, Proust pertenece a la raza de los adoradores de la voz humana. Algunas veces dice que no la ama: sostiene que, por encima de la voz, está la respiración de Albertine durmiente; y sin embargo, con qué placer y con qué alegría se pierde en los flujos de la voz, se pierde en sus locuras, se embriaga en sus torrentes. Posee una cualidad que Dickens no tiene: es un científico de la lengua. Cuando reproduce los diálogos y los monólogos de los personajes, sin perder un solo *tic*, un matiz lexical, un timbre de la voz, una curva sintáctica, Proust es un crítico estilístico en acto. Representa en estado vivo ese ensayo que él escribió mentalmente acerca del vocabulario, la sintaxis y la pronunciación de cada uno de sus personajes, ninguno de los cuales transgrediría las leyes tan coherentes de su propio sistema expresivo. Como conoce los límites de la escritura, hubiera querido agregar a la página escrita la *imitación fonética* del personaje. Así el actor habría completado al escritor, la realidad viviente a la obra de arte. "Charlus tenía una risita que era muy particular. Una risita que probablemente había heredado de alguna abuela bávara o lorenesa, que también ella había a su vez heredado, idéntica, de un antepasado, de manera que sonaba así, sin cambios, desde hacía muchos siglos en algunas viejas y pequeñas cortes de Europa, y se disfrutaba de esta preciosa cualidad como se disfruta de ciertos instrumentos antiguos que se han vuelto muy raros. Hay momentos en los que para pintar completamente a alguien haría falta que la imitación fonética completase la descripción, y la de ese personaje que era Monsieur de Charlus corre el riesgo de ser incompleta por la ausencia de esa risita tan fina, tan ligera, como ciertas *suites* de Bach que nunca se pueden interpretar exactamente porque a las orquestas les faltan esas 'pequeñas trombas' de sonido tan particular, para las cuales el autor había escrito esta o aquella parte".

Proust es un maestro del diálogo, como lo revela el delicioso cruce de voces tan diferentes en casa de Madame de Villeparisis, de la duquesa y de la princesa de Guermantes. Pero prefiere el monólogo, el monólogo inmenso e inverosímil capaz de rozar el discurso escrito, como Dostoievski; porque en él se expresa mejor su don de científico y de *pasticheur*. Entre todos los monólogos, la obra maestra es el espectáculo verbal que Charlus pone en escena para la maravilla, la admiración y la furia de Marcel, después de las cena en casa de los Guermantes. La voz humana es tratada aquí como una partitura musical; en el fondo resuena el tercer movimiento de la *Sinfonía pastoral* de Beethoven, parecido a una de esas "voces invisibles" que resuenan en el palacio de oro de Eros y Psique en *Las metamorfosis* de Apuleyo; mientras Charlus sigue y dirige su propia voz, como si fuese al mismo tiempo una orquesta y su director.

Primero escuchamos la música de la fría soberbia y la insolencia; después la de la cólera, la de la rabia agudísima, la del menosprecio; después la de la noble y cansada grandeza; después la nota más aguda e insolente, que cae, como arrebatada por las rarezas de la gama descendente, hasta una entonación más natural; y luego las caricias verbales cada vez más burlonas, y luego una dulzura llena de tristeza y casi lágrimas en la voz; hasta que vuelve el furor, la voz aguda o grave se vuelve una tempestad desencadenada y ensordecedora, un *fortissimo* de toda la orquesta; hay una pausa, Marcel hace pedazos el sombrero del barón, la voz lo llama; de nuevo el insulto, y después la dulzura, la melancolía, el *scherzo* afectuoso; y mientras la música invisible de Beethoven comienza a sonar (tercer movimiento: *La alegría después de la tempestad*), todo se encamina al acuerdo perfecto. En esta orquestación puramente vocal no hay una sabiduría mayor que la que hará oír el *Septuor* en el salón demasiado concurrido de los Verdurin.

Estos retratos extraordinarios, estos *pastiches* de gestos y palabras, deberían develarnos lo que Proust persiguió durante toda la vida: al *otro*, esa esencia inefable que es un individuo. La obra de arte nos lo revela; por medio de cuadros, de la *Sonata* y el *Septuor*, conocemos el alma y la visión de Elstir y de Vinteuil; "el universo con los ojos de otro", de cien otros, y la felicidad es suprema. Pero ni Norpois ni Charlus ni Cottard ni Saint-Loup pertenecen a la raza de los creadores: son simplemente personas. ¿Y los retratos físicos y verbales de la *Recherche* nos dejan conocer verdaderamente su alma secreta? Cuando cerramos el libro, ¿acabamos de recibir una iluminación completa, no solamente de lo eterno y del arte, sino de las personas que viven en el tiempo?

Proust está dividido por una doble inclinación. A veces los gestos, especialmente los imprevistos, y las palabras, sobre todo las incontroladas, traen a la luz lo que callan: el inconsciente. Muchas otras afirmaciones y escenas contradicen esta tendencia. En una parte profunda de sí mismo, Proust es un gnóstico. "No vivimos solos", piensa, "sino encadenados a un ser de un reino diferente, del que nos separan abismos, un ser que no nos conoce y del cual es imposible hacerse comprender: nuestro cuerpo". El cuerpo es una cárcel, donde el alma vive prisionera y nunca consigue hablarnos o, por lo menos, hacernos saber cuáles son sus deseos. A veces creemos que la carne se vuelve "espejo" en los ojos, y en los ojos nos deja adivinar el alma; en ese punto la materia parece interponer un velo menos espeso; y sin embargo también ésta es una ilusión. Nadie descubrirá nunca el alma, prisionera de nuestro Palacio Ducal veneciano; y no está excluido que ella ni siquiera viva allí, sino en otra parte, en algún cielo ininteligible. De esta forma los retratos verbales de Norpois y Cottard son perfectos y coherentes: obedecen a ese sistema cerrado que es el lenguaje, pero también Norpois y Cottard están en una cárcel, que Proust ha construido alrededor de ellos con palabras, y no nos confían nada de su realidad secreta. Aquí, el intento de Proust por conocer al otro se ve frustrado; voluntariamente frustrado, porque estos retratos, que solamente poseen la superficie verbal, le permiten sus más feroces y helados juegos grotescos. Proust no quiere que Norpois y Cottard posean un alma. Si la poseyeran, liberándose de su propia cárcel lingüística, ¿quién se divertiría escuchando sus metáforas deterioradas, los juegos de palabras, las alusiones y la jerga diplomática?

Solamente una figura, invisible e intangible, conoce *todo*. Cuando el Narrador omnisciente y omnividente se deshace del testigo, en esos momentos de iluminación penetramos en lo profundo, visitamos nuestras cárceles del Palacio Ducal, conocemos el alma secreta, que se vuelve clara y radiante en el "espejo" de los ojos y las palabras.

Cuando leemos la *Recherche* pensando en la *Comédie humaine* y en *La guerra y la paz*, nos golpea un vacío, que nada podría colmar. No hay historia. No está la historia del *affaire* Dreyfus, sino sus reflejos en la aristocracia, en la burguesía y en el ejército francés. No está el relato de la guerra mundial (salvo algunos mínimos detalles), sino sus ecos en la sociedad francesa, de Madame Verdurin a Madame Bontemps, de Monsieur de Charlus a Brichot. La reina de las partes mundanas de la *Recherche* es ó: Opinión, que colma la ausencia de la historia con el interminable retumbar de las charlas y sus comentarios. Pero si la historia desaparece, no desaparecen los acontecimientos y los hombres que la han poblado. Proust heredó de Balzac el deseo de fundar una realidad doble, que una en el mismo plano lo que es imaginario y lo que es histórico. Nada provoca en él mayor complacencia que hacer pasear a Swann, a Odette, a Marcel, a Monsieur de Charlus junto a la princesa Mathilde, al mariscal Mac-Mahon y Charles Haas, y a todos aquellos que verdaderamente han habitado el mundo; y cuantos nombres de camiseros, de floristas, de sastres, de *confiseurs*, de restaurantes de moda, como si la *Recherche* fuese el almanaque Hachette de su tiempo. Proust no tenía ninguna confianza en los historiadores de la sociedad. Pensaba que el olvido de las situaciones sociales y los salones elegantes era muy rápido. Así su libro, si bien tiene la raíces en el cielo, podía hacernos conocer la verdadera historia de la sociedad francesa entre fines del siglo XIX y comienzos del XX.

Señor e intérprete del tiempo, Proust no creía en el tiempo de los relojes. No creía que el tiempo fuese un flujo compacto y homogéneo, que llevaba de un punto a otro sucesivo, donde el 20 de septiembre de 1898, a las diez de la mañana, marcara la misma hora en todos los relojes del mundo, para todos los personajes de su novela, y para todos los yo parciales de estos personajes. El 20 de septiembre de 1898, a las diez de la mañana, era un inmenso contenedor que recogía algo que se había verificado en ese momento, pero también un acontecimiento de un siglo antes, una atmósfera de dos años antes, un eco de 19 de septiembre, y algo que todavía tenía que suceder; y después está la gota de lo eterno, que a lo mejor había iluminado a alguien bebiendo una taza de té o tropezando contra la piedra de un patio. No necesito imaginar qué habría extraído de esta intuición un escritor de vanguardia: fantásticas laceraciones temporales, acercamientos de distintas unidades temporales que hubieran sacudido el flujo transparente e invisible que acompaña los sucesos de la *Recherche*.

Proust recurrió a una solución mucho más sutil y complicada, confiando en lectores que estudiaran con el microscopio, con una paciencia casi obsesiva, las unidades temporales de su novela. En el gran flujo del tiempo aisló los tiempos individuales. Hay personajes, por ejemplo, como el barón de Charlus, para el cual el tiempo es más veloz, y recorren casi diez años en el mismo período en el que en el reloj del mundo ni siquiera pasan dos. El caso de Marcel todavía es más singular. En la primera parte de la *Recherche* tiene al mismo tiempo doce, quince, dieciocho años; va a los Champs-Élysées acompañado de las *bonne*, juega con Gilberte, vende los preciosos vasos chinos heredados de su tía, frecuenta las casas de citas, tiene pensamientos de niño y de adulto. Hay efectos todavía más calculados. A menudo los lectores suponen que Proust se equivoca (como se equivocaba Tolstoi escribiendo *La guerra y la paz*); a veces no está excluido; con frecuencia usa de manera sistemática la técnica de los anacronismos. Todo nos hace creer que estamos en 1898, pero en este año, determinado por la asistencia de las fechas y las estaciones, Proust inserta acontecimientos que se desarrollan en 1905 o en 1910 o en 1911, para recordarnos qué ilusorio es tener confianza en el tiempo de los relojes.

En su complejidad, el tiempo de la *Recherche* dibuja una parábola. Al comienzo, en ese prólogo que es *Un amour de Swann*, estamos fuera del tiempo, en un tiempo indeterminado, o incluso en dos tiempos diferentes; ya que el principio del amor entre Swann y Odette se puede fechar tanto alrededor del 18 de diciembre de 1879 como poco después del 6 de enero de 1883. En Combray reina aquello, único, que es el *tiempo de Combray*, en donde un solo día de vacaciones se extiende hasta comprender dos meses o algunos años, como si en el Edén el tiempo fuera mucho más denso que el nuestro. Pero, a un cierto punto, casi exactamente al comienzo de la segunda parte de las *Jeunes filles en fleurs*, entramos en el tiempo de la meteorología y en el de los relojes. La segunda parte de las *Jeunes filles*, *Le côté de Guermantes*, *Sodome et Gomorrhe*, *La Prisonnière* y la primera parte de *Albertine disparue* forman un bloque compacto, donde la vuelta a las estaciones y a las alusiones históricas nos conducen del verano de 1896 (o 1897) a la primavera de 1901 (o 1902). Éste es el tiempo; me atrevería a decir que es el tiempo *visible*. Eso no excluye que Proust se divierta también aquí jugando con los anacronismos, con los acontecimientos casi siempre más tardíos, que hacen oscilar este bloque compacto.

Después, hacia la mitad de *Albertine disparue*, el tiempo comienza a vacilar. Nuestro pie no vuelve a posarse en ninguna realidad estable; y salimos primero lentamente, después velozmente del tiempo de los relojes, donde nos habíamos detenido durante algunos años. Por cierto, no faltan algunos datos precisos, como 1914 y 1916, que señalan la irrupción de la guerra mundial en la novela. Pero Marcel desaparece de la escena; se refugia en una clínica, donde permanece casi veinte años, cosa que ninguna razón psicológica-narrativa puede explicar. Es el agujero en el tiempo. En un año indeterminado (*beaucoup d'années* después de 1916), que convenimos colocar entre 1923 y 1925, tiene lugar la *matinée* de los príncipes de Guermantes; sabemos de una *soirée* que tiene lugar tres años después; agredido por la muerte, Marcel está escribiendo su libro, que nosotros ya hemos leído; y el último acontecimiento registrado en la *Recherche*, la muerte del barón de Charlus, debería estar fechado en torno a 1928. Marcel ha tenido la revelación del tiempo *visible* y del tiempo interior, con esa campanilla que continúa retumbando dentro de él; y justamente ahora desaparece del libro el ciclo de las estaciones. El tiempo ya no tiene peso: tan liviano, vertiginoso, y desplazable a placer. La palabra fin es aparente. La *Recherche*, esta novela que debería representar el pasado, se sube también a los "zancos vivientes" que crecen sin fin, y se encamina velozmente al futuro, más allá de la muerte de aquellos –sin nombre y con todos los nombres– que no han sabido concluirlo.

NOTA

Si bien contiene páginas sobre la vida de Proust, *La paloma apuñalada* no pretende ser, y no es, una biografía. Mi deuda con los estudiosos de Proust, franceses e ingleses, norteamericanos y alemanes, japoneses e italianos, es mucho mayor de lo que pueden testimoniarlo los veloces recuerdos en la lista de las citas. Agradezco a Alberto Beretta Anguissola, Giovanni Macchia y Bernard Minoret por haberme permitido utilizar su biblioteca proustiana; Francesco Grant, Luca Nicolai, Francine Sanllorente, por haber fotocopiado, en las bibliotecas francesas, inglesas e italianas, libros y ensayos imposibles de encontrar en otro sitio; y a los primeros lectores del escrito dactilografiado, Andrea Cane, Gian Arturo Ferrari, Sergio Ferrero, Dinda Gallo, Gérard Macé, Jean-Baptiste Para, Raymond Rosenthal, Silvia Bruni y Gabriella Mezzanotte.

Abril de 1994

P. C.